权威·前沿·原创

皮书系列为
"十二五""十三五"国家重点图书出版规划项目

政府绩效评估蓝皮书
BLUE BOOK OF
GOVERNMENTS' PERFORMANCE EVALUATION

中国地方政府绩效评估报告
No.1

ANNUAL REPORT ON THE PERFORMANCE EVALUATION OF
CHINESE LOCAL GOVERNMENTS No.1

实验性评估

主 编/负 杰

社会科学文献出版社
SOCIAL SCIENCES ACADEMIC PRESS (CHINA)

图书在版编目（CIP）数据

中国地方政府绩效评估报告：实验性评估. No.1 /
贠杰主编. -- 北京：社会科学文献出版社，2017.11
（政府绩效评估蓝皮书）
ISBN 978-7-5201-1857-6

Ⅰ.①中… Ⅱ.①贠… Ⅲ.①地方政府-行政管理-
评价-研究报告-中国　Ⅳ.①D625

中国版本图书馆 CIP 数据核字（2017）第 289696 号

政府绩效评估蓝皮书
中国地方政府绩效评估报告 No.1
——实验性评估

主　　编／贠　杰

出 版 人／谢寿光
项目统筹／邓泳红　郑庆寰
责任编辑／张　媛

出　　版／社会科学文献出版社·皮书出版分社（010）59367127
　　　　　　地址：北京市北三环中路甲29号院华龙大厦　邮编：100029
　　　　　　网址：www.ssap.com.cn

发　　行／市场营销中心（010）59367081　59367018
印　　装／北京季蜂印刷有限公司

规　　格／开　本：787mm×1092mm　1/16
　　　　　　印　张：26.5　字　数：439千字

版　　次／2017年11月第1版　2017年11月第1次印刷
书　　号／ISBN 978-7-5201-1857-6
定　　价／89.00元

皮书序列号／PSN B-2017-672-1/1

本书如有印装质量问题，请与读者服务中心（010-59367028）联系

▲ 版权所有 翻印必究

中国社会科学院政治学研究所
中国社会科学院"政府绩效评估"创新工程项目组
中国社会科学院公共管理模拟实验室
联合发布

谨代表中国社会科学院政治学研究所及"中国地方政府绩效评估体系研究"项目组，对北京中熙正智文化传播公司王健先生、蒋涛先生给予本项目前期研究的大力支持表示诚挚谢意。

中国地方政府绩效评估课题组

报告撰写组：

负责人　贠　杰

成　员　孙彩红　樊　鹏　刘　平　陈承新　刘朋朋
　　　　张钰凤　张文宾　郭雪婉

数据库组：

负责人　贠　杰

成　员　刘朋朋　张钰凤　黎越亚　张文宾　郭雪婉
　　　　冀梦晅　卢美娜　徐　阳　彭　力　李凯恩
　　　　王　健　孟晓艳　阳　军

主编简介

贠　杰　中国社会科学院政治学研究所行政管理研究室主任，研究员；中国社会科学院研究生院教授、博士生导师；中国社会科学院创新工程"行政管理体制改革与地方政府绩效评估"项目首席研究员，中国社会科学院公共管理模拟实验室首席专家；兼任中国行政管理学会理事，中国政治学会理事。北京大学公共行政学硕士，中国社会科学院研究生院经济学博士。1998年就职于中国社会科学院，主要从事行政管理和公共政策分析领域研究，参与过《国务院工作规则》《中华人民共和国公务员法》《北京市实施〈中华人民共和国村民委员会组织法〉的若干规定》等多部国家法律、法规草案的修订工作和地方性法规起草工作，研究成果多次获省部（院）级奖励。曾在英国、法国、奥地利、日本等国家进行访问研究和出席国际会议。

摘　要

政府绩效评估是树立科学发展观和政绩观的基础，是推进国家治理体系和治理能力现代化的必然要求。进入新世纪以来，中国地方政府绩效评估研究逐步丰富和深化，指标体系建设也不断推进，但存在的突出问题依然表现为实践应用性差，缺乏科学有效的绩效评估技术基础。本报告基于第三方专业化政府绩效评估定位，建立了包括政府绩效结构、指标选取和比较、数据无量纲化、评估权重设定、评估数据分析方法在内的政府绩效评估基本技术路线，以与评估指标相衔接的政府绩效信息数据库为基础，对全国4个直辖市、15个副省级市、317个地市级政府展开全领域、大范围、连续性地方政府综合绩效的原创性量化评估。这是第一本针对全国范围、系统化的地方政府绩效评估报告，含一个全国性地方政府绩效评估总报告、五个区域性政府绩效评估报告和六个职能性政府绩效评估报告，全面描述和分析了中国地方政府绩效水平和状况，对于深化地方政府绩效评估研究、推动政府绩效评估模式创新，具有重要推动作用。

关键词： 政府绩效评估　第三方评估　评估指标体系　基本技术路线

Abstract

Government performance evaluation is not only the basis of setting up scientific development concept and political achievement standards but also the inevitable requirement to promote the modernization of the national governance system and governance capability. Since the beginning of the new century, China's local government performance evaluation research has gradually enriched and deepened and the construction of the index system has also been continuously promoted. Based on the specialization evaluation model by the third party, This research established a new basic technical route of government performance evaluation, including government performance structure, index selection and comparison, data nondimensionalization, the proportion of indicators setting, and evaluation of data analysis methods. Based on publicly available performance information databases that are aligned with the evaluation indicators, this study has conducted an original quantitative performance evaluation of the local governments covering all 4 municipalities directly under the central government, 15 sub-provincial cities and 317 prefecture-level governments. This is the first report which is publicly published on assessments to national, systematic performance of local government, including 1 general report, 5 regional performance report and 6 functional performance report. The study comprehensively describes and analyzes the level and status of local government performance in china. It will play an important role in deepening researchs on government performance evaluation and promoting the innovation of performance evaluation model.

Keywords: Government Performance Evaluation; Third Party Evaluation; Evaluation Index System; Basic Technical Route.

目 录

Ⅰ 总报告

B.1 新视野、新方向：中国地方政府绩效的第三方评估 ………… 001
    一 政府绩效评估的发展背景与现实意义 ………………… 002
    二 政府绩效评估的基本范畴与实践特征 ………………… 004
    三 技术路线：应用导向的政府绩效
       评估体系构建 ……………………………………………… 007
    四 评估实践：谁是中国绩效最好的地方政府 …………… 012
    五 地方政府绩效评估的年度特征与研究性发现 ………… 016

Ⅱ 地域性评估篇

B.2 直辖市及副省级城市政府绩效评估 ………………………… 021
B.3 东部地区地市级政府绩效评估 ……………………………… 063
B.4 中部地区地市级政府绩效评估 ……………………………… 097
B.5 西部地区地市级政府绩效评估 ……………………………… 125
B.6 东北地区地市级政府绩效评估 ……………………………… 157

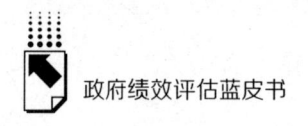

Ⅲ 职能性评估篇

B.7 政府经济发展绩效评估 …………………………………………… 189

B.8 政府市场监管绩效评估 …………………………………………… 218

B.9 政府社会管理绩效评估 …………………………………………… 249

B.10 政府公共服务绩效评估 …………………………………………… 280

B.11 政府平衡发展绩效评估 …………………………………………… 309

B.12 政府内部管理绩效评估 …………………………………………… 341

Ⅳ 附 录

B.13 附录一 全国直辖市及副省级市政府绩效评估排名 …………… 372

B.14 附录二 全国地市级政府综合绩效百强排名 …………………… 374

B.15 附录三 全国地市级政府绩效评估分省排名 …………………… 378

B.16 附录四 政府绩效评估项目组成员 ……………………………… 392

B.17 附录五 中国社会科学院公共管理模拟实验室 ………………… 395

B.18 附录六 地方政府绩效信息数据库 ……………………………… 397

B.19 后记 ………………………………………………………………… 402

CONTENTS

I General Report

B.1　New Perspective and New Orientation: Third Party Evaluation of
　　　Local Government Performance in China　　　　　　　　　　　　／ 001
　　　　1. Historical Background and Reality's Significance of Government
　　　　　　Performance Evaluation　　　　　　　　　　　　　　　　　／ 002
　　　　2. Basic Categories and Practical Features of Government Performance
　　　　　　Evaluation　　　　　　　　　　　　　　　　　　　　　　　／ 004
　　　　3. Technology Route: Constructing Application Oriented Government
　　　　　　Performance Evaluation System　　　　　　　　　　　　　　／ 007
　　　　4. Evaluation Practice: Who is the best local government in China?　／ 012
　　　　5. Annual Features and Research findings from Local Government
　　　　　　Performance Evaluations in China　　　　　　　　　　　　　／ 016

II Evaluations Based on Localities

B.2　Performance Evaluations on Municipalities and Sub-provincial
　　　Cities Governments　　　　　　　　　　　　　　　　　　　　　　／ 021

003

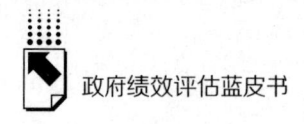

B.3　Performance Evaluations on the Prefecture-level City Governments in Eastern Regions　　　　　　　　　　　　　　　/ 063

B.4　Performance Evaluations on the Prefecture-level City Governments in Middle Regions　　　　　　　　　　　　　　/ 097

B.5　Performance Evaluations on the Prefecture-level City Governments in Western Regions　　　　　　　　　　　　　/ 125

B.6　Performance Evaluations on the Prefecture-level City Governments in Northeast Regions　　　　　　　　　　　　/ 157

Ⅲ　Evaluations Based on Government Functions

B.7　Government Performance Evaluations on Economic Development　　　　　　　　　　　　　　　　　　　　　　　　/ 189

B.8　Government Performance Evaluations on Market Regulations　/ 218

B.9　Government Performance Evaluations on Social Management　/ 249

B.10　Government Performance Evaluations on Public Services　　/ 280

B.11　Government Performance Evaluations on Balanced Development　/ 309

B.12　Government Performance Evaluations on Inner Management　/ 341

Ⅳ　Appendixes

B.13　Performance Evaluation Rankings of Municipalities and Sub-provincial Municipal Governments　　　　　　　　　　　　　　/ 372

B.14　Performance Evaluation Rankings of the Prefecture-level City Governments　　　　　　　　　　　　　　　　　　　/ 374

B.15　Performance Evaluation Rankings by Province of the Prefecture-level City Governments　　　　　　　　　　　　　　　　　/ 378

CONTENTS

B.16　Introduction of Project Team Members　/ 392

B.17　Introduction of Public Management Simulation Laboratory at CASS　/ 395

B.18　Information Database of Local Government Performance Evaluation　/ 397

B.19　Postscript　/ 402

总报告

General Report

B.1
新视野、新方向：中国地方政府绩效的第三方评估

贠 杰*

摘　要： 本研究基于第三方专业化评估定位，在深入探讨中国特色社会主义市场经济体制下政府职能理论和实践运行基础上，以当前地方政府职能具有同构性特质为基础，提出明确的政府绩效结构，并构建了客观、可检验、系统化的政府综合绩效评估指标体系，以及与之配套的年度地方政府绩效信息数据库。基于前期大量基础性研究和数据收集分析，本报告对全国4个直辖市、15个副省级市、317个地市级政府，展开了全领域、大范围、应用性的地方政府综合绩效的原创性量化评估，分层次对全国性地方政府绩效水平分布特征、直辖市和副省级市政府绩效水平、地市级政府绩效的区域性特点和

---

* 贠杰，中国社会科学院政治学研究所研究员，行政管理研究室主任，博士生导师。

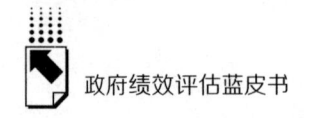

职能性特点，进行了全面深入评估和研究，其结论对于改进各地区政府绩效状况，具有重要参考价值。

关键词： 政府绩效评估　第三方评估　评估指标体系　基本技术路线

政府绩效评估作为行政管理与政府改革研究的新兴领域，进入新世纪以来逐步受到学术界与实践领域的重视。党的十八届三中全会提出的推进国家治理体系和治理能力现代化战略目标，为政府绩效评估理论研究和实践发展提供了强大的推动力。目前，国内许多学术机构和地方政府都在探索开展政府绩效评估的研究，但囿于评估模式与基本技术路线的不成熟和评估数据源的障碍，还没有形成一部全国范围、广域的地方政府综合绩效评估报告。本项目研究基于第三方评估技术定位，对符合中国实践发展需要的政府绩效评估模式和方法进行深入研究，探索构建科学有效的第三方评估技术路线，积极推进应用导向的全国性地方政府综合绩效评估体系的建立。

一　政府绩效评估的发展背景与现实意义

随着我们国家改革开放和现代化事业进入新的时期，树立科学发展思维，推进国家治理体系和治理能力现代化，已成为时代发展主题。就政府管理领域而言，科学发展观必须通过科学的政绩观来实现，而科学政绩观又需要一套科学、完善的政府绩效评估体系来保障。① 目前，随着社会主义民主政治的发展，科学决策、民主决策已成为国家政治生活的重要内容，在中国公共管理实践中得到较好落实。但是，科学决策、民主决策的实施效果如何，对政府管理运行和实际绩效如何评估，仍然缺乏一套科学化、专业化、具有可操作性的客观评估体系。实践应用导向的政府绩效评估体系缺位，已成为推进国家治理体系和治理能力现代化的薄弱环节。

科学、有效的政府绩效评估体系的缺乏，使只重视经济增速的畸形政绩观

---

① 负杰：《中国地方政府绩效评估：研究与应用》，《政治学研究》2015年第6期。

在一定范围内盛行，以科学发展为指向的全面履行政府职能往往流于形式，政府职能缺位、越位、错位问题较为突出，制约着经济社会的均衡、充分发展。事实上，一味追求经济增长速度带来了一系列严重的后果，如环境污染恶化、发展不平衡现象加剧、社会管理和市场监管弱化、公共服务和民生建设滞后等。这些问题的解决，既需要出台具体的行政措施来加以干预，又需要通过建立科学有效的政府绩效评估体系这种根本途径来整体纠偏。正因为如此，以习近平同志为核心的党中央对加强科学的政府绩效评估体系建设高度重视。2013年6月，习近平总书记在全国组织工作会议上讲话时明确指出，"要改进考核方法手段，既看发展又看基础，既看显绩又看潜绩，把民生改善、社会进步、生态效益等指标和实绩作为重要考核内容，再也不能简单以国内生产总值增长率来论英雄了。"[①]

面对经济社会发展进程中的各种问题和挑战，加强政府绩效评估体系建设显得愈来愈重要。在实践层面，科学有效的政府绩效评估体系建设，不仅是测评和推进政府职能转变的重要前提，而且是全面深化行政管理体制改革的基本依据。除了以宣传教育方式积极引导各级干部转变政绩观外，加强第三方政府绩效评估体系建设和理论研究，进一步推进行政领域绩效管理科学化、规范化，则是确立公共管理新型政绩观的一种主要途径。

第一，加强政府绩效评估体系建设，是全面落实科学发展观、树立正确政绩观，推进国家治理体系和治理能力现代化的必然要求。构建科学、完备、有效的政府绩效评估体系，是我国行政管理制度的重大创新。以应用为导向的第三方政府绩效评估模式的建立，是适应国家治理体系和治理能力现代化，树立科学、正确的政绩观发展需要的必然结果。第三方政府绩效评估模式的建立，既避免了传统政府自我评估、自定方圆和绩效评价结果不客观的弊端，也有利于发挥第三方智库的专业优势，实现理论研究和实践运行的互动，推动中国公共管理实践的科学发展。

第二，加强政府绩效评估体系建设，有利于全面提升政府管理科学化水平，推进政府治理模式转变。政府绩效评估的最终目的，一方面在于科学评测政府绩效的水平，推进政府管理的科学化、规范化和精细化；另一方面也可根

---

① 习近平：《习近平谈治国理政》，外文出版社，2014，第420页。

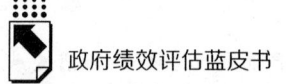

据绩效评估的数据结果，反映和判断政府运行及行政管理体制存在的问题，推动治理范式的变革和政府职能的明晰与转变，改变粗放低效的传统行政管理模式，进而优化公共资源配置，促进行为规范、运转协调、公正透明、廉洁高效的新型行政管理体制的形成。

第三，加强政府绩效评估体系建设，有利于增强行政管理系统性和战略整合，为深化行政管理体制改革明确发展方向。政府绩效评估是行政管理的关键领域和节点问题。当前改革正处于攻坚期和深水区，各级地方政府在新形势下面临一系列管理问题，如行政问责制度的滞后、行政成本的有效降低、与干部政绩准确衡量和考评直接相关的评价机制不健全引发的干部任用腐败问题等，无不与绩效评价机制，尤其是评价的技术体系密切相关。加强政府绩效评估体系研究，将有利于优化政府自身建设，推动这些管理领域关键问题的解决。

二 政府绩效评估的基本范畴与实践特征

（一）政府绩效评估基本内涵与主要类别

长期以来，由于评估理论研究的滞后，政府绩效评估领域存在着评估主体和评估客体要素界定模糊、概念交叉混用的现象，不仅制约着评估技术和方法的完善，而且严重影响了实践导向的评估模式的形成和应用。因此，清晰界定政府绩效评估的内涵与类别，对于准确把握绩效评估基本范畴和内在规律，推进绩效评估实践的深入发展，具有重要的基础性作用。

从一般性内涵看，政府绩效评估是评估主体在一定的评估制度下，根据统一的评估指标和标准，基于政府绩效结构形成的基本技术路线和评估方法，通过定量或定性对比分析，对政府评估对象特定时期的职能运行和工作实绩，做出客观、公正和准确衡量与评测的过程。

根据评估主体的不同，政府绩效评估可以划分为政府本位评估和社会本位评估两种类型。政府本位评估，即以政府为主体的绩效评估，是指以各级政府或政府部门为评估主体，对政府运行绩效的整体或专项领域进行的衡量和评测，在管理实践中也被称为绩效考核。从实际运行看，这种评估的定位与第三方专业化评估明显不同，其目的是以完成年度工作任务、推动管理工作开展为基本出发点的,实质是政府目标管理和目标分解的过程,比如将经济增长、财政收支、招商引资、社会管理、公共服务等目标分解、分配到下级政府,再据此转化为考核指标,将实现各项分解目标的程度和任务完成的进度作为考核的依据。这种依据目标任务来设定绩效评估具体指标的方法,是当前政府本位评估的主要特征。所以以政府为主体的评估,往往以评估的形式来带动整体工作的开展,带有明显的工作色彩和工具性质。而且,很容易导致目标任务分解过程层层加码、滋生虚假绩效信息、目标任务设定高低影响评估结果等问题。在这种评估方式下,其客观评价功能反而居于其次,甚至淹没在巨大的发展压力之中。

社会本位的评估,是指第三方专业化评估组织、社会媒体或公众作为评估主体,对政府运行绩效进行的衡量和测评。在社会本位评估中,第三方专业化评估是一种基本评估形式,其目的在于客观评价政府绩效。具体而言,它是指从事政府管理和绩效评估的专业研究机构,以客观、准确测评政府绩效为目的,基于扎实的理论研究形成的评估技术路线,按照专业化测评方法,对政府运行实际绩效进行综合判断的评估模式。与以政府为主体的评估不同,第三方专业化评估的目标,不是测评政府工作任务和目标完成情况,而是以全面、准确衡量政府运行状况和绩效表现为基本定位。技术方法的科学性、完备性、客观性,是第三方专业化评估的基本要求。

从评估客体即评估对象划分,政府绩效评估呈现一种系统化的概念体系,涵盖了不同的政府绩效领域,具有广义和狭义两个层面。从广义范畴看,政府绩效评估包括政府组织绩效、政府人员绩效和公共政策绩效等领域。政府组织绩效又包括政府综合性整体绩效和政府部门绩效;政府人员绩效则涵盖了领导干部政绩与一般公务员绩效;公共政策绩效评估则是对政府实施的公共政策绩效进行的评估,其内在属性是一种项目评估。这几类评估的分类是基于不同评估对象进行的,既相对独立,又相互联系。组织绩效是政府管理效果的直接反映,是人员绩效和政策绩效的综合体现;政府人员绩效特别是领导干部政绩,又需要通过政府组织绩效和公共政策绩效的测量和评价来体现;而良好的组织运行和人员配置,又为公共政策的实施和政策绩效的提高,奠定了坚实的基础。这几种不同的评估类型,适用于不同的对象,采用不同方法,它们达到的目的也不一样。当前,政府组织综合绩效评估是政府绩效评估的重点领域,也

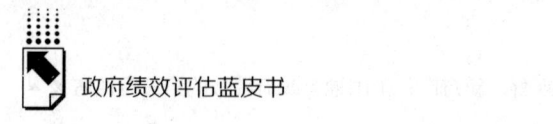

是狭义层面的政府绩效评估。本报告所涉及的政府绩效评估，就是在此层面展开的。

（二）当前政府绩效评估的实践特征

从学术界的研究进展看，尽管政府绩效评估的研究成果不断丰富和深化，评估指标体系研究也在不断推进，但是存在的突出问题依然是基础研究薄弱，实践应用性差，社会认同度低；评估技术方法设计的内在缺陷决定了可检验、系统化、应用性的全国性地方政府绩效评估难以推进。

具体而言，当前第三方评估模式存在的问题主要表现在：第一，对政府绩效结构及与之相联系的当代政府职能理论缺乏深入研究。某些研究机构脱离中国管理实际，削足适履地参照国外经验，照搬、沿用西方国家绩效评估指标，对地方政府职能同构性对绩效评估的影响缺乏认识和分析，缺乏对作为绩效评估基础的政府绩效结构的深入研究，往往功利性地直接从指标的堆积选取入手，难以保障绩效评估指标体系的科学性和有效性。在这种情况下，即使拼凑出指标体系，其应用范围也很有局限。第二，对专业化的绩效评估基本技术路线的研究严重滞后。基本技术路线决定着绩效评估的方向和结果，是评估指标设计科学性和有效性的基本遵循。目前，一些国内研究机构缺乏对构建评估技术路线重要性的认识，存在着指标设计过粗、过泛，缺乏涵盖性和解释力；主观性指标和客观性指标混用，以及评估方法、标准不一等现象。事实上，指标设计过粗，是为了回避大数据采集的困难，致使评估的准确性、系统性难以保证；而采用主观指标或主观与客观指标相结合的技术路线，难以克服主观性指标随意性强、不可重复检验的弊端，以及主客观指标并用所固有的内在矛盾。另外，主观性指标所要求的问卷调查方式，在大样本评估时会产生较长的时间周期和较高的经济成本，形成数据信息收集方面的障碍。第三，绩效评估项目的复杂性，凸显了当前国内研究机构专业化能力和资源投入的严重滞后。由于专业性强、原创要求高、数据工作量庞大，第三方绩效评估需要配备专业化研究团队，开展长期连续性技术研究和数据收集分析，这往往不是短期内单个或少量研究人员就能完成的。

出于上述原因，当前中国政府绩效第三方评估仍处于起步阶段，实践应用性评估还主要集中在政府系统内部，即政府本位评估。从近年来的实践进展来看，党政领导干部考核、政府部门目标绩效管理和群众评议政府绩效活动成为政府绩效评估的主要方式和类型，[1] 主观综合评价与多指标量化综合评估成为现阶段我国政府绩效评估的主流方法。[2] 目前，许多地方政府都以指标体系构建为主要着眼点，积极推进政府绩效评估的实践探索，但政府本位评估模式的路径方法，决定了其固有的局限性。第一，主要表现为地方政府的自我评估、自定方圆，不同地区之间评估指标的设计差异性较大，客观性不足，评估结果难以令外界信服。第二，缺乏稳定、具有解释力的政府绩效结构框架，指标体系的形成多为工作指标的抽取和排列组合，随意性、变动性和差异性较大，甚至将政府综合绩效、政府部门绩效、人员绩效评估指标混同。第三，缺乏成熟的绩效评估技术方法，普遍存在主观指标和客观指标混用、结果指标和过程指标混用等现象；而且注重总量和存量指标，忽视人均及增量指标，绩效刚性特征明显，绩效改进余地和评估激励作用受限；等等。总的来看，评估的科学性、独立性、客观性不足，已成为制约地方政府综合绩效评估有效性的突出问题，引入专业化的第三方评估将成为政府绩效评估发展的必然趋势。

三 技术路线：应用导向的政府绩效评估体系构建

加强政府绩效评估研究，推进第三方绩效评估体系的建立，将为政府管理科学化、规范化发展注入强大的实践动力。2011年以来，针对当前政府综合绩效评估领域存在的问题，中国社会科学院政治学研究所"政府绩效评估"研究团队，在全面梳理、分析国内外绩效评估理论研究和实践发展基础上，对地方政府绩效评估体系展开了长期连续性研究，以绩效评估基本技术路线为研究的重点，积极探索实践导向的全国性地方政府综合绩效评估模式的构建。

（一）研究定位

本项目研究的基本定位，是第三方专业化政府综合绩效评估。基本技术路线是基于科学发展观和当代中国政府职能理论，以地方政府职能同构性为绩效

---

[1] 范柏乃、段忠贤：《政府绩效评估》，中国人民大学出版社，2012，第167页。
[2] 负杰：《中国地方政府绩效评估：研究与应用》，《政治学研究》2015年第6期。

评估分析的起点,研究确立具有理论解释力的政府绩效结构,通过建立客观、系统化、可重复检验、具有明确绩效改进功能的政府综合绩效评估指标体系,依托年度性、大体量、以公开数据源为基础的政府绩效信息数据库,开展对全国地市级行政单位、副省级市、直辖市政府综合绩效的原创性量化评估。

(二)政府绩效结构

构建较为完备、系统、层次化的政府绩效结构,是开展政府绩效评估的前提和基础。政府绩效评估的目的,是全面、准确反映政府职能履行情况及其效果,所以政府绩效结构设计必须以政府职能结构为基础,体现政府职能的实践运行状况,而职能同构性也是地方政府绩效评估的前提和基础,职能差异较大的评估对象之间是不具有可比性的。在这方面,单一制国家和联邦制国家的地方政府职能之间的区别就是一个例证。在典型的联邦制国家,比如美国,由联邦政府剩余权力所分配的地方政府职能,因行政区域位置、财政状况、种族特征、经济规模、产业结构、城乡比例等因素而差别很大。因此,各个地方政府职能属性、类别和侧重点有所不同,绩效结构也会存在较大差异。在联邦制下,各个地方政府的施政目标都不尽相同,所以绩效结构也不具有可比性。而在单一制国家,各个地方政府职能结构具有相似性,因而绩效结构特征也较为一致。在这种情况下,不同地方政府绩效才具有进行比较的可能。这种现象说明,职能同构性是地方政府绩效评估的基本前提。而作为典型单一制国家的中国,地方政府职能同构性的特征就更为明显,这也是开展有效的政府综合绩效评估的前提条件。

从实践应用角度看,政府绩效结构的设置也是建立科学的绩效评估指标体系的前提和基础,它既能使政府职能结构化和体系化,避免指标设计的混乱、重复或缺失,同时也有利于后期的绩效评估结果分析,为改进政府绩效和优化政府职能提供明确方向。目前,国内学术界和实践界普遍忽视政府绩效结构的基础研究,缺乏对当代中国政府职能理论的专业化分析,甚至完全没有建立政府绩效结构的意识,导致评估指标的设计与政府职能结构脱节,绩效评估的专业化视角缺失。这主要表现在:没有深入研究政府与市场的界限,没有体现出当代政府职能对政府绩效的特殊要求,没有区分政府对外管理职能和内部管理职能,或者忽视中外政府职能差别、照搬沿用西方国家的评估指标体系,与中国政府职能配置的实际情况不相符合，等等。同时，由于缺乏清晰的评估定位和设计思路，政府绩效结构缺乏清晰、合理的指标层次，横向指标类别和纵向指标层级的逻辑关系混乱，等等。

针对这方面问题，本研究在深入分析社会主义市场经济体制下政府职能和市场功能的界限，以及中国与西方国家地方政府职能差别的基础上，结合国家对政府职能实践的法律政策定位，把确定政府绩效层次结构作为指标体系设计的基本框架。在第一层次，将全部政府绩效结构划分为对外管理职能绩效和内部管理职能绩效两大类别，形成一级指标体系。在第二层次，将政府对外管理职能划分为经济发展、市场监管、社会管理、公共服务和平衡发展五项基本职能，并与地方政府职能的差异性和特殊性相结合，确定少量的地域特色职能指标。同时，将政府内部管理职能划分为依法行政、政府效能、行政廉洁、行政成本、行政公开五项基本职能，形成二级指标体系。在此之下，形成由120个具体评估指标组成的三级政府绩效结构和指标体系。上述政府绩效结构基本框架见图1。

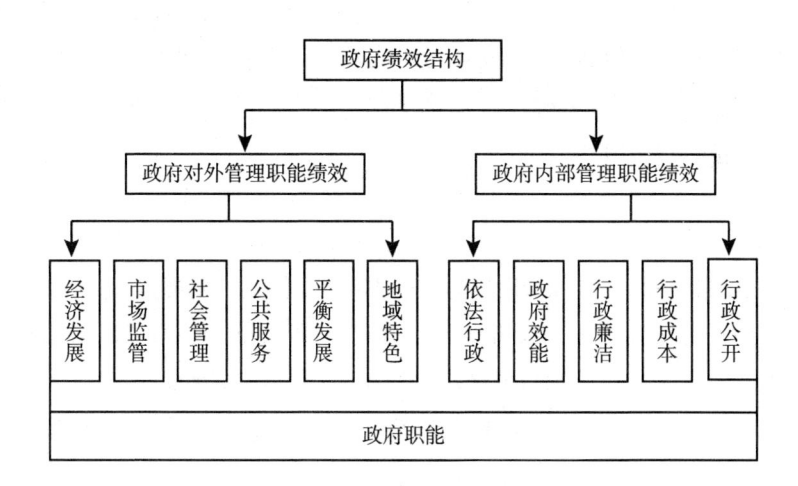

图1 基于政府职能理论的绩效结构

（三）绩效评估具体指标与权重设定

在技术层面，制约政府绩效评估研究的主要因素是评估指标的定位偏差。目前，为了回避绩效结构不完整问题和客观性指标数据采集困难，绝大多数第三方评估机构,主要采用问卷调查的主观性指标或主观与客观指标相结合的评估方式。但实践证明,在政府绩效评估领域,主观指标和客观数据所反映的绩效结果经常存在不可调和的内在矛盾,评估结果不一致甚至完全相反。事实上,主观性指标具有随意性强、年度变化大、易受突发性事件和环境影响等特点,难以符合评估科学化所要求的可重复检验的基本标准。例如,客观数据反映出高绩效,由问卷调查所得出的结果可能恰恰相反。绩效水平过多依赖主观性指标,不仅会降低政府绩效评估的科学性,同时也使作为评估对象的政府部门过于受复杂多变的主观感受影响而对绩效改进无所适从。除此以外,评估指标的定位偏差还表现为指标设计过粗、过泛,无法准确、有效衡量政府职能和运行绩效等方面。

明确的评估指标技术定位,是进行科学化的政府绩效评估的关键。在政府绩效结构中,构成三级指标体系的具体指标,决定着政府绩效评估的方向和结果,其选取原则和标准构成了绩效评估基本技术路线的重要内容。本研究确定的评估指标的选取标准和原则为:①指标数据具有客观性特征,不同主体不同时续的观察具有一致性,不因主观认识变化而变化;②指标具有可量化、可比较特征,兼顾存量和增量、总量和均量的关系;③指标数据要具有年度连续性;④指标数据要具有可检验、可重复性;⑤指标的选取以结果性指标为标准,完全排除过程性指标,不存在绩效模糊和绩效重复的问题;⑥指标具有普遍认可、明确的优劣指向,指标数据的升降具有明确的实际意涵。

除了具体指标的选取,评估指标权重的设定方式也是绩效评估技术路线的基本构成要素。本研究在对评估指标运用排序赋值法的基础上,对各级指标的权重设定采取了专家德尔菲法和地方干部问卷调研法相互印证的途径,最终确定各级指标权重,进行综合加权得分,从而形成了包括政府绩效结构、指标选取和确定、数据无量纲化①、评估权重设置在内的政府绩效评估基本技术路线。

(四)绩效评估对象

本报告的评估对象是全国4个直辖市、15个副省级市、317个地市级政府

---

① 量纲是表征绩效评估中数据性质、类别及其衡量单位的标准。无量纲是解决不同度量单位数据的综合评价问题。数据无量纲化就是在绩效评估中对各类评估指标的数据进行技术处理以消除量纲影响,进而使不同类别的数据具有可比较特性的方法。

（地、市、州、盟），涉及近20万条政府绩效信息数据。考虑到行政区划变动因素，本年度数据库不包括新设立的海南三沙市、儋州市等新行政建制，以及各省、自治区自行设置的非正式地级行政单位。同时，由于香港、澳门、台湾实行特殊的政治体制，与祖国大陆的地方政府职能和绩效结构差异较大，不具可比性，因此未纳入本项目评估范围。

在评估过程中，由于4个直辖市、15个副省级市具有相近的行政规格、经济体量和人口特征，为了增强可比性，将上述19个直辖市和副省级市作为一个单独序列进行评估排序；317个地市级政府作为一个单独序列进行比较评估。考虑到东部地区、中部地区、西部地区和东北地区的发展阶段和客观条件的不同，本报告分四大区域单列地市级政府绩效评估报告。四大区域划分是根据国家统计局2011年的划分办法，具体情况如下。

东部，北京、天津、河北、上海、江苏、浙江、福建、山东、广东、海南；中部，山西、安徽、江西、河南、湖北、湖南；西部，内蒙古、广西、重庆、四川、贵州、云南、西藏、陕西、甘肃、青海、宁夏和新疆；东北地区，辽宁、吉林、黑龙江。

由于本报告是首次开展全国性地方政府综合绩效评估，为了验证技术方法的科学性和适用性，本期选取2010年数据进行实验性评估。另外，年度评估数据的滞后选择，既缘于地方政府绩效信息的收集具有一定的时滞，也是为了减轻政府绩效评估排名对地方政府评估对象产生的当期压力。在今后的评估中，将会逐渐缩短年度评估报告滞后期限，增强地方政府绩效评估的时效性。

（五）数据源与数据库构成

本研究项目的评估数据，来源于中国社会科学院公共管理模拟实验室建立的全国地方政府绩效信息数据库。该数据库是在投入大量人力资源基础上，历经数年时间采集国家和地方各级统计年鉴、部门专项年鉴、各级地方综合年鉴、地市级政府工作报告、地市级政府经济和社会发展统计公报、地市级政府信息公开年度报告、各类专业数据库及其他公开数据源的数据，涵盖了中国全部直辖市政府、副省级市政府和地市级政府的绩效管理信息。本研究之所以选取正式发布的公开性数据，既是保证第三方评估客观性、独立性的需要，也是为了增强数据源的正规性和权威性，从而保证评估结果的客观性和公正性。数据源选取以公开发表的数据为原则，排除与评估对象直接接触获取评估数据的方式，既可以确保评估结论的客观性和可验证性，也避免了以问卷调查为主要方式的主观性技术评估模式下，由海量数据调研采集所造成的时间成本耗费，使广域范围的连续性绩效评估成为可能。

四 评估实践：谁是中国绩效最好的地方政府

在数量众多的地方政府中，究竟谁是中国绩效最好的地方政府，这始终是各级政府和社会公众普遍关心的问题。以下将以行政层级分类，分别对地市级政府和直辖市、副省级市政府绩效运行状况进行展示和分析。

（一）全国317个地市级政府绩效评估结果与分布特征

本研究以政府职能履行的全面性和均衡性为着眼点，在评估技术模式上克服过于注重经济发展总量的局限性，以地方政府职能结构为分析基础，根据经济发展、市场监管、社会管理、公共服务、平衡发展五大政府对外管理职能，以及依法行政、政府效能、行政廉洁、行政成本、行政公开五大政府内部管理职能共10个维度，适当考虑民族地区在发展和稳定方面的管理投入因素，以评估指标综合加权10分为满分，对全国317个地市级政府绩效进行了综合评估，深入考察了这些地方政府的绩效水平和分布状态。

评估结果显示，地市级政府绩效状态分布的区域差距梯次特征较为明显。东部地区地方政府绩效的整体水平明显优于中部、西部和东北地区，西部地区、东北地区地方政府绩效与其他地区相比仍然存在明显差距。从政府个体情况考察，这种特征就更为明显。

为了客观显示绩效水平的差距，我们对地方政府按照绩效加权得分高低进行分类，利用平均值和标准差建立了一个简约的参照系，划分为四等绩效，以显示不同类别的相对绩效水平。其中：一等绩效，代表得分高于平均值基础上增加一个标准差的区域，绩效表现为优异；二等绩效，代表得分高于平均值但低于平均值基础上增加一个标准差的区域，绩效表现为中上或次优；三等绩效，代表得分低于平均值但高于平均值基础上减少一个标准差的区域，绩效表现为中下；四等绩效，代表得分低于平均值基础上减少一个标准差的区域，绩效表现为偏差。

根据这种划分标准，全国 317 个地市级政府综合绩效的等级数量区域分布如图 2 所示。在高于 5.87 分的一等绩效地市级政府中，东部地区多达 31 个，占本地区同级政府数量的 40.8%，占全国一等绩效政府数量的 62.0%；中部地区一等绩效的政府数量为 12 个，占本地区同级行政单位总量的 14.8%，占全国一等绩效政府数量的 24.0%；西部地区地市级政府数量达到 128 个，但一等绩效政府只有 7 个，占本地区总量的 5.5%，占全国一等绩效政府数量的 14.0%；东北地区拥有 32 个地市级政府，但没有一个进入一等绩效行列，同时四等绩效政府数量也较少，只有 2 个。从地市级政府综合绩效水平的区域分布特征来看，东部地区明显优于中部，中部地区则优于西部和东北地区。①

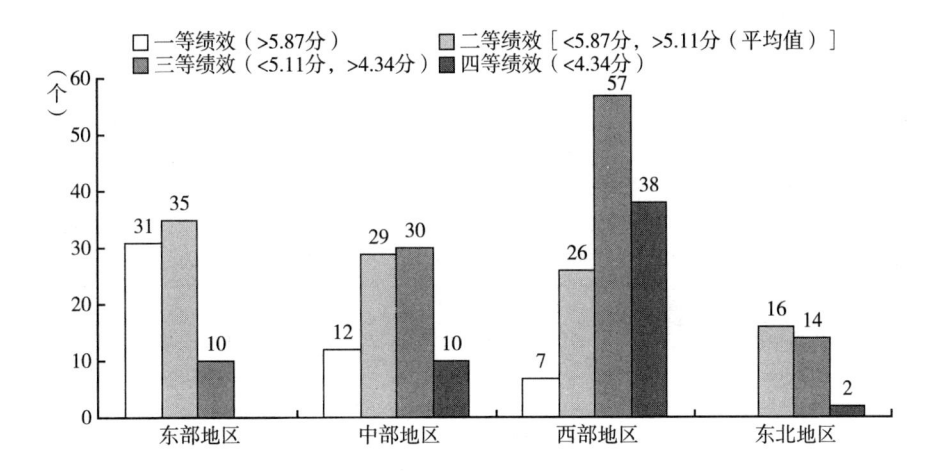

图 2 全国地市级政府综合绩效等级数量区域分布

从综合绩效前 10 名和后 10 名的情况来看，地市级政府综合绩效分化的特征同样明显。在前 10 名中，东部地区占据 9 席，其中，江苏省占 3 席，并全部进入前 5 名，无锡市政府综合绩效表现优异，在全国所有地市级政府中排名第 1。山东省占 4 席，是数量最多的省份，其中，威海市政府综合绩效在全国

---

① 根据国家统计局 2011 年 6 月 13 日的划分办法，为科学反映中国不同区域的社会经济发展状况，为党中央、国务院制定区域发展政策提供依据，根据《中共中央、国务院关于促进中部地区崛起的若干意见》《国务院发布关于西部大开发若干政策措施的实施意见》以及党的十六大报告的精神，将中国的经济区域划分为东部、中部、西部和东北四大地区。本研究的区域划分同样以此为依据。

地市级政府中排名第2。浙江、广东各占1席。安徽合肥市虽然排名第8，但在中部地区表现抢眼，是唯一进入全国前10名的中部地区地方政府。西部地区和东北地区则没有一个地市级政府进入全国前10名（见表1）。

表1 全国地市级政府综合绩效前10名与后10名

排名	地市级政府	省域简称	经济发展	市场监管	社会管理	公共服务	平衡发展	政府内部管理职能
			二级指标绩效排名					
1	无锡市	苏	4	9	30	1	13	37
2	威海市	鲁	14	32	8	2	8	20
3	苏州市	苏	3	5	111	9	78	8
4	烟台市	鲁	9	28	6	6	152	10
5	常州市	苏	8	34	182	13	4	28
6	东营市	鲁	29	6	29	5	61	76
7	淄博市	鲁	15	93	3	18	37	146
8	合肥市	皖	1	42	277	100	124	1
9	湖州市	浙	32	39	36	14	2	201
10	珠海市	粤	7	18	102	27	40	131
…………								
308	黔南布依族苗族自治州	黔	259	278	312	261	281	302
309	临夏回族自治州	甘	315	216	229	295	309	285
310	毕节地区	黔	287	160	300	311	286	261
311	百色市	桂	270	223	315	251	299	284
312	张家界市	湘	281	311	244	286	212	306
313	怀化市	湘	248	311	275	245	263	315
314	娄底市	湘	237	311	302	233	304	303
315	玉树藏族自治州	青	316	288	147	317	257	300
316	陇南市	甘	310	273	272	314	314	204
317	黔西南布依族苗族自治州	黔	291	286	313	312	255	316

在全国绩效评估最后10名中，西部地区多达7席，其中，贵州省占3席，甘肃2席，青海、广西各占1席。中部地区有3个地市级政府居于全国后10名，全部集中于湖南省，是中部地区上榜的唯一省份，而且个体数量较多，其原因可以通过次级指标数据构成来揭示。东部地区和东北地区虽然均没有地市级政府进入后10名，但其原因明显不同：东部地区主要缘于政府整体绩效水

平高；而东北地区则因为地方政府绩效水平不高，但分化现象不明显，大多处于中下游水平，个体绩效表现既不突出，也不落后。

（二）直辖市、副省级市政府综合绩效评估结果与分布特征

目前，全国共有4个直辖市和15个副省级市（19个行政单位）。在地方政府构成中，它们不仅在行政层级建制方面高于地市级政府，而且在经济规模、财政实力、社会发展水平、人口总量等方面也远超一般的地市级政府。考虑到体量规模的可比性，这一类地方政府被单独作为一个序列进行绩效排名和分析。

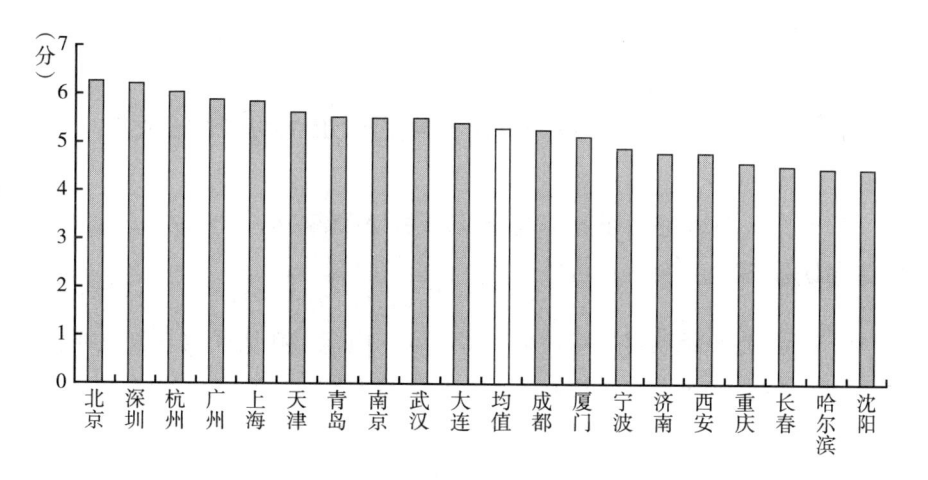

图3 全国直辖市和副省级市政府综合绩效排名

图3显示，19个城市政府综合绩效加权得分基本呈现正态分布格局，均值为5.29分，高于平均水平的城市为10个，低于平均值的城市为9个。其中，排在前四位的分别为北京、深圳、杭州和广州，排在后四位的为重庆、长春、哈尔滨和沈阳。从绩效分布状况看，得分最高的仍然是东部发达地区的中心城市，它们在政府综合绩效得分方面遥遥领先。北京和深圳表现最佳，在职能绩效方面体现了较高的政府管理水平。与地市级政府综合绩效评估结果相类似，直辖市、副省级市政府绩效分布格局的区域特征也十分明显。东部地区各直辖市、副省级市处于整体领先地位；中部地区唯一的副省级市武汉处于中游水平，位列第9名；西部地区的副省级市处于中下游水平，其中成都、西安分

列第11名和第15名，直辖市重庆则位于第16名；东北地区政府综合绩效水平不容乐观，长春、哈尔滨、沈阳处于后三名之列，这也反映了东北地区副省级市的政府综合绩效处于全国下游水平。

以上仅是全国地市级政府、副省级市和直辖市政府综合绩效评估的总体水平和区域分布特征。在本书的地域性评估篇和职能性评估篇中，将会分别以东部、中部、西部和东北地区为考察视角，以及从经济发展、市场监管、社会管理、公共服务、平衡发展等对外管理职能绩效方面，和依法行政、政府效能、行政廉洁、行政成本、行政公开等内部管理职能绩效方面，对地方政府综合绩效水平进行立体式考察和分析，从而得出更加系统、更加深入、更有意义的结果。

五 地方政府绩效评估的年度特征与研究性发现

（一）从地域性特征看，地方政府综合绩效水平与经济发达程度具有密切关系

在317个地市级政府（市、地、州、盟）中，东部地区地方政府综合绩效水平处于全国前列，东北和中部地区居中，西部地区地方政府综合绩效水平处于全国下游。从地区分布特征看，进入一等绩效序列的东部地区地市级政府多达31个，占全国总量的62.0%，占东部地区现有同级行政单位数量的40.8%，反映了东部地区的整体管理水平在全国处于前列。在表现最优异的前10名中，东部地区也占据9席。其中，江苏省占3席，并全部进入前5名；山东省占4席，数量最多；浙江、广东各占1席。江苏无锡市、山东威海市和江苏苏州市分列全国地市级政府绩效前三名。中部地区进入一等绩效行列的地市级政府只有12个，占本地区行政单位总量的14.8%，占全国一等绩效政府数量的24.0%，其中只有安徽合肥市进入全国前10名。拥有128个地市级政府的西部地区，绩效表现优异的只有7个，仅占本地区总量的5.5%，具有较大的发展潜力和绩效改进空间。而东北地区拥有32个地市级政府，没有一个进入一等绩效政府行列。在处于四等绩效序列的50个地市级政府中，东部地区没有任何一个地方政府进入末等行列，中部地区有10席，西部地区占据38

席,东北地区2席,区域梯次特征非常明显,显示政府综合绩效水平与经济发达程度具有密切关系。

从省域分布特征看,在东部地区,江苏省地市级政府的综合绩效水平最高,是全国地方政府绩效的领头羊。山东省所辖地市级政府绩效总排名在全国处于第2位;浙江省综合水平位列探花。山东省和浙江省24个地市级行政区域中共有超过一半的政府综合绩效在全国前50名之内。广东省和福建省地市级政府绩效位列中等,河北与海南在东部地区中排名靠后,且各职能之间的不均衡性突出,改进空间最大,其中海南省地市级政府的综合绩效水平较低,三亚市政府综合绩效水平为东部最低。

在中部六省中,区域内部地市级政府平均绩效的省际差异较大。有3个省的地市级政府综合绩效平均得分超过了全国均值,分别是河南、安徽和江西;湖北、山西和湖南三省则落后于全国平均水平。在中部地区各省之间,河南省的地市级政府综合绩效平均水平最高,以下依次是安徽、江西、湖北、山西、湖南。

在西部地区,各地市级政府绩效分布梯次特征明显,呈现自东北向西南逐渐降低的趋势;其中,位于北部地区的内蒙古、新疆、陕西分居第1、第2、第3位,西南地区的贵州、广西、青海、西藏则在12个省份中处于末位。鄂尔多斯、嘉峪关和乌海在西部地区地市级政府中分列前三名,在全国也处于前列;然而,西部地区进入全国前50名的地市级政府数量较少,占后50名的比重却比较高。这显示出西部地区内部地市级政府之间差距比较大。

在东北地区,辽宁省所辖地市级政府综合绩效得分最高,黑龙江省最低,吉林省位于中间。在全国不含直辖市的27个省区中,辽宁和吉林所辖地市级政府综合绩效得分位于全国平均水平以上,尤其是辽宁远远超过全国平均水平,排在了第6位,而黑龙江则处于全国平均水平以下。

(二)从各项政府职能的履行情况看,对外管理职能和内部管理职能绩效较为均衡且不存在明显短板的地方政府,其综合绩效水平往往处于前列

政府对外管理职能和内部管理职能绩效,以及经济发展、市场监管、社会管理、公共服务、平衡发展绩效和依法行政、政府效能、行政廉洁、行政成本、行政公开绩效的具体表现,在各地区间呈现不同特征。

东部地区经济发展、市场监管、公共服务三项对外管理职能绩效是全国四大区域中得分最高的,尤其是经济发展绩效和公共服务绩效两项遥遥领先;其平衡发展和政府内部管理职能的绩效得分也领先于其他地区。但是,社会管理成为东部地区地市级政府绩效水平的短板。各省之间存在着总体绩效水平越高、职能均衡性越好的特点。江苏省地市级政府综合绩效水平较高的重要原因,是其对外管理职能绩效和内部管理职能绩效均较为均衡。山东省所辖地市级政府绩效总排名在全国处于第2位,在社会管理和政府内部管理职能绩效排名上位居前列;浙江省的对外管理职能绩效远远优于内部管理职能绩效,公共服务绩效居全国第1位,但内外管理职能绩效均衡程度在东部地区位列末端。

在中部地区分省评估中,研究发现河南省地市级政府的经济发展绩效、市场监管绩效、社会管理绩效都位居前茅,但是平衡发展绩效则明显滞后。相反,湖北省地市级政府在经济发展、市场监管、社会管理方面的绩效并不突出,但是其平衡发展绩效却处于领先地位。如何兼顾各绩效的平衡,成为中部地区面临的一个突出问题。在地市级政府绩效评估中,合肥市位居中部地区第1,湖南省的娄底市居中部地区最后一名。不仅如此,湖南省的5个地市级政府包揽了中部地区的最后5名。

研究显示,西部地区虽然经济发展水平落后,但与东部地区的差距呈逐渐缩小的趋势。一些数据证明,东西部之间的差距并不是"差"在城市,而主要是"差"在农村,这也就意味着西部地区城乡统筹发展依然面临巨大压力。西部地区的地市级政府社会管理绩效,在全国四大区域中位列第2;政府内部管理职能绩效与东部、中部地区处于同一水平,明显优于东北地区。但是,在经济发展绩效、市场监管绩效、公共服务绩效和平衡发展绩效方面,西部地区的均值在全国四大区域中均处于末位,绩效水平亟待提高。

东北地区地市级政府的对外管理职能绩效和内部管理职能绩效存在明显的不均衡特征。在国家东北振兴战略背景下,其在经济发展、社会管理、缩小城乡差距方面都有一些可圈可点的地方。但是,东北地区政府内部管理职能绩效在全国四大区域中排名末位。其中,政府效能、行政成本和行政廉洁绩效是东北地区最为突出的短板。

（三）直辖市和副省级市政府绩效水平的区域差距梯次特征明显，经济发展因素与政府能力相关性显著，经济发展始终是政府能力提升的基础条件

从政府综合绩效来看，19个直辖市和副省级市政府绩效评估水平，呈现从南到北、自东向西逐次排开的特征。东部沿海中心城市政府绩效优势明显，逐渐向中西部地区扩散，最后覆盖到西部和东北较为偏远省份的副省级城市。综合得分最高的仍然是传统意义上的发达地区。绩效总水平排在第一序列的城市主要由北京、上海、杭州占据，在政府综合绩效得分方面遥遥领先。处在二等绩效序列的城市主要包括广州、上海、天津、青岛、南京、武汉、大连共7个城市。除南京、武汉外，其他5个城市全部为沿海城市，而且区域分布辐射面十分平均，基本从南到北逐次排开。三等绩效序列，主要包括成都、厦门、宁波、济南、西安，其中厦门和宁波属于沿海城市，成都、济南和西安属于内陆城市。值得指出的是，厦门和宁波是唯一没有进入一等序列和二等序列的东部沿海城市，其原因主要在于部分政府职能绩效存在不平衡的情况。绩效总水平处在四等序列即最差序列的城市主要是重庆、长春、哈尔滨、沈阳，除重庆外，其余3个城市均为东北三省首府。这显示东北地区和部分西部地区中心城市的政府绩效水平不容乐观，还存在较大的改善空间。

政府绩效分布的区域特征表明，政府绩效水平所体现的行政能力与经济发展水平密切相关，其分布的梯次特征同经济社会发展总体格局基本一致。这一结果说明，经济发展始终是政府能力提升的基础条件。政府职能的有效履行，从根本上仍然无法脱离地区经济发展能力和财政收入水平，市场监管、社会管理、公共服务以及平衡发展等政府职能的制度建设和能力提高，终究脱离不开人力、物力资源的投入。当前阶段不少人脱离经济发展谈论政府职能和社会建设是经不起推敲的，行政改革必须以经济发展为基础，政府能力的提高从根本上取决于经济发展。

目前，我国正处于全面建成小康社会、实现中华民族伟大复兴中国梦的关键时期。如何建立科学有效的政府绩效评估机制，全面深化行政管理体制改革，通过国家治理体系和治理能力现代化，有效推进"四个全面"战略布局

和"五位一体"总体布局的落实,是政府管理研究面临的重大问题。实践证明,随着经济社会发展进入新时期新阶段,转型期各类问题矛盾也逐渐凸显,政府绩效评估的作用将越来越重要。积极构建科学有效的评估技术和方法,加强第三方政府绩效评估的实践导向,既是行政管理体制改革的需要,也是国家治理体系和治理能力现代化的必然趋势。

地域性评估篇

Evaluations Based on Localities

B.2
直辖市及副省级城市政府绩效评估

樊 鹏[*]

摘 要： 在数据分析、基本排名以及横向比较分析基础上，本文发现：就副省级城市的设置而言，沿海发达地区副省级城市领先示范效应明显，相对来说其中心辐射作用要高于内陆省份副省级城市；区域比较来看，政府行政能力分布区域差距梯次特征明显，经济发展因素与政府能力相关性显著；中西部地区对外管理职能落后，但积极追求内部管理职能创新，部分城市率先突破，进入领先序列；通过对19个城市数据的分析，我们认为追求政府职能的"系统平衡"将成为未来发展趋势。

关键词： 政府绩效评估 直辖市 副省级城市

---

[*] 樊鹏，中国社会科学院政治学研究所副研究员。

2012年9月，美国《外交政策》（Foreign Policy）和著名的麦肯锡全球研究所（McKinsey Global Institute）联合发布报告，观察了全世界具有世界城市条件且未来经济增长最具活力的城市，列出了到2025年75个全球排名最靠前的全球性都市，称为"2025年最具活力的75个城市"（75 Most Dynamic Cities of 2025）。[①]

根据这份报告的测算和预估，到2025年，成为全球最具活力、竞争力、创造力、成长动力的城市中，欧洲只有3个，美国只拥有13个，而中国大陆地区拥有29个，位居第一。在这29个城市里，前10名中有6个是中国大陆城市，它们分别为上海（第1）、北京（第2）、天津（第3）、广州（第5）、深圳（第6）、重庆（第8），这些都是中国人最熟悉的城市，而且包含了中国的四大直辖市。如果考察前20名成为全球名列前茅、最具竞争力的城市中，只有7个城市不在大陆，其余13个都是大陆城市，包括武汉（第11）、南京（第15）、成都（第16）、杭州（第17）、沈阳（第20），这些都是中国重要省份的省会城市，而且是具有副省级行政规格的"副省级城市"。除此之外，进入前20名的甚至还有佛山（第13）、东莞（第18），这些地方已经具备了成为世界城市的条件，而西安、苏州、无锡、厦门等城市也榜上有名。

从这个例子来看，改革开放不仅大幅推动了中国的经济发展和民生改善，而且催生了一大批具有巨大发展潜力的城市群，这些城市成为中国走向世界的窗口，成为中国实力和中国形象的代表。实际上，从中国自身的发展来看，这些城市的内部效应也十分显著。尤其是中国的四大直辖市和其他具有区域辐射地位的省会中心城市——最具代表性的是国家确定的具有副省级行政地位的"副省级城市"。在改革发展的30年中，这些星罗棋布的城市群体，作为区域经济资源整合者、创造力的发动机以及创新的载体，不断发展壮大，构成了链接中国战略纵深的巨大网络。

直辖市是许多国家的一级行政区之一，升格为直辖市往往需要居住人口较多，且通常在全国的政治、经济和文化等方面具有重要地位。字面上的意义即"直接由中央政府所管辖、建制的都市"。该概念源自1930年中华民国的《市组

[①] 参见75 Most Dynamic Cities of 2025，Foreign Policy，SEPT/OCT 2012，http：//www.foreignpolicy.com/articles/2012/08/13/the_most_dynamic_cities_of_2025。

织法》，称为院辖市，这种行政区划的概念具有中央集权的色彩。1949 年新中国成立时，中国大陆共设有 12 个直辖市，分别为南京、上海、汉口（今武汉一部分）、鞍山、抚顺、沈阳、本溪、西安、北平（今北京）、天津、重庆、广州，除北平及天津外，皆为大行政区代管。此后，直辖市体制屡经变迁，被确定为直辖市的城市范围也一再变化。部分城市升格为直辖市，部分城市降格为省辖市。这都反映了一个历史时期内国家经济社会发展战略布局的需求变化。目前，中国大陆地区共有四个直辖市，分别是北京、上海、天津、重庆。

表 1 反映了四个直辖市目前的基本状况，包括人口数、面积以及行政区划。目前，直辖市所管辖的次级行政区划有市辖区、县等；直辖市重庆还有自治县的设计。

表1　四个直辖市基本状况

直辖市	简称	人口数（百万人）	面积（平方公里）	密度（人/平方公里）	市辖区、县
北京	京	17.5500	16410.00	1069.47	14 区 2 县
天津	津	12.2816	11760.26	1044.33	13 区 3 县
重庆	渝	32.3532	82402.00	392.62	19 区 15 县 4 自治县
上海	沪	19.2132	6340.50	3030.23	16 区 1 县

副省级城市又称副省级市，其前身为计划单列市。早在 20 世纪 50 和 60 年代，中央曾实行对省辖大城市的计划单列，但实行不久就取消了。80 年代基于改革开放、加快地区发展的需要，中央重新启动计划单列市的改革。1983 年 2 月，中共中央和国务院批准重庆实行计划单列，以后又陆续批准广州、深圳、沈阳、南京、武汉、哈尔滨、西安、大连、青岛、厦门、宁波、成都等实行计划单列，一共有 14 个计划单列市。新的计划单列市与前两次有很大的不同，新中国成立初期的计划单列主要是经济计划单列，这次是经济、社会、科技发展计划全部实行单列；前两次市政府的权力没有改变，这次则赋予计划单列市政府相当于省一级的经济管理权力；前两次未包括财政计划单列，市财政收支仍由省财政决定，这次财政计划绝大部分也实行单列，市财政收入采取三级或两级分成体制，市财政收支主要由中央财政决定；这次计划单列的市政府及其下属机构还获得了参加全国性会议的权力，同时，中央及中央各部门发给

省的有关经济工作方面的文件，也下发给市。一些计划单列市同时扩大了行政区划，并实行市领导县的体制。但是，计划单列市仍保留省辖市的行政地位，继续接受省级行政机构的领导。

计划单列市改为副省级城市正式施行于1994年。根据1994年2月25日中央机构编制委员会文件（中编〔1994〕1号），经中共中央、国务院同意，原14个计划单列市和杭州市、济南市共16个市的行政级别定为副省级。1995年，中央机构编制委员会印发《关于副省级市若干问题的意见》的通知（中编发〔1995〕5号），明确将前述16个市定为"副省级市"[1]，但仍为省辖市，由所在省的省委、省政府领导。其中大连、青岛、宁波、厦门、深圳、重庆6个为计划单列市[2]。1997年3月，重庆市升格为直辖市后，副省级市减少为15个，包含计划单列市变为5个。

15个副省级市的建制一直延续至今，同直辖市建制如出一辙，将这些城市定为副省级市，不仅有利于加快这些城市的经济与社会发展，而且有利于更好地发挥这些中心城市的辐射作用。表2是这15个副省级城市按照地理大区的顺序进行的划分。从这些副省级城市的分布来看，它们横跨东西、纵贯南北，可谓"星罗棋布"，将中国这个战略纵深大国连接起来。

表2 中国15个副省级城市按区域地理分布

地区划分	城市名称
东北地区（4个）	沈阳、大连、长春、哈尔滨
华东地区（6个）	南京、杭州、宁波、厦门、济南、青岛
华中地区（1个）	武汉
西南地区（1个）	成都
西北地区（1个）	西安
华南地区（2个）	广州、深圳

注：大连、青岛、宁波、厦门、深圳是计划单列市，其他的都是省会城市。

---

[1] 今天"副省级城市"这一名称被习惯性使用，但就中编办最初的文件来说，"副省级市"当为规范的名称。

[2] 计划单列市，全称为"国家社会与经济发展计划单列市"，是省级单位对所辖大城市下放部分经济管理权限的城市，但是，计划单列市仍保留省辖市的行政地位，继续接受省级行政机构的领导。

直辖市和副省级城市在中国经济崛起中占据十分重要的地位，2012年全国城市经济总量的前15名，大部分是直辖市和副省级城市，其重要地位不言而喻。今天的中国，是一个内部有着非常巨大差异的庞大经济体系，而直辖市和副省级城市已经成为中国发展的"国之利器"，国家需要通过这些城市的发展，发挥其拉动多元化战略区域发展引擎的作用，并且寄希望于通过这些地区的发展以及区域之间的经济、社会、文化交流，达到资源平衡利用、经济均衡发展以及社会公平发展的目标。本研究认为，要实现这个目标，就必须对各直辖市和副省级城市进行综合性评估。但目前国内现有的评估指标体系仍然着重从经济发展总量角度进行比较，缺乏更全面综合的标准体系。下面我们将根据经济发展、市场监管、社会管理、公共服务、平衡发展五大政府对外管理职能，以及依法行政、政府效能、行政廉洁、行政成本、行政公开五大政府内部管理职能共十大方面，对4个直辖市、15个副省级城市的政府绩效进行评估，然后在此基础上，进行综合性绩效评估。

一 政府综合绩效总体评估

本研究数据采集对象共计19个行政单位，含4个直辖市、15个副省级城市，一级指标共10项，总计115个初级变量，有效数据2185个。我们在数据分析基础上，采取排序赋值法进行综合加权得分，计算出各领域绩效分值（本文第二部分），并在各领域得分基础上计算了政府综合绩效加权得分、政府对外管理职能绩效加权得分以及政府内部管理职能绩效加权得分。

（一）政府综合绩效分档及比较

图1是基于政府综合绩效得分的排序，19个城市加权总得分基本呈现正态分布格局，均值为5.29分，低于平均水平和高于平均水平的城市分别有9个和10个。其中排在前四位的分别为北京、深圳、杭州、广州，排在后四位的为重庆、长春、哈尔滨、沈阳。

为了更好地对以上19个城市按照绩效加权得分高低进行分类，同时显示不同类别的相对绩效水平，我们利用平均值和标准差建立了一个简约的参照系（见图2）。

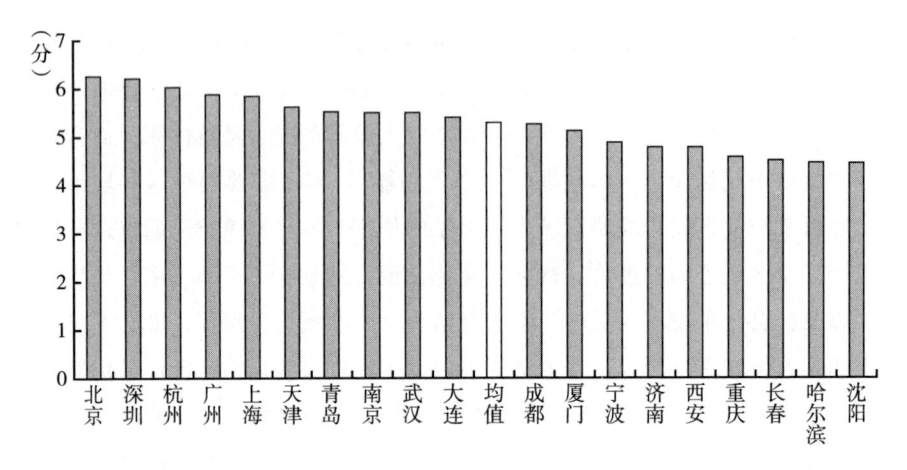

图1　4个直辖市与15个副省级城市政府综合绩效加权总得分排名

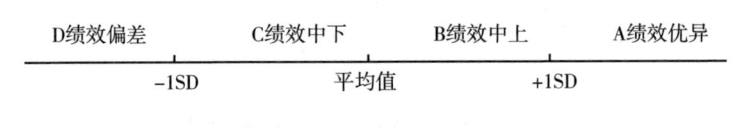

图2　参照系

根据这个参照系，我们将绩效总水平划分为A、B、C、D四个绩效档次，它们分别为：A为一等绩效，代表得分高于平均值基础上增加一个标准差的区域，绩效表现为优异；B为二等绩效，代表得分高于平均值但低于平均值基础上增加一个标准差的区域，绩效表现为中上或次优；C为三等绩效，代表低于平均值但高于平均值基础上减少一个标准差的区域，绩效表现为中下；D为四等绩效，代表低于平均值基础上减少一个标准差的区域，绩效表现为偏差。

表3是根据这一标准进行的分类，其中，一等绩效有3个城市；二等绩效有7个城市，占类别数量首位，且城市构成主要为沿海一线重镇；三等绩效有5个城市；四等绩效有4个城市。

1. 一等/优异绩效

综合绩效得分排在一级序列的三个城市分别是北京、深圳和杭州。这三个城市在19个城市中脱颖而出。

北京作为中国的政治、经济和文化中心，不仅在资源聚集、改革发展中占据主导地位，而且数据分析表明，其政府绩效也排在全国的首位。

表3 4个直辖市与15个副省级城市综合绩效得分分类

(平均值=5.29分；标准差=0.5998)

绩效等级	四等绩效 (<4.69分)	三等绩效 (>4.69分,<5.29分)	二等绩效 (>5.29分,<5.89分)	一等绩效 (>5.89分)
数量	4个	5个	7个	3个
城市 （按得分次序排列）	重庆 长春 哈尔滨 沈阳	成都 厦门 宁波 济南 西安	广州 上海 天津 青岛 南京 武汉 大连	北京 深圳 杭州

其次是深圳。深圳是中国改革开放的窗口，是改革开放总设计师邓小平亲自倡导设立的中国第一个经济特区。目前深圳是全国第四大城市，也是华南地区国家区域中心城市、珠三角都市圈重要城市之一，2020年将建设成为粤港澳都市圈、世界城市圈重要城市之一。2011年，深圳GDP位居中国大陆地区第4（上海、北京、广州、深圳），中国社会科学院发布的《中国城市竞争力报告No.9》中指出，就城市竞争力而言，深圳在国内城市中仅次于香港、上海、北京，位列第4。但是我们的分析表明，就政府综合绩效水平而言，深圳仅次于北京，位居全国第2，是名副其实的引领全国行政改革和政府建设的前沿阵地。

杭州是浙江的省会，也是浙江省政治、经济、文化、金融和交通中心。它不仅是中国十大重点风景旅游城市之一、七大古都之一，而且在浙江省的腾飞发展中，成为华东地区除上海外最重要的都市圈核心城市。本项目数据分析结果显示，杭州跻身全国政府综合绩效水平优等序列，仅次于北京和深圳。本文第二部分分领域绩效评估的结果，可以解释杭州综合绩效水平何以晋身优等序列，杭州虽然在经济发展领域没有进入优等序列，但在其他多个领域都名列前茅，尤其在社会管理、公共服务等方面，绩效表现十分突出。这是杭州政府绩效总排名与北京、深圳共同进入前三的重要原因。

2. 二等/次优绩效

绩效总水平处在二等次优序列的城市主要包括广州、上海、天津、青岛、南京、武汉、大连共7个城市，广州超过上海，排在次优序列的首位。从这7

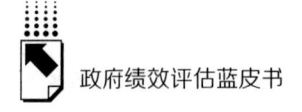

个城市的分布来看，除南京、武汉外，其他5个城市全部为沿海城市，而且区域分布辐射面较广，基本从南到北逐次排开。

排在二等次优绩效的城市中，广州、上海、天津、青岛、大连均为沿海发达城市。值得注意的是，非沿海城市中只有南京和武汉两个城市名列其中。

南京是江苏的省府所在地，六朝古都。根据中华人民共和国住房和城乡建设部最新编制的全国城镇体系规划（草案），南京被定位为华东地区的区域中心城市。今天的南京还是泛长三角地区承东启西的门户城市、国家综合交通枢纽、区域科技创新中心，将加快建设现代化国际性人文绿都。从本文第二部分的分领域绩效排名可见，南京的绩效总排名优势主要来自政府对外管理职能的公共服务和平衡发展以及内部管理职能的多个方面，尤其是在政府内部管理改革方面，南京一直走在全国的前沿行列。早在2001年，南京就开始大刀阔斧改革行政审批制度，引领全国改革潮流。

3. 三等/中下绩效

绩效总水平处在三等序列的城市主要包括成都、厦门、宁波、济南、西安，其中厦门和宁波属于沿海城市，成都、济南和西安属于内陆城市。值得指出的是，厦门和宁波是唯一没有进入一等序列和二等序列的东部沿海城市。从分领域绩效得分情况来看，宁波除了在政府对外管理职能中的平衡发展以及内部管理职能的政府效能两个方面超过19个城市的平均值，其他8个方面都落后于平均水平。而厦门只是在内部管理职能的依法行政、政府效能等个别方面高出19个城市平均水平，其他各方面均落后于平均水平。

4. 四等/偏差绩效

绩效总水平处在四等序列即偏差序列的城市主要是重庆、长春、哈尔滨、沈阳，除重庆外，其余3个城市均为东北三省首府。由辽宁、吉林、黑龙江三省构成的中国东北区域土地面积为126万平方公里，占全国国土面积的13%，2010年GDP为33367亿元，占全国的8.38%，人口1.2亿，占全国总人口的9.18%。东北地区早在20世纪30年代开始就建成完整的工业体系，成为东北亚最先进的工业基地之一。中华人民共和国成立以后，由于原有的工业基础和紧邻苏联的关系，许多重工业建设项目也都被安排在东北。但是改革开放以后，随着东部沿海地区的崛起，东北地区经济地位开始下降，复杂的社会问题也成为地方发展的巨大包袱。2006年，中共中央政府将振兴东北老工业基地拟订为国策，东北地区成为中国继长江三角洲、京津冀都市经济圈以及珠江三角洲之后第四个大型经济纽带。但是从本研究的分析结果来看，目前阶段以三个副省级城市为代表的东北三省的政府综合绩效水平仍然落后于其他地区。

（二）政府对外管理职能绩效比较

图3是基于政府对外管理职能绩效加权得分高低进行的排名。19个城市政府对外管理职能绩效加权得分基本呈现正态分布格局，均值为8.02分，低于平均水平和高于平均水平的城市分别有10个和9个。其中排在前四位的分别为北京、深圳、广州、上海，排在后四位的为沈阳、长春、西安、哈尔滨。

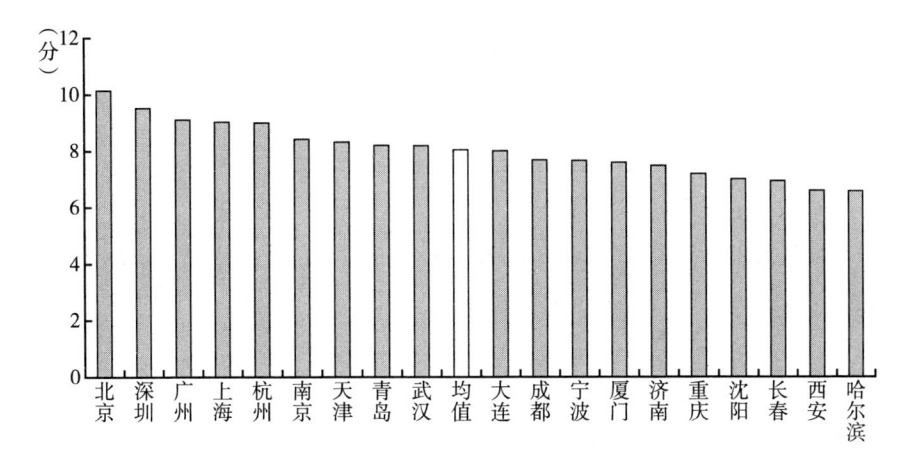

图3 4个直辖市与15个副省级城市政府对外管理职能绩效加权得分排名

表4对以平均值加减一个标准差为基础建立的参照系进行了分类。其中，一等绩效有4个城市，分别是北京、深圳、广州和上海；二等绩效有5个城市，分别是杭州、南京、天津、青岛、武汉；三等绩效有6个城市，分别是大连、成都、宁波、厦门、济南、重庆；四等绩效有4个城市，分别是沈阳、长春、西安、哈尔滨。

职能对外管理绩效排名分类与政府综合绩效排名分类基本类似。在高于平均值的一等绩效和二等绩效序列中，南京和武汉两个城市是唯一的非沿海城市，以其较好的成绩名列其中。而宁波、厦门、大连是落后于19个城市平均水平的为数不多的东部沿海城市。

表4 4个直辖市与15个副省级城市政府对外管理职能绩效得分分类

（平均值=8.02分；标准差=1.00）

绩效等级	四等绩效 （<7.02分）	三等绩效 （>7.02分，<8.02分）	二等绩效 （>8.02分，<9.02分）	一等绩效 （>9.02分）
数量	4个	6个	5个	4个
城市 （按得分次序排列）	沈阳 长春 西安 哈尔滨	大连 成都 宁波 厦门 济南 重庆	杭州 南京 天津 青岛 武汉	北京 深圳 广州 上海

（三）政府内部管理职能绩效比较

图4是基于政府内部管理职能绩效加权得分高低进行的排名。19个城市政府内部管理职能绩效加权得分为非正态分布，均值为2.02分，标准差0.33，低于平均值和高于平均值的城市分别有7个和12个。这说明，在政府内部管理职能绩效方面，地区之间的差异比较大。

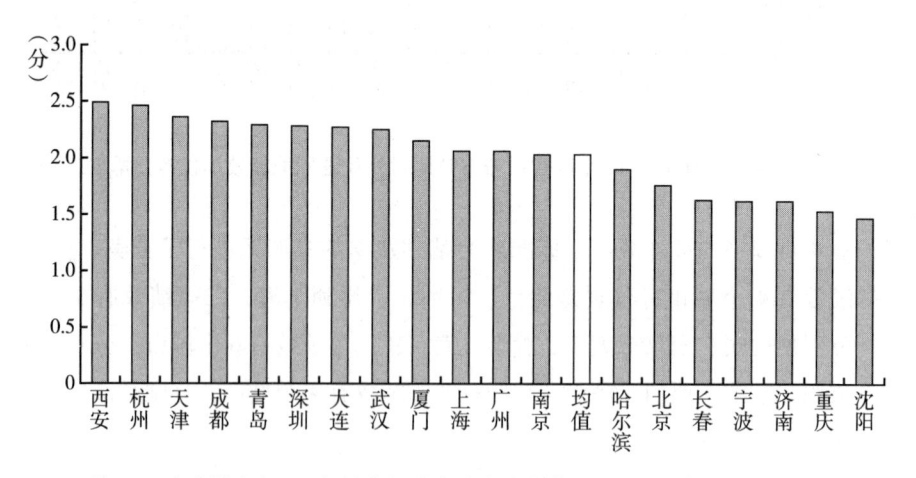

图4 4个直辖市与15个副省级城市政府内部管理职能绩效加权得分排名

从排名可见，排在前四位的分别为西安、杭州、天津和成都，排在后四位的为宁波、济南、重庆和沈阳。这个结果十分出人意料，尤其是排名处在前四位的城市中，有两个为西部欠发达地区省会城市。

表5对以平均值加减一个标准差为基础建立的参照系进行了分类。一级绩效城市包括西安、杭州、天津，二级绩效城市包括成都、青岛、深圳、大连、武汉、厦门、广州、上海、南京。三级绩效城市有哈尔滨和北京，这一结果也不太符合人们通常的认识。北京虽然绩效总得分排在全国第一，但是政府内部管理得分并不太高。

表5　4个直辖市与15个副省级城市政府内部管理职能绩效得分分类

（平均值 = 2.02 分；标准差 = 0.33）

绩效等级	四等绩效 （<1.69分）	三等绩效 （>1.69分，<2.02分）	二等绩效 （>2.02分，<2.35分）	一等绩效 （>2.35分）
数量	5个	2个	9个	3个
城市 （按得分次序排列）	长春 宁波 济南 重庆 沈阳	哈尔滨 北京	成都 青岛 深圳 大连 武汉 厦门 广州 上海 南京	西安 杭州 天津

值得特别指出的是西安和成都，这两个城市处在西部省份，虽然政府综合绩效得分均排在三等序列，但是内部管理却都名列前茅，西安排在一等优异序列第1名，成都排在二等序列第1名，总排名第4。

（四）按绩效优势综合比较

统观政府内部管理职能绩效得分、对外管理职能绩效得分以及综合绩效得分，19个城市的排名情况相对较为复杂。虽然有些城市总排名领先于其他城市，但是在对外管理或内部管理方面却有可能落后于其他城市，图5显示了不同城市在政府对外管理、内部管理以及综合绩效得分方面的横向比较，表6是各城市各职能领域绩效排名情况，结合起来可以更直观地看出各个城市政府绩效在某个方面与其他直辖市和副省级城市的相对优势或劣势。

政府绩效评估蓝皮书

图例：
- □ 政府对外管理职能绩效加权得分
- ■ 政府内部管理职能绩效加权得分
- ▨ 政府综合绩效加权总得分

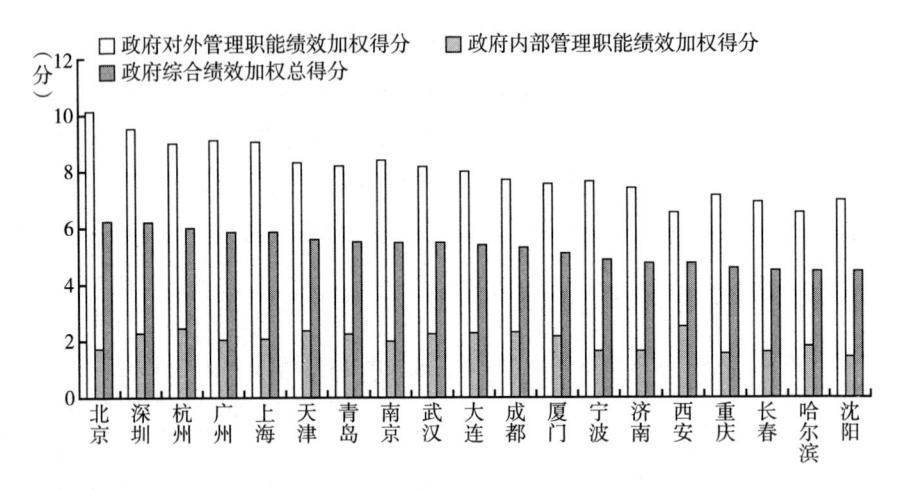

图5 4个直辖市与15个副省级城市政府对外、内部及综合管理绩效得分比较

表6 4个直辖市与15个副省级城市各职能领域绩效排名情况

城市	经济发展	市场监管	社会管理	公共服务	平衡发展	依法行政	政府效能	行政廉洁	行政成本	行政公开
北 京	4	1	4	1	4	1	19	7	16	11
天 津	5	13	2	12	17	7	11	8	3	12
上 海	1	5	6	5	15	9	5	15	6	9
南 京	8	6	14	6	5	13	7	3	13	18
杭 州	7	15	1	2	9	6	14	1	11	6
宁 波	12	17	12	15	2	18	10	13	14	16
厦 门	11	14	11	11	13	5	6	10	9	10
济 南	15	18	7	3	16	8	13	11	19	14
青 岛	9	7	15	9	7	9	2	4	15	7
广 州	2	2	18	4	11	11	8	6	17	1
深 圳	3	4	10	8	1	15	1	18	2	2
武 汉	10	11	8	7	8	4	12	5	7	8
重 庆	14	12	5	17	19	17	18	19	8	3
成 都	16	3	9	18	3	16	3	14	1	5
西 安	18	16	13	10	18	2	17	2	5	15
沈 阳	13	19	16	13	12	12	9	16	18	17
大 连	6	8	3	19	14	11	4	9	4	19
长 春	17	10	17	14	10	19	15	17	12	4
哈尔滨	19	9	19	16	6	3	16	12	10	13

为了更好地显示 4 个直辖市和 15 个副省级城市政府各职能绩效表现与全国其他地区绩效表现的差异，我们特别将 19 个城市的数据纳入全国 317 个地市级政府数据库，变成 336 个单位重新进行计算得出加权得分。图 6 是 4 个直辖市和 15 副省级城市分领域政府对外管理职能绩效得分与全国 336 个单位平均绩效得分的比较。图 7 则是分领域政府内部管理职能绩效得分的比较。可以发现，在多个主要领域，4 个直辖市和 15 个副省级城市的平均水平均高于全国平均水平。但是值得注意的是，其差异量在各个领域的表现并不相同，差异最大的是经

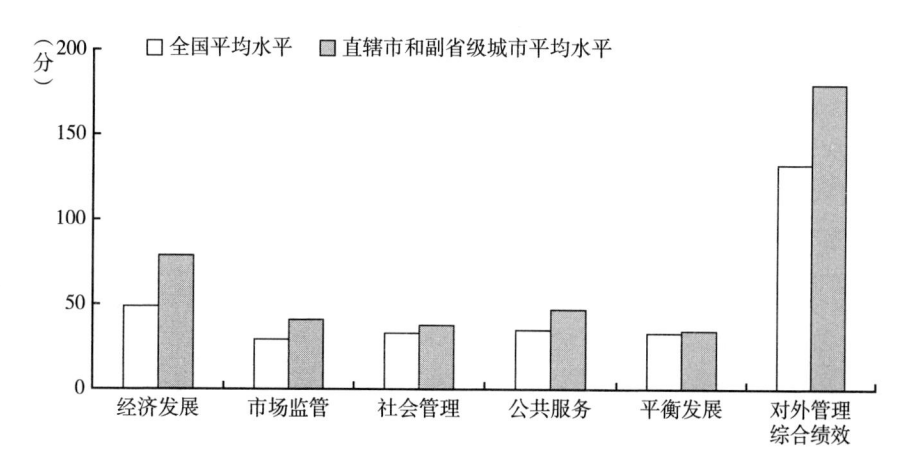

图 6　4 个直辖市与 15 个副省级城市政府对外管理职能绩效与全国平均水平比较

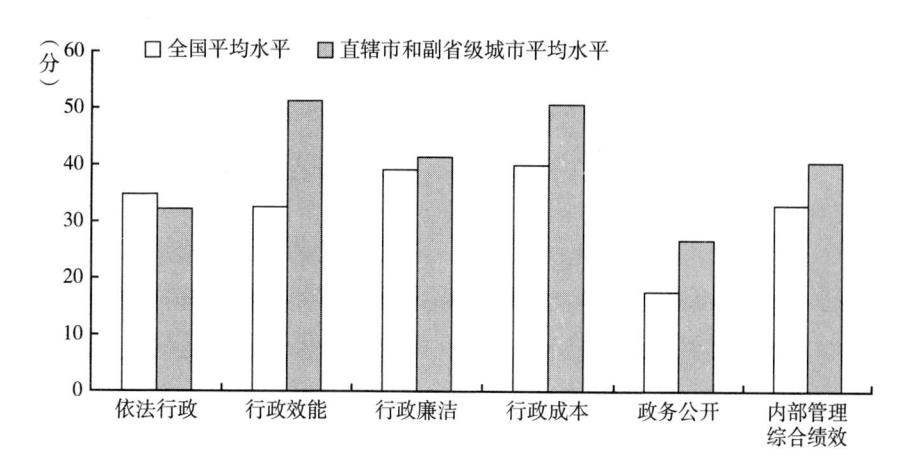

图 7　4 个直辖市与 15 个副省级城市政府内部管理职能绩效与全国平均水平比较

济发展，最小的则是平衡发展，这说明就平衡发展水平而言，4个直辖市和15个副省级城市的绩效表现并没有明显优于全国其他地市级政府总体水平。

二 各职能领域政府绩效分项评估

在本报告这一部分，将按照经济发展、市场监管、社会管理、公共服务、平衡发展五大政府对外管理职能，以及依法行政、政府效能、行政廉洁、行政成本、行政公开五大政府内部管理职能领域共十大方面，对4个直辖市、15个副省级城市的政府绩效进行分项评估。其中10个具体职能领域将分别给出得分排名与按照得分等次进行的分类情况。在每个领域之内，各二级指标将只进行得分排名，不再进行得分等次划分。

（一）经济发展绩效

政府经济职能，是指政府从社会经济生活宏观的角度，履行对国民经济进行全局性规划、协调、服务、监督的职能和功能。它是为了达到一定目的而采取的组织和干预社会经济活动的方法、方式、手段的总称。作为政府的一项重要职能，经济发展职能的绩效可以被合理评估和比较。但是当前阶段，衡量经济发展绩效的主要手段是GDP/人均GDP或财政收入/人均财政收入，本报告将使用经济增长、经济结构以及经济效果三个二级指标综合代表经济发展绩效，指标设计与加权整合在本书第七篇"经济发展绩效评估"部分将有详细说明。

图8是基于19个城市经济发展绩效得分的综合排名，加权总得分基本呈现正态分布格局，均值为2.75分，得分低于平均值和高于平均值的城市分别有10个和9个。其中排在前四位的分别为上海、广州、深圳、北京，排在后四位的为成都、长春、西安、哈尔滨。

表7以平均值加减一个标准差为基础建立了参照系，对各城市进行了分类。经济发展一等绩效有5个城市，分别是上海、广州、深圳、北京、天津；二等绩效有4个城市，分别是大连、杭州、南京、青岛；三等绩效有7个城市，分别是武汉、厦门、宁波、沈阳、重庆、济南、成都；四等绩效有3个城市，分别是长春、西安、哈尔滨。

直辖市及副省级城市政府绩效评估

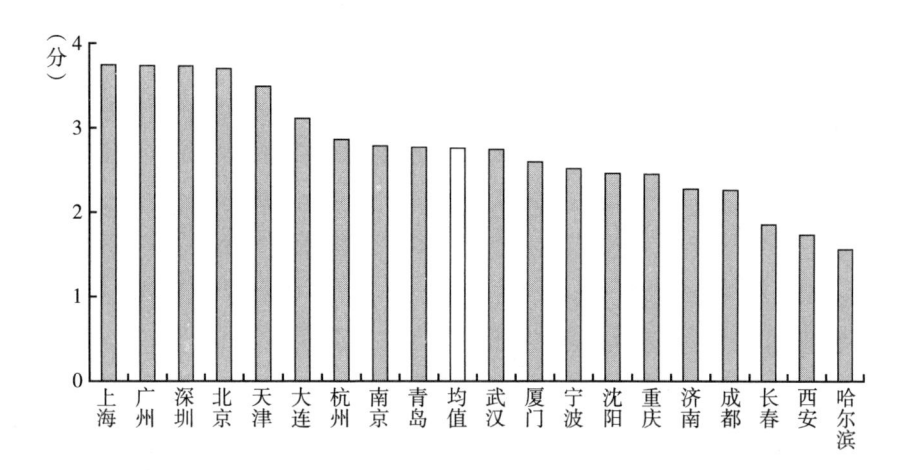

（分）

图8　4个直辖市与15个副省级城市政府经济发展绩效加权总得分排名

表7　4个直辖市与15个副省级城市政府经济发展绩效得分分类

（平均值=2.75分；标准差=0.68）

绩效等级	四等绩效 （<2.07分）	三等绩效 （>2.07分，<2.75分）	二等绩效 （>2.75分，<3.43分）	一等绩效 （>3.43分）
数量	3个	7个	4个	5个
城市 （按得分次序排列）	长春 西安 哈尔滨	武汉 厦门 宁波 沈阳 重庆 济南 成都	大连 杭州 南京 青岛	上海 广州 深圳 北京 天津

从这个分类表可以看出，中国经济发展的梯次特征十分明显。北、上、广、深依然是当前中国城市经济发展的龙头老大，始终占据不可撼动的地位，而经济发展绩效水平高低逐渐从沿海向内陆城市展开。值得注意的是，沈阳作为东北经济发展的引擎，明显跳出传统东北三省发展格局，进入三等绩效序列。

以下分别对政府经济发展绩效的三个职能领域——经济增长、经济结构、经济效果——计算了加权得分，并按得分高低进行了排名。

1. 经济增长

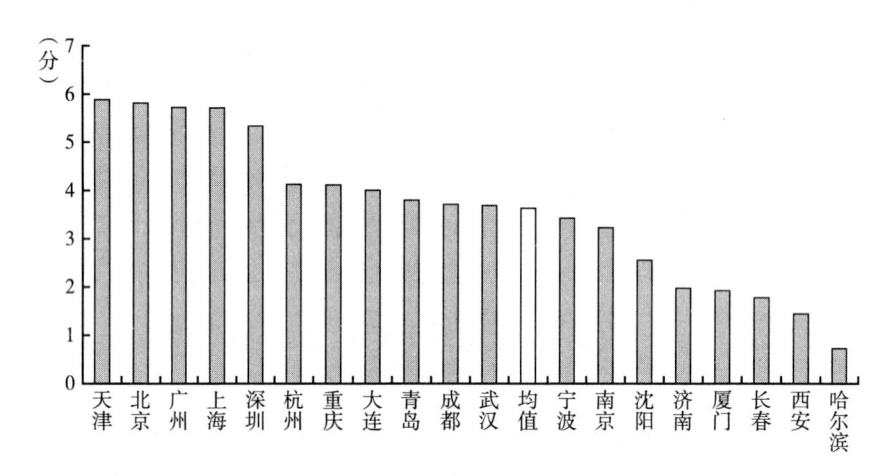

图9 4个直辖市与15个副省级城市政府经济增长绩效加权得分排名

2. 经济结构

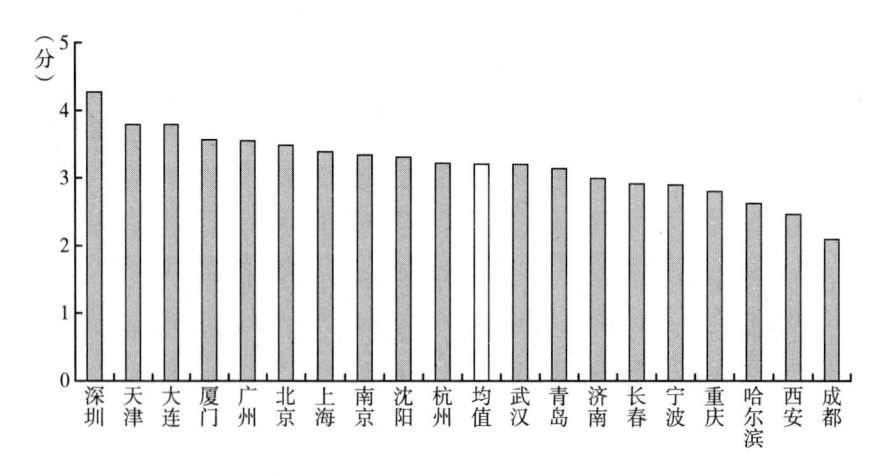

图10 4个直辖市与15个副省级城市政府经济结构绩效加权得分排名

3. 经济效果

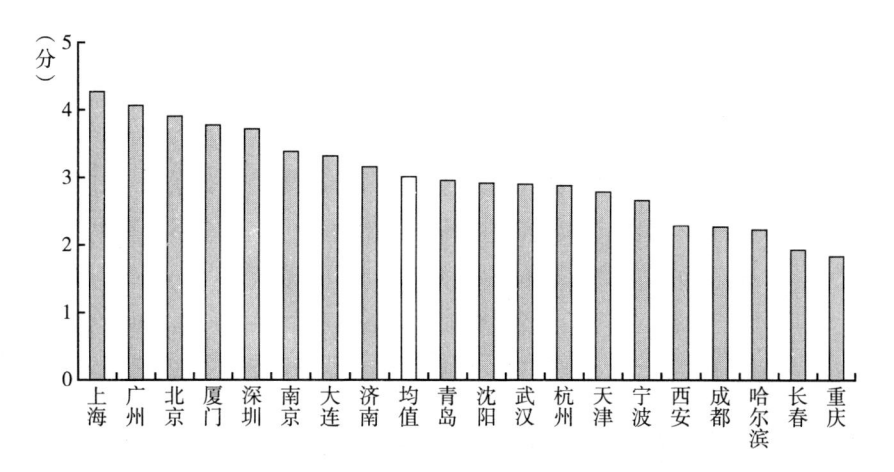

图11 4个直辖市与15个副省级城市政府经济效果绩效加权得分排名

（二）市场监管绩效

市场监管是现代国家和政府的一项重要职能，它是指政府依法对市场主体及其行为进行监督和管理，维护公平竞争的市场秩序，形成统一、开放、竞争、有序的现代市场体系。如界定和保护各类产权；创造良好的信用环境；促进全国统一市场的形成，扩大市场对内、对外开放，逐步消除行政性垄断，加强对自然垄断行业的规范；对产品定价和产品质量信息披露行为进行严格监管等。

在健全社会主义市场经济体制的过程中，政府监管与市场竞争是社会主义市场经济有效运作两个互为补充的基本制度，微观监管在政府经济职能中应有重要地位，它应当成为转型期中国政府绩效评估体系的重要组成部分。为了更好地衡量市场监管职能的绩效，我们将之划分为企业行为监管、产品质量监管以及市场秩序监管三个职能领域，在此基础上计算各指标得分并综合排序。

图12是基于19个城市政府市场监管绩效得分的综合排名，加权总得分基本呈现正态分布格局，均值为1.60分，得分低于平均值和高于平均值的城市分别有10个和9个。其中排在前四位的分别为北京、广州、成都、深圳，排在后四位的为西安、宁波、济南和沈阳。

[图表：4个直辖市与15个副省级城市政府市场监管绩效加权总得分柱状图，从高到低依次为：北京、广州、成都、深圳、上海、南京、青岛、大连、哈尔滨、均值、长春、武汉、重庆、天津、厦门、杭州、西安、宁波、济南、沈阳]

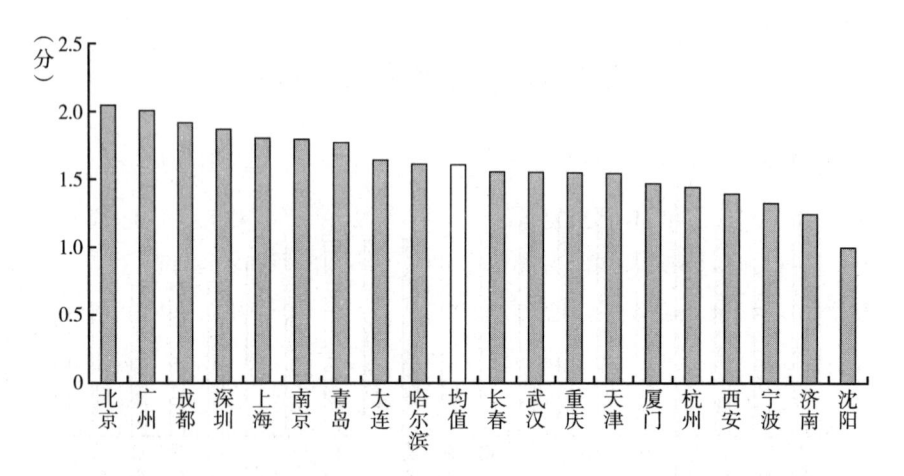

图12　4个直辖市与15个副省级城市政府市场监管绩效加权总得分排名

表8以平均值加减一个标准差为基础建立了参照系，对各城市进行了分类。其中，市场监管一等绩效有4个城市，分别是北京、广州、成都、深圳；二等绩效有5个城市，分别是上海、南京、青岛、大连和哈尔滨；三等绩效有7个城市，分别是长春、武汉、重庆、天津、厦门、杭州、西安；四等绩效有3个城市，分别是宁波、济南和沈阳。

表8　4个直辖市与15个副省级城市政府市场监管绩效得分分类

（平均值=1.60分；标准差=0.27）

绩效等级	四等绩效 （<1.33分）	三等绩效 （>1.33分，<1.60分）	二等绩效 （>1.60分，<1.87分）	一等绩效 （>1.87分）
数量	3个	7个	5个	4个
城市 （按得分次序排列）	宁波 济南 沈阳	长春 武汉 重庆 天津 厦门 杭州 西安	上海 南京 青岛 大连 哈尔滨	北京 广州 成都 深圳

在这些城市中，成都作为一个西部欠发达省会城市，其市场监管绩效表现脱颖而出。成都是中国国家区域中心城市（西南），四川省省会，西南

地区教育、科技、商贸、金融、文化、军事中心,通信、交通枢纽。2012年,经济总量名列省会城市第2位、副省级城市第3位、城市GDP中国大陆第8位。2011年国务院批复《成渝经济区区域规划》,把成都定位为充分国际化的大都市。成都在市场监管领域进入优等序列并非偶然,近年来,成都一直在市场监管领域探索改革之路,最具代表性的是成都率先在全国市场监管领域探索"大部门"体制改革。例如在食品安全监管方面,成都将执法部门全部集中由一名副市长分管,成立了集中公安、工商、质监、药监、经信、农业、司法等部门参与的食品安全委员会,统一负责全市食品药品安全工作的日常监管执法,从职能整合上率先实现了"大部制"管理的实质效果。此外,成都在由企业协会发挥市场监管补充作用方面,也有十分宝贵的探索经验。这些因素,都可以解释成都在这一领域不俗的得分表现。

以下分别就政府市场监管绩效的三个职能领域——企业行为监管、产品质量监管、市场秩序监管——计算了加权得分,并按得分高低进行了排名。

1. 企业行为监管

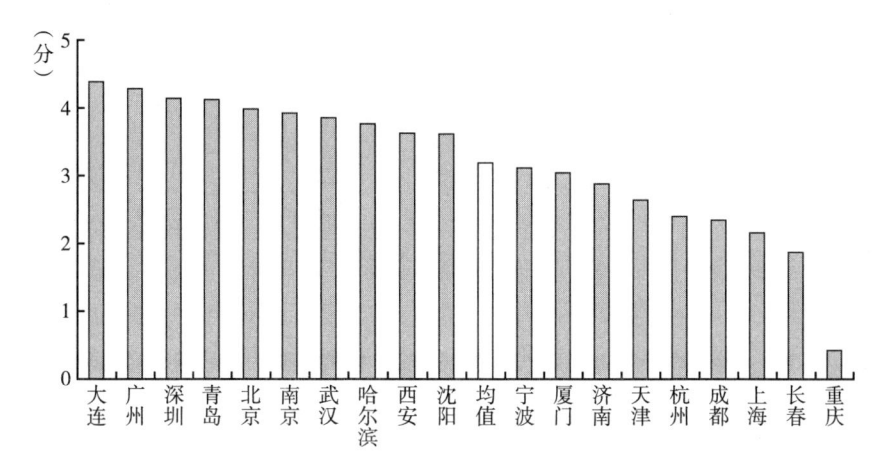

图13　4个直辖市与15个副省级城市政府企业行为监管绩效加权得分排名

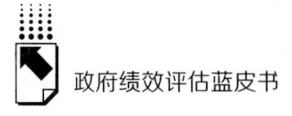

2. 产品质量监管

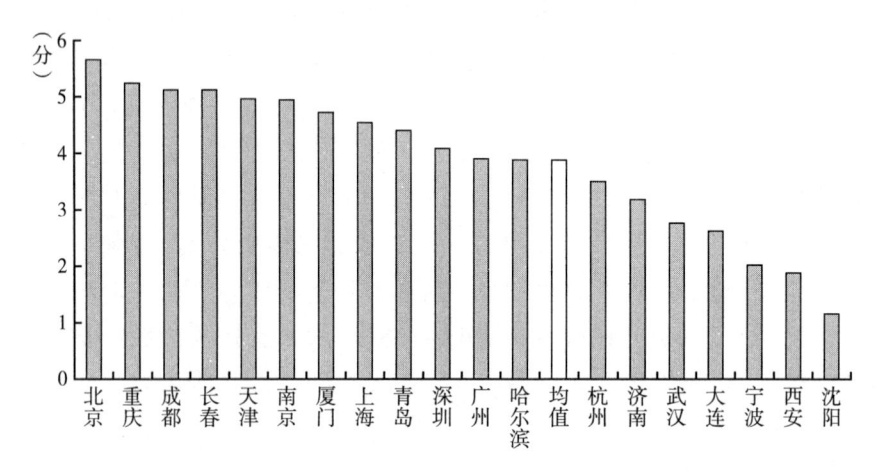

图14 4个直辖市与15个副省级城市政府产品质量监管绩效加权得分排名

3. 市场秩序监管

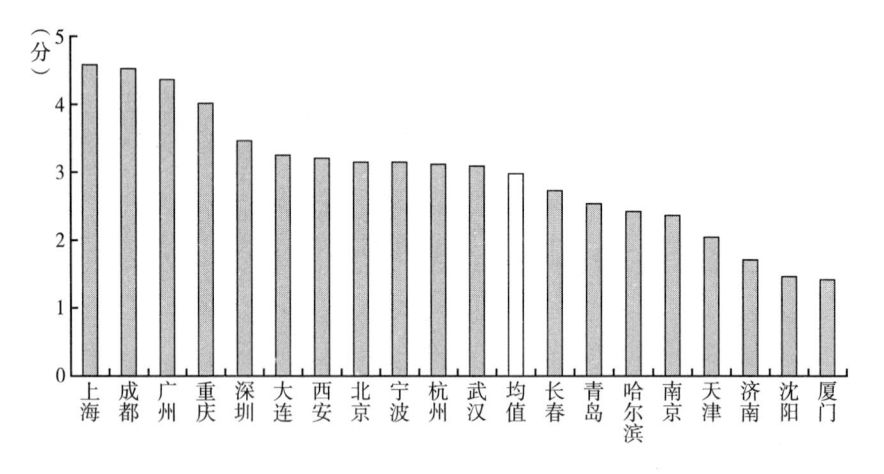

图15 4个直辖市与15个副省级城市政府市场秩序监管绩效加权得分排名

（三）社会管理绩效

政府社会管理职能，就是通过制定社会政策和法规，依法管理和规范社会组织、社会事务，化解社会矛盾，调节收入分配，维护社会公正、社会秩序和社会稳定。社会管理主要包括两个核心内容：第一，保障公民享有宪法规定的经济、政治和文化权利。依法指导和帮助非政府组织的健康发展，推进社区和乡村基层组织自治；为落实公民在选举、决策、管理和监督等方面的民主权利创造条件。第二，维护社会安全秩序。依法惩处各种犯罪活动；妥善处理突发性、群体性事件；解决好各种利益矛盾和纠纷；在安全生产方面实行严格的监督管理；做好防灾减灾工作等。

结合一般理论研究和当前阶段社会管理实际发展状况，我们按照社会管理的对象和内容，将这一职能的范围划分为三个方面：社会组织与人口管理、社会安全管理以及社会保障和就业，在此基础上计算各指标得分和综合得分。

图16是基于19个城市政府社会管理绩效得分的综合排名，加权总得分基本呈现正态分布格局，均值为1.84分，得分低于平均值和高于平均值的城市分别有10个和9个。其中排在前四位的分别为杭州、天津、大连、北京，排在后四位的为沈阳、长春、广州和哈尔滨。

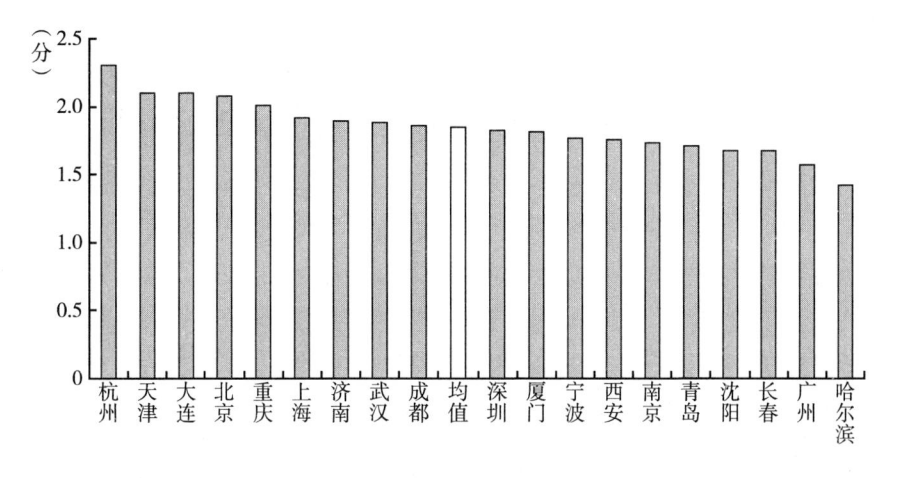

图16　4个直辖市与15个副省级城市政府社会管理绩效加权总得分排名

表9以平均值加减一个标准差为基础建立了参照系，对各城市进行了分类。社会管理一等绩效有4个城市，分别是杭州、天津、大连、北京；二等绩效有5个城市，分别是重庆、上海、济南、武汉、成都；三等绩效有8个城市，分别是深圳、厦门、宁波、西安、南京、青岛、沈阳、长春；四等绩效有2个城市，分别是广州和哈尔滨。

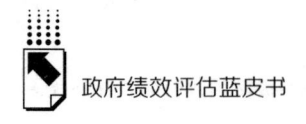

表9　4个直辖市与15个副省级城市政府社会管理绩效得分分类

（平均值＝1.84分；标准差＝0.21）

绩效等级	四等绩效 (<1.63分)	三等绩效 (>1.63分, <1.84分)	二等绩效 (>1.84分, <2.05分)	一等绩效 (>2.05分)
数量	2个	8个	5个	4个
城市 （按得分次序排列）	广州 哈尔滨	深圳 厦门 宁波 西安 南京 青岛 沈阳 长春	重庆 上海 济南 武汉 成都	杭州 天津 大连 北京

值得注意的是广州，这是广州在所有分职能绩效排名中唯一进入四等序列的领域，原因可能是广州在社会管理方面面临较大压力，各次级指标得分较低。

以下分别就政府社会管理绩效的三个职能领域——社会组织与人口管理、社会安全管理以及社会保障和就业——计算了加权得分，并按得分高低进行了排名。

1. 社会组织与人口管理

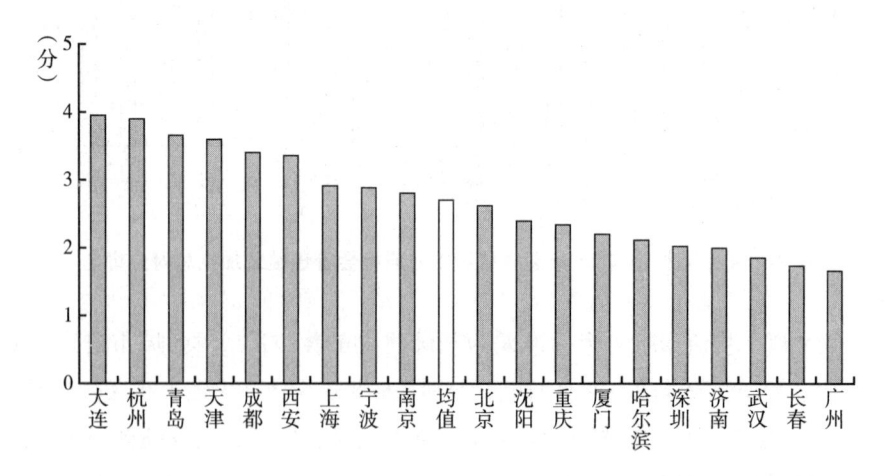

图17　4个直辖市与15个副省级城市政府社会组织与人口管理绩效加权得分排名

2. 社会安全管理

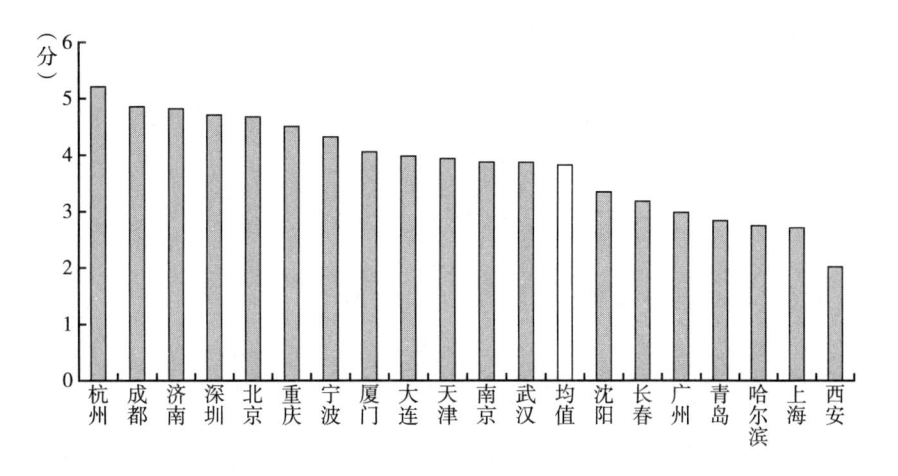

图18 4个直辖市与15个副省级城市政府社会安全管理绩效加权得分排名

3. 社会保障和就业

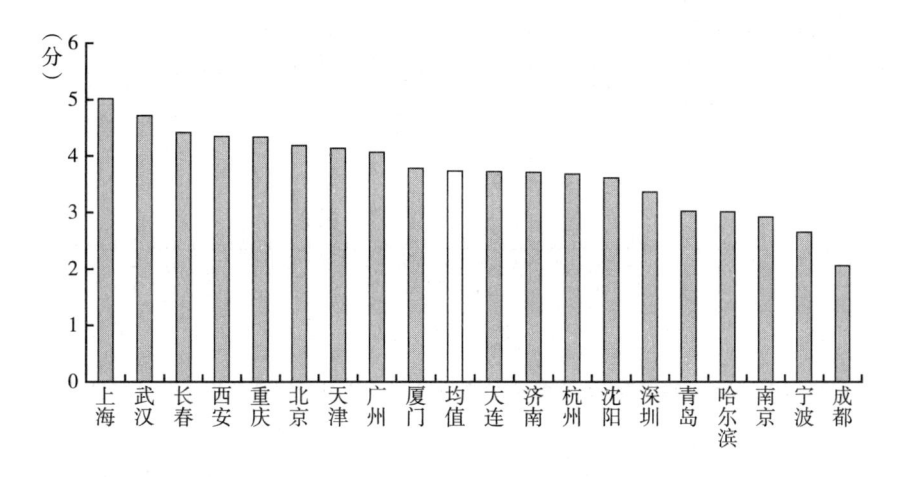

图19 4个直辖市与15个副省级城市政府社会保障和就业绩效加权得分排名

（四）公共服务绩效

公共服务职能，是指政府提供公共产品和服务的职责和能力。广义的公共服务包括加强城乡公共设施建设，发展社会就业、社会保障服务和发布公共信息等，维护宏观经济稳定、市场秩序和社会秩序，为社会公众生活提供保障并为其参与社会经济活动创造条件。

结合一般理论研究和公共服务实际发展状况，我们按照当前阶段中国地方政府提供公共服务产品的内容，将这一职能的范围划分为四个方面：基础设施、科技教育、医疗卫生以及文化体育，在此基础上计算各指标得分及综合得分。

图20是基于19个城市公共服务绩效得分的综合排名，加权总得分基本呈现正态分布格局，均值为2.02分，得分低于和高于平均水平的城市分别有10个和9个。其中排在前四位的为北京、杭州、济南、广州，排在后四位的为哈尔滨、重庆、成都、大连。

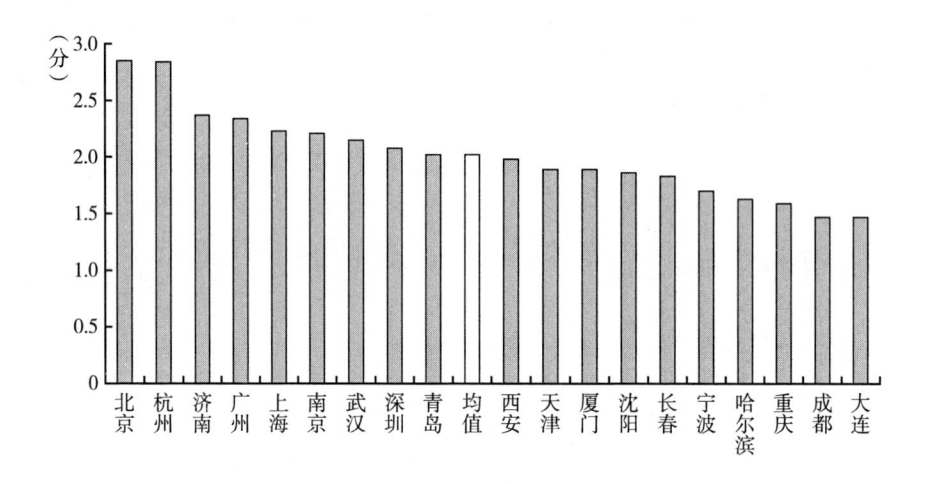

图20　4个直辖市与15个副省级城市政府公共服务绩效加权总得分排名

表10以平均值加减一个标准差为基础建立了参照系，对各城市进行了分类。其中，公共服务一等绩效有2个城市，分别是北京、杭州；二等绩效有7个城市，分别是济南、广州、上海、南京、武汉、深圳和青岛；三等绩效有6个城市，分别是西安、天津、厦门、沈阳、长春、宁波；四等绩效有4个城市，分别是哈尔滨、重庆、成都、大连。

表10　4个直辖市与15个副省级城市政府公共服务绩效得分分类

（平均值＝2.02分；标准差＝0.39）

绩效等级	四等绩效 （<1.63分）	三等绩效 （>1.63分，<2.02分）	二等绩效 （>2.02分，<2.41分）	一等绩效 （>2.41分）
数量	4个	6个	7个	2个
城市 （按得分次序排列）	哈尔滨 重庆 成都 大连	西安 天津 厦门 沈阳 长春 宁波	济南 广州 上海 南京 武汉 深圳 青岛	北京 杭州

以下就政府公共服务绩效的四个职能领域——基础设施、科技教育、医疗卫生、文化体育——分别计算了加权得分，并按得分高低进行了排名。

1. 基础设施

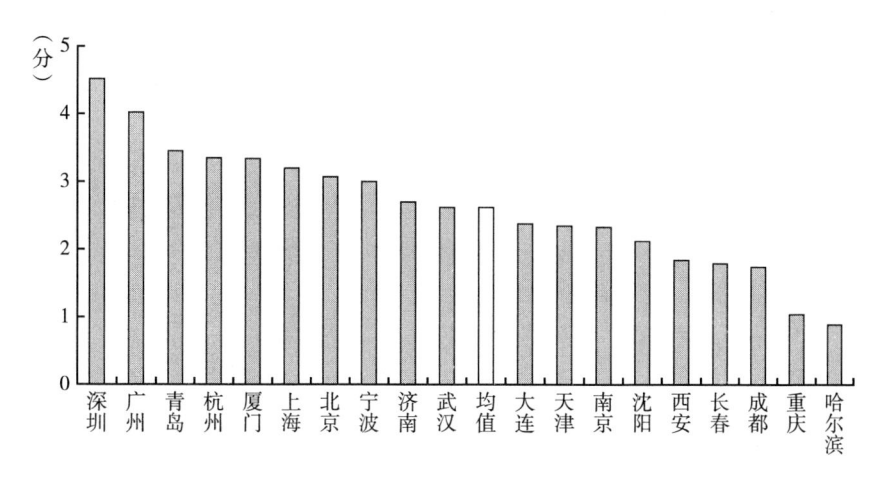

图21　4个直辖市与15个副省级城市政府基础设施绩效加权得分排名

2. 科技教育

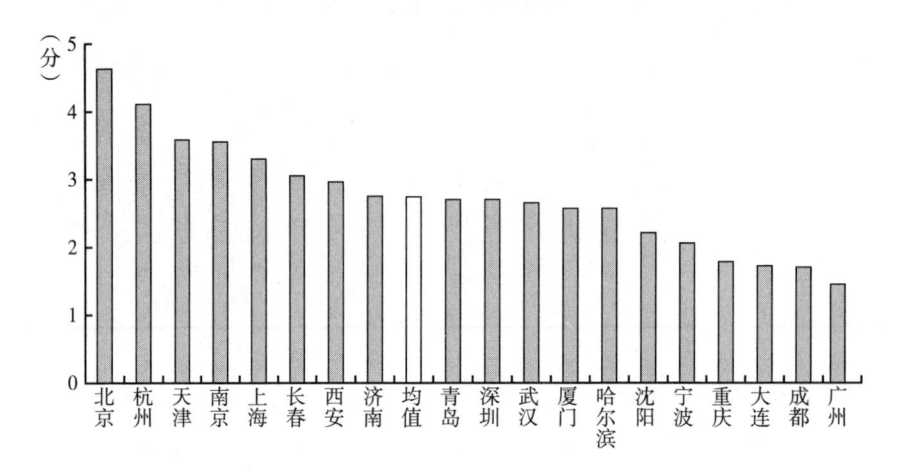

图22　4个直辖市与15个副省级城市政府科技教育绩效加权得分排名

3. 医疗卫生

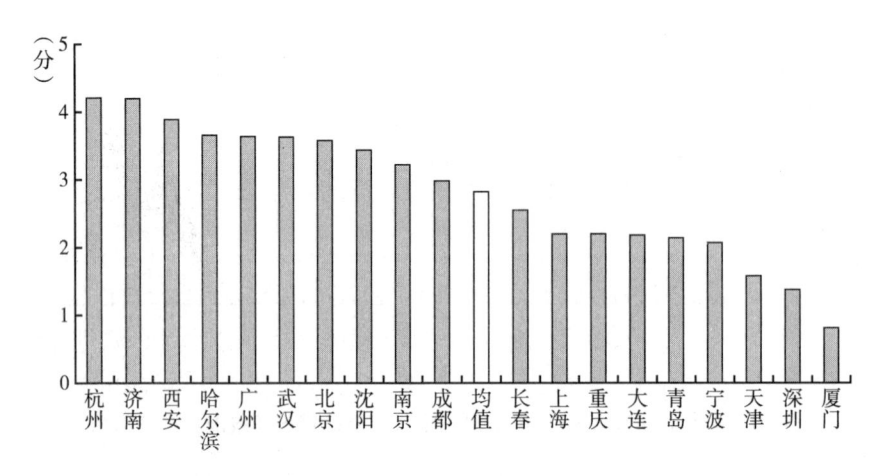

图23　4个直辖市与15个副省级城市政府医疗卫生绩效加权得分排名

4. 文化体育

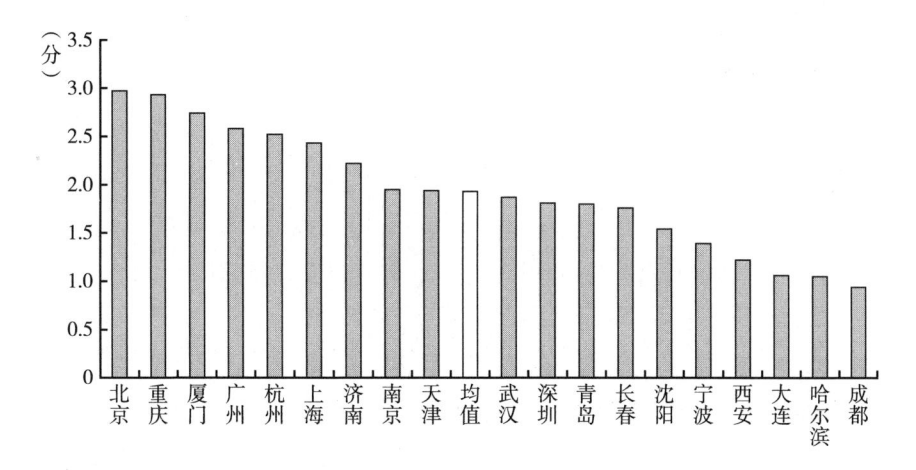

图 24　4 个直辖市与 15 个副省级城市政府文化体育绩效加权得分排名

（五）平衡发展绩效

改革开放 30 多年来，我国在经济、社会、政治、文化等领域取得了举世瞩目的成就，人民生活总体达到小康水平，实现了从温饱型到小康型社会的历史跨越。但是与此同时，也出现了较严重的发展不平衡问题，主要体现在区域发展不平衡、城乡发展不平衡、居民收入差距不断扩大、经济社会发展不平衡、经济发展受到资源与环境的约束加剧等方面。政府平衡发展职能，指的是通过转变发展思路、调整政策方式和工具，促进经济社会协调发展的一项重要职能。为了衡量政府平衡发展能力，本报告将环境保护、城乡平衡发展以及区域平衡发展三项指标作为平衡发展的代理指标和变量，在此基础上计算各指标得分并综合排序。

图 25 是基于 19 个城市平衡发展绩效得分的综合排名，加权总得分基本呈正态分布格局但峰值偏高，均值为 1.80 分，得分低于和高于平均水平的城市分别有 11 个和 8 个。其中排在前四位的为深圳、宁波、成都、北京，排在后四位的为济南、天津、西安、重庆。

表 11 以平均值加减一个标准差为基础建立了参照系，对各城市进行了分类。其中，平衡发展一等绩效有 3 个城市，分别是深圳、宁波、成都；二等绩效有 5 个城市，分别是北京、南京、哈尔滨、青岛、武汉；三等绩效有 8 个城

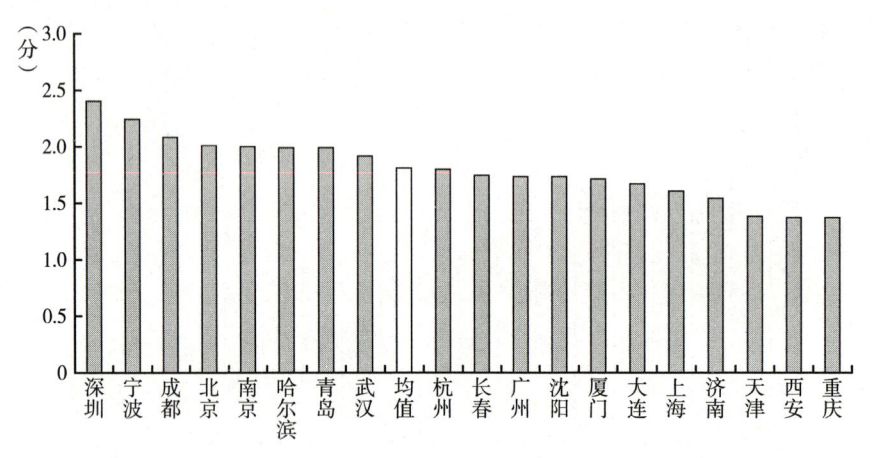

图25　4个直辖市与15个副省级城市政府平衡发展绩效加权总得分排名

市，分别是杭州、长春、广州、沈阳、厦门、大连、上海、济南；四等绩效有3个城市，分别是天津、西安、重庆。

表11　4个直辖市与15个副省级城市政府平衡发展绩效得分分类

（平均值=1.80分；标准差=0.29）

绩效等级	四等绩效 （<1.51分）	三等绩效 （>1.51分，<1.80分）	二等绩效 （>1.80分，<2.09分）	一等绩效 （>2.09分）
数量	3个	8个	5个	3个
城市 （按得分次序排列）	天津 西安 重庆	杭州 长春 广州 沈阳 厦门 大连 上海 济南	北京 南京 哈尔滨 青岛 武汉	深圳 宁波 成都

值得注意的是，宁波其他政府对外管理职能绩效均位于三等或四等绩效，但在平衡发展方面绩效较为突出，位于一等绩效行列。排在一等绩效序列的除两个沿海城市外，也有位于西部地区、经济欠发达的成都。而位于东部沿海、经济发展绩效优异的广州、上海、天津等地在平衡发展绩效上则较为落后，处于三等、四等绩效行列；北京也排在成都之后，首次跌出一等绩效行列。这些

城市的表现并非偶然,我们认为,虽然部分城市在政府经济发展绩效方面落后于其他东部沿海城市,但是它们根据自己的优势,发挥能动性,在平衡发展领域绩效突出。换言之,做大"蛋糕"的能力可能落后于其他城市,但是分配"蛋糕"的能力却领先于其他城市。

以下就政府平衡发展职能的三个职能领域——环境保护、城乡平衡发展、区域平衡发展——分别计算了加权得分,并按得分高低进行了排名。

1. 环境保护

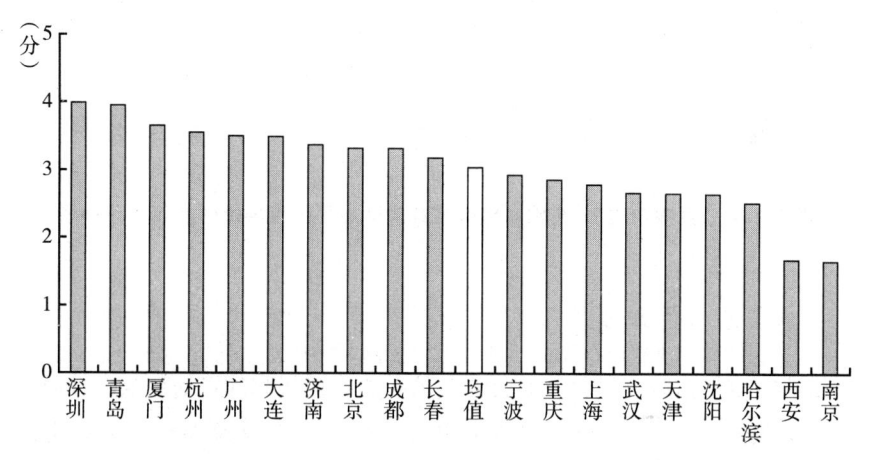

图26　4个直辖市与15个副省级城市政府环境保护绩效加权得分排名

2. 城乡平衡发展

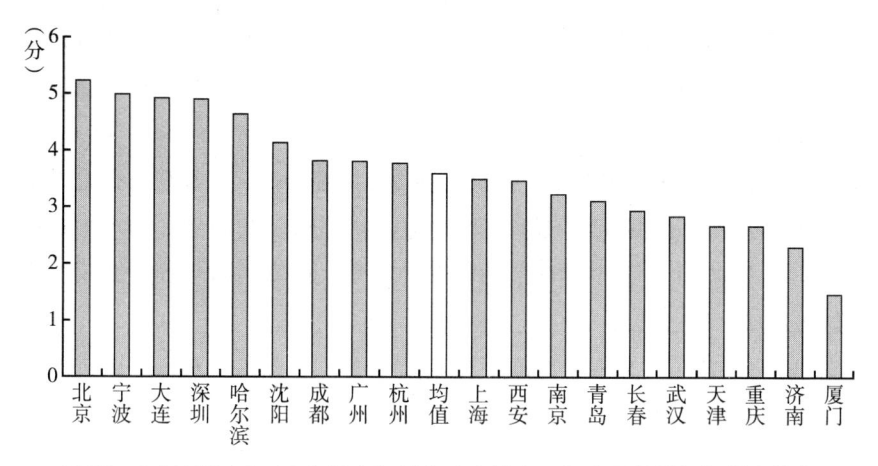

图27　4个直辖市与15个副省级城市政府城乡平衡发展绩效加权得分排名

3. 区域平衡发展

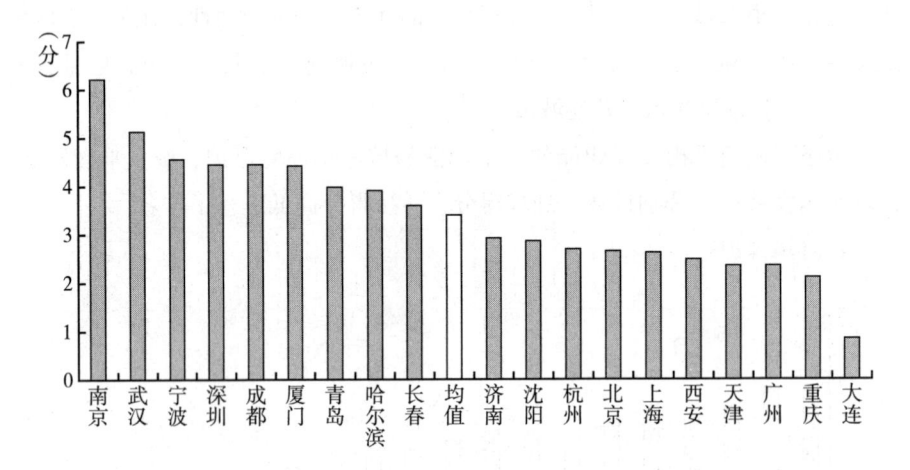

图 28　4 个直辖市与 15 个副省级城市政府区域平衡发展绩效加权得分排名

（六）依法行政绩效

依法行政是指政府机关及其公务人员在法律授权和规定的范围内行使行政权力、管理公共事务的行为。依法行政要求政府行为必须符合法律规定的精神，在此基础上才谈得上自由裁量权的行使。依法行政的本质是依法规范、约束行政权力。具体来说，依法行政是依法治权，不是依法治事；是依法治官，不是依法治民；是依法治自己，不是依法治别人。为了有效衡量政府依法行政绩效，本研究选取了违法违纪案件发案率、行政复议案件办结率、受理行政诉讼案件数量等能够反映政府依法行政水平的重要指标，并在此基础上直接进行排序赋值加权计算。

图 29 是基于 19 个城市依法行政绩效得分的综合排名，加权总得分基本呈正态分布格局但峰值偏高，均值为 2.20 分，均值低于和高于平均水平的城市分别有 7 个和 12 个。其中排在前四位的为北京、西安、哈尔滨和武汉，排在后四位的为成都、重庆、宁波和长春。

表 12 以平均值加减一个标准差为基础建立了参照系，对各城市进行了分类。其中，依法行政一等绩效有 3 个城市，分别是北京、西安、哈尔滨；二等绩效有 9 个城市，分别是武汉、厦门、杭州、天津、济南、上海、青岛、广

直辖市及副省级城市政府绩效评估

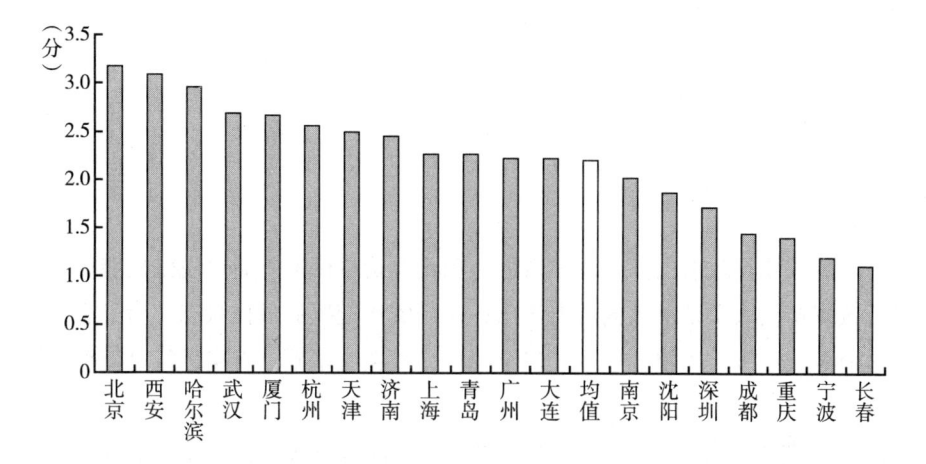

图29 4个直辖市与15个副省级城市政府依法行政绩效加权总得分排名

州、大连；三等绩效有3个城市，分别是南京、沈阳、深圳；四等绩效有4个城市，分别是成都、重庆、宁波、长春。

表12 4个直辖市与15个副省级城市政府依法行政综合绩效得分分类

（平均值=2.20分；标准差=0.61）

绩效等级	四等绩效 （<1.59分）	三等绩效 （>1.59分，<2.20分）	二等绩效 （>2.20分，<2.81分）	一等绩效 （>2.81分）
数量	4个	3个	9个	3个
城市 （按得分次序排列）	成都 重庆 宁波 长春	南京 沈阳 深圳	武汉 厦门 杭州 天津 济南 上海 青岛 广州 大连	北京 西安 哈尔滨

值得注意的是，与政府对外管理职能绩效得分排序不同，这里的格局已经开始发生明显变化，西安、哈尔滨、武汉这些在对外管理职能绩效排名中较为靠后的城市，开始在内部管理职能绩效领域领先开来。这其中，以西安为代表，它是内陆欠发达城市重视政府内部管理的典型。在中央提出《全面推进

051

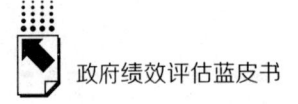

依法行政实施纲要》以及陕西省颁布《加强法治政府建设规划》的背景下，西安市多次创新依法行政监督模式，还率先在全国实施了《全面推进依法行政五年规划（2012~2016年）》。

（七）政府效能绩效

政府效能是政府内部管理绩效的一项重要衡量标准。简单说就是能以较小的行政资源投入实现最大的政府产出，达到资源配置的最佳状态。为了有效衡量政府效能绩效，本报告选取了三个指标，并在此基础上直接进行赋值加权计算。

图30是基于19个城市政府效能绩效得分的综合排名，加权总得分基本呈正态分布格局但峰值偏低，均值为2.00分，得分低于和高于平均水平的城市分别有8个和11个。其中排在前四位的为深圳、青岛、成都以及大连，排在后四位的为哈尔滨、西安、重庆、北京。

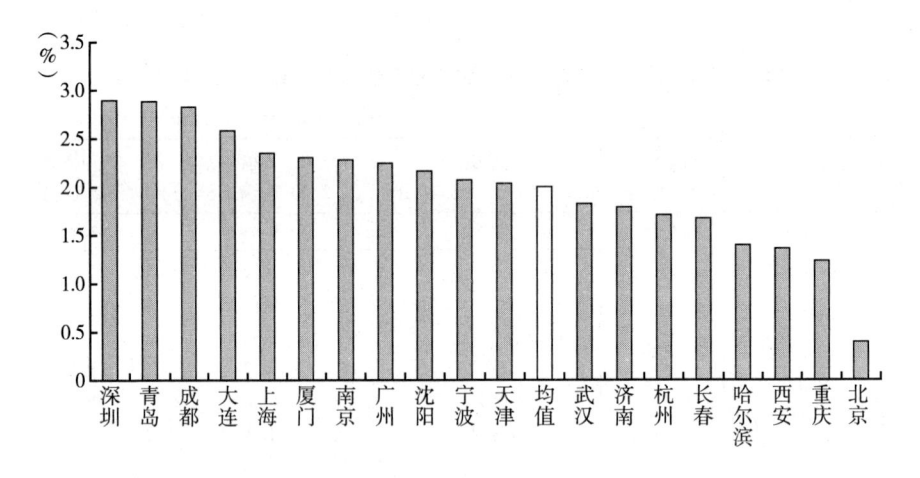

图30　4个直辖市与15个副省级城市政府效能绩效加权总得分排名

表13以平均值加减一个标准差为基础建立了参照系，对各城市进行了分类。其中，政府效能一等绩效有3个城市，分别是深圳、青岛、成都；二等绩效有8个城市，分别是大连、上海、厦门、南京、广州、沈阳、宁波、天津；三等绩效有5个城市，分别是武汉、济南、杭州、长春、哈尔滨；四等绩效有3个城市，分别是西安、重庆、北京。

表13 4个直辖市与15个副省级城市政府效能绩效得分分类

(平均值=2.00分；标准差=0.63)

绩效等级	四等绩效 (<1.37分)	三等绩效 (>1.37分,<2.00分)	二等绩效 (>2.00分,<2.63分)	一等绩效 (>2.63分)
数量	3个	5个	8个	3个
城市 (按得分次序排列)	西安 重庆 北京	武汉 济南 杭州 长春 哈尔滨	大连 上海 厦门 南京 广州 沈阳 宁波 天津	深圳 青岛 成都

值得注意的是，在政府效能方面，排在前六位的除成都外均为东部沿海城市。深圳作为中国最重要的行政特区，一直都是全国政府效能改革的领头羊。深圳的优异表现，可以从我们所选择的指标体系中看出端倪，例如我们选用公务员对GDP的贡献率这一指标，得分最高的就是深圳，它的平均贡献率几乎是这一指标排名第二的成都的近三倍，应当说深圳被评为政府效能最高的城市，当之无愧。成都作为唯一的西部城市进入排名前三的序列，这也并不奇怪，从2008年开始，成都就围绕如何为统筹城乡服务这一主题，加强行政效能改革，包括进行行政审批制度改革、建立健全监督机制、加快政府职能转变等、在多个方面树立了全国典型。

出人意料的是，作为全国首善之都的北京，它在依法行政方面虽然表现优异，但政府效能绩效却排在多数城市之后。关于这个现象，必须从我们的基本指标选择来解释。政府效能绩效主要包括公务员对GDP的贡献率、单位公务员服务人口数以及财政支出对GDP的贡献率三项指标，但是由于北京是全国的首善之都，其政府人员数量、财政支出规模必然高于其他城市，因此从政府产出比例角度考察，其绩效排在其他城市之后也是容易理解的。

(八)行政廉洁绩效

行政廉洁指的是政府行政主体的守法、奉公以及个人清廉程度，包括各层级的决策者与政策执行者在内。这一指标考察他们能否做到廉洁自律与规范行政。腐败案件的发生率以及官员犯罪率或受检察机构公诉率通常被用来衡量一个地区或国家的行政廉洁程度。为了有效衡量政府行政廉洁程度，本研究选取了能够反映政府行政廉洁水平的三个指标，并在此基础上直接进行赋值加权计算。

图31是基于19个城市行政廉洁绩效得分的综合排名，加权总得分基本分布格局为正态分布，均值为2.42分，得分低于和高于平均水平的城市分别有10个和9个。其中排在前四位的为杭州、西安、南京、青岛，排在后四位的为沈阳、长春、深圳、重庆。

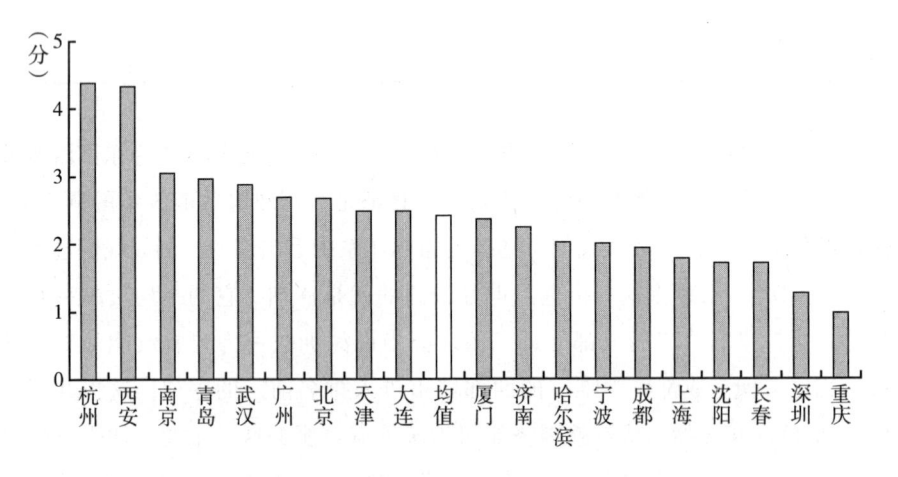

图31　4个直辖市与15个副省级城市政府行政廉洁绩效加权总得分排名

表14以平均值加减一个标准差为基础建立了参照系，对各城市进行了分类。其中，行政廉洁一等绩效有2个城市，分别是杭州和西安；二等绩效有7个城市，分别是南京、青岛、武汉、广州、北京、天津、大连；三等绩效有8个城市，分别是厦门、济南、哈尔滨、宁波、成都、上海、沈阳、长春；四等绩效有2个城市，分别是深圳和重庆。

近年来，在中央高调反腐的倡议声中，我国一些城市先后提出了建设"廉洁城市"的口号和改革计划。在众多城市中，杭州、深圳、广州成为"廉洁城市"建设的领军者。早在2008年2月，杭州市委、市政府就明确提出打造"廉洁杭州"的目标，并将之作为杭州"生活品质之城"规划战略的重要组成部分。杭州还提出了以"党政清廉、干部勤廉、社会崇廉"三位一体为

表14 4个直辖市与15个副省级城市政府行政廉洁绩效得分分类

(平均值=2.42分；标准差=0.88)

绩效等级	四等绩效 (<1.54分)	三等绩效 (>1.54分, <2.42分)	二等绩效 (>2.42分, <3.30分)	一等绩效 (>3.30分)
数量	2个	8个	7个	2个
城市 (按得分次序排列)	深圳 重庆	厦门 济南 哈尔滨 宁波 成都 上海 沈阳 长春	南京 青岛 武汉 广州 北京 天津 大连	杭州 西安

基本框架的廉政建设规划，试图让"廉洁"成为这座有着"人间天堂"美誉的城市的另外一张名片。为此，杭州市以规范权力运行为核心，推行了一系列改革措施，另外杭州市各级纪检监察机关立案查处党员干部的力度以及对干部问责的力度在全国也是遥遥领先的。这些改革实践，应当可以解释杭州在行政廉洁绩效方面排名第一的优异表现。

在一等绩效和二等绩效中，表现比较优异的内陆城市主要包括西安（排名第2）、南京（排名第3）和武汉（排名第5），其中西安和武汉在依法行政绩效得分中同样表现优异，分别排名第2和第4。此外，深圳的情况比较特殊，深圳在打击公务员职务犯罪方面一直走在全国前列。根据相关资料，深圳市从2010年至2012年，三年内有603人因职务犯罪被公诉，这在全国范围内都是属于重量级的。因此深圳这一指标排在全国19个城市最后一名，严重影响了其行政廉洁绩效得分。但是如果从打击行政腐败的力度这个角度来看，深圳反而应当名列前茅。

（九）行政成本绩效

行政成本可以分别从狭义与广义两个层次来理解。狭义来讲，行政成本是指政府行政活动对经济资源的消耗，主要指的是政府自身为行政办公所消耗的基础设施和人力资源等，它本身不会带来经济效益，但却是必不可少的。广义理解，行政成本还包括政府行政决策所付出的代价，例如如果决策失误，就会导致不必要的行政成本。为了科学有效衡量政府行政成本绩效，本研究采用狭义层面的行政成本，选取了能够反映政府行政资源消耗、政府管理支出水平的三个主要指标，并在此基础上直接进行排序赋值加权计算。

图32是基于19个城市行政成本绩效得分的综合排名，加权总得分基本分布格局为正态分布，均值为2.50分，得分低于和高于平均水平的城市分别有11个和8个。其中排在前四位的为成都、深圳、天津和大连，排在后四位的为北京、广州、沈阳和济南。

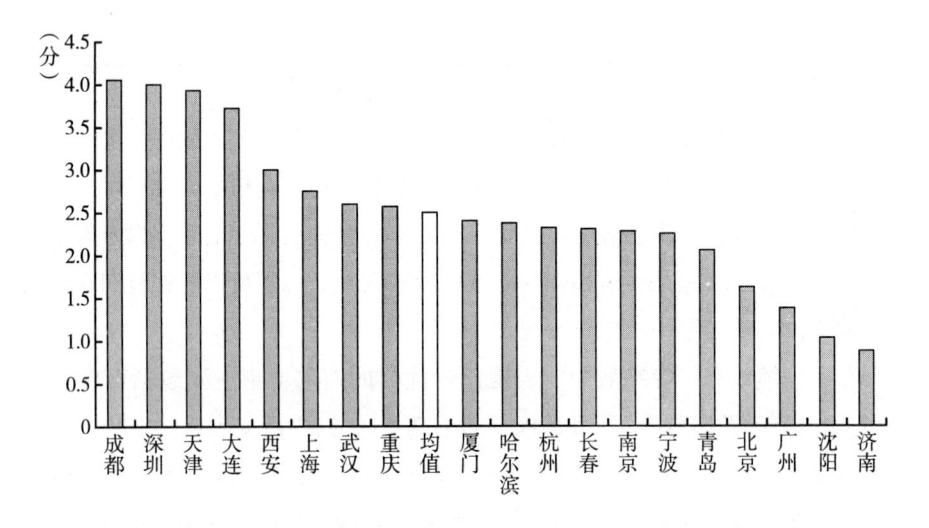

图32 4个直辖市与15个副省级城市政府行政成本绩效加权总得分排名

表15以平均值加减一个标准差为基础建立了参照系，对各城市进行了分类。其中，行政成本绩效得分进入一等绩效序列的有4个城市，分别是成都、深圳、天津和大连；二等绩效同样有4个城市，分别是西安、上海、武汉、重庆；三等绩效有8个城市，分别是厦门、哈尔滨、杭州、长春、南京、宁波、青岛、北京；四等绩效有3个城市，分别是广州、沈阳和济南。

从表15各城市横向比较来看，在高于平均值的8个城市中，有4个是一线沿海城市、4个为内陆城市，平分秋色。4个内陆城市中，除重庆外，西安、武汉和成都均在内部管理职能其他方面表现相对较好，其中成都最有典型性。成都

表 15　4个直辖市与15个副省级城市政府行政成本绩效得分分类

（平均值=2.50分；标准差=0.94）

绩效等级	四等绩效 （<1.56分）	三等绩效 （>1.56分，<2.50分）	二等绩效 （>2.50分，<3.44分）	一等绩效 （>3.44分）
数量	3个	8个	4个	4个
城市 （按得分次序排列）	广州 沈阳 济南	厦门 哈尔滨 杭州 长春 南京 宁波 青岛 北京	西安 上海 武汉 重庆	成都 深圳 天津 大连

在政府效能方面取得优异绩效表现后，再一次在内部管理领域得分领先，排名第一。事实上，减少领导职数、降低行政成本是成都统筹城乡配套改革的重要组成部分，这与行政效能改革异曲同工，其目的都是通过积极的行政改革实现市场监管、社会管理和公共服务职能等综合行政水平的提升。

（十）行政公开绩效

行政公开就是让行政权力在阳光下运行，使国家信息公开、行政权力公开透明运行。为了有效衡量政府行政公开绩效，本研究所选用的指标主要包括两个大的方面：一方面是政府主动的信息公开，另一方面是群众主动的要求，政府是否开辟渠道回应群众对信息的合理诉求。在各指标基础上，我们进行了赋值加权计算。

图33是基于19个城市行政公开绩效得分的综合排名，加权总得分基本呈现正态分布，均值为1.02分，得分低于和高于平均水平的城市分别有9个和10个。其中排在前四位的为广州、深圳、重庆和长春，排在后四位的为宁波、沈阳、南京和大连。

表16以平均值加减一个标准差为基础建立了参照系，对各城市进行了分类。其中，行政公开绩效得分进入一等绩效序列的有3个城市，分别是广州、深圳、重庆；二等绩效有7个城市，分别是长春、成都、杭州、青岛、武汉、

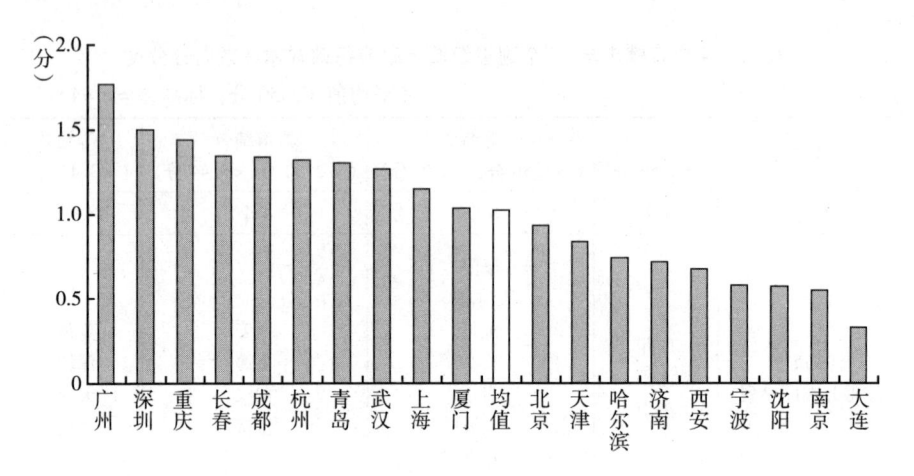

图33 4个直辖市与15个副省级城市政府行政公开绩效加权总得分排名

上海、厦门；三等绩效有5个城市，分别是北京、天津、哈尔滨、济南、西安；四等绩效有4个城市，分别是宁波、沈阳、南京、大连。

表16 4个直辖市与15个副省级城市政府行政公开绩效得分分类

（平均值=1.02分；标准差=0.40）

绩效等级	四等绩效 （<0.62分）	三等绩效 （>0.62分，<1.02分）	二等绩效 （>1.02分，<1.42分）	一等绩效 （>1.42分）
数量	4个	5个	7个	3个
城市 （按得分次序排列）	宁波 沈阳 南京 大连	北京 天津 哈尔滨 济南 西安	长春 成都 杭州 青岛 武汉 上海 厦门	广州 深圳 重庆

值得注意的是，在我们的分析结果中，行政公开绩效得分排在最前列的两个城市分别是广州和深圳，它们毗邻香港，行政公开和透明行政的意识最强烈。广州是全国最先实行政务公开的城市，广州在全国地方政府中第一个制定了政务公开条例，第一个建立了市政府常务会议后即时新闻发布制度，广州的政务公开制度建设一直走在全国前列。除广深两地外，杭州是另外一个探索政

务改革较早的城市，早在国务院2008年颁布《政府信息公开条例》之前，杭州就已经有将近五年的政务公开经验，2009年杭州又陆续实施了党务公开、邀请普通市民参加市政府常务会议、加强干部选拔过程透明化等举措，进一步保障市民知情权。

三 基本结论与政策含义

根据以上数据分析并进行综合比较和观察，基本可以对我国目前阶段4个直辖市、15个副省级城市的政府绩效总体水平、分职能领域绩效水平相对状况形成一个较为直观的经验认识。根据这些分析和比较，可以得出以下几个基本结论。

（一）沿海发达地区的直辖市、副省级城市领先示范效应明显

从政府综合绩效评估来看，综合得分最高的仍然是传统意义上的发达地区。传统意义上的"大城市"即"北上广深"外加沿海发达省府地标性城市，仍然在政府综合绩效得分方面遥遥领先，尤其是北京和深圳，独占鳌头。

这一结果并不让人意外，这是由我国社会主义初级阶段的战略发展规划所决定的。从副省级城市设立的初衷来看，其就是要率先在部分地区形成具有重要影响力的城市群，为探索中国的城市化道路进行试验、积累经验，为我国城市群建设提供示范。

结果显示，这些发达地区的副省级城市起到了应有的作用，这体现在它们的聚集作用、辐射作用和示范作用上。这与世界主要的城市圈都以中心城市大都市区为核心，并在此基础上发展而来的经验十分相似。尤其是以广东深圳为代表的珠三角城市群和以上海、杭州为代表的长三角城市群，无论是对内职能还是对外职能，其绩效水平均排在领头羊的位置。

（二）政府能力的区域差距梯次特征明显，经济发展因素与政府能力相关性显著

本报告的第二个发现在于，尽管"北上广深"在综合绩效得分方面独占

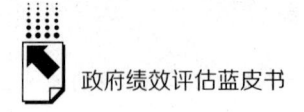

鳌头，遥遥领先，但是综合观察19个城市在综合得分和分领域得分的分布格局，可以发现中国地方政府行政能力发展的梯次特征十分明显。

绩效总水平排在一等序列的城市主要由北京、深圳、杭州占据，但是处在二等序列的城市主要包括广州、上海、天津、青岛、南京、武汉、大连共7个城市。从这7个城市的分布来看，除南京、武汉外，其他5个城市全部为沿海城市，而且区域分布辐射面较广，基本从南到北逐次排开。在三等序列中，所含城市则逐渐向中西部地区扩散，最后覆盖到西部和东北较为偏远省份的副省级城市。

这一结果表明两点：第一，政府行政能力分布梯次特征明显，东西部差异问题在政府绩效评估领域有所表现，这同经济社会发展基本格局大体一致；第二，政府行政能力分布仍然有较大差异，主要与经济发展水平息息相关。经济发达地区的各方面绩效总体走强，这验证了一个基本认识，即强大的政府职能，从根本上仍然无法脱离地区经济发展能力和财政收入，包括市场监管、社会管理、公共服务以及平衡发展各领域政府职能的制度建设和能力提高，终究都脱离不开人力、物力资源的投入，经济发展始终是政府能力提升的基础条件。

这一结果说明，当前阶段不少人脱离经济发展谈论行政改革是经不起推敲的，行政改革必须以经济发展为基础，政府能力从根本上取决于经济发展。

（三）中西部地区对外管理职能落后，但积极追求内部管理职能创新，部分城市率先突破，进入领先序列

本报告的分析还表明，虽然绝大多数内陆副省级城市在经济发展、社会管理、公共服务等领域落后于沿海城市，但是其中部分城市倾向于行政效能改革，通过改革、优化内部行政管理实现自我行政绩效的突破。

通过观察政府对外管理职能以及内部管理职能绩效的城市分布特点，我们可以发现，与政府对外管理职能绩效得分排序不同，内部管理绩效得分的格局已经开始发生变化，成都、武汉、西安以及哈尔滨等对外管理职能绩效得分排名较为靠后的城市，开始在政府自身建设领域领先开来。

实际上，在政府对外管理职能的平衡发展部分，其排名就已经和对外管理职能其他几个领域相比发生了格局性的变化。那些在经济发展、市场监管等领

域表现较差的城市，开始在平衡发展方面寻求突破。例如西部城市西安和成都，这两个城市分别在依法行政和政府效能方面有着比较优异的得分表现，如果究其行政实践，则可以发现这两个城市在这些方面的创新性改革相对比较突出，尤其是成都，四川面临统筹城乡的艰巨任务，因此成都市将行政效能改革作为统筹城乡的突破口。从分析来看，成都在平衡发展和政府效能两个分领域均进入19个城市前三名的优异序列，这并非偶然，显然与其行政改革和区域发展战略的协调密切相关。这是否意味着，在一个城市做大"蛋糕"的能力可能落后于其他城市的情况下，为提高政府综合绩效水平，可"理性"地探索提升分好"蛋糕"的能力？

这一点在内部管理职能部分表现十分明显。西安的综合绩效水平虽然排在三等序列，但是在多个分领域却遥遥领先于其他内陆副省级城市。西安甚至跻身内部管理职能绩效第1名，尤其在依法行政和行政廉洁两个分领域，西安的绩效得分均进入前4名；武汉在社会管理、公共服务、平衡发展等方面均晋升二等序列，是非沿海地区副省级城市中的佼佼者；成都在政府效能、行政成本以及行政公开方面得分也都十分靠前；此外，南京在公共服务、平衡发展以及多项政府内部管理职能方面也表现不俗。这体现部分中部和西部地区通过政府创新改革，率先实现突破，进入领先序列。

基于以上观察，我们认为国家应该鼓励这种在经济发展相对落后的条件下通过制度创新寻求突破的举动，通过综合改革优先实现市场监管、社会管理和公共服务职能的绩效提升和突破，从而有助于缩小各地区之间的差异。

（四）追求政府职能的"系统平衡"将成为未来发展趋势

政府的职能表现为政府的功能体系，是由政府所承担的责任、实现责任的管理方式及相应的管理理念、管理机制等一系列相互联系、相互影响的职能要素构成的有机整体。在政府的功能体系中，政府职能是核心和目标，管理方式是实现目标的手段和重要保障。

本报告通过对4个直辖市和15个副省级城市的综合评估，展示了当前阶段中国地方政府职能发展的全景，政府职能的发展将是政府功能体系这一系统工程的全方位调整和变革，尤其是在全球化以及知识经济时代的背景下，政府职能和管理方式将表现为一个动态发展过程。而这一过程最重要的特点就是实现政府职能的"系统平衡"——实现对外管理职能和内部管理职能的综合平衡、经济发展和平衡发展的动态平衡、社会管理和公共服务的双向平衡以及内部管理职能中行政效能与行政成本的策略平衡。希望本报告能为中国各级地方政府改进政府职能、提高政府绩效提供了一份有分量的参照。

B.3
东部地区地市级政府绩效评估

陈承新*

摘　要： 东部地区地市级政府综合绩效是全国地市级政府的典范，在东、中、西、东北四个地区中绩效得分最高，并高于全国平均得分，与该地区经济发展水平呈现正相关，成为全国地市级政府绩效水平的重要保障。从东部地区各省来看，政府对外管理职能绩效前三名是江苏、浙江和山东；政府内部管理职能绩效前三名是山东、广东和江苏。

研究发现，东部地区不仅借助地市级行政单位的引擎作用，全面集结城市群连带效应；也通过调结构、增效果，继续保持经济发展先发优势；尽管如此，东部地区的社会管理仍有较大改进空间。

关键词： 政府绩效评估　东部地区　地市级政府

一　充满活力、经验先行的中国东部

东部地区是中国经济发展的领头羊。这片热土主要位于中国东部和南部的沿海地区。根据国家统计局 2011 年 6 月 13 日的划分办法，为科学反映中国不同区域的社会经济发展状况，为党中央、国务院制定区域发展政策提供依据，根据《中共中央、国务院关于促进中部地区崛起的若干意见》《国务院发布关于西部大开发若干政策措施的实施意见》以及党的十六大报告的精神，将中

---

* 陈承新，中国社会科学院政治学研究所副研究员。

国的经济区域划分为东部、中部、西部和东北部四大地区。中国东部，是指位于中国东部沿海的10个省、直辖市，这些地区是目前中国大陆经济相对发达的地区，由北到南依次为河北省、北京市、天津市、山东省、江苏省、上海市、浙江省、福建省、广东省和海南省。香港、澳门和台湾由于经济政策与中国大陆不尽相同，一般不计入中国东部的统计之中。辽宁和广西也临海，但通常不算入东部地区。这是本报告地理区域的划分依据。为了分类分析，副省级、直辖市有专门的评估报告，因此，本报告将集中针对除京津沪3个直辖市和济南、青岛、杭州、宁波、厦门、广州、深圳7个副省级城市之外的7个东部省份共76个地市级行政单位展开评估。

中国人口众多，人均资源占有量少，正处在工业化、城镇化、市场化和国际化程度不断提高的发展阶段。建设社会主义和谐社会，全面落实科学发展观，就要大力推进结构调整，促进经济增长方式转变。东部地区凭借地理、资源优势以及国家政策的优惠，率先并持续推动中国经济发展，同时也面临着极大的转型压力。

（一）先行优势的确立

作为改革开放和经济发展的先行区域，东部地区凭借良好的历史基础、优越的自然禀赋和适时的政策引导，通过经济和社会的连带式发展，取得了经济发展的先行优势，30多年来一路领跑中国经济。

与西高东低的中国自然地形地貌走势相反，得益于地理位置、政策和风气之先的东部地区，是中国经济版图上无可争议的高地。优越的自然条件和自然资源是地区经济快速发展的先决条件，对区域劳动生产率、区域产业结构和区域初始资本积累产生不同的影响。中国东部地区自然状况较为优越，土地肥沃、水资源和矿产资源等丰足，具备农业生产的有利条件；中国的经济布局历史上也集中在东部地区，基础设施、制造业、服务业和高新技术产业有较好的基础，靠海的能源开发利用，与国外交流的优越条件都为东部地区经济社会的快速发展提供了有利条件。

该地区的经济和社会呈现明显的扩展性和连带特征。环渤海、东北（不含辽宁）、长三角、台湾海峡西岸、长江中游、珠三角和北部湾等区域形成了经济区（圈），进而带动形成了包括山东半岛城市群、皖江城市带、闽南金三角、长株潭城市群、环鄱阳湖城市群、长江中游城市群和海峡西岸城市群等在内的城市群（带）。

（二）先行优势的压力

正因为率先发展，东部地区也最早遇到了与经济快速增长相伴生的各种矛盾和问题，如何落实科学发展观、率先实现社会经济的全面协调和可持续发展，不仅关系东部实现新的跨越，而且影响中西部地区的发展，事关中国社会经济发展全局。

东部地方政府围绕各种层面的不当竞争在范围和程度上日益扩大和加深，如珠三角地区土地低价甚至无偿出让、部分开发开放区财政预算外资金补贴和税收减让等方面的无序竞争愈演愈烈，造成区域市场的紊乱。地方政府无序竞争导致的生态、环境等外部性问题愈发显示其破坏性。如太湖地区地方政府围绕排污权的纠纷使该区域生态环境严重恶化等。[1] 尤为令人关切的是工业经济对东部的生态环境造成严重污染，导致癌症发病率逐年攀升，上海、浙江、江苏癌症发病率普遍高于其他地区。东部地区，尤其是长三角在经济快速发展的同时，更要注重环境问题，要将经济的健康发展作为首要任务。

东部地区也正面临城乡差距拉大、区域发展不平衡、自主创新能力不强、社会事业发展相对滞后、经济发展与环境资源矛盾突出等严峻问题。个别地区率先实现突破性增长的同时，也激化了地区经济发展的深层矛盾。该地区产业结构趋同导致过度竞争。苏州、无锡、常州三城市的主导产业基本雷同，各行业的比重也十分接近，造成重复建设和过度竞争。尤为令人忧虑的是，过度城市化带来产业结构失衡、要素结构与经济动力失衡、土地资源退化等多种问题。资源相对紧缺、人口密度较高，多年来经济快速发展，特别是高投入、高消耗的粗放增长方式，使东部地区土地日趋紧张、能源难以为继、城市超负荷承载、环境严重透支，这类资源、能源紧缺的现实难题，东部比其他地区都更加突出。

为此，我们从科学、全面评估政府绩效的角度，设计了经济发展、市场监

---

[1] 姚先国、谢晓波：《长三角经济一体化中的地方政府竞争行为分析》，《中共浙江省委党校学报》2004年第3期。

管、社会管理、公共服务、平衡发展等政府对外管理职能绩效指标和依法行政、政府效能、行政廉洁、行政成本、行政公开等政府内部管理职能绩效指标，构建起东部地区协调发展的政府综合绩效评估体系，以期促进地方政府树立科学的政绩观，引领社会各界走出一条科技含量高、经济效益好、资源消耗低、环境污染少、人力资源优势得到充分发挥的发展新路，使"东部快车"能走得既快又稳又持久。

二 政府综合绩效总体评估

据前所述，本报告评估的东部地区包括自北向南的河北省、山东省、江苏省、浙江省、福建省、广东省和海南省7个省份共76个地市级行政区域。本部分将从总体特点上评估东部地区地市级政府的绩效水平。

（一）全国地方政府综合绩效的领跑者

东部地区地市级政府综合绩效得分是183.90分。从图1可以发现，东部地区的绩效得分在东、中、西、东北四个地区中最高，并且高于全国平均得分（161.99分）。因此，东部地区地市级政府综合绩效在全国居于领先水平，与该地区经济发展水平呈现正相关，成为全国地市级政府绩效水平的领跑者。

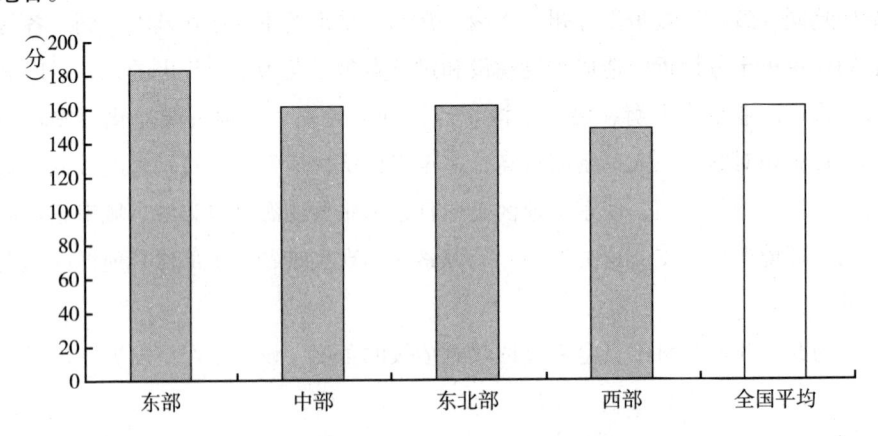

图1 全国四大区域地市级政府综合绩效总得分

综合东部地区地市级政府在对外管理职能和内部管理职能方面的绩效得分，可以发现，尽管其对外管理职能中社会管理绩效方面落后于其他地区，但由于其他四项对外管理职能的绩效排名较高，所以并没有影响东部地区对外管理职能和内部管理职能绩效都位列四大地区之首这一结果。因此，东部地区地市级政府的总体排名位列全国第一实至名归，是全国地市级政府综合绩效的典范。

（二）江苏成东部地区内外绩效均衡的排头兵

东部地区地市级政府绩效平均水平在全国领先，而江苏省又是东部地区的排头兵。江苏省所辖地市级政府综合绩效得分为202分，在全国27个省份中遥遥领先于其他省份，处于最佳水平；绩效排名处于东部末位的海南省，其政府绩效得分为156分，是江苏省的77.23%，排在全国第17位，居于中等水平；即便东部地区绩效排名倒数第2的河北省和排名倒数第3的福建省，其政府综合绩效仍排进了全国前十名，分别位列第9和第5。因此，东部地区各个省份在全国处于领先地位，政府绩效总体水平高；各省份之间差距也不小，先进省份遥遥领先于其他省份（见图2）。

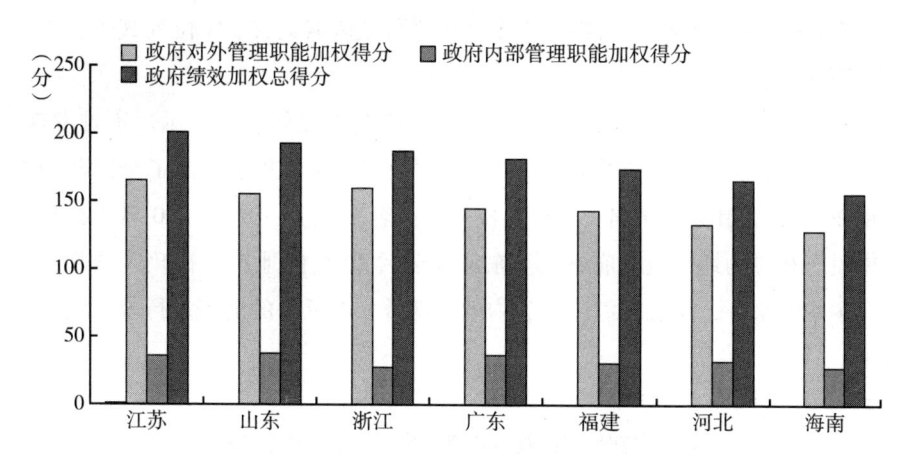

图2 东部地区各省地市级政府绩效基本情况

从东部地区各个省份来看，政府对外管理职能绩效前三名是江苏、浙江和山东；政府内部管理职能绩效前三名是山东、广东和江苏。可见，江苏省地市级政府的综合绩效水平较高，内外管理职能比较均衡；浙江省的对外管理职能绩效远远优于内部管理职能绩效，综合水平位列探花，但其内外管理职能绩效的均衡程度却在东部地区居末位。从排名落后的几个省份也可发现，福建省的综合绩效水平不高，并且其内外管理职能绩效均衡度也较低。

（三）区域内部引擎政府集中，辐射效应明显

东部地区 76 个地市级政府绩效水平普遍较高，处于全国领先地位，具备优势带头作用的地市级行政区域分布非常集中。全国各地市级政府绩效评估排名前 50 名中有 31 个位于东部，占东部所有地市级行政区域的 40.79%，也占全国前 50 名的 62%；全国前 20 名地市级政府中，东部占了 18 席，几乎包揽，占比 90%；并且，东部地区没有位于后 50 名的地市级政府。前 50 名中的 31 个地市级政府在区域分布上比较均匀，分散于江苏、山东、浙江、广东、福建以及河北六省，只有海南没有地市级行政区域进入全国前 50 名。正因为东部地区本身的地域范围不大，区域内部各个省份又有足以带动地区政府综合绩效的引擎，使得东部地区相对其他地区更为快速地形成和发展起城市群，得以发挥政府绩效示范的辐射效应。例如，江苏省无锡市的政府综合绩效排名全国第一，而在全国前 50 名中，江苏 12 个地市级行政区域就有 3/4 位列其中，辐射效应明显。

东部地区地市级政府绩效前后 20 名的排名情况如表 1 所示。不难发现，东部地区的领头羊作用十分突出，本地区内的前 20 名几乎包揽了全国范围内的前 20 名，尤其是前 7 名，地区名次和全国名次完全一致，前 10 名中福建和海南没有相应的地市级政府进入。东部地区后 20 名的地市级行政区域基本位列全国中游水平，河北和海南两省内政府绩效相对低下的地市级行政区域数目较多。

表 1　东部地区所辖地市级政府综合绩效前后 20 名

东部地区名次	地市级政府	所属省份	全国名次
1	无锡市	苏	1
2	威海市	鲁	2
3	苏州市	苏	3
4	烟台市	鲁	4

续表

东部地区名次	地市级政府	所属省份	全国名次
5	常州市	苏	5
6	东营市	鲁	6
7	淄博市	鲁	7
8	湖州市	浙	9
9	珠海市	粤	10
10	镇江市	苏	11
11	泰州市	苏	12
12	中山市	粤	13
13	佛山市	粤	14
14	东莞市	粤	15
15	莱芜市	鲁	17
16	舟山市	浙	18
17	嘉兴市	浙	19
18	绍兴市	浙	20
19	惠州市	粤	21
20	扬州市	苏	22
…	…	…	…
57	揭阳市	粤	113
58	丽水市	浙	123
59	云浮市	粤	124
60	汕尾市	粤	127
61	保定市	冀	128
62	河源市	粤	135
63	沧州市	冀	136
64	海口市	琼	141
65	茂名市	粤	145
66	衢州市	浙	147
67	菏泽市	鲁	164
68	邯郸市	冀	169
69	莆田市	闽	175
70	宁德市	闽	178
71	阳江市	粤	188
72	衡水市	冀	203
73	廊坊市	冀	218
74	承德市	冀	225
75	邢台市	冀	227
76	三亚市	琼	232

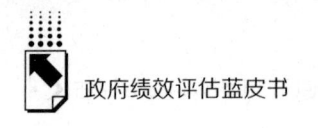

三 各职能领域政府绩效分项评估

政府绩效管理在不同区域发展水平不同，存在区域性差异；而各个区域之间，即使是同一区域内部，在不同的绩效领域也呈现不同的特点。本报告从政府内部管理和和对外管理职能两个角度出发，将政府职能具体区分为六个方面，即经济发展、市场监管、社会管理、公共服务、平衡发展和政府内部管理等，从这六个方面对各地市级政府绩效水平做全面、具体的分析。

根据图3的评估结果，东部地区地市级政府绩效分项评估较其他三大区域明显处于领先水平。东部在经济发展、市场监管、公共服务三项对外管理职能绩效方面是四个地区中得分最高的，尤其是经济发展绩效和公共服务绩效两项，分别与第2名相差9.71分和5.31分，遥遥领先；其平衡发展和政府内部管理的绩效得分也领先于其他地区，表现不俗。当然，东部的社会管理成为该地区地市级政府绩效水平的短板，绩效水平明显不高，仅高于中部0.01分，屈居第3。

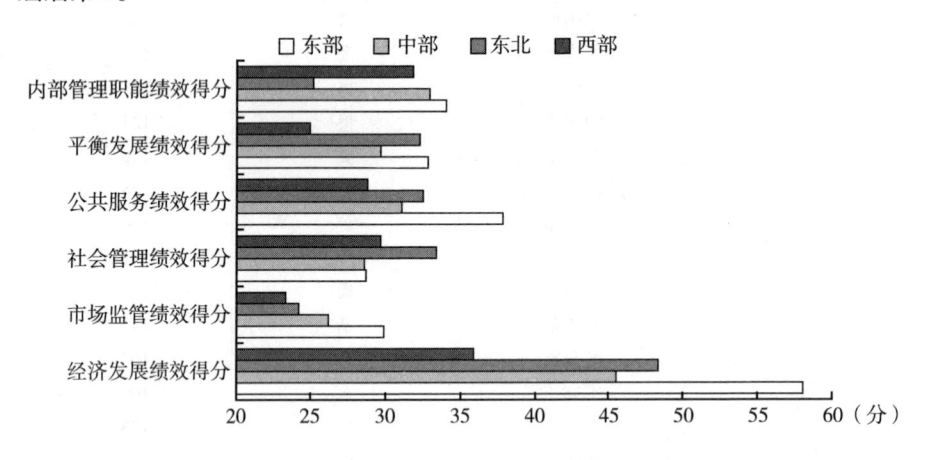

图3 全国四大区域分职能政府绩效平均得分

（一）经济发展绩效：苏州 VS 云浮

政府的经济发展职能是指政府对国民经济进行全局性规划、协调、服务、监督的职责和方法。当前中国国内衡量经济发展绩效的主要指标是 GDP 或财政收入。事实上，经济发展的内涵早已超出单纯的经济总量增长，它至少包括地区生产总值、财政总收入和社会消费品零售总额等经济总量增加情况，也包括产业结构、技术结构、分配结构、消费结构和拉动经济增长的投资、消费、出口占比等经济结构优化情况，还包括经济发展方式的改进和优化、社会就业的稳定、城乡居民收入的增长、自然环境和自然生态的平衡等经济发展效果。因此，本报告将从这三个职能领域综合评估东部地区各地市级政府经济发展绩效。

东部地区经济增长、经济结构和经济效果绩效得分分别为84.18分、60.86分和62.21分，均高于全国平均得分，也高于其他三个地区，处于最佳水平。具体来看，经济增长绩效比处于上游的中部地区高21分，比下游的西部地区高出40分，区域间差距大；经济结构绩效得分比处于上游的东北地区高出8分，比下游的西部地区高出14分，地区之间差距相对较小；经济效果绩效得分比处于上游的东北地区高出5分，比下游的西部地区高出24分，区域间的差距也比较大。

如果以东部地区各省为单位考察，经济发展绩效前20名的地市级政府中，有7个来自江苏，接近该省地市级政府总数的3/5，占比58.33%，也是前20名中所含地市级政府数量最多的省份；其中苏州、无锡、常州、南通和扬州分别排在东部地区的第1、第2、第5、第8和第9名（见表2）。

表2 东部地区各省所辖地市级政府经济发展绩效前20名

东部地区名次	地市级政府	所属省份	全国名次	经济增长绩效	经济结构绩效	经济效果绩效
1	苏州市	苏	3	4	1	13
2	无锡市	苏	4	3	3	16
3	福州市	闽	6	7	9	17
4	珠海市	粤	7	36	6	2
5	常州市	苏	8	6	8	35
6	烟台市	鲁	9	11	32	8
7	佛山市	粤	10	15	50	1
8	南通市	苏	11	8	17	25
9	扬州市	苏	12	16	19	15

续表

东部地区名次	地市级政府	所属省份	全国名次	职能领域全国名次		
				经济增长绩效	经济结构绩效	经济效果绩效
10	东莞市	粤	13	21	41	4
11	威海市	鲁	14	29	34	3
12	淄博市	鲁	15	14	28	19
13	嘉兴市	浙	18	31	15	21
14	中山市	粤	19	35	31	5
15	泰州市	苏	20	19	14	40
16	镇江市	苏	21	18	27	23
17	绍兴市	浙	22	34	26	9
18	惠州市	粤	25	22	36	32
19	台州市	浙	26	48	13	20
20	金华市	浙	27	51	7	34

以下是东部地区其他各省在前20名中所占席次：广东省19个地市级政府占5席，分别是珠海、佛山、东莞、中山和惠州；浙江省9个地市级政府占4席，分别是嘉兴、绍兴、台州和金华；山东省15个地市级政府占3席，分别为烟台、威海和淄博；福建省8个地市级政府占1席，福州位列东部第三；河北省、海南省占0席。

可以发现，江苏省地市级政府经济发展绩效履行得较其他地区更为全面，水平也更高。河北、海南两省的地市级政府在经济发展绩效方面则相对较弱，成为拉低东部地区经济发展绩效平均水平的一大因素。

经济发展绩效方面，东部地区没有地市级政府进入全国后20名，尽数居于中等水平。其中，全国排名150名之后的地市级政府有8个，广东的云浮市以第222名压后。

通过对东部地区地市级政府经济发展绩效后20名在各省分布的考察，能够发现其主要集中在广东、河北、福建和山东四省。广东省所占地市级行政单位最多，共包含11个，占广东19个地市级行政区域的57.89%；也包揽了最后5名中的后4名，分别是云浮、河源、梅州、潮州。河北省占5席，分别是保定、张家口、邢台、承德和衡水。福建省和山东省各占 2 席，分别是宁德、南平和莱芜、菏泽（见表3）。

表3 东部地区各省所辖地市级政府经济发展绩效后 20 名

东部地区名次	地市级政府	所属省份	全国名次	职能领域全国名次		
				经济增长绩效	经济结构绩效	经济效果绩效
57	保定市	冀	99	68	122	202
58	宁德市	闽	105	152	92	91
59	清远市	粤	112	53	243	174
60	莱芜市	鲁	120	167	78	102
61	韶关市	粤	122	147	72	159
62	湛江市	粤	124	76	254	146
63	张家口市	冀	132	119	54	248
64	南平市	闽	135	173	95	139
65	揭阳市	粤	138	118	269	86
66	阳江市	粤	143	134	231	107
67	菏泽市	鲁	147	126	155	197
68	邢台市	冀	150	115	172	214
69	茂名市	粤	161	114	256	180
70	承德市	冀	167	138	149	244
71	汕尾市	粤	179	187	229	158
72	衡水市	冀	187	188	222	187
73	潮州市	粤	202	200	244	188
74	梅州市	粤	206	212	276	140
75	河源市	粤	210	230	227	171
76	云浮市	粤	222	240	259	163

小结：东部地市级政府如何保持经济先发优势？

尽管东部地区是全中国经济发展的领头羊，但是经济增长最快的前 2 名并不在东部地区，东部经济增长最快的无锡市位列全国第 3。

那么，东部经济发展绩效究竟胜在何处？一方面，东部地区在经济增长领域的综合绩效水平不低，位列全国最佳，这与该地区经济发达的先发优势和经济增长的区域平衡度高有直接关系。另一方面，从经济效果等职能领域破题。苏州市以经济结构最合理胜出，其经济结构绩效排名位列全国第1。佛山市以经济效果全国最佳胜出。无锡市和福州市以经济增长绩效和经济结构优化齐头并进胜出，珠海市以经济效果辅之经济结构合理胜出。

在经济结构调整和经济效果对经济发展的影响日益增加的今天，东部地区在保持经济增长先发优势的基础上，注意在经济结构优化和经济效果保障上加强政府管理，是其在全国经济发展绩效上居首位的重要秘诀。

东部地区经济发展绩效呈现下述内部特点：江苏最佳，广东下游。在经济增长和经济结构两个职能领域都是江苏最佳、广东下游；而经济效果领域，则是广东最佳、河北下游。

（二）市场监管绩效：东莞VS廊坊

本报告的市场监管绩效包括企业行为监管、产品质量监管以及市场秩序监管三个职能领域，主要从这三个方面出发，全面、科学地对各地市级政府的市场监管绩效进行评估。

市场监管绩效是东部地区地市级政府绩效的强项。东部地区总体绩效水平较高，各地市级政府平均得分比下游的西部地区高出近7分，是全国各地区中的最高水平。同时，从三个职能领域的绩效得分上看，东部地区各地市级政府企业行为监管、产品质量监管和市场秩序监管绩效平均得分分别为66.29分、67.33分和53.47分，均高于全国平均水平。

在东部地区市场监管绩效的前20名中有8个来自广东，占该省地市级政府总数的42.11%，也是前20名中占比最大的省份；其中东莞、惠州、珠海和梅州分别排在东部地区的第1、第3、第9和第10名。江苏省12个地市级政府占6席，分别是连云港、苏州、无锡、泰州、徐州和常州。山东省15个地市级政府占4席，分别是东营、烟台、威海和莱芜。福建省和河北省各占1席，分别是漳州和唐山（见表4）。可以发现，广东省地市级政府的市场监管职能履行得较其他地区更为全面，水平也更高。

表4 东部地区所辖地市级政府市场监管绩效前20名

东部地区名次	地市级政府	所属省份	全国名次	企业行为监管绩效	产品质量监管绩效	市场秩序监管绩效
1	东莞市	粤	2	2	54	10
2	连云港市	苏	3	9	2	131
3	惠州市	粤	4	25	30	14
4	苏州市	苏	5	6	62	7
5	东营市	鲁	6	14	41	24
6	漳州市	闽	7	34	72	3
7	无锡市	苏	9	38	5	143
8	泰州市	苏	11	35	6	144
9	珠海市	粤	18	11	53	108
10	梅州市	粤	22	48	84	19
11	云浮市	粤	23	91	21	85
12	肇庆市	粤	24	83	43	44
13	徐州市	苏	25	147	39	26
14	中山市	粤	26	17	129	50
15	烟台市	鲁	28	46	40	157
16	清远市	粤	29	59	31	165
17	威海市	鲁	32	103	27	120
18	莱芜市	鲁	33	19	70	148
19	常州市	苏	34	22	124	76
20	唐山市	冀	36	3	195	36

市场监管绩效方面，东部地区没有地市级政府进入全国后20名，尽数居于中等水平。其中，广东河源位居全国第150名，河北廊坊以全国第252名压后。

东部七省中，仅江苏省没有地市级政府进入市场监管绩效后20名，海南省仅有两个地市级政府——海口、三亚在后20名之内。山东省在后20名中所占比重最大，共包含5个地市级行政单位，占山东15个地市级行政区域的1/3。浙江省9个地市级政府占4席，分别是金华、温州、嘉兴、台州。河北省11个地市级政府也占4席，分别是衡水、邯郸、邢台、廊坊。广东省19个地市级政府占3席，分别是河源、阳江、茂名。福建省8个地市级政府占2席，分别是泉州、宁德（见表5）。

表5 东部地区所辖地市级政府市场监管绩效后20名

东部地区名次	地市级政府	所属省份	全国名次	职能领域全国名次		
				企业行为监管绩效	产品质量监管绩效	市场秩序监管绩效
57	河源市	粤	150	72	207	166
58	泉州市	闽	153	209	187	54
59	金华市	浙	154	200	155	139
60	温州市	浙	166	71	246	130
61	衡水市	冀	172	80	199	222
62	潍坊市	鲁	173	144	232	83
63	宁德市	闽	178	160	286	33
64	阳江市	粤	186	28	282	218
65	海口市	琼	189	145	215	129
66	邯郸市	冀	191	54	234	222
67	茂名市	粤	192	33	283	218
68	泰安市	鲁	193	18	313	148
69	嘉兴市	浙	201	87	287	132
70	聊城市	鲁	204	104	294	92
71	德州市	鲁	208	123	230	175
72	邢台市	冀	214	47	300	173
73	三亚市	琼	245	249	216	146
74	台州市	浙	247	202	288	139
75	菏泽市	鲁	48	208	211	230
76	廊坊市	冀	252	78	301	222

此外，东部地区76个地市级政府的市场监管绩效排名分布多集中于全国上中游行列，位于优异行列的政府数量较多，没有地市级政府进入全国后50名，整体水平较高。

小结：市场监管绩效属于东部地区地市级政府的绩效强项。广东省地市级政府市场监管职能履行得最为全面，水平也更高。山东省所有地市级政府在市场监管职能的履行环节上都较薄弱，成为拉低东部地区市场监管绩效的一大因素。

（三）社会管理绩效：淄博VS莆田

社会管理职能是东部地区唯一一项失去绩效先导优势的政府职能。在各区域地市级政府社会管理绩效平均得分中，东部仅以0.01分的微弱优势略高于中部，位列中游。颇具戏剧性的是，总是在职能绩效上处于下游的西部地区，其社会管理绩效第一次跃居东部之上，仅次于东北，位列上游。

全国地市级政府社会管理绩效得分排名前10位的地市级政府中，尽管第一名位于东北地区，但前10位主要集中在东部（4个）和西部地区（4个），东北地区次之（2个），中部地区没有进入前10位，总体呈现东西主导平衡、中部塌陷明显的态势。

其中，社会组织与人口管理领域，得分排名前10位的地市级政府分别是舟山、黄山、威海、湖州、安康、烟台、宜昌、淄博、锦州、银川，主要集中于东部地区（包括第一名在内的5个地市级行政单位），中部和西部各含2个，东北地区1个。社会安全管理绩效得分排名全国前10位的地市级政府中，虽然第一名转移到了东北地区，但总体地区分布和社会组织与人口绩效排名分布完全一致，东部5个，中部和西部各2个，东北1个。社会保障与就业绩效得分在全国前10位的地市级政府，出乎意料地呈现与前几方面截然不同的区域分布态势，绝大部分集中于东北地区（8个），西部次之（2个），东部和中部没有地市级政府进入前10名。

从前20名的省域分布看，东部地区地市级政府在社会组织与人口管理领域和社会安全管理领域的绩效明显领先于其他地区，但是在社会保障与就业管理领域还存在较大改进空间（见表6）。

表6 全国地市级政府社会管理绩效前20名在东部的省域分布

单位：个

社会管理绩效(5)	社会管理职能领域		
	社会组织与人口绩效(9)	社会安全管理绩效(7)	社会保障与就业绩效(1)
鲁(4) 浙(1)	浙(3) 鲁(4) 苏(2)	鲁(3) 冀(1) 浙(1) 闽(1) 苏(1)	鲁(1)

东部地区社会管理职能绩效的前20名中有9个来自山东，占该省地市级政府总数的60%，也是前20名中所含政府最多的东部省份；其中淄博、烟

台、威海、莱芜分别排在东部地区的第1、第2、第4和第5名。浙江省9个地市级政府占5席，分别是舟山、湖州、嘉兴、绍兴和丽水。江苏省12个地市级政府占4席，分别是无锡、镇江、泰州和苏州。广东省和福建省各占1席，分别是珠海和三明（见表7）。可以发现，山东省地市级政府的社会管理水平较其他地区高。

表7　东部地区所辖地市级政府社会管理绩效前20名

东部名次	地市级政府	所属省份	全国名次	社会组织与人口绩效	社会安全管理绩效	社会保障与就业绩效
1	淄博市	鲁	3	8	3	58
2	烟台市	鲁	6	6	52	34
3	舟山市	浙	7	1	2	266
4	威海市	鲁	8	3	128	17
5	莱芜市	鲁	15	16	38	98
6	东营市	鲁	29	30	46	175
7	无锡市	苏	30	39	26	190
8	湖州市	浙	36	4	115	182
9	镇江市	苏	44	40	8	273
10	潍坊市	鲁	53	76	12	226
11	嘉兴市	浙	57	25	45	254
12	绍兴市	浙	76	17	83	268
13	泰州市	苏	91	19	141	248
14	日照市	鲁	96	122	126	117
15	丽水市	浙	99	46	23	308
16	珠海市	粤	102	82	62	242
17	聊城市	鲁	105	275	4	154
18	三明市	闽	106	139	7	275
19	苏州市	苏	111	11	123	302
20	德州市	鲁	112	93	163	146

社会管理绩效方面，东部七省中仅山东省没有地市级政府进入后20名。广东省所占席位最多，19个地市级政府占8席，为该省地市级行政区域总数的42.11%。河北省11个地市级政府占5席，分别是保定、廊坊、沧州、邯郸

和石家庄。福建省 8 个地市级政府占 4 席,分别是龙岩、漳州、泉州、莆田。江苏徐州和浙江温州各占 1 席。海南省三亚也占 1 席,为该省地市级政府总数的 1/2(见表 8)。

表 8　东部地区所辖地市级政府社会管理绩效后 20 名

东部名次	地市级政府	所属省份	全国名次	社会组织与人口绩效	社会安全管理绩效	社会保障与就业绩效
57	保定市	冀	255	175	173	274
58	潮州市	粤	257	168	255	224
59	清远市	粤	261	248	179	217
60	龙岩市	闽	263	176	135	311
61	徐州市	苏	264	261	196	206
62	三亚市	琼	268	317	127	132
63	揭阳市	粤	269	125	258	297
64	佛山市	粤	271	145	264	277
65	漳州市	闽	273	130	290	272
66	温州市	浙	276	246	154	280
67	廊坊市	冀	286	177	227	307
68	沧州市	冀	292	310	37	313
69	泉州市	闽	296	264	200	300
70	东莞市	粤	297	215	253	301
71	湛江市	粤	299	270	314	144
72	邯郸市	冀	303	269	212	304
73	石家庄市	冀	305	200	246	314
74	茂名市	粤	308	254	298	267
75	阳江市	粤	310	300	298	203
76	莆田市	闽	314	277	287	309

小结:社会管理绩效是东部地区地市级政府绩效的短板。根据东部地区各省份地市级政府社会管理绩效评估,山东省最为出色;广东省压后,在社会安全管理领域尤须加强;海南省的三亚市不仅总排名落后,各职能领域也欠佳,改进空间很大。

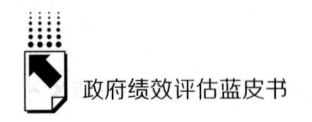

（四）公共服务绩效：衢州 VS 威海

公共服务绩效也是东部地区地市级政府管理的强项。东部地区地市级政府公共服务职能绩效平均得分为 37.89 分，高于全国平均水平。从四项职能领域的绩效得分上看，东部地区基础设施、教育科技、医疗卫生和文化体育绩效的得分分别为 56.67 分、57.40 分、44.79 分和 30.58 分，均高于全国平均得分。

进一步评估，东部地区公共服务绩效前 20 名中有 6 个地市级政府来自山东省，占该省地市级行政区域总数的 40%，也是前 20 名中所含政府最多的东部省份。其中，在前 5 名之内，山东省占了 4 席。江苏省 12 个地市级政府占 5 席，其中，无锡市位列全国第 1。福建省 8 个地市级政府占 3 席，分别是三明市、龙岩市、福州市（见表 9）。可以发现，山东省和江苏省地市级政府在公共服务绩效前 20 名中所占数目最多，两省地市级政府在公共服务绩效方面极为优异。

表 9　东部地区所辖地市级政府公共服务绩效前 20 名

东部名次	地市级政府	所属省份	全国名次	基础设施绩效	教育科技绩效	医疗卫生绩效	文化体育绩效
1	无锡市	苏	1	1	8	124	50
2	威海市	鲁	2	2	13	24	210
3	滨州市	鲁	3	39	23	18	49
4	东营市	鲁	5	7	11	69	130
5	烟台市	鲁	6	10	45	5	168
6	苏州市	苏	9	3	19	247	56
7	绍兴市	浙	10	5	28	170	51
8	扬州市	苏	12	9	12	172	92
9	常州市	苏	13	4	40	160	65
10	湖州市	浙	14	16	17	173	74
11	韶关市	粤	15	99	37	9	35
12	潍坊市	鲁	16	32	2	50	218
13	三明市	闽	17	25	27	17	191
14	淄博市	鲁	18	49	20	39	129
15	石家庄市	冀	20	19	14	48	205
16	龙岩市	闽	21	109	43	27	19
17	舟山市	浙	22	50	72	83	21
18	福州市	闽	24	18	3	131	215
19	泰州市	苏	25	59	7	213	45
20	珠海市	粤	27	22	75	79	85

东部地区地市级政府公共服务绩效后 20 名，主要集中于广东和江苏。广东和江苏所占数量最多，广东省 19 个地市级政府占 10 席，为该省地市级行政区域总数的 52.63%；江苏省 12 个地市级政府占 5 席，为该省地市级行政区域总数的 41.67%；倒数后 5 名依次是揭阳市、宿迁市、阳江市、茂名市、云浮市（见表 10）。

表 10　东部地区所辖地市级政府公共服务绩效后 20 名

东部名次	地市级政府	所属省份	全国名次	基础设施绩效	教育科技绩效	医疗卫生绩效	文化体育绩效
57	汕头市	粤	132	191	69	95	176
58	菏泽市	鲁	134	180	126	19	229
59	徐州市	苏	138	88	18	237	300
60	河源市	粤	139	134	153	166	125
61	盐城市	苏	140	160	34	225	196
62	清远市	粤	142	115	124	215	162
63	泰安市	鲁	149	113	134	115	252
64	张家口市	冀	158	60	231	201	188
65	莆田市	闽	159	173	36	145	276
66	三亚市	琼	168	103	183	302	58
67	南通市	苏	169	125	10	305	273
68	东莞市	粤	171	116	25	316	157
69	湛江市	粤	172	142	113	216	219
70	汕尾市	粤	179	161	222	189	116
71	淮安市	苏	186	231	70	228	173
72	揭阳市	粤	189	246	118	94	207
73	宿迁市	苏	192	156	51	279	272
74	阳江市	粤	206	266	84	114	267
75	茂名市	粤	215	276	140	45	270
76	云浮市	粤	220	233	150	149	253

小结：公共服务绩效也属于东部地区地市级政府管理的强项，绩效得分高于全国平均水平。

根据评估结果，河北省地市级政府在公共服务绩效前 20 名中所占数目最多，浙江和广东两省地市级政府在公共服务职能履行上也较为优异；同时，山东省地市级政府的公共服务绩效需要进一步加强。在省域内部，江苏和山东两省内部分化明显，省内地市级政府之间绩效差距大。

（五）平衡发展绩效：舟山VS邢台

本报告的平衡发展绩效主要包括环境保护、城乡差距以及区域差距三项指标。东部地区平衡发展绩效三个职能领域绩效的平均得分分别为环境保护绩效57.01分、城乡差距绩效67.08分、区域差距绩效58.20分，均高于相应的全国平均得分48.79分、57.27分和54.08分。

进一步分析地市级行政区域，东部地区地市级政府平衡发展绩效前20名中有9个来自广东，占该省地市级行政区域总数的47.37%，也是前20名中所含政府最多的东部省份；但其数量虽多，却仅有茂名位列全国和东部第3，其余均在前5名之外，依次是佛山、阳江、河源、云浮、潮州、东莞、中山和汕尾。江苏省占6席，为该省地市级政府总数的1/2，依次是常州、宿迁、无锡、镇江、南通、扬州。浙江省9个地市级政府占3席，为该省地市级政府总数的1/3，尽数在东部前5名之内，其中舟山和湖州分别位列全国和东部的第1、第2，嘉兴位列东部第5、全国第6。山东省15个地市级政府占2席，分别是威海和莱芜（见表11）。可以发现，江苏和广东两省地市级政府在平衡发展绩效前20名中所占数目最多，浙江省地市级政府在平衡发展绩效水平上却更胜一筹。

表11 东部地区所辖地市级政府平衡发展绩效前20名

东部名次	地市级政府	所属省份	全国名次	环境保护绩效	城乡差距绩效	区域差距绩效
1	舟山市	浙	1	46	3	7
2	湖州市	浙	2	6	22	2
3	茂名市	粤	3	205	9	9
4	常州市	苏	4	30	32	23
5	嘉兴市	浙	6	40	76	5
6	佛山市	粤	7	53	69	3
7	威海市	鲁	8	1	57	53
8	宿迁市	苏	11	237	31	1
9	无锡市	苏	13	17	36	58
10	阳江市	粤	15	144	4	94

续表

东部名次	地市级政府	所属省份	全国名次	职能领域全国名次		
				环境保护绩效	城乡差距绩效	区域差距绩效
11	河源市	粤	20	4	15	153
12	镇江市	苏	22	50	27	102
13	云浮市	粤	23	151	10	105
14	潮州市	粤	24	92	34	71
15	东莞市	粤	25	26	17	138
16	南通市	苏	26	131	62	41
17	中山市	粤	30	138	7	137
18	汕尾市	粤	31	239	25	59
19	扬州市	苏	33	162	48	65
20	莱芜市	鲁	35	23	151	35

东部地区地市级政府平衡发展绩效后20名，主要集中于河北、山东、福建和海南四省。河北省11个地市级政府占10席，高达该省地市级政府总数的90.91%。山东省15个地市级政府占5席，为该省政府总数的1/3，倒数依次是临沂、滨州、日照、济宁和聊城。福建省8个地市级政府占3席，分别是福州、三明和泉州。海南省仅有的2个地市级政府三亚和海口都在后20名之列（见表12）。可见，河北和海南两省地市级政府在平衡发展绩效后20名中所占数目较多。

表12 东部地区所辖地市级政府平衡发展绩效后20名

东部名次	地市级政府	所属省份	全国名次	职能领域全国名次		
				环境保护绩效	城乡差距绩效	区域差距绩效
57	聊城市	鲁	185	105	234	134
58	张家口市	冀	192	101	203	194
59	济宁市	鲁	196	52	165	251
60	秦皇岛市	冀	199	7	186	272
61	日照市	鲁	201	9	112	309
62	泉州市	闽	203	103	195	219
63	海口市	琼	205	32	284	172
64	滨州市	鲁	208	173	189	204
65	临沂市	鲁	210	89	248	184
66	三明市	闽	226	140	201	223
67	衡水市	冀	231	28	287	208

续表

东部名次	地市级政府	所属省份	全国名次	职能领域全国名次		
				环境保护绩效	城乡差距绩效	区域差距绩效
68	保定市	冀	237	16	152	314
69	石家庄市	冀	239	39	233	275
70	沧州市	冀	244	72	256	246
71	邯郸市	冀	247	63	188	301
72	承德市	冀	253	54	244	279
73	三亚市	琼	256	35	276	266
74	福州市	闽	258	154	214	277
75	廊坊市	冀	268	114	247	282
76	邢台市	冀	269	42	286	271

小结：东部地区地市级政府在平衡发展绩效上也不逊色，在环境保护、城乡差距和区域差距三个职能领域的绩效得分都高于全国平均水平。

依据上述评估结果，江苏和广东两省地市级政府在平衡发展绩效前20名中所占数目最多，尤其广东省的城乡差距绩效出众，浙江省地市级政府的平衡发展绩效水平也极为优异。河北和海南两省地市级政府在平衡发展绩效后20名中所占数目较多，尤其在城乡差距和区域差距两方面的改进空间很大。

（六）政府内部管理职能绩效：临沂 VS 丽水

政府内部管理是其对外管理的基础，是政府作为国家管理部门、依法行使国家权力的必要前提。本报告主要从五个方面对政府内部管理职能绩效进行评估，包括依法行政、政府效能、行政廉洁、行政成本和行政公开。

东部地区地市级政府内部管理职能绩效平均得分为34.16分，高于全国平均得分。在五个职能领域的绩效平均得分情况为依法行政26.11分、政府效能45.96分、行政廉洁41.97分、行政成本40.28分、行政公开16.49分，政府效能、行政廉洁和行政成本三项均高于相应的全国平均得分31.80分、38.42分和39.88分，但是依法行政和行政公开两项得分均低于全国平均得分34.02分和16.60分，绩效水平需要进一步提升。

东部地区政府内部管理职能绩效前20名中有8个来自广东，占该省地市级政府总数的42.11%，也是前20名中所含地市级政府最多的东部省份；但数量虽多，却仅有东莞位列东部第 5、全国第 9，其余均在前 5 名之外，依次是潮州、佛山、湛江、江门、汕头、揭阳和中山。山东省 15 个地市级政府占了 6 席，是该省地市级政府总数的 2/5，临沂、泰安和莱芜依次包揽东部前三，其余依次为烟台、威海、济宁。江苏省 12 个地市级政府占 4 席，是该省地市级政府总数的 1/3，苏州位列东部第 4，其余依次为常州、徐州和无锡。河北省 11 个地市级政府占 2 席，依次为石家庄、张家口（见表 13）。可见，广东省地市级政府在内部管理绩效前 20 名中所占数目最多，但山东省地市级政府在内部管理绩效水平上更胜一筹。

表 13 东部地区所辖地市级政府内部管理职能绩效前 20 名

东部名次	地市级政府	所属省份	全国名次	依法行政绩效	政府效能绩效	行政廉洁绩效	行政成本绩效	行政公开绩效
1	临沂市	鲁	3	230	40	15	29	10
2	泰安市	鲁	4	227	10	8	56	62
3	莱芜市	鲁	6	79	54	132	13	94
4	苏州市	苏	8	172	5	21	91	194
5	东莞市	粤	9	175	1	87	43	148
6	烟台市	鲁	10	105	18	51	137	82
7	潮州市	粤	12	27	16	37	153	308
8	威海市	鲁	20	157	29	73	53	158
9	佛山市	粤	22	166	3	59	159	87
10	湛江市	粤	23	167	32	54	73	138
11	江门市	粤	27	31	25	29	210	301
12	常州市	苏	28	253	9	75	31	175
13	徐州市	苏	31	314	23	32	17	61
14	汕头市	粤	33	50	26	84	118	315
15	无锡市	苏	37	174	17	14	267	9
16	石家庄市	冀	39	76	53	107	142	120
17	张家口市	冀	40	190	47	167	12	139
18	济宁市	鲁	41	250	90	9	125	37
19	揭阳市	粤	45	19	63	61	196	304
20	中山市	粤	46	281	4	62	93	147

东部地区地市级政府内部管理职能绩效后20名中,浙江省占6席,为该省地市级政府总数的2/3,丽水和衢州分别为东部倒数第1和第2,其余为舟山、台州、金华、湖州。河北省11个地市级政府占4席,分别是廊坊、承德、邢台、沧州。福建省8个地市级政府占3席,分别是宁德、莆田、泉州。江苏省12个地市级政府占3席,分别是扬州、盐城、连云港。广东省19个地市级政府占2席,分别是韶关、阳江。海南省2个地市级政府占2席,即所有地市级政府(三亚、海口)都在后20名之列(见表14)。可见,浙江省地市级政府在东部地区政府内部管理职能绩效后20名中所占比重最大,海南省地市级政府占省内政府总数的比重最大。

表14 东部地区所辖地市级政府内部管理职能绩效后20名

东部名次	地市级政府	所属省份	全国名次	依法行政绩效	政府效能绩效	行政廉洁绩效	行政成本绩效	行政公开绩效
57	湖州市	浙	201	241	41	199	229	220
58	连云港市	苏	202	315	85	133	121	223
59	泉州市	闽	207	311	2	289	71	211
60	沧州市	冀	211	313	49	86	194	258
61	金华市	浙	214	210	83	293	143	55
62	阳江市	粤	218	204	112	203	168	302
63	莆田市	闽	220	309	8	290	101	181
64	海口市	琼	221	212	203	66	271	84
65	盐城市	苏	222	316	27	221	193	108
66	扬州市	苏	237	280	11	238	245	245
67	邢台市	冀	243	245	135	264	119	274
68	台州市	浙	247	279	24	292	209	153
69	韶关市	粤	256	209	186	237	292	6
70	三亚市	琼	258	149	147	228	315	105
71	舟山市	浙	276	271	193	301	177	21
72	承德市	冀	277	282	227	112	309	83
73	宁德市	闽	289	294	80	286	253	162
74	廊坊市	冀	291	312	141	217	256	212
75	衢州市	浙	310	211	151	294	310	261
76	丽水市	浙	313	270	237	296	263	143

小结:从政府内部管理职能绩效平均得分看,东部地区地市级政府在政府效能、行政廉洁和行政成本方面表现不错,高于全国平均水平,但是依法行政

和行政公开两项尚需加强改进。

广东省地市级政府在内部管理绩效前 20 名中所占数目最多，但需注意加强行政公开绩效的提升；山东省地市级政府在内部管理绩效水平上更胜一筹，泰安、济宁和临沂在行政廉洁、行政成本和行政公开绩效上各有出众表现。

浙江省地市级政府在内部管理绩效后 20 名中所占比重最大，海南省地市级政府占省内政府总数的比重最大，尤其需要注重行政成本的控制。

四 地市级政府的省域评估

尽管东部地区地市级政府绩效总体居于领先水平。但是，由于地理位置、历史条件、自然资源和开发力度方面存在着比较大的差异，可以发现东部各省间的发展并不平衡，政府绩效的情况也存在着比较大的差距。

（一）省域总体评估

不可否认，东部地区各省份所辖地市级政府的绩效平均水平基本高于全国其他地区，是其他地区政府管理的表率。但是，就东部地区内部进行进一步评估，不难发现区域内各省份之间政府绩效呈现不均衡状态，主要体现为各职能绩效水平的不均衡，并且总体绩效水平越高、职能均衡性越差（见图 4）。

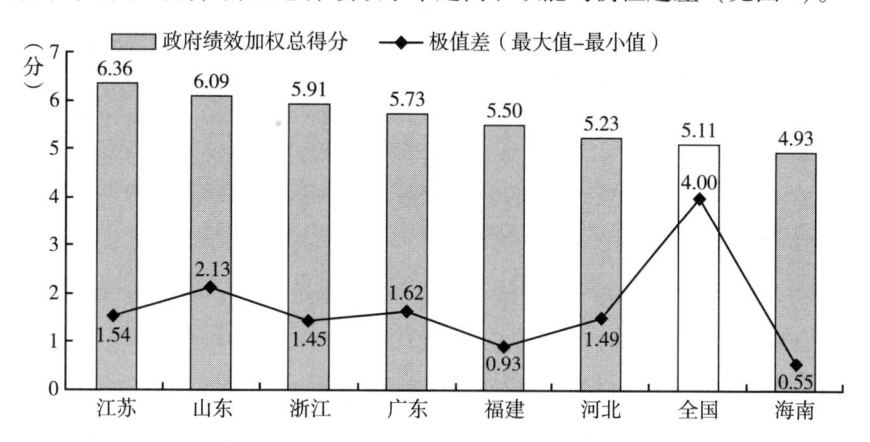

图 4 东部地区各省所辖地市级政府综合绩效得分均值与极值差距

江苏省各地市级政府综合绩效得分在东部地区居首位，其职能绩效极值差为1.54分，位居东部省份第3，与其他省份相比各职能绩效均衡性较为一般；山东省各地市级政府综合绩效位于东部地区第2，但其极值差却排名第1，是东部地区职能绩效最不均衡的省份；此外，综合绩效位于第4名的广东省，其极值差达到1.62分，高于除山东外的其他省份，各职能绩效均衡性较差。相反，综合绩效得分位于后3名的福建省、河北省、海南省，其极值差也较小，尤其是福建和海南的地市级政府，各职能绩效均衡性较好。

（二）江苏：遥遥领先的"高铁"

江苏省各地市级政府综合绩效堪称东部地区遥遥领先的高速铁路。评价其遥遥领先，确实名副其实。一方面，这列"高铁"政府综合绩效总得分为6.36分，不仅远高于全国平均得分，而且遥遥领先于东部其他省份。另一方面，这列"高铁"在各项政府职能管理绩效上均取得了骄人的成绩，全面包揽了经济发展、市场监管、平衡发展三项政府对外管理职能绩效的东部第1，并且拿下了政府对外管理职能绩效和政府综合绩效两项冠军，可谓集"金牌"于一身。那么，江苏省内各地市级政府绩效分布如何？

表15　江苏省所辖地市级政府绩效综合排名

省内名次	地市级政府	全国名次	政府对外管理绩效	经济发展绩效	市场监管绩效	社会管理绩效	公共服务绩效	平衡发展绩效	政府内部管理绩效
1	无锡市	1	1	4	9	30	1	13	37
2	苏州市	3	3	3	5	111	9	78	8
3	常州市	5	9	8	34	182	13	4	28
4	镇江市	11	13	21	82	44	48	22	55
5	泰州市	12	11	20	11	91	25	38	135
6	扬州市	22	12	12	46	127	12	33	237
7	南通市	23	21	11	47	157	169	26	88
8	徐州市	29	40	38	25	264	138	57	31
9	连云港市	42	26	57	3	132	49	140	202
10	盐城市	53	33	35	37	187	140	55	222
11	淮安市	62	56	39	61	142	186	104	126
12	宿迁市	71	79	96	77	203	192	11	83

结合图4和表15可以发现，第一，江苏省各地市级政府的对外管理职能水平较高。淮安市和宿迁市的对外管理职能绩效排名分别为第56和第79名，其他地市级政府此项都在全国前40名之内。值得一提的是，对外管理职能中的经济发展和市场监管绩效尤其出众，所有政府都在全国排名前100之内。

第二，江苏省内各地市级政府绩效差距不小，省内差距位列东部第3。最夺人眼球的是无锡市，可谓东部高铁列车上的火车头，不仅政府综合绩效排名全国第一，而且对外管理职能绩效也排名全国第一。政府各职能领域也绩效出众，尤其公共服务绩效全国第一，并且没有一项职能绩效在全国前40名之外。位列江苏最后的盐城市、淮安市和宿迁市政府绩效总排名则已抛出全国前50名之外，分别为第53、第62和第71名。

第三，各地市级政府在各项职能绩效上都呈现发展不均衡的状态。作为全国第一的无锡市，其社会管理绩效排名全国第30位，政府内部管理绩效排名全国第37位，与其他几项职能绩效差距明显。江苏省内其他地区中，除镇江以外，每一个地市级政府的职能绩效都有1~3项排名在全国第100位之后。只有无锡、镇江在各职能绩效方面的均衡性较好。

（三）山东与浙江：绩效上乘，各有亮点

山东和浙江两省的政府绩效在东部地区居于上乘水平，这一判断基于下述几个方面。首先，政府绩效总排名分别为榜眼和探花。山东省政府绩效总排名东部第2、全国第2，浙江省地市级政府绩效总排名东部第3、全国第3，领先于江苏以外的其他省份。其次，除山东省的菏泽市外，两省其他地市级政府综合绩效排名都在全国前150名之内，两省24个地市级行政区域中共有超过一半的政府综合绩效在全国前50名之内。

另外，这两个省份又各有亮点。山东省在社会管理和政府内部管理绩效排名上勇夺地区第一，浙江省在公共服务绩效上位列全国最佳。它们出彩之处正是名列状元的江苏省需要加强的薄弱环节。

根据表16，社会管理和政府内部管理绩效排名第一的山东省，其省内地市级政府绩效还呈现以下特点。

表16　山东省所辖地市级政府绩效综合排名

省内名次	地市级政府	全国名次	政府对外管理绩效	经济发展绩效	市场监管绩效	社会管理绩效	公共服务绩效	平衡发展绩效	政府内部管理绩效
1	威海市	2	2	14	32	8	2	8	20
2	烟台市	4	8	9	28	6	6	152	10
3	东营市	6	6	29	6	29	5	61	76
4	淄博市	7	5	15	93	3	18	37	146
5	莱芜市	17	27	120	33	15	52	35	6
6	潍坊市	25	19	28	173	53	16	73	117
7	泰安市	34	62	36	193	155	149	76	4
8	临沂市	41	77	54	72	237	42	210	3
9	滨州市	55	44	48	103	135	3	208	150
10	济宁市	59	81	53	109	247	36	196	41
11	日照市	73	70	73	43	96	91	201	127
12	枣庄市	79	68	64	130	161	79	98	179
13	聊城市	83	95	84	204	105	32	185	95
14	德州市	86	93	71	208	112	86	141	129
15	菏泽市	164	161	147	248	213	134	94	163

第一，政府绩效总排名进入全国前10位的有4个，分别为威海、烟台、东营和淄博，15个地市级行政区域中政府绩效总排名在全国前50位之内的有8个，其他7个在前50位之外，基本对半分布。

第二，山东省的省内绩效差距是地区最大的。区域排名第一的威海和压后的菏泽，政府绩效加权总得分相差2.13分。

第三，在政府职能管理均衡度上进一步做评估，威海、东营的职能均衡度比较理想，其他地市级政府总有一项或多项职能绩效偏低，在全国排名第100位甚至第200位之外。尤其是烟台市，政府绩效总排名位列全国第4、省内第2，但是其平衡发展绩效排名居然处于第152位。

浙江省9个地市级行政区域中，政府绩效高于本省平均水平的有湖州、嘉兴、舟山、绍兴，其余的金华、温州、台州、丽水和衢州都低于本省平均水平（见图5）。当然，它的各项职能绩效比山东分布均衡，在经济发展、社会管理、平衡发展以及对外管理职能总体的绩效方面都位列区域第2。

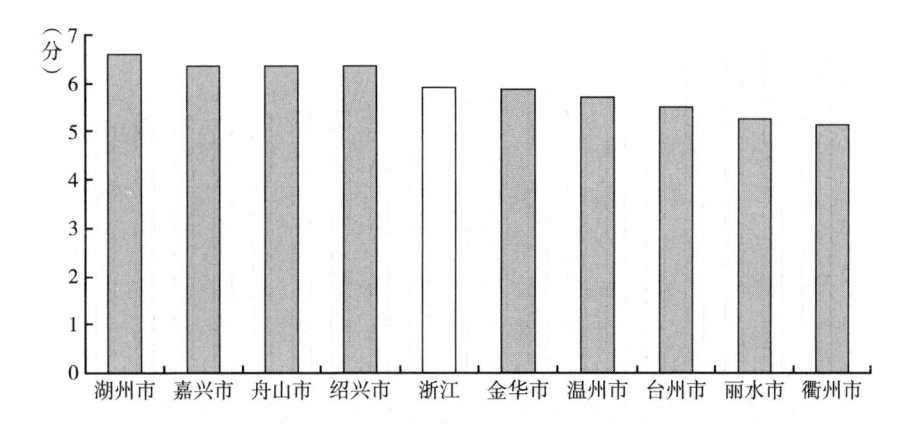

图 5　浙江省所辖地市级政府综合绩效得分

另外，浙江省各地市级政府公共服务绩效突出，东部地区排名第 1。除了衢州和台州以外，省内其他地市级政府的公共服务绩效都在全国排名前 50 位之内，值得其他省份学习。

此外，浙江省的市场监管和政府内部管理绩效水平过低。作为政府绩效总排名区域第 3 的省份，其政府内部管理职能绩效却不尽如人意，在区域排名中位列倒数第 2；政府对外管理职能绩效中，市场监管绩效也排在区域倒数第 2。这也许与先发地区提前全方位地遇到市场监管中的多种问题有关，但也凸显了该省政府管理的薄弱环节。

（四）广东与福建：绩效中等

广东和福建所辖地市级政府绩效平均得分分别居于区域第 4 和第 5 位，属于中等水平。以下分别对两省政府绩效进行评估。

根据图 6，广东省内各地市级政府的绩效分布不均衡，差距大，其极值差位居东部地区第 2。其中，19 个地市级行政区域中，居于省内平均水平以下的包括潮州、清远、梅州、韶关、湛江、揭阳、云浮、汕尾、河源、茂名和阳江，其余 8 个地市级政府的绩效得分都在省内平均水平之上。

特点之一，尽管广东省的总体绩效水平位列全国第 4，但广东省的市场监管和政府内部管理两项职能的绩效排名都是区域第 2。其中，东莞和惠州的市场监管绩效分别位列全国第 2 和第 4。

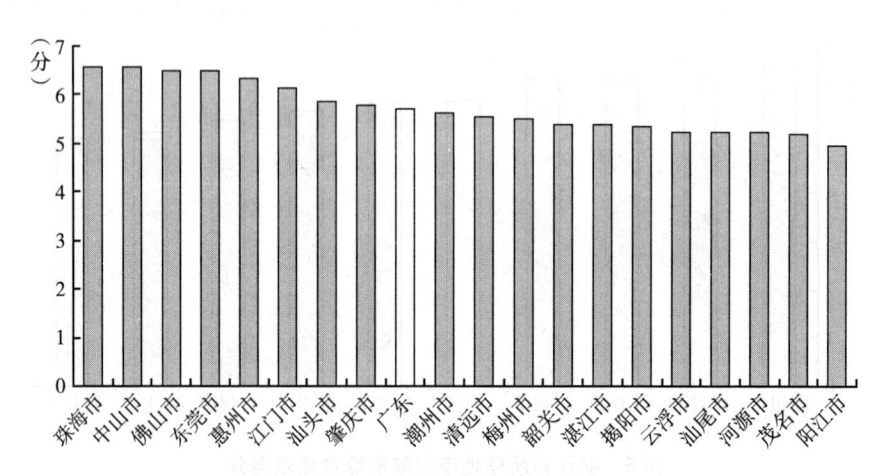

图6 广东省所辖地市级政府综合绩效得分

特点之二，省内各职能领域发展极不平衡。广东省地市级政府的经济发展和社会管理两项职能的绩效位列区域最后，公共服务绩效也位列区域最后，成为该省的薄弱环节。

福建省各地市级政府绩效具备的最突出特点是：各项职能管理之间的绩效均衡度相对较高，与其他省份相比没有绩效特别突出的职能领域，也没有绩效特别差的职能领域。这一特点清晰地反映在表17中。从各项职能绩效角度进行评估，除了经济发展绩效排名中福州排在全国第6、市场监管绩效排名中漳州排在全国第7之外，其他职能的绩效分布都比较均衡，没有骤高或骤低的现象。

表17 福建省所辖地市级政府绩效综合排名

省内名次	地市级政府	全国名次	政府对外管理绩效	经济发展绩效	市场监管绩效	社会管理绩效	公共服务绩效	平衡发展绩效	政府内部管理绩效
1	福州市	46	37	6	96	221	24	258	138
2	漳州市	49	47	63	7	273	39	149	109
3	龙岩市	72	63	65	86	263	21	134	144
4	三明市	82	65	89	57	106	17	226	198
5	南平市	99	103	135	132	167	31	155	151
6	泉州市	103	91	33	153	296	66	203	207
7	莆田市	175	151	82	138	314	159	126	220
8	宁德市	178	118	105	178	186	80	145	289

同时，上述特点也使得各地市级政府的绩效总排名呈现渐次分布态势，福州最高、宁德最低。相应的，该省内各地市级政府绩效的差距也比较小，政府之间的综合绩效水平较为均衡。

（五）河北与海南：改进空间最大

河北与海南两省是东部地区中政府综合绩效压后的两省，其地市级政府在各项职能领域都需要改进。即便如此，从表18和表19中可以全面而清晰地发现，这两个省份地市级政府各职能管理绩效比较均衡，没有特别突出的，也没有绩效极差的。

进一步分析表18，首先，河北省11个地市级政府的绩效呈现渐次分布的特征，没有突兀的高低档职能绩效差距。其次，尽管河北省总体处于东部地区政府绩效下游，但是唐山市政府绩效总排名全国第26位、河北省第1，成为带动该省范围内各地市级政府改善绩效的火车头。最后，河北省所辖地市级政府绩效平均得分是5.23分，不难发现，高于本省绩效平均水平的有唐山、石家庄、秦皇岛、张家口4个，低于本省绩效平均水平的有保定、沧州、邯郸、衡水、廊坊、承德和邢台7个地市级行政区域。

表18 河北省所辖地市级政府绩效综合排名

省内名次	地市级政府	全国名次	政府对外管理绩效	经济发展绩效	市场监管绩效	社会管理绩效	公共服务绩效	平衡发展绩效	政府内部管理绩效
1	唐山市	26	24	44	36	159	45	46	80
2	石家庄市	58	78	47	45	305	20	239	39
3	秦皇岛市	85	90	69	134	151	67	199	133
4	张家口市	92	130	132	84	130	158	192	40
5	保定市	128	145	99	111	255	106	237	118
6	沧州市	136	123	51	143	292	75	244	211
7	邯郸市	169	180	97	191	303	63	247	132
8	衡水市	203	199	187	172	217	98	231	156
9	廊坊市	218	156	60	252	286	56	268	291
10	承德市	225	182	167	113	210	103	253	277
11	邢台市	227	202	150	214	185	126	269	243

海南省所辖地市级政府仅有海口和三亚两个。可以发现，这两个地市级行政区域的平均绩效水平在东部地区各省份中最低，居于压后位置。海口市政府绩效位列全国前150位之内，三亚市政府绩效位列全国第232名（见表19）。

表19 海南省所辖地市级政府绩效综合排名

省内名次	地市级政府	全国名次	政府对外管理绩效	经济发展绩效	市场监管绩效	社会管理绩效	公共服务绩效	平衡发展绩效	政府内部管理绩效
1	海口市	141	119	72	189	188	102	205	221
2	三亚市	232	201	88	245	268	168	256	258

五 研究性发现

通过上述对区域的总体评估和分别展开的职能评估和省域评估，我们可以进一步得出下述几方面的研究性发现，以期经验先行的东部地区可以为其他地区地市级政府管理绩效的改进提供启示。

（一）借助引擎政府，全面集结城市群连带效应

引擎政府主要是指区域内具有发展示范效应的地市级行政单位。中国东部地区的引擎政府较为显著，可能是该地区能够一直保持先发优势至今的秘诀之一。

东部地区的东半部沿海经济区以长三角为引擎，经济实力最强，其地区生产总值及第二、第三产业增加值占全国的19.7%，人均地区生产总值是全国平均水平的2倍；东部地区的北半部沿海经济区以京、津、冀及山东半岛城市群为引擎，经济总量较大，其地区生产总值及第二、第三产业增加值占全国的1/5；东部地区的南半部沿海经济区以珠三角为引擎，其地区生产总值及第二、第三产业增加值占全国的8.6%，经济总量虽然不及北半部，但人均地区生产总值为68633元。总体而言，东部地区经济发展优势明显。

东部引擎政府首先具有分布广泛的特点，均匀分布于该地区各个省域，几乎每个省份都有自己的引擎政府，使得各个省份都能在它的示范带动下迅速发

展，区域内不会出现明显的绩效差距。从地市级政府绩效评估结果看，江苏省的无锡市在政府内外管理绩效上较出众，其周边几个地市级行政区域的政府绩效也不弱，这也许是一个佐证。从城市群分布的密集程度看，由于东部地区本身地域范围不大，区域内部各个省份又有足以带动地区政府综合绩效的引擎政府，东部地区相对其他地区更为快速地形成和发展起城市群，也得以形成政府绩效示范的辐射效应。

（二）通过调结构、增效果，继续保持经济发展先发优势

目前，中国东部地区已率先进入经济腾飞的快车道。第一，从经济总量来看，中国经济发展总体上达到了小康水平，但经济发展程度很不平衡，经济发展的贡献主要是由东中部地区特别是东部地区完成的；第二，从经济结构和产业结构来看，工业从整体上已经成为中国国民经济的主导产业，但就地区分布而言，中国的工业生产基地主要集中在东部地区；第三，"十二五"期间，支撑内需拉动，实现可持续发展除了寄希望于西部地区之外，东部地区仍被认为是最主要的经济增长源泉。尽管如此，经济增长最快的前2名并不在东部地区，东部经济增长最快的无锡市位列全国第3。现实的情况是，沿海地区的发展成本正在上升，而沿着海岸线向内推进若干公里，即沿海各省的非沿海地带，其经济发展所需各项资源相对丰富，成本相对低廉，潜力仍十分巨大，将成为未来拉动全国经济增长的重要力量。[①]

那么，东部所辖的地市级政府是如何保持经济发展先发优势的？一方面，东部地区在经济增长领域的综合绩效水平不低，居全国首位，该地区地市级政府的经济发展绩效之间也较为均衡，体现了东部地区地市级政府在原有经济先发优势基础上注重经济增长的区域平衡度。另一方面，从经济效果等职能领域破题。苏州市以经济结构最合理胜出，其经济结构绩效排名位列全国第一。佛山市以经济效果全国最佳胜出。无锡市和福州市以经济增长绩效和经济结构优化齐头并进胜出，珠海市以经济效果辅之经济结构合理胜出。

在经济结构调整和经济效果对经济发展的影响日益增加的今天，东部地区

---

① 张蕾、王佳新：《中国东部三大都市圈经济发展对比研究》，《城市发展研究》2012年第3期。

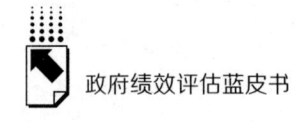

在保持经济增长的先发优势基础上，注意在经济结构优化和经济效果保障上加强政府管理，是其在全国经济发展绩效上居首位的重要秘诀。

东部地区经济发展绩效呈现下述内部特点：江苏最佳，广东下游。在各个职能领域中，经济增长和经济结构两个职能领域都是江苏最佳、广东下游；而经济效果领域，则是广东最佳、河北下游。

（三）社会管理绩效是东部地区地市级政府的短板

一个地区发展绩效好，未必由好政府决定，但一定表明该地区的政府管理是朝着符合本地实际的方向在努力。综合东部地区地市级政府绩效评估结果，我们发现，作为全国经济发展的领头羊，东部地区地市级政府绩效在市场监管、公共服务、平衡发展方面皆成绩斐然，在经济发展和政府内部管理绩效上也表现不俗。

但东部地区地市级政府管理绩效也存在不足之处，其社会管理绩效水平没有意想中的高水平，仅略高于中部，屈居第3，而且其社会管理绩效平均得分在全国平均水平之下，是该地区地市级政府唯一失去先导优势的职能领域，成为该地区地市级政府绩效水平的短板。

分职能进一步评估发现，东部地区地市级政府社会组织与人口管理领域和社会安全管理领域的绩效明显领先于其他地区，但是在社会保障与就业管理领域却排名倒数第2，还存在较大改进空间。社会保障与就业管理领域尤其落后，不知是否由经济发展到一定程度后社会流动急剧增加而带来更多的社会管理问题所致，但政府社会管理职能履行不够到位、无法适应目前经济发展水平下的社会管理现状已是不争的事实。

根据东部地区各省份地市级政府社会管理绩效评估，山东省最为出色；广东省压后，在社会安全管理领域尤须加强；海南省的三亚市不仅总排名落后，各职能领域也欠佳，改进空间很大。针对评估结果，改进社会管理职能已成东部地区地市级政府当务之急。

B.4 中部地区地市级政府绩效评估

刘 平[*]

摘 要： 在中部六省中，区域内部地市级政府平均绩效的省际差异较大。有三个省的地市级政府综合绩效平均得分超过了全国均值，分别是河南、安徽和江西；湖北、山西和湖南三省则落后于全国平均水平。在中部地区各省之间，河南省的地市级政府综合绩效平均水平最高，以下依次是安徽、江西、湖北、山西、湖南。不过，在中部地区分省评估中，研究发现河南省地市级政府的经济发展绩效、市场监管绩效、社会管理绩效都位列前茅，但是平衡发展绩效则明显滞后。相反，湖北省地市级政府在经济发展、市场监管、社会管理方面的绩效并不突出，但是其平衡发展绩效却处于领先地位。如何兼顾各绩效的平衡，成为中部地区面临的一个突出问题。在地市级政府绩效的评估中，合肥市位居中部地区第一，湖南省的娄底市位居中部地区最后1名。不仅如此，湖南省的5个地市级政府包揽了中部地区的最后5名。

通过对中部地区地市级政府绩效的评估和分析，可以发现一些重要的规律性认识：经济发展相对领先的省份，平衡发展问题往往比较突出；发展较为均衡的地市级行政区域，一般处于低度工业化阶段，其平衡发展绩效表现优异往往是经济较为落后条件下的自然平衡，而非政府行为刻意追求的结果。

关键词： 政府绩效评估 中部地区 地市级政府

---

[*] 刘平，中国社会科学院政治学研究所副研究员。

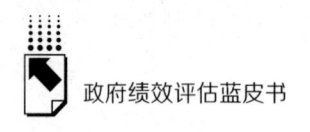

一 概述

中部地区的概念源自中部崛起战略的提出。事实上,中部地区是中国区域发展战略渐次推进的最后一个地区。中部地区地处中国内陆腹地,起着承东启西、接南进北、辐射八方的作用。从所含行政区域看,包括山西省、安徽省、江西省、河南省、湖北省、湖南省,共计6省,辖81个地市级行政区域。加快中部地区发展,是提高中国国家竞争力的重大战略举措,是东西融合、南北对接,推动区域经济发展的客观需要。

(一)从"中部塌陷"到中部崛起战略

中部地区相对于全国,特别是东部沿海地区,在经济总量、发展水平、发展速度、"三化"(即工业化、城市化和市场化)进程及结构变动等方面存在着明显差距。随着西部大开发和东北振兴战略的兴起,中部地区成了区域发展战略的盲点,"中部塌陷"的压力越来越大。所谓"中部塌陷",主要表现在:①中部地区的经济总量和总体发展水平不仅远远低于东部沿海发达地区,而且明显低于全国平均水平;②中部地区的发展势头和发展速度明显低于东部地区,也低于西部地区;③中部地区的"三化"进程即工业化、城市化和市场化进程,不仅明显滞后于东部沿海发达地区,而且也滞后于全国平均水平。

"中部塌陷"呼唤中部崛起。2004年的政府工作报告明确提出了"促进中部地区崛起"的概念。同年12月举行的中央经济工作会议,首次提出"促进区域经济协调发展是结构调整的重大任务。实施西部大开发,振兴东北老工业基地,促进中部地区崛起,鼓励东部地区率先发展,实现相互促进、共同发展"。中部崛起计划首次施行于"十一五"期间,发展重点为依托现有基础,提升产业层次,推进工业化和城镇化,在发挥承"东"启"西"和产业发展优势中崛起。加强现代农业特别是粮食主产区建设,加大农业基础设施建设投入,增强粮食等大宗农产品生产能力,促进农产品加工转化增值。2009年9月,国务院常务会议通过了《促进中部地区崛起规划》。规划提出,争取到2015年,中部地区实现经济发展水平显著提高、发展活力进一步增强、可持续发展能力明显提升、和谐社会建设取得新进展的目标。

（二）中部崛起启动中部城市群发展战略

城市是经济发展的增长极。经过多年的发展，中部地区已形成"六省六群"的格局，即湖北武汉城市圈、河南中原城市群、湖南长株潭城市群、安徽皖江城市带、江西环鄱阳湖城市群和山西太原城市圈。"十二五"时期，中部竞争，将是各省城市群的竞争：安徽明确做大做强中心城市，推动皖江城市带率先崛起；江西依旧布局鄱阳湖产业及城市群共同发展；山西将按照"一核一圈三群"布局，加快发展太原都市圈；河南则加快中原城市群发展；湖北全面实施"两圈一带"总体战略；湖南加速构建以长株潭为核心、环长株潭城市群为重点的新型城镇体系。

从2010年1月开始，产业梯度转移开始上升为国家战略，安徽皖江城市带、湖南湘南、湖北荆州也陆续成为国家级承接产业转移示范区。工业化的发展规律就是从沿海地区向中部地区扩散，而在承接产业辐射、扩散的过程中，中部会首先得益。中部地区正好处于工业化中期阶段，具有良好的承接工业化扩散的能力，可以而且应当成为东部劳动密集型产业转移和国际制造业产业转移的主要承接地。承接东部的产业转移只是一个方面，对中部而言，更重要的还是其自身的工业化。工业化要扩大内需，建立内需型经济，使中部拥有更多参与发展的机会。由此不难看出，无论是承接东部产业转移，还是成为中国经济新的增长极，中部地区都有巨大潜力可挖。

在中部地区发展中，地市级政府发挥着重要作用，是中部崛起的承载者和推动者。政府职能的科学、有效履行，是经济社会发展的重要影响因素。为了科学、客观评价地方政府职能履行情况，本研究基于政府绩效信息数据库，以地市级政府为对象，从政府对外管理和政府内部管理两方面，对中部地区政府综合绩效进行了全面的评估和深入的分析。

二 政府综合绩效评估的总体特点

（一）地市级政府管理绩效平均水平位居全国中游

通过计算各地市级政府综合绩效总得分的平均值，可以分析全国四大地区政府绩效的得分情况。最高的是东部地区，得分5.801分；其次是东北地区，得分5.118分；再次是中部地区，得分5.109分，略低于东北地区，差距几乎可以忽略不计；最后是西部地区，得分是4.688分，差距相对较大。中部地区的得分没有达到全国平均水平的5.179分。数据显示，中部地区地市级政府综合绩效平均水平位居全国中游（见图1）。

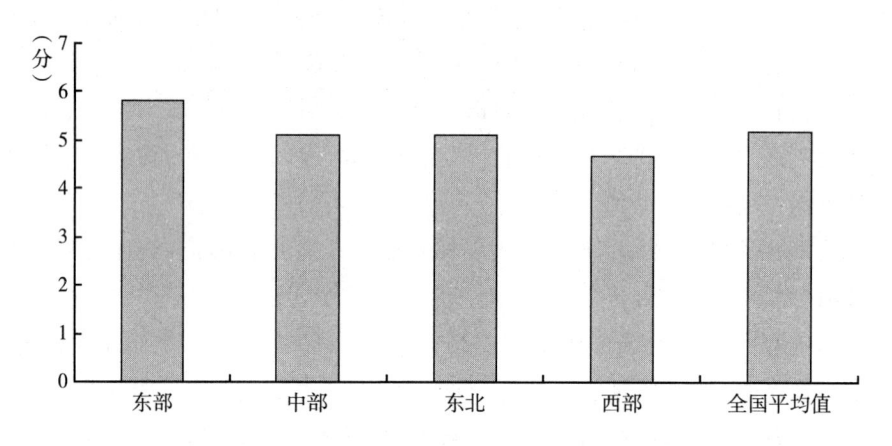

图1　全国及四大地区所辖地市级政府综合绩效平均得分

（二）区域内部地市级政府平均绩效的省际差异较大

通过计算各省所辖地市级政府综合绩效平均水平，可以比较中部六省的政府绩效状况。在中部六省中，有三个省的得分超过了全国平均水平，分别是河南、安徽和江西，湖北、山西和湖南三省则落后于全国平均水平，各占50%。如果对比河南与湖南的得分情况，就可发现两者之间的差距非常之大。从排名上，河南位居全国第7名，湖南则位居全国第23名。其他四省的排名分别为安徽第8名，江西第10名，湖北第12名，山西第15名。数据显示，中部地区区域内部地市级政府平均绩效的省际差异较大（见图2）。

（三）合肥：中部地区政府综合绩效的领跑者

进入全国绩效前20名的地市级政府中，中部地区所占的比例是10%，明显偏低。在全国前50名中，中部地区有12个，占比24%，接近1/4，属于平均水平，不突出也不落后。但合肥市成为中部地区的明星城市，位居全国第

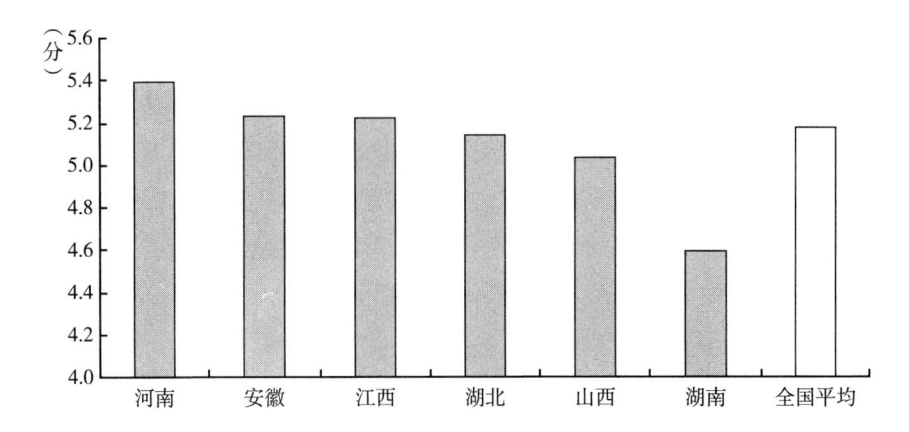

图2 中部地区各省所辖地市级政府综合绩效平均水平比较

8，是中部地区唯一进入全国前10的地市级政府。郑州市是除合肥之外进入全国前20的另一座中部地区城市，其政府综合绩效加权得分是6.47分，居全国第16位。

中部地区的前20名都进入了全国的前100名。湖北省荆门市排在中部地区第20名，居全国第93位。在中部地区前20名中，安徽、河南两省各有5个，占比50%；其余四省占50%，省际分布不平衡（见表1）。

在前20名中，安徽占5席，分别是合肥、铜陵、芜湖、马鞍山、黄山。河南占5席，分别是郑州、许昌、焦作、洛阳、漯河。湖北占3席，分别是宜昌、襄阳、荆门。山西占3席，分别是太原、阳泉、晋城。湖南占2席，分别是长沙、株洲。江西占2席，分别是南昌、新余。

中部地区的后20名地市级政府均位于全国第200名之后。在全国后50名中，中部地区有10个，占比20%。在全国第200~300名地市级政府中，中部地区有21个。有3个政府居于全国排名300名之后，分别是张家界、怀化、娄底，均属于湖南省。

在后20名中，河南为0个，反映出河南省地市级政府的情况是中部地区最好的。湖北占有2个，分别是黄冈、恩施土家族苗族自治州。江西占有2个，分别是吉安、上饶。山西占有4个，分别是大同、朔州、吕梁、忻州。安徽占有4个，分别是阜阳、亳州、六安、宿州。湖南占有8个，分别是郴州、湘西土家族苗族自治州、永州、邵阳、益阳、张家界、怀化、娄底。湖南不仅占有后20名

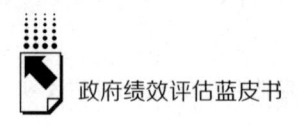

表1　中部地区所辖地市级政府综合绩效前20名和后20名

政府综合绩效前20名				政府综合绩效后20名			
中部名次	地市级政府	所属省份	全国名次	中部名次	地市级政府	所属省份	全国名次
1	合肥市	皖	8	62	黄冈市	鄂	217
2	郑州	豫	16	63	吉安市	赣	221
3	铜陵市	皖	27	64	大同市	晋	232
4	长沙市	湘	31	65	朔州市	晋	249
5	芜湖市	皖	33	66	阜阳市	皖	251
6	许昌市	豫	39	67	郴州市	湘	256
7	南昌市	赣	40	68	上饶市	赣	260
8	焦作市	豫	43	69	亳州市	皖	262
9	新余市	赣	44	70	六安市	皖	264
10	太原市	晋	45	71	吕梁市	晋	266
11	洛阳市	豫	47	72	宿州市	皖	269
12	马鞍山市	皖	48	73	湘西自治州	湘	272
13	阳泉市	晋	52	74	恩施自治州	鄂	274
14	宜昌市	鄂	57	75	永州市	湘	275
15	襄阳市	鄂	64	76	忻州市	晋	280
16	黄山市	皖	69	77	邵阳市	湘	281
17	漯河市	豫	77	78	益阳市	湘	294
18	株洲市	湘	80	79	张家界市	湘	312
19	晋城市	晋	84	80	怀化市	湘	313
20	荆门市	鄂	93	81	娄底市	湘	314

的40%，而且最后5名都属于湖南省。

全国一共317个地市级政府，在第300名以外的17个地市级政府中，湖南省占有3个，连续排名为第312、第313、第314名，接近最底部。

如果把中部地区所有地市级政府的排名加起来进行平均计算，其平均值是第156.16名，处于全国317个地市级政府排名的中间值159名之上。也就是说，中部地区政府绩效的平均排名没有落后于全国平均水平。

三　政府各职能绩效分项评估

本研究将政府职能划分为对外管理和内部管理职能两大部分。在对外管理职能中，又将其细化为经济发展职能、市场监管职能、社会管理职能、公共服务职能和平衡发展职能；内部管理职能则包括依法行政、政府效能、行政成本、行政廉洁和行政公开5项评估指标。表2是中部地区所辖地市级政府各职能绩效的平均得分情况。

表2 中部地区所辖地市级政府各职能绩效平均得分

单位：分

区域名称	政府综合绩效（10分制）	经济发展绩效	市场监管绩效	社会管理绩效	公共服务绩效	平衡发展绩效	内部管理绩效
东部地区	5.80	58.02	29.93	28.67	37.89	32.82	34.04
中部地区	5.11	45.53	26.20	28.66	31.07	29.70	32.93
东北地区	5.12	48.32	24.28	33.44	32.58	32.31	25.41
西部地区	4.69	35.96	23.34	29.67	28.86	25.04	31.93
中部地区所得名次	3	3	2	4	3	3	2

总体上看，正如中部地区的名称一样，中部地区除社会管理外的各项职能绩效均位居中游，既不突出，也不垫底，没有一项职能绩效名列全国第1。市场监管与内部管理绩效名列全国第2，经济发展、公共服务、平衡发展绩效名列全国第3，社会管理绩效居全国末位。

中部地区在经济发展绩效中，落后于东部地区和东北地区，领先于西部地区；在市场监管绩效中，落后于东部地区，领先于东北地区和西北地区；在社会管理绩效中，落后于其他三大地区，排名最后；在公共服务绩效中，落后于东部地区和东北地区，领先于西部地区；在平衡发展绩效中，落后于东部地区和东北地区，领先于西部地区；在内部管理绩效中，落后于东部地区，领先于东北地区和西部地区。

六项职能绩效平均下来，中部地区综合绩效得分为5.11分，稍微落后于平均得分5.12分的东北地区，在四大地区中居全国第3位。

（一）经济发展绩效：合肥 VS 湘西

合肥市以75.85分位居中部地区地市级政府经济发展绩效第1名，同时位居全国第一，可圈可点。长沙市以75.26分位居中部地区第2，同时位居全国第2。郑州市以73.13分位居第3，同时位居全国第5。中部地区有三个城市进入全国前五，居全国之首，出人意料。三个城市分别是安徽、湖南、河南的省会，这在一定程度上反映出中部崛起的趋势。

安徽省的宣城市以51.14分的成绩位居中部地区第20名、全国第98名。在全国前100名中，中部地区占比20%。对于本来就是经济欠发达地区的中部来说，取得这样的排名亦属正常（见表3）。

表3 中部地区所辖地市级政府经济发展绩效前20名和后20名

经济发展绩效前20名				经济发展绩效后20名			
中部名次	地市级政府	所属省份	全国名次	中部名次	地市级政府	所属省份	全国名次
1	合肥市	皖	1	62	永州市	湘	207
2	长沙市	湘	2	63	濮阳市	豫	209
3	郑州市	豫	5	64	信阳市	豫	212
4	芜湖市	皖	31	65	咸宁市	鄂	215
5	南昌市	赣	34	66	荆州市	鄂	216
6	太原市	晋	43	67	随州市	鄂	226
7	马鞍山市	皖	45	68	亳州市	皖	228
8	株洲市	湘	52	69	六安市	皖	229
9	洛阳市	豫	55	70	黄冈市	鄂	230
10	宜昌市	鄂	67	71	驻马店市	豫	232
11	铜陵市	皖	78	72	商丘市	豫	235
12	许昌市	豫	79	73	娄底市	湘	237
13	新余市	赣	80	74	怀化市	湘	248
14	岳阳市	湘	83	75	阜阳市	皖	254
15	湘潭市	湘	90	76	周口市	豫	255
16	阳泉市	晋	92	77	宿州市	皖	257
17	晋城市	晋	93	78	邵阳市	湘	262
18	郴州市	湘	94	79	张家界市	湘	281
19	焦作市	豫	95	80	恩施自治州	鄂	289
20	宣城市	皖	98	81	湘西自治州	湘	293

在前20名中，安徽有5个，分别是合肥、芜湖、马鞍山、铜陵、宣城。湖南有5个，分别是长沙、株洲、岳阳、湘潭、郴州。河南有4个，分别是郑州、洛阳、许昌、焦作。江西有2个，分别是南昌、新余。山西有3个，分别

是太原、阳泉、晋城。湖北有 1 个，即宜昌。

在中部地区经济发展绩效的后 20 名中，湖南有 6 个，分别是永州、娄底、怀化、邵阳、张家界、湘西。河南有 5 个，分别是濮阳、信阳、驻马店、商丘、周口。湖北有 5 个，分别是咸宁、荆州、随州、黄冈、恩施。安徽有 4 个，分别是亳州、六安、阜阳、宿州。山西和江西都没有地市级政府进入后 20 名。

对比经济发展绩效前 20 名与后 20 名的省际分布，可以发现：其一，山西和江西的经济发展绩效虽然不突出，但是比较均衡。其二，湖南是经济发展绩效分布最不均衡的省份，在前 20 名中湖南有 5 个，但在后 20 名中湖南有 6 个。其次是安徽、河南。安徽在前 20 名中有 5 个，在后 20 名中有 4 个；河南在前 20 名中有 4 个，在后 20 名中有 5 个。这三个省在全国的前 5 名中各有 1 个，但在中部地区经济发展绩效后 20 名中却都有 4 个及以上。这跟进入全国前 5 名的 3 个地市级政府均为省会有关，在一定程度上说明了省会与非省会政府之间的经济发展差距。

另外，还可以看出，第一名的合肥与最后一名的湘西之间经济发展绩效得分相差约 50 分，分别为 75.85 分和 25.78 分，从一个侧面说明了地区内不同地市级政府经济发展绩效存在较大差距。所幸的是后 20 名都在全国排名第 300 名之前，没有处于全国垫底水平。位居后 3 名的张家界、恩施自治州、湘西自治州，都属于少数民族地区，处于交通、地理条件艰苦的贫困落后地区，落入后 3 名自在情理之中。

如果考察经济发展绩效的三个职能领域指标，即经济增长、经济结构、经济效果绩效，并分析这三个指标的前 5 名，可以发现：在经济增长绩效上，省会太原跌出了前 5 名，芜湖进入了第 5 名；在经济结构绩效上，省会太原、南昌跌出了前 5 名，黄山、宣城进入了前 5 名；在经济效果绩效上，太原又跌出前 5 名，芜湖进入前 5 名。

也就是说太原在经济发展的三个职能领域中，均落选前 5 名，而非省会的芜湖市却两次进入前 5 名。三个进入前 5 名的非省会行政单位均属于安徽省，可见安徽省内不仅合肥的经济发展在中部地区成为一枝独秀，其他一些地市级政府也颇具特色。反观太原市的表现则与其省会的地位不太相称（见表 4）。

表4 中部地区所辖地市级政府经济发展各职能领域绩效前5名

中部地区名次	经济增长绩效	经济结构绩效	经济效果绩效
1	长沙	合肥	长沙
2	合肥	郑州	合肥
3	郑州	黄山	郑州
4	南昌	长沙	芜湖
5	芜湖	宣城	南昌

（二）市场监管绩效：商丘VS娄底

本研究中所涉及的市场监管绩效包含三个方面的内容，即企业行为监管绩效、产品质量监管绩效和市场秩序监管绩效。企业行为监管规范市场主体的行为，产品质量监管体现监管成效，市场秩序监管保证正常的市场环境。

中部地区地市级政府的市场监管绩效比较突出，在全国前10名中，中部地区占3个，占比30%；在全国前20名中，中部地区占7个，占比35%；在全国前50名中，中部地区占13个，占比26%；其中商丘名列全国第一。

河南省的表现最为抢眼，包揽了中部地区的前5名，分别是商丘、漯河、许昌、周口、郑州。在中部地区的前10名中，河南占7个，占比70%；在前20名中，河南占10个，占比50%，绝对领先。其次为山西省，在中部地区的前20名中占5个，占比25%。而安徽省的表现则较为出人意料，在中部地区的前20名中，只有合肥一个地级市进入。

还有一点需要注意的是，5个省会政府中（武汉属于副省级城市，不在此列），除了郑州与合肥之外，其他三个都没有进入前20名。这也在一定程度上说明，省会政府的市场监管绩效并不比非省会地级市政府更理想（见表5）。

在市场监管绩效后20名的地市级行政单位中，有8个排在全国第300名以外。全国300名以外的地市级政府共计17个，中部地区就有8个，占了将近一半。

从省域分布来看，在中部地区后20名的地市级政府中，湖南有8个，占比40%。而且最后的4个并列倒数第一都属于湖南省，分别是张家界、益阳、怀化和娄底，得分13.07分，让人印象深刻。联系一些关于湖南生产的食品出

表5 中部地区所辖地市级政府市场监管绩效前20名和后20名

政府市场监管绩效前20名				政府市场监管绩效后20名			
中部名次	地市级政府	所属省份	全国名次	中部名次	地市级政府	所属省份	全国名次
1	商丘市	豫	1	62	马鞍山市	皖	246
2	漯河市	豫	8	62	荆州市	鄂	251
3	许昌市	豫	10	64	蚌埠市	皖	261
4	周口市	豫	13	65	上饶市	赣	263
5	郑州市	豫	14	66	郴州市	湘	264
6	长治市	晋	16	67	淮南市	皖	266
7	驻马店市	豫	20	68	安庆市	皖	267
8	十堰市	鄂	21	69	景德镇市	赣	269
9	岳阳市	湘	27	70	黄山市	皖	274
10	信阳市	豫	35	71	恩施自治州	鄂	280
11	运城市	晋	40	72	长沙市	湘	283
12	九江市	赣	41	73	铜陵市	皖	285
13	合肥市	皖	42	74	邵阳市	湘	302
14	咸宁市	鄂	51	75	湘潭市	湘	303
15	洛阳市	豫	52	76	六安市	皖	307
16	阳泉市	晋	55	77	池州市	皖	308
17	大同市	晋	58	78	张家界市	湘	311
18	南阳市	豫	62	78	益阳市	湘	311
19	安阳市	豫	63	78	怀化市	湘	311
20	晋城市	晋	64	78	娄底市	湘	311

现重金属、添加剂超标的新闻报道，这些地方政府市场监管绩效的数据间接支持了这些新闻报道，证明了在湖南的某些地方，市场监管确实是其薄弱的环节。

安徽的绩效表现可以说是不让湖南。在最后的20名中，安徽有8个地市级政府进入，占比40%，跟湖南一样。其中六安市和池州市排名全国第300名以外。湖北、江西各有两个政府进入后20名。湖北的两个政府是荆州市和恩施土家族苗族自治州，江西的两个政府是上饶市和景德镇市。除此以外，河南、山西都没有进入后20名的地市级政府。

对比河南和湖南两个省，可以说两者在市场监管绩效方面的表现，一个是天上一个是地下。河南省包揽前5名，湖南省包揽后4名；河南的商丘名列全国第一，湖南却有6个城市位于全国第300名开外。这些都说明，湖南省的一

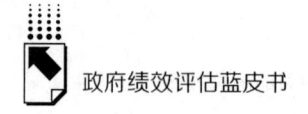

些地区在市场监管绩效方面尚有很大的提升空间。

如果把眼光投入市场监管的三个职能领域，会有新的发现。市场监管绩效的前5名，全部由河南省的地市级政府包揽。但是，在各职能领域中，山西省的地市级政府有两次闯入前5名，分别是运城以71.13分成为企业行为监管绩效的第5名，阳泉以105.96分成为产品质量监管绩效的第5名。

湖北的情况更乐观一些，它所辖的地市级政府有5次闯入前5名。其中，荆门市以112.64分的得分获得产品质量监管绩效的第1名，十堰以105.98分的得分获得产品质量监管绩效的第4名；孝感市以83.88分的得分获得市场秩序监管绩效的第2名，十堰以79.71分的得分获得市场秩序监管绩效的第4名，咸宁以78.11分的得分获得市场秩序监管绩效的第5名（见表6）。

表6 中部地区所辖地市级政府市场监管各职能领域绩效前5名

单位：分

地区排名	市场监管绩效各职能领域					
	企业行为监管绩效		产品质量监管绩效		市场秩序监管绩效	
	地市级政府	绩效得分	地市级政府	绩效得分	地市级政府	绩效得分
1	商丘	85.43	荆门	112.64	郑州	83.97
2	鹤壁	80.62	漯河	107.46	孝感	83.88
3	漯河	77.75	郑州	106.70	安阳	80.62
4	许昌	75.73	十堰	105.98	十堰	79.71
5	运城	71.13	阳泉	105.96	咸宁	78.11

（三）社会管理绩效：开封 VS 宿州

本研究中的社会管理绩效包括社会组织与人口、社会安全管理、社会保障与就业三个职能领域的指标。与经济发展绩效和市场监管绩效在全国的排名相比，中部地区社会管理绩效在全国的排名落后不少。中部地区的第一名开封市仅仅位居全国第18名，这也是中部地区唯一一个进入全国前20名的政府。在全国的前50名中，中部地区仅有7个政府进入，比例也偏低。也就是说，中部地区的社会管理绩效整体表现并不突出。

在中部地区各地市级政府社会管理绩效前20名中，河南省有8个进入，占比40%，比例最高，其中开封市位居第1名。湖北有4个进入，占比20%，位居第2。往下是山西，有3个进入前20名。江西、安徽各有两个进入前20名。湖南仅有一个进入前20名（见表7）。

表7 中部地区所辖地市级政府社会管理绩效前20名和后20名

政府社会管理绩效前20名				政府社会管理绩效后20名			
中部名次	地市级政府	所属省份	全国名次	中部名次	地市级政府	所属省份	全国名次
1	开封市	豫	18	62	池州市	皖	251
2	太原市	晋	26	63	抚州市	赣	256
3	萍乡市	赣	32	64	邵阳市	湘	260
4	襄阳市	鄂	39	65	永州市	湘	265
5	黄山市	皖	41	66	赣州市	赣	266
6	宜昌市	鄂	42	67	益阳市	湘	267
7	铜陵市	皖	48	68	阜阳市	皖	270
8	焦作市	豫	54	69	岳阳市	湘	274
9	三门峡市	豫	56	70	怀化市	湘	275
10	湘潭市	湘	58	71	合肥市	皖	277
11	漯河市	豫	60	72	随州市	鄂	280
12	洛阳市	豫	66	73	上饶市	赣	282
13	长治市	晋	67	74	朔州市	晋	284
14	鹤壁市	豫	69	75	淮南市	皖	287
15	荆门市	鄂	75	76	孝感市	鄂	288
16	晋城市	晋	77	77	吕梁市	晋	295
17	景德镇市	赣	80	78	娄底市	湘	302
18	咸宁市	鄂	84	79	亳州市	皖	304
19	濮阳市	豫	87	80	吉安市	赣	307
20	商丘市	豫	88	81	宿州市	皖	317

安徽宿州市政府的社会管理绩效，在中部地区的81个地市级政府中名列最后一位，也是全国排名最后一位。湖南省有6个地市级政府进入后20名，占比30%，分别是邵阳、永州、益阳、岳阳、怀化和娄底。联系在前20名中湖南只占一个，可见湖南的表现落在最后。其次是安徽，也有6个地市级政府进入后20名，分别是池州、阜阳、合肥、淮南、亳州、宿州。这样，湖南和安徽进入后20名的政府就占了60%的比例。让人有点意料之外的是，在中部地区政府综合绩效总排名位居第一的合肥，却在社会管理绩效方面落入了中部地区后20名的行列。江西有4个进入后20名，分别是抚州、赣州、上饶、吉安。山西有2个，分别是朔州、吕梁。湖北2个，分别是随州、孝感。河南为

0个。从前20名和后20名的省域分布情况可以看出,河南省在社会管理绩效方面的表现在中部地区是最好的。

从社会管理三个职能领域的前5名看,可以发现省会政府大多表现不佳,除了太原名列社会保障与就业绩效的第1名之外(太原名列社会管理绩效的第2名),其他省会都没有进入前5名。不过,与此相对照的是,山西省的其他地市级政府都没有进入三个职能领域的前5名。在社会安全管理绩效中,进入前5名的都属于河南省,分别是安阳、开封、许昌、洛阳、商丘;河南省还有三门峡进入了社会组织与人口绩效的第5名;其整体表现是最好的。其次是湖北省,有三个进入了社会组织与人口绩效的前5名,分别是宜昌、恩施、荆门。恩施是少数民族地区,在许多指标方面都比较落后,但在社会组织与人口绩效上能名列第3,这值得关注。湖北还有两个进入了社会保障与就业绩效的前5名,分别是黄石名列第2,荆州名列第4。湖南的湘西也是少数民族地区,名列社会保障与就业绩效的第5名(见表8)。

表8 中部地区所辖地市级政府社会管理各职能领域绩效前5名

单位:分

中部名次	社会管理绩效各职能领域					
	社会组织与人口绩效		社会安全管理绩效		社会保障与就业绩效	
	地市级政府	绩效得分	地市级政府	绩效得分	地市级政府	绩效得分
1	黄 山	75.02	安 阳	92.59	太 原	79.01
2	宜 昌	72.10	开 封	89.01	黄 石	78.67
3	恩 施	63.61	许 昌	85.93	铜 陵	78.10
4	荆 门	62.53	洛 阳	85.85	荆 州	77.18
5	三门峡	60.24	商 丘	85.53	湘 西	76.78

(四)公共服务绩效:铜陵VS亳州

公共服务关系到社会和谐、全民幸福,关系到贫富差距的缩小,还关系到各个社会群体追求个体发展的起点公平。本研究中的政府公共服务职能主要体现在基础设施、教育科技、医疗卫生和文化体育四个方面。

中部地区进入全国公共服务绩效前20名的地市级政府只有两个——铜陵和太原,比例明显偏低。按照常理,省会政府应该是最具有条件来提升公共服务水平的,但遗憾的是郑州落选了。郑州市在落选社会管理绩效前20名之后,又一次落选公共服务绩效前20名。在公共服务绩效方面最具有戏剧性的是,最好的和最差的都属于一个省——安徽省,表现最好的是铜陵,最差的是亳州。

进入中部地区前20名的地市级政府中,安徽有6个,分别是铜陵、马鞍山、黄山、芜湖、合肥、安庆。河南有6个,分别是洛阳、许昌、三门峡、新乡、安阳、焦作。山西有5个,分别是太原、阳泉、长治、晋中、晋城。其余三个省各有一个地市级政府进入。这说明,前20名的省际分布呈现两极化的态势。

在后20名中,省际分布比较平衡,差距比较小。分别是:江西2个,山西2个,湖南5个,安徽4个,湖北4个,河南3个。湖南的情况稍差一点。不过最后3名都属于安徽省,且都处于全国排名的第300及第300名以外,分别是:阜阳第300名,六安第302名,亳州第309名(见表9)。

表9 中部地区所辖地市级政府公共服务绩效前20名和后20名

政府公共服务绩效前20名				政府公共服务绩效后20名			
中部名次	地市级政府	所属省份	全国名次	中部名次	地市级政府	所属省份	全国名次
1	铜陵市	皖	8	62	宜春市	赣	238
2	太原市	晋	19	63	朔州市	晋	239
3	马鞍山市	皖	26	64	怀化市	湘	245
4	阳泉市	晋	34	65	恩施自治州	鄂	246
5	黄山市	皖	37	66	南阳市	豫	247
6	南昌市	赣	38	67	商丘市	豫	252
7	长治市	晋	43	68	鄂州市	鄂	258
8	洛阳市	豫	47	69	宿州市	皖	266
9	晋中市	晋	59	69	随州市	鄂	266
10	芜湖市	皖	61	71	忻州市	晋	271
11	许昌市	豫	65	72	信阳市	豫	273
12	三门峡市	豫	71	73	益阳市	湘	277
13	晋城市	晋	81	74	荆门市	鄂	285
14	长沙市	湘	87	75	张家界市	湘	286
15	宜昌市	鄂	97	76	抚州市	赣	287
16	合肥市	皖	100	77	邵阳市	湘	289
17	安庆市	皖	101	78	永州市	湘	290
18	新乡市	豫	107	79	阜阳市	皖	300
19	安阳市	豫	108	80	六安市	皖	302
20	焦作市	豫	111	81	亳州市	皖	309

如果分析公共服务四个职能领域的绩效，会再一次看到和社会管理绩效中相似的现象，即省会政府的地位明显与其应该达到的水平不相称。在医疗卫生和文化体育绩效中，没有一个省会能够进入前5名。并且在省会政府中，只有太原表现不错，一次排在教育科技绩效的第1名，另一次排在基础设施绩效的第3名。其次是南昌，排在基础设施绩效的第1名。长沙、郑州、合肥与各职能领域绩效的前5名无缘。

在四个职能领域绩效中，能够两次进入前5名的有：芜湖，基础设施绩效第2，医疗卫生绩效第3；马鞍山，基础设施绩效第4，文化体育绩效第1；铜陵，基础设施绩效第5，医疗卫生绩效第1；长治，教育科技绩效第3，文化体育绩效第5。上述四个地市级政府中，有三个是安徽的，可见安徽的表现是比较突出的。不过，省会合肥却没有进入任何分职能领域绩效的前5名。作为中部地区政府绩效总排名第1的合肥市，在公共服务绩效中的表现比较一般。

江西、湖北、湖南都只有一次进入前5名。湖北孝感排在教育科技绩效的第4名，湖南湘西土家族苗族自治州排在文化体育绩效的第3名。湘西作为偏僻的少数民族地区，能够在文化体育绩效中名列第3，值得再一次关注（见表10）。

表10　中部地区所辖地市级政府公共服务各职能领域绩效前5名

单位：分

名次	公共服务绩效各职能领域							
	基础设施绩效		教育科技绩效		医疗卫生绩效		文化体育绩效	
	地市级政府	绩效得分	地市级政府	绩效得分	地市级政府	绩效得分	地市级政府	绩效得分
1	南昌	67.11	太原	69.42	铜陵	63.34	马鞍山	46.04
2	芜湖	65.18	阳泉	63.05	安阳	61.62	黄山	45.26
3	太原	62.54	长治	62.93	芜湖	60.41	湘西	42.98
4	马鞍山	62.35	孝感	61.49	淮南	58.99	晋中	42.85
5	铜陵	60.81	大同	60.52	新乡	58.66	长治	42.79

（五）平衡发展绩效：黄山 VS 临汾

在本研究中，政府平衡发展绩效包含环境保护、城乡差距和区域差距三个方面。这三个方面都是当今中国需要着力改善的重中之重，它涉及人与自然、人与人之间的和谐相处，以及社会的安定团结。

从数据上看，中部地区的平衡发展绩效在全国范围内是比较好的，超过市场监管、社会管理和公共服务等绩效表现。在中部地区各地市级政府中有 6 个进入全国前 20 名，有 16 个进入了全国前 50 名。其中，湖北省的表现非常突出，有 7 个地市级政府进入中部地区前 20 名，占比 35%；有 6 个进入全国前 50 名，占比超过 10%。这 7 个地市级行政单位分别是：荆门、襄阳、荆州、随州、鄂州、孝感、咸宁（前 6 名进入全国前 50 名）。总体表现仅次于湖北的是河南省，河南有 6 个进入中部地区的前 20 名，分别是焦作、许昌、郑州、漯河、信阳、开封。江西 4 个、湖南 1 个地市级政府进入中部地区的前 20 名。安徽的黄山市获得了中部地区平衡发展绩效的第 1 名，同时名列全国第 9。安徽另一个进入全国前 20 名的是铜陵市。山西的表现垫底，没有地市级政府进入前 20 名。

在中部地区平衡发展绩效的后 20 名中，山西省的平衡发展绩效处于"塌陷"状态，有 9 个地市级政府名列其中，占比 45%，在六个省份中排名倒数第一。这 9 个地市级政府分别是太原、朔州、长治、晋中、运城、大同、吕梁、忻州、临汾。其次是湖南，有 6 个进入后 20 名，分别是永州、邵阳、怀化、湘西、郴州、娄底。河南、江西各有 2 个进入后 20 名。湖北没有地市级政府进入后 20 名，跟湖北在前 20 名中占 7 个相呼应，充分说明了湖北省在中部六省平衡发展绩效方面遥遥领先（见表 11）。

下面看看分职能领域中环境保护绩效前 10 名的情况。黄山市以 76.13 分的得分位居第一，跟它在中部地区平衡发展绩效第一的排名是一致的。虽然山西省没有一个地市级政府进入中部地区平衡发展绩效的前 20 名，但是长治市却挤进了环境保护绩效的前 10 名，聊以自慰。

在中国目前粗放式经济发展模式的背景下，一个地方的经济发展与环境保护往往难以两全，但是芜湖市却给出了一个二者兼顾的较为成功的例子。芜湖市在安徽的经济发展绩效中名列第 2，仅次于省会合肥。同时芜湖市能够名列环境保护绩效的第 6 名，在安徽省紧随黄山市之后，堪称楷模。在环境保护绩效的前 10 名中，没有发现省会政府的影子；甚至在前 20 名中，也没有看到省会政府的影子；在前 30 名中，直到第 28 名，才看到江西省会南昌市的名字。这或许可以说明省会政府跟环境保护之间的某种关系。湖北省有 4 个地市级政

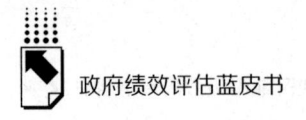

表 11　中部地区所辖地市级政府平衡发展绩效前 20 名和后 20 名

政府平衡发展绩效前20名				政府平衡发展绩效后20名			
中部名次	地市级政府	所属省份	全国名次	中部名次	地市级政府	所属省份	全国名次
1	黄山市	皖	9	62	永州市	湘	215
2	荆门市	鄂	12	62	三门峡市	豫	222
3	新余市	赣	14	64	赣州市	赣	230
4	铜陵市	皖	16	65	邵阳市	湘	234
5	襄阳市	鄂	17	66	太原市	晋	236
6	焦作市	豫	19	67	安庆市	皖	241
7	许昌市	豫	21	68	平顶山市	豫	252
8	荆州市	鄂	27	69	怀化市	湘	263
9	宜春市	赣	29	70	上饶市	赣	264
10	郑州市	豫	32	71	湘西自治州	湘	266
11	随州市	鄂	34	72	郴州市	湘	279
12	鄂州市	鄂	36	73	朔州市	晋	280
13	孝感市	鄂	41	74	长治市	晋	284
14	鹰潭市	赣	44	75	晋中市	晋	291
15	抚州市	赣	48	76	运城市	晋	295
16	漯河市	豫	49	77	大同市	晋	300
17	咸宁市	鄂	53	78	吕梁市	晋	302
18	信阳市	豫	56	79	忻州市	晋	303
19	开封市	豫	60	80	娄底市	湘	304
20	长沙市	湘	63	81	临汾市	晋	310

府进入前 10 名，这跟它平衡发展绩效的排名相一致。希望湖北在实现中部崛起的同时，能够继续保持优美的环境，走出一条新型工业化、城镇化、现代化的发展道路。

（六）政府内部管理绩效：合肥 VS 怀化

本研究中的政府内部管理绩效包括依法行政、政府效能、行政廉洁、行政成本、行政公开五个职能领域。随着社会的发展以及人们思想观念的改变，人们对于一个法治政府、高效政府、透明政府、廉洁政府和低成本政府的要求越来越高，这也成为各级政府努力的切实目标。

在中部地区地市级政府内部管理绩效中，有 3 个进入了全国前 5 名，占比 60%，这三个分别是安徽的合肥市、湖北的随州市和湖北的宜昌市，其中合肥和随州同时位居全国前 2 名；中部地区有 5 个进入了全国的前 20 名，占比 25%；有 10 个进入了全国的前 50 名，占比 20%，绩效表现较为优异。

在中部地区前 20 名中，安徽省的成绩最为突出，有 9 个地市级行政单位入列，占比 45%，分别是合肥、淮北、铜陵、芜湖、淮南、安庆、马鞍山、阜阳、池州。其次是湖北，有 5 个地市级政府进入，占比 25%，分别是随州、宜昌、孝感、襄阳、荆门。江西有 3 个地市级政府进入，分别是新余、南昌、宜春。湖南有 3 个地市级政府进入，分别是常德、邵阳、长沙。河南和山西均为 0 个。可见河南、山西的政府内部管理还是比较粗放的（见表 12）。

表 12　中部地区所辖地市级政府内部管理绩效前 20 名和后 20 名

政府内部管理绩效前 20 名				政府内部管理绩效后 20 名			
中部名次	地市级政府	所属省份	全国名次	中部名次	地市级政府	所属省份	全国名次
1	合肥市	皖	1	62	长治市	晋	204
2	随州市	鄂	2	63	晋中市	晋	205
3	宜昌市	鄂	5	64	湘潭市	湘	211
4	新余市	赣	11	65	运城市	晋	229
5	淮北市	皖	15	66	商丘市	豫	230
6	铜陵市	皖	21	67	咸宁市	鄂	232
7	芜湖市	皖	24	68	驻马店市	豫	236
8	淮南市	皖	26	69	永州市	湘	239
9	常德市	湘	37	70	湘西自治州	湘	255
10	南昌市	赣	38	71	恩施自治州	鄂	260
11	孝感市	鄂	51	72	忻州市	晋	268
12	安庆市	皖	53	73	开封市	豫	278
13	邵阳市	湘	55	74	朔州市	晋	281
14	宜春市	赣	57	75	吕梁市	晋	286
15	襄阳市	鄂	58	76	郴州市	湘	294
16	马鞍山市	皖	59	77	大同市	晋	300
17	阜阳市	皖	62	78	娄底市	湘	303
18	长沙市	湘	65	79	张家界市	湘	306
19	荆门市	鄂	67	80	益阳市	湘	309
20	池州市	皖	72	81	怀化市	湘	315

在中部地区的后 20 名中，湖南省的情况最不乐观，有 8 个地市级行政单位落入其中，分别是湘潭、永州、湘西、郴州、娄底、张家界、益阳、怀化。其中后面 4 个正好位列中部地区政府内部管理绩效的最后 4 位，并且位居全国第 300 名以外。其次是山西，有 7 个落入后 20 名，分别是长治、晋中、运城、忻州、朔州、吕梁、大同。河南有 3 个落入，分别是商丘、驻马店、开封。湖北有 2 个落入，分别是咸宁、恩施。安徽和江西为 0 个。第一名合肥的得分（50.50 分）与最后一名怀化的得分（17.73 分）相比，前者是后者的将近 3 倍，差距相当悬殊。综合前后 20 名的排名，安徽省所辖地市级政府内部管理绩效最好，湖南的情况较差。

从 5 个职能领域的前 5 名看，一共 25 个位置，山西省只有一个地市级行政单位——阳泉，进入了依法行政绩效的第 5 名。这与一级指标的排名是有很高相关性的。山西在政府内部管理绩效的前 20 名中没有一个地市级政府进入。

再看河南，也只有一个地市级政府位列行政公开绩效的第 5 名，而且还是省会郑州。这也跟政府内部管理绩效一级指标高度相关，河南也没有一个地市级政府进入前 20 名。

而安徽省的情况则不同，在 25 个位置中有 11 个地市级行政单位入列，其中马鞍山、合肥、芜湖都是两次进入。马鞍山位居政府效能绩效第 1 名，合肥位居行政廉洁和行政公开绩效的第 1 名。

湖北的表现也不错，孝感位居依法行政绩效第 1，随州位居行政成本绩效第 1。湖北在 25 个位置中占有 7 个，而且宜昌市两次进入，分别是政府效能绩效第 5 名和行政成本绩效第 3 名。湖南占有 3 个，江西占有 2 个（见表 13）。

表 13　中部地区所辖地市级政府内部管理各职能领域绩效前 5 名

中部名次	政府内部管理绩效各职能领域				
	依法行政绩效	政府效能绩效	行政廉洁绩效	行政成本绩效	行政公开绩效
1	孝感市	马鞍山市	合肥市	随州市	合肥市
2	黄山市	鄂州市	邵阳市	芜湖市	襄阳市
3	淮北市	芜湖市	长沙市	宜昌市	十堰市
4	铜陵市	淮南市	常德市	六安市	鹰潭市
5	阳泉市	宜昌市	赣州市	马鞍山市	郑州市

四 政府综合绩效分省域评估

(一)分省总体情况

山西省一共有11个地市级政府,其平均绩效得分是5.03分;安徽省一共有16个地市级政府,其平均绩效得分是5.23分;江西省一共有11个地市级政府,其平均绩效得分是5.22分;河南省一共有17个地市级政府,其平均绩效得分是5.39分;湖北省一共有12个地市级政府,其平均绩效得分是5.14分;湖南省一共有14个地市级政府,其平均绩效得分是4.59分。从高到低依次排序为:河南、安徽、江西、湖北、山西、湖南。

中部地区的平均值为5.11分,河南、安徽、江西、湖北四省在平均值以上,山西、湖南在平均值以下。湖南省是唯一一个得分在5.0分以下的省份(见图3)。

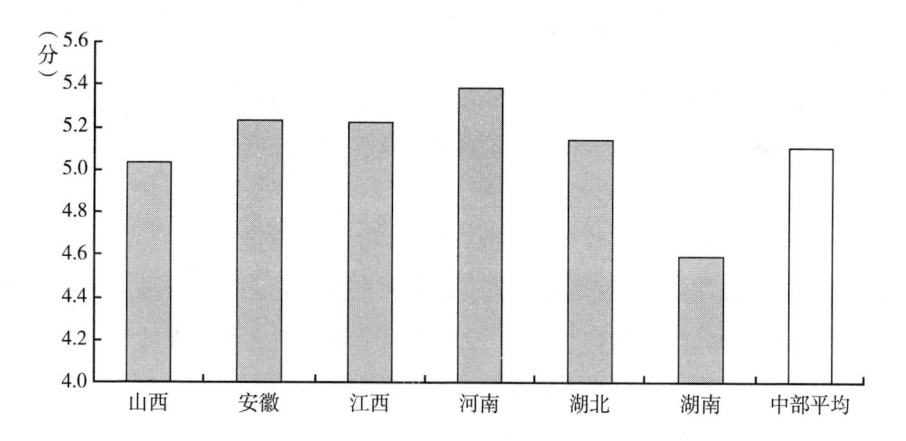

图3 中部地区各省所辖地市级政府绩效平均得分

(二)经济发展绩效:山西 VS 湖北

中部六省经济发展绩效的平均得分是45.52分,在此之上的有山西、安徽、江西,低于这个得分的是河南、湖北、湖南。经济发展绩效的差距比较大,山西第一,得分48.41分;湖北最后,得分40.84分;两者之间的得分相差将近8分(见图4)。

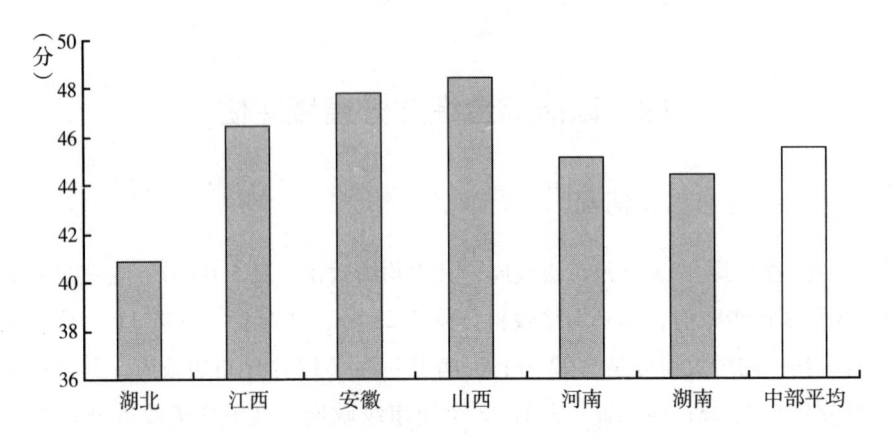

图4 中部地区各省所辖地市级政府经济发展绩效平均得分

山西省各地市级政府经济发展绩效平均得分位列第1名，与其政府综合绩效的第5名相比有些出乎意料。在地市级政府的经济发展绩效排名中，太原市、阳泉市和晋城市都进入了中部前20名，分别排在第6名、第16名和第17名。而这三个地市级行政单位也都进入了政府综合绩效的中部前20名中。在省际排名中，从经济发展绩效的分职能领域看，山西省的经济结构绩效和经济增长绩效分别排在中部第1和第2的位置，这在一定程度上成为山西省经济发展绩效在中部最好的原因。

河南省的情况与山西省形成一种比照效应。在地市级政府的经济发展绩效排名中，郑州位居第3，领先于太原、阳泉和晋城。但是在省际排名中，河南省的经济发展绩效排名却位居第4。这说明省会郑州与省内其他地市级政府之间的经济发展差距，远大于太原市与省内其他地市级政府之间的差距。河南省各地市级政府之间的经济发展绩效均衡性更弱一些。

（三）市场监管绩效：河南 VS 湖南

市场监管绩效与经济发展绩效呈现一种重叠现象。山西是经济发展绩效的第1名，同时又是市场监管绩效的第2名。这或许可以在一定程度上说明经济发展与市场监管之间一种正相关的联系。

不过，湖北省的排名则说明这种正相关的关联性并不适用于它。湖北省的经济发展绩效位居最后，但是它的市场监管绩效名列第3。市场监管绩效排名优于其经济发展绩效排名。

中部地区各地市级政府市场监管绩效的平均得分是 26.21 分，高于这个得分的是河南省和山西省。低于这个得分的是湖北、江西、安徽和湖南。湖南以 20.3 分名列最后（见图 5）。

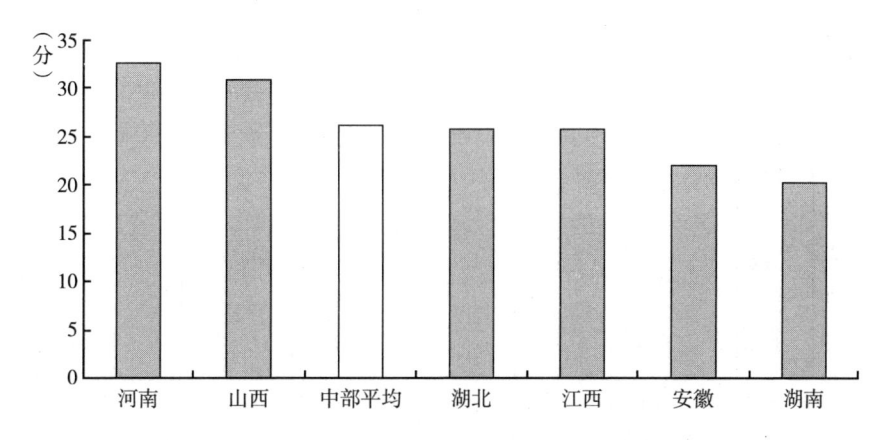

图 5　中部地区各省所辖地市级政府市场监管绩效平均得分

河南省市场监管绩效名列中部省份第 1，这似乎与人们已有的印象相差甚远，因为河南给人的印象是假冒伪劣比较猖獗的地方。这里需要解释的是，本研究着重肯定的是地方政府在加强市场监管方面所做出的努力。或许正是因为河南省经常出现一些假冒伪劣产品，所以地方政府才加大了市场监管的力度，因而取得较好的绩效成绩，这一点在逻辑上是不矛盾的。

（四）社会管理绩效：河南 VS 湖南

一个不得不让人关注的现象是，中部地区社会管理绩效省际的排名与市场监管绩效的排名完全一致。社会管理绩效排名的次序从高到低依次是河南、山西、湖北、江西、安徽、湖南，而市场监管绩效的排名同样如此。或许可以这样认为，至少在中部地区是这样：市场监管绩效好的政府，为其进行社会管理提供了便利条件，社会管理绩效相应也较好；或者说，政府较高的社会管理水平也为经济运行提供了良好的市场环境，其市场监管绩效也较优异。反之，亦然。

因此，我们两次看到了"河南VS湖南"的对比。湖北省的情况或许是一个特例。虽然它的经济发展绩效在中部地区处于最后，但是在市场监管绩效和社会管理绩效方面，两次进入前3名。从图6可以看出，中部各省在社会监管绩效方面的差距是比较大的。

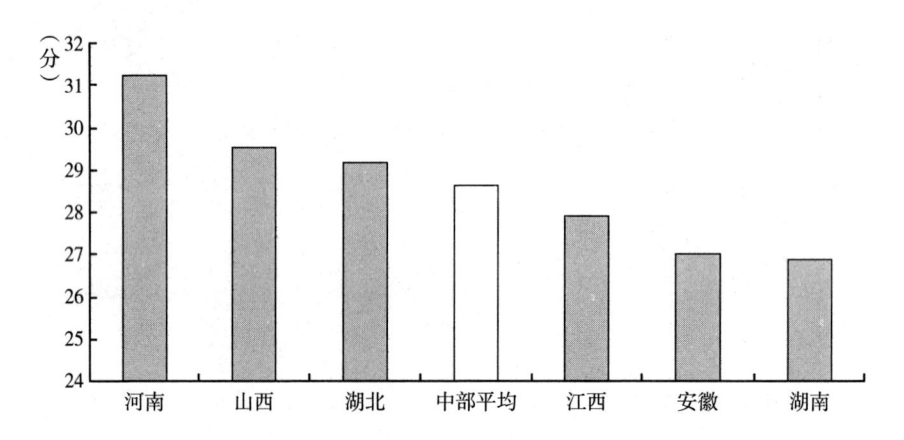

图6 中部地区各省所辖地市级政府社会管理绩效平均得分

（五）公共服务绩效：山西VS湖南

在公共服务绩效中，山西省以34.9分超过河南省的32.34分，又一次获得了中部地区的第1名，河南省位列第2。不能忽略的一点是，迄今为止，山西省在具体的职能绩效排名中一直居于前两名的位置。安徽省在公共服务绩效上第二次进入中部省份前3名。

从图7中可以看出，在公共服务绩效的比较中，各省之间的差距变小了。也就是说，在中部省份，经济发展、市场监管、社会管理方面的绩效虽然存在比较大的差距，但是这些差距并不能直接影响各省公共服务绩效水平。山西、河南仍然位居前列，显而易见的是，它们的领先优势已经不是那么明显了，而是比较微弱了。

（六）平衡发展绩效：湖北VS山西

平衡发展方面，格局终于改变，而且是颠覆性的改变。在经济发展和公共服务绩效中位居第1的山西省，在平衡发展绩效中跌落至最后1名。河南省也

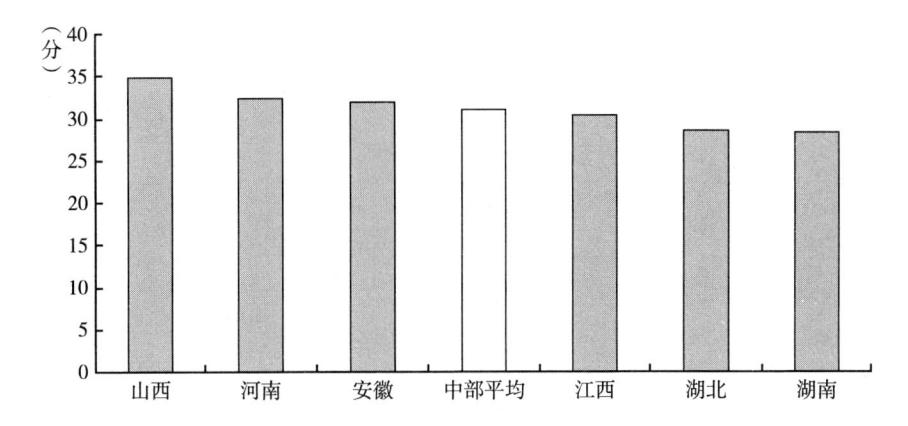

图7 中部地区各省所辖地市级政府公共服务绩效平均得分

由市场监管、社会管理绩效第1，公共服务绩效第2跌落至平衡发展绩效的第4。相反，湖北这个经济发展绩效的最后1名上升至平衡发展绩效的第1。紧随其后的是江西和安徽（见图8）。

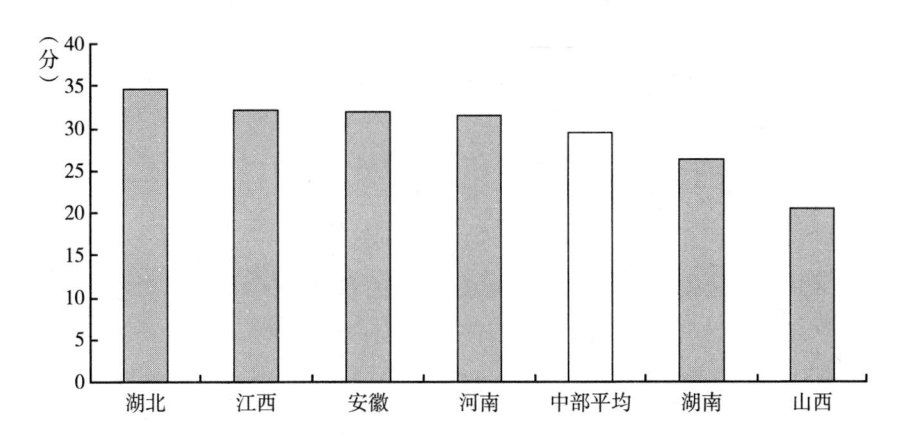

图8 中部地区各省所辖地市级政府平衡发展绩效平均得分

经济发展绩效好的平衡发展绩效不好，平衡发展绩效好的则经济发展绩效不好。这说明什么问题呢？平衡发展包括三个职能领域：环境保护、城乡差距和区域差距。换句话说，经济发展绩效越好，那么环境就越差，城乡差距和区域差距就越大。也可以这样理解：经济越发展，人与自然之间的关系、人与人之间的关系越差越对立。这样的经济发展是不健康的，是低水平的，是以牺牲一些更宝贵的价值为代价的，因而这样的发展最终也可能是要碰壁的。那么中部六省这个中国发展板块中的后发地区，如何能避免这样的发展模式呢？

这样的发展模式对于平衡发展绩效第1、经济发展绩效倒数第1的湖北意味着什么？迄今为止，湖北以较低的经济发展水平为代价保持了自己的青山绿水。接下来的问题是，湖北是将以往的发展模式作为榜样，追求低水平、粗放的经济发展而牺牲平衡发展绩效，还是既保持较高的平衡发展绩效，保持山清水秀，又能实现一种超越粗放、低水平、破坏环境的更优越的经济发展呢？行文及此，笔者想起了前不久新华社的报道，报道称戏剧大师曹禺的故乡，著名的"水乡园林"——湖北省潜江市因为发展化工业而产生癌症村，大量村民患癌症去世。这会是湖北未来的写照吗？①

（七）政府内部管理绩效：安徽 VS 山西

经济发展绩效相对落后的湖北再一次跃居内部管理绩效的前列，排名第2。山西在平衡发展绩效排名中垫底，在内部管理绩效排名中又一次垫底（见图9）。像湖北、江西这样经济发展水平并不靠前的省份，却能在内部管理绩效上排名靠前，说明经济发展绩效跟内部管理绩效之间不存在必然的联系。经

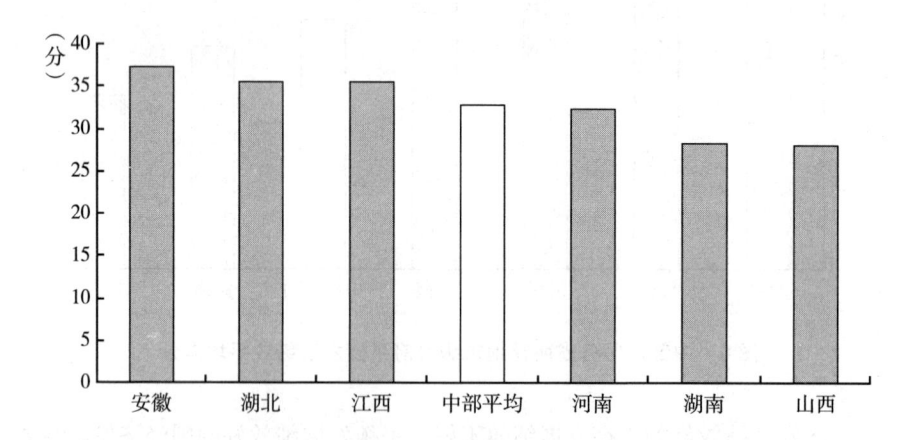

图9 中部地区各省所辖地市级政府内部管理绩效平均得分

---

① 周甲禄、黄艳：《湖北潜江经济开发区：被污染笼罩的村落》，http://news.xinhuanet.com/politics/2013-01/04/c_114233370.htm。

济发展绩效好的省份不一定内部管理绩效好，内部管理绩效好不一定经济发展绩效好。

为了更清楚地了解各省在不同职能绩效排名中的分布情况，特制作表14，由此判断各省不同职能绩效的均衡程度。均衡度最高的是湖南省，在市场监管、社会管理、公共服务三项职能绩效中，湖南省均名列倒数第1；在经济发展、平衡发展和政府内部管理三项职能绩效中，湖南省均名列倒数第2。其次是江西省，在市场监管、社会管理、公共服务三项职能绩效中，均名列第4；在经济发展和内部管理两项职能绩效中名列第3；在平衡发展职能中名列第2。

表14　中部地区各省所辖地市级政府分职能领域前六名

排名	经济发展	市场监管	社会管理	公共服务	平衡发展	内部管理
1	山西	河南	河南	山西	湖北	安徽
2	安徽	山西	山西	河南	江西	湖北
3	江西	湖北	湖北	安徽	安徽	江西
4	河南	江西	江西	江西	河南	河南
5	湖南	安徽	安徽	湖北	湖南	湖南
6	湖北	湖南	湖南	湖南	山西	山西

各项职能绩效排名反差较大的首选山西，它在经济发展和公共服务绩效中名列第1；在市场监管、社会管理绩效中名列第2；但在平衡发展和内部管理两项绩效中名列倒数第1。其次是河南，它在市场监管、社会管理两项绩效中名列第1；在公共服务绩效中名列第2；在经济发展、平衡发展和内部管理三项绩效中名列第4。湖北省是天女散花式的分布，除了没有在第4名占有一席之地，它在平衡发展绩效中名列第1；在内部管理绩效中排名第2；在市场监管和社会管理两项绩效中名列第3；在公共服务绩效中名列第5；在经济发展绩效中名列倒数第1。

五　研究性发现

首先，经济发展相对领先的地区往往平衡发展问题比较突出。在中部地区，经济发展相对领先的山西省，已经显露出在环境保护、城乡差距、区域差

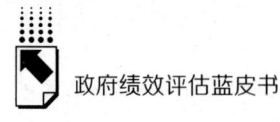

距方面的问题，而且这些问题还比较严重。如果不对这样的发展模式进行批判性的思考，并对发展的思路进行调整，那么其他省份很有可能重复山西省已经出现的问题，而山西省的问题也可能会更加严重。

其次，平衡发展较为优异的中部地级市一般处于低度工业化阶段。平衡发展绩效较高的地市级行政区域，往往是经济较为落后条件下的自然平衡，而非政府行为刻意追求的结果。一些中部省份及地市级政府在环境保护、城乡差距、区域差距领域得分相对较高，并不是因为它们已经预见了粗放式工业化的弊端并刻意回避；恰恰相反，这很可能是它们仅仅处在低度工业化阶段的一种自然状态。

B.5 西部地区地市级政府绩效评估

张钰凤 郭雪婉*

摘 要： 本报告基于2010年数据，对作为西部大开发重要推动主体的地市级政府管理绩效进行了深入的评估和分析。评估结果显示，西部地区的地市级政府社会管理平均绩效，在全国四大区域中位列第二；政府内部管理绩效与东部、中部地区处于同一水平，明显优于东北地区。但是，在经济发展绩效、市场监管绩效、公共服务绩效和平衡发展绩效方面，西部地区均值在全国四大区域中均处于末位，绩效水平亟待提高。

基于对地市级政府绩效和相关指标的分析，发现西部地区虽然经济发展水平落后，但与东部地区的差距呈逐渐缩小的趋势。一些数据证明，东西部之间的差距并不是"差"在城市，而主要是"差"在农村，这也就意味着西部地区城乡统筹发展依然面临巨大压力。此外，一地政府社会管理绩效和政府内部管理绩效，并不完全取决于经济发展水平。经济基础薄弱地区的政府可以通过加强社会管理和政府自身建设，来提升政府综合绩效水平。

关键词： 政府绩效评估 西部地区 地市级政府

一 概述

广袤富饶、资源丰富的西部地区既是我国经济发展的战略纵深，也是我国

---

* 张钰凤，中国社会科学院公共管理模拟实验室助理研究员；郭雪婉，中国社会科学院公共管理模拟实验室助理研究员。

民族稳定、共同富裕的希望之地。但是，长期以来，经济发展水平不高、公共服务滞后、生态环境脆弱等问题制约了西部地区的发展，影响了我国区域协调发展和社会的全面进步。这构成了国家推进西部大开发战略的基本背景。

（一）西部地区的机遇与挑战

西部地区的发展与进步在我国经济发展、社会进步、民族稳定和生态环境保护等方面有着非常重大的战略意义。首先，加快西部地区的发展关乎整个中国区域经济发展的平衡性，经济发展区域间差距的缩小直接关系到社会的稳定与国家整体实力的提升。其次，西部地区是我国少数民族聚集的地区，我国拥有的55个少数民族中有40个集中在此，因此西部地区的社会安全管理能力、社会和谐发展能力和各方面利益协调统筹能力，都在很大程度上影响着民族团结和国家稳定。再次，中国的现代化建设起源于东部，完成于西部。将西部地区潜在的资源优势转化为现实的经济优势，不仅会促进西部地区的经济发展，也决定了我国全面现代化的实现程度。最后，我国地势自西向东倾斜，西部地区位于我国生态环境的前沿地带，该地区环境的演化直接关系到我国中部、东部地区的生态环境，环境联动效应明显。因此，西部地区环境的保护不仅是出于对当地脆弱生态的维护，更涉及中国整体自然环境的平衡。

西部地区是我国经济发展落后、公共服务条件差、生态环境脆弱的区域。首先，经济发展水平低，落后于全国其他地区。这主要体现在经济总量低、产业结构不合理、科技对经济发展的贡献率低、经济发展过度依赖外部输入等。其次，公共服务条件极差，存在着过度依赖财政投入、供给质量偏低以及基础设施和科教文卫各领域发展不均衡等问题。最后，生态环境极其脆弱。水土流失、水资源和森林资源减少、环境污染、生态意识薄弱等给生态环境带来了极大压力。

（二）西部发展的新篇章——西部大开发

面对西部地区发展的机遇和挑战，2000年1月，"西部大开发"战略正式实施，掀开了西部发展的新篇章。在西部大开发进程中，国家相继出台了《关于实施西部大开发若干政策措施的通知》（国发〔2000〕33号）、《"十五"西部开发总体规划》、《"十一五"西部开发总体规划》和《"十二五"西部开发总体规划》等综合政策，而且在具体领域推出了促进西部大开发的一系列措施（见表1）。

表1 西部大开发中各领域颁布的政策

领域	颁布时间	相关政策	部门
基础设施建设	2000年7月	《加快西部地区公路交通发展规划纲要》	交通部
	2001年3月	《关于进一步加强基本农田保护工作的通知》	农业部
	2001年9月	《"十五"西部国土资源开发利用规划》	国土资源部
	2002年1月	《西部地区水利发展规划纲要》	国务院西部地区开发领导小组办公室、水利部、国家发展计划委员会
	2012年4月	《关于加快铁水联运发展的指导意见》	交通运输部、铁道部
教育	2000年10月	《关于东西部地区学校对口支援工作的指导意见》	教育部等
	2001年3月	《关于农村中小学危房改造工程实施方案的复函》	国务院办公厅
	2001年4月	《关于加快少数民族和民族地区职业教育改革和发展的意见》	国家民委、教育部
科技人才	2000年8月	《关于加强西部大开发科技工作的若干意见》	科技部
	2001年8月	《"十五"西部开发科技规划》	科技部
	2002年2月	《2001~2010年西部地区人才开发规划》	中共中央办公厅
	2004年4月	《国家西部地区"两基"攻坚计划(2004~2007年)》	—
环境保护	2000年9月	《关于进一步做好退耕还林还草试点工作的若干意见》	国务院
	2001年1月	《全国生态环境保护纲要》	国务院
	2002年4月	《关于进一步完善退耕还林政策措施的若干意见》	国务院
	2002年12月	《退耕还林条例》	国务院
财政金融	2004年10月	《关于继续推进兴边富民行动的意见》	财政部、国家民委
	2011年	《关于西部大开发税收优惠政策问题的通知》	财政部、海关总署
	2012年5月	《财政专项扶贫资金管理办法》	财政部、发展改革委、国务院扶贫办
产业发展	2000年12月	《"十五"期间西北地区工业结构调整指导意见》	国家经贸委
	—	《"十五"西部工业发展和结构调整规划》	—
	2010年9月	《关于中西部地区承接产业转移的指导意见》	国务院

续表

领域	颁布时间	相关政策	部门
区域发展	2008年2月	《广西北部湾经济区发展规划》	国务院
	2008年9月	《关于进一步促进宁夏经济社会发展的若干意见》	国务院
	2009年6月	《关中-天水经济区发展规划》	国务院
	2009年12月	《关于进一步促进广西经济社会发展的若干意见》	国务院
	2011年6月	《关于进一步促进内蒙古经济社会又好又快发展的若干意见》	国务院

西部的发展不仅仅是经济的发展，而且是整体的、全方位的发展，涉及基础设施建设、教育、科技人才、环境保护、财政金融、产业发展和区域结构调整等各领域，《西部开发促进法》也已经起草完毕，各方面工作的有序推进为西部地区的发展提供了强有力的政策支持和制度保障。

2010年，是西部大开发的第十个年头，也是西部地区跨越发展的第十年。但是，西部地区仍然是我国相对落后和欠发达地区，大开发过程中仍然存在很多不容忽视的困难和问题。所以，对西部地区地方政府绩效进行全面科学的评估是非常必要的。作为西部大开发重要主体的各地市级政府，在西部发展中承担着重要职责，对其进行全面的绩效评估有利于树立科学的政绩观，有利于西部大开发沿着正确的方向推进，并在实践中取得积极进展和成效。

二 政府绩效总体性评估

按照国家统计局的标准，西部地区主要包括内蒙古、广西、新疆、西藏、云南、贵州、宁夏、甘肃、青海、重庆、四川和陕西等12个省、自治区、直辖市。本报告的评估对象是西部地区地市级政府，不包括直辖市重庆，以及西安和成都这两个副省级行政区域，仅限128个地市级政府，它们占全国地市级政府总数的40.38%[1]。这些地市级行政区辖区面积673.34万平方公里，约占

---

[1] 本报告中主要介绍全国地市级政府的基本情况，全国共317个地市级政府，不包含副省级、直辖市和海南省的三沙市。

全国总面积的70%;人口约3.3亿,约占全国总人口的25%。本报告将从政府对外管理和政府内部管理职能两个维度,对西部地区的地市级政府绩效进行评估。

(一)地市级政府绩效平均水平偏低

西部地区在我国区域发展中处于"木桶理论"的最底端,是我国全方位发展的缺口,也是我国综合能力进一步提高的屏障。2010年,西部地区政府绩效平均得分为146分,低于全国平均水平,分别比东部、中部和东北地区低38分、16分和16分,平均得分全国最低(见图1)。具体来看,西部地区的政府对外管理职能绩效得分偏低,仅仅是东部地区得分的76%、全国平均水平的86%,排在各个区域的末位;而政府内部管理职能绩效中,西部地区则表现不俗,紧跟在东部地区和中部地区之后,高于全国平均水平,且比排在末位的东北地区高出7分。政府内部管理职能反映了政府自身管理的有效性,高效的政府内部管理是促进区域经济社会协调发展的坚强后盾,其有力地推动了西部地区的发展和建设。但综合西部地区政府对外管理和内部管理绩效得分,可以看出,由于在对外管理中绩效较差,且与其他地区差距较大,尽管在内部管理绩效中得分较高,但是仍旧没有改变西部地区总体排名全国最后的事实。

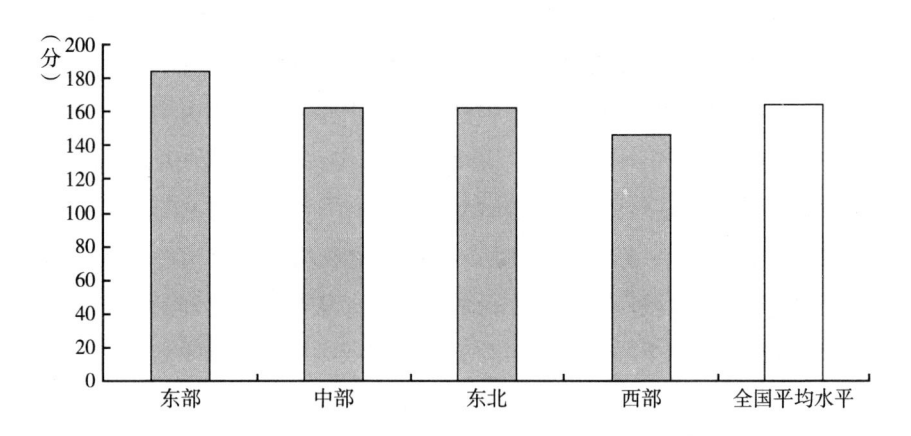

图1 全国及四大区域所辖地市级政府综合绩效平均得分

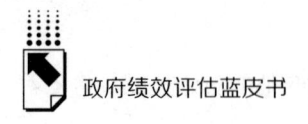

（二）绩效水平呈现区域内自东北向西南逐渐降低的态势

西部地区各地市级政府绩效处于全国中下游水平，呈现区域内自东北向西南逐渐降低的态势，西部各省则呈现"一枝独秀、中等居多、总体绩效水平差"的特点。内蒙古自治区绩效表现最好，与东部地区的福建、河北，中部地区的河南、安徽、江西、湖北和东北地区的辽宁、吉林等8个省份共同处于全国中等水平；新疆、陕西、四川、宁夏、云南、甘肃六省分散在4.6~5.0分（十分制）的区间内，位于西部中上游、全国中下游水平；广西和青海处于西部中下游、全国下游水平；位于西部地区和全国地区最下游的是贵州省和西藏自治区。不过，虽然各省绩效总体水平不同，存在一定差距，但这11个省份拥有一个共同的特点——少数地市级政府"独占鳌头"，大多地市级政府绩效有待提升；即西部地区各省份内部多是某一个或两个地市级政府表现强劲，其他地市级政府的绩效水平则相对较差。

（三）地市级政府绩效差距明显

西部地区各地市级政府整体绩效水平不高，相互之间的差距比较大。从政府绩效排名整体水平上看，西部地区有7个地市级政府进入全国前50名，占西部地区政府总数的5%，占全国前50名的14%；38个地市级政府处于全国后50名之中，占西部地区总数的30%，占全国后50名的76%。新疆和内蒙古分别有3个和2个地市级行政单位排在西部地区的前10名中，甘肃、云南、宁夏、四川和贵州5个省份各有1个入内；其中内蒙古的鄂尔多斯市位列西部第1、全国第24名，贵州的贵阳市排名西部第10、全国第67名。西部地区的后10名中，甘肃和贵州各有3个地市级政府，西藏有2个，青海和广西各有1个，且这10个地市级行政单位均排在全国的后13名内，体现了该区域地市级政府绩效水平低的特点。而从西部地区鄂尔多斯市与黔西南布依族苗族自治州两个地市级政府在全国及区域的绩效排名情况看，鄂尔多斯市排名西部第1名、全国第24名，而黔西南布依族苗族自治州排在全国和西部的最后一名，这意味着西部地区各地市级政府之间存在着比较大的差距（见表2）。

表2 西部地区各省区所辖地市级政府综合绩效排名

西部名次	地市级政府	所属省份	全国名次
1	鄂尔多斯市	蒙	24
2	嘉峪关市	甘	30
3	乌海市	蒙	32
4	昆明市	滇	35
5	银川市	宁	36
6	克拉玛依市	新	37
7	乌鲁木齐市	新	38
8	攀枝花市	川	63
9	昌吉回族自治州	新	66
10	贵阳市	黔	67
…	…	…	…
119	定西市	甘	305
120	山南地区	藏	306
121	那曲地区	藏	307
122	黔南布依族苗族自治州	黔	308
123	临夏回族自治州	甘	309
124	毕节地区*	黔	310
125	百色市	桂	311
126	玉树藏族自治州	青	315
127	陇南市	甘	316
128	黔西南布依族苗族自治州	黔	317

注：*2011年国家撤销毕节地区，设立地级毕节市，同时撤销县级毕节市，原毕节市行政区域为七星关区行政区域。现毕节市政府驻地设在七星关区。报告中所采用的是2010年的数据，因此本文仍采用"毕节地区"这一名称。

三 政府绩效分职能评估

西部地区各地市级政府绩效水平在经济发展、市场监管、社会管理、公共服务、平衡发展和政府内部管理六个职能方面表现出不同的特点。评估结果显示，西部地区社会管理绩效表现突出，在全国四大区域中位列第2名，仅次于东北地区，优于东部和中部地区；政府内部管理绩效与东部、中部地区绩效水平相当，明显优于东北地区；经济发展绩效虽整体水平落后，但发展速度快；市场监管、公共服务和平衡发展绩效水平相对较差，均处于全国末位（见图2）。

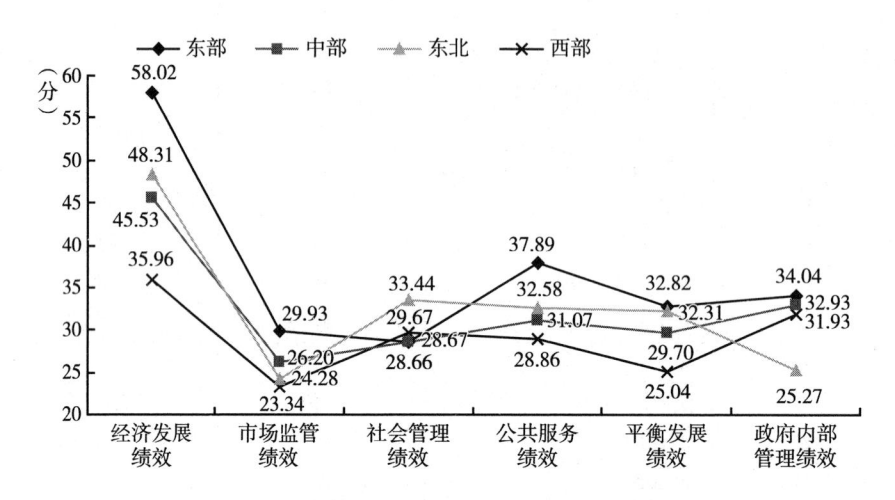

图2 全国四大区域所辖地市级政府分职能绩效平均得分

（一）经济发展绩效：总体水平落后，呈"一强多弱"格局

西部地区经济发展水平总体落后，在全国四大区域排名中居于末位，其所辖地市级政府经济发展绩效平均得分35.96分，与东部地区存在着22分的巨大差距。经济发展绩效的经济增长、经济结构和经济效果三个职能领域绩效得分分别为44分、47分和38分，均低于全国平均水平和其他地区。具体来看，经济增长绩效得分分别比东部、中部和东北地区低40分、21分和19分，仅达到东部地区的52.38%；经济结构绩效得分分别比东部、中部和东北地区少14分、3分和6分；经济效果绩效得分中，西部地区分别比东部、中部和东北地区少24分、10分和19分。

西部地区经济发展绩效呈现"一强多弱"局面。内蒙古自治区所辖地市级政府经济发展绩效平均得分为49分，远高于其他省份，比最后一名西藏自治区高出21分。在区域内地市级政府排名中，内蒙古自治区有3个进入西部前10名，占比达30%，占该自治区政府总数的25%；其没有地市级政府入围后10名（见表3）。如果将样本量扩大到前后20名中，内蒙古的优势则更加明显：有50%的地市级政府进入前20名，而其他各省区均没有超过30%；甘肃、青海和西藏则占据了后20名的70%，内蒙古、陕西和四川没有排在后20名的地市级政府。

表3 西部地区所辖地市级政府经济发展绩效综合排名

西部地区名次	地市级政府	所属省份	全国名次	经济增长绩效	经济结构绩效	经济效果绩效
1	鄂尔多斯市	蒙	17	1	9	1
2	昆明市	滇	23	3	1	11
3	包头市	蒙	24	2	8	2
4	呼和浩特市	蒙	41	4	23	3
5	乌鲁木齐市	新	58	8	2	30
6	银川市	宁	61	12	6	5
7	榆林市	陕	66	5	20	29
8	贵阳市	黔	70	9	4	19
9	克拉玛依市	新	81	20	42	6
10	南宁市	桂	86	6	82	28
…	…	…	…	…	…	…
119	那曲地区	藏	308	128	74	92
120	海南藏族自治州	青	309	93	112	116
121	陇南市	甘	310	119	19	127
122	克孜勒苏柯尔克孜自治州	新	311	121	27	125
123	昌都地区	藏	312	127	75	100
124	黄南藏族自治州	青	313	111	115	111
125	武威市	甘	314	112	114	117
126	临夏回族自治州	甘	315	125	36	128
127	玉树藏族自治州	青	316	91	128	93
128	定西市	甘	317	123	76	126

（二）市场监管绩效：整体水平落后，省际差距大

西部地区各地市级政府的市场监管总体绩效在全国各区域排名中位于

最后，较东部地区仍有较大差距。从各职能领域上看，西部地区企业行为监管、产品质量监管和市场秩序监管绩效得分分别为45分、58分和42分，均低于全国平均得分。此外，西部地区128个地市级政府的市场监管绩效排名分布多集中于全国下游行列，位于优异行列的政府数量极少。从图3市场监管绩效全国前后50名地市级政府的分布可以看出，西部地区仅有8个地市级政府排在前50名，在西部128个地市级政府中占比6.25%，而在后50名中则有34个西部地市级政府，占比达68%，数量之多在四大区域中居于榜首，可见西部地区政府市场监管绩效整体水平低，亟待提升。

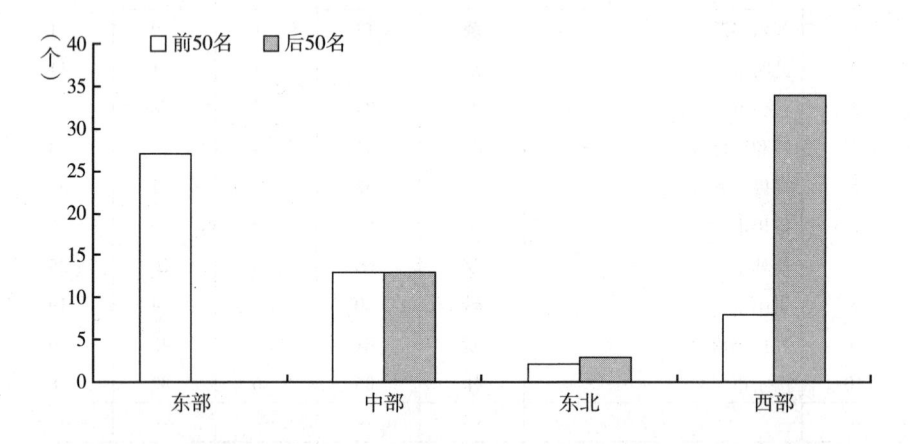

图3 全国地市级政府市场监管绩效前50名和后50名的区域分布

西部地区市场监管绩效在省域间存在较大差距，四川、甘肃明显优于新疆等省区。如表4所示，西部地区市场监管绩效前10名地市级政府中，四川有3个，云南和甘肃各有2个，共占比70%；内蒙古、陕西和广西各有1个，其中内蒙古的鄂尔多斯排名第1。后10名的地市级政府中，新疆有4个，内蒙古和云南各有2个，共占比80%；而没有四川、甘肃的政府位列其中。市场监管绩效全国前20名的地市级政府中，仅有4个位于西部地区，甘肃囊括两席；而位于全国后20名的则有12个，占比60%，并且内蒙古和新疆各有4个政府位居其中，占西部总体12个的2/3，足以说明市场监管绩效水平在省域间的巨大差距。研究还发现，内蒙古和云南省内各地市级政府之间的差距也较大。

表4 西部地区所辖地市级政府市场监管绩效综合排名

西部地区名次	地市级政府	所属省份	全国名次	企业行为监管绩效	产品质量监管绩效	市场秩序监管绩效
1	鄂尔多斯市	蒙	12	1	15	10
2	嘉峪关市	甘	15	20	1	51
3	昆明市	滇	17	3	49	1
4	天水市	甘	19	2	22	5
5	绵阳市	川	30	8	19	12
6	延安市	陕	38	38	5	40
7	钦州市	桂	49	31	10	48
8	攀枝花市	川	50	39	3	65
9	曲靖市	滇	59	29	40	3
10	凉山彝族自治州	川	60	16	18	47
…	…		…	…	…	…
119	赤峰市	蒙	298	59	127	80
120	阿拉善盟	蒙	298	57	128	82
121	怒江傈僳族自治州	滇	304	123	71	121
122	拉萨市	藏	305	89	94	127
123	吴忠市	宁	306	108	82	125
124	大理白族自治州	滇	309	120	117	59
125	巴音郭楞蒙古自治州	新	310	111	119	107
126	博尔塔拉蒙古自治州	新	315	122	118	106
127	塔城地区	新	316	125	121	109
128	克孜勒苏柯尔克孜自治州	新	317	128	120	108

（三）社会管理绩效：整体水平优异，地域特征明显

与经济发展绩效和市场监管绩效不同，我国西部地区社会管理绩效在全国处于较优异水平，虽与东北地区有微弱差距，但高于东部和中部地区，位居全国第2。从分省角度看，西部地区内部各省区政府社会管理绩效水平普遍较高。西部11个省份除广西、贵州、西藏社会管理绩效低于全国均值外，其他各省区绩效得分均高于全国平均水平，其中新疆、内蒙古、宁夏、青海四省区绩效得分排名更是分别位居全国第3名、第5名、第6名、第7名，跻身"优异"行列，即西部地区各省区政府社会管理绩效水平较为理想。在全国前50

135

名中，西部地区有21个地市级政府位列其中，远远优于其他三个区域。联系西部地区经济发展绩效水平全国最低的现状，能够发现，社会管理绩效的好坏并非完全取决于经济发展水平的高低。

西部地区各地市级政府社会管理绩效水平呈现明显的自北向南逐渐降低的态势。绩效排名位于前10名的地市级政府多分布在内蒙古、新疆、甘肃以及宁夏等北部地区，占比80%；其中，新疆的阿勒泰地区排在西部首位。而绩效排名后10名的地市级政府多分布在广西、贵州、西藏等偏南部区域；其中，广西和贵州各有4个，西藏有1个，占比90%。从表5中能够清晰地看出其分布趋势。

表5 西部地区所辖地市级政府社会管理绩效综合排名

西部名次	地市级政府	所属省份	全国名次	社会组织与人口绩效	社会安全管理绩效	社会保障与就业绩效
1	阿勒泰地区	新	4	7	17	1
2	迪庆藏族自治州	滇	5	24	1	18
3	酒泉市	甘	9	27	7	9
4	嘉峪关市	甘	10	6	23	12
5	伊犁哈萨克自治州（直属县市）	新	13	33	28	5
6	呼伦贝尔市	蒙	14	8	68	3
7	巴彦淖尔市	蒙	16	3	39	24
8	乌兰察布市	蒙	17	45	8	11
9	银川市	宁	19	2	81	7
10	海北藏族自治州	青	20	35	5	50
…	…	…	…	…	…	…
119	贺州市	桂	298	110	93	117
120	毕节地区	黔	300	115	86	116
121	钦州市	桂	301	113	76	124
122	玉林市	桂	306	127	55	121
123	六盘水市	黔	309	112	124	88
124	商洛市	陕	311	121	125	84
125	黔南布依族苗族自治州	黔	312	111	126	104
126	黔西南布依族苗族自治州	黔	313	119	118	119
127	百色市	桂	315	128	117	99
128	拉萨市	藏	316	120	105	127

（四）公共服务绩效：文化体育绩效突出，总体水平低

整体上看，西部地区各地市级政府公共服务绩效总体水平低，平均得分28.86分，与中部水平相当，明显低于东部地区，在全国四大区域中处于末位。在全国排名中，虽然嘉峪关和克拉玛依分别排在第4和第7位，但是在前50名中，西部地区仅有7个地市级政府入围，不到西部地市级政府总数的5.5%。在全国后50名地市级政府中，西部地区有38个，占西部政府总数的30%；而且，阿坝藏族羌族自治州、巴中和陇南等9个地市级政府既位于西部后10名，也位于全国后10名中（见表6）。

表6 西部地区所辖地市级政府公共服务绩效综合排名

西部名次	地市级政府	所属省份	全国名次	基础设施绩效	教育科技绩效	医疗卫生绩效	文化体育绩效
1	嘉峪关市	甘	4	4	14	4	11
2	克拉玛依市	新	7	8	3	5	22
3	兰州市	甘	11	12	1	12	56
4	乌海市	蒙	23	15	52	1	4
5	金昌市	甘	28	5	4	22	51
6	银川市	宁	33	2	53	65	6
7	昆明市	滇	44	3	17	19	92
8	昌吉回族自治州	新	53	29	34	11	13
9	宝鸡市	陕	54	19	6	38	47
10	包头市	蒙	55	1	47	48	54
…	…	…	…	…	…	…	…
119	果洛藏族自治州	青	307	105	127	79	73
120	阿坝藏族羌族自治州	川	308	118	121	110	61
121	六盘水市	黔	310	55	106	100	127
122	毕节地区	黔	311	88	102	85	126
123	黔西南布依族苗族自治州	黔	312	104	114	81	120
124	巴中市	川	313	126	86	112	106
125	陇南市	甘	314	123	123	124	48
126	贵港市	桂	315	124	70	82	128
127	凉山彝族自治州	川	316	125	124	122	65
128	玉树藏族自治州	青	317	110	128	128	74

在公共服务绩效各职能领域中,西部地区文化体育绩效表现极为突出,在全国四大区域中居首位,而基础设施、教育科技和医疗卫生等绩效均排在末位。西部地区各地市级政府文化体育绩效平均分排名第一,比绩效水平最低的中部地区高出9分,优异程度较为明显。并且,在全国排名中,西部地区有31个地市级政府进入前50名,约占西部政府总数的25%;全国前9名地市级政府均位于西部地区,锡林郭勒盟、鄂尔多斯和铜川分列前3名。而全国后50名内西部仅有14个,约占西部政府总数的10%。通过以上数据分析发现,西部地区公共服务绩效总体水平低,但文化体育单项职能绩效突出。

省域内各地市级政府公共服务绩效水平均衡性较差,尤以甘肃最为明显。在西部地区前20名中,甘肃省有5个地市级政府入围,占甘肃省政府总数的36%;而在后20名中,甘肃省也有4个地市级政府入围,占省内总数的29%;可见甘肃省内各地市级政府公共服务绩效差异显著。

(五)平衡发展绩效:城乡差距大,环保责任重

与经济发展、市场监管等绩效一样,西部地区各地市级政府平衡发展绩效平均得分在全国四大区域排名中居于末位,且与其他三个区域均存在较大差距;西部11个省份中仅宁夏的绩效得分高于全国平均水平,其他省份均处于全国落后水平。西部前10名中,攀枝花位列第1,是唯一一个进入全国前50名的地市级政府;乌海和海南藏族自治州分列第2、第3名。后10名地市级政府主要分布在新疆、西藏和甘肃,除那曲地区外,均处于全国后10名(见表7)。平衡发展绩效各职能领域中,环境保护、城乡差距和区域差距绩效的前5名地市级政府分别位于全国前60名、前30名和前15名之内,环境保护和城乡差距的后5名地市级政府也排在全国的最后5名,即区域差距绩效相对较好,而环境保护绩效表现则不尽如人意。

西部地区各地市级政府环境保护绩效水平过低,平均得分42分,远落后于其他三个地区,比最好的东部地区低15分。全国前50名中,西部地区仅有昆明、玉溪、延安和遂宁4个地市级政府,约占西部政府总数的3%;后50名中却有46个地市级政府位于西部,在西部128个地市级政府中占比高达36%。

表7　西部地区所辖地市级政府平衡发展绩效综合排名

西部名次	地市级政府	所属省份	全国名次	环境保护绩效	城乡差距绩效	区域差距绩效
1	攀枝花市	川	50	34	24	16
2	乌海市	蒙	54	21	50	6
3	海南藏族自治州	青	58	92	12	15
4	眉山市	川	59	65	18	13
5	银川市	宁	64	5	11	49
6	贵港市	桂	65	82	\25	4
7	昌吉回族自治州	新	66	75	1	71
8	保山	滇	69	50	45	7
9	遂宁市	川	71	4	44	25
10	固原市	宁	75	33	33	19
…	…	…	…	…	…	…
119	那曲地区	藏	307	125	122	51
120	日喀则地区	藏	308	128	70	108
121	临夏回族自治州	甘	309	108	91	114
122	阿勒泰地区	新	311	66	118	106
123	阿里地区	藏	312	115	127	77
124	克孜勒苏柯尔克孜自治州	新	313	127	125	73
125	陇南市	甘	314	103	121	105
126	喀什地区	新	315	123	123	101
127	山南地区	藏	316	114	110	121
128	果洛藏族自治州	青	317	111	128	102

西部地区各地市级政府城乡差距极为显著，在全国四个区域中居于首位。西部地区城乡差距绩效平均得分处于全国最落后位置，与东部、中部、东北地区分别相差21分、13分、30分。在全国各地市级政府城乡差距绩效排名后50名中，西部地区有35个，占比70%，远远多于其他地区；并且，全国排名后10名的地市级政府均来自西部省份，集中分布在甘肃、新疆、西藏、贵州地区。2010年，西部地区城镇居民家庭人均可支配收入16033元，高于中部和东北地区，位居全国第2；而农村居民人均纯收入4862元，仅是西部城镇居民收入的30.32%，且远远落后于其他三个区域（见表8）；即西部地区城乡差距的关键是农村，只有提高农民的收入，才能提高城乡差距绩效水平。

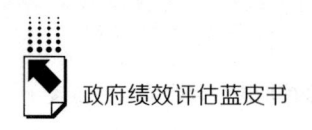

表8 全国四大区域城乡居民人均收入对比

单位：元

类　别	东部地区	中部地区	东北地区	西部地区
城镇居民人均可支配收入	19766	15603	15187	16033
农村居民人均纯收入	8383	5813	7137	4862

（六）政府内部管理绩效：东、中、西部差距不大，依法行政绩效突出

西部地区政府内部管理绩效平均得分为31.93分，位居全国第3位，与东、中部地区处于同一绩效水平，远高于东北地区。西部地区内部11个省份中，仅宁夏、青海、贵州、西藏四个地区绩效水平低于全国平均水平，其他地区均位于全国均值以上，其中四川、云南、甘肃、内蒙古等省份内部管理绩效得分更是远远高于全国平均水平。从地市级政府角度看，鄂尔多斯、曲靖、红河哈尼族彝族自治州排在西部地区的前3名，且该地区的前10名均位于全国前30名内，绩效水平相对较高（见表9）。

表9 西部地区所辖地市级政府内部管理绩效综合排名

西部名次	地市级政府	所属省份	全国名次	职能领域西部名次				
^	^	^	^	依法行政绩效	政府效能绩效	行政廉洁绩效	行政成本绩效	行政公开绩效
1	鄂尔多斯市	蒙	7	62	19	2	28	93
2	曲靖市	滇	13	71	13	41	1	102
3	红河哈尼族彝族自治州	滇	14	21	50	3	33	68
4	天水市	甘	15	5	86	8	32	28
5	钦州市	桂	17	70	4	108	3	4
6	达州市	川	18	72	30	36	7	16
7	凉山彝族自治州	川	19	25	65	24	20	5
8	嘉峪关市	甘	26	2	10	61	42	99
9	武威市	甘	29	23	41	89	2	42
10	宝鸡市	陕	30	117	8	5	55	6
…	…	…	…	…	…	…	…	…
119	林芝地区	藏	287	57	114	97	106	87
120	昌都地区	藏	293	45	111	111	102	82

续表

西部名次	地市级政府	所属省份	全国名次	依法行政绩效	政府效能绩效	行政廉洁绩效	行政成本绩效	行政公开绩效
121	吴忠市	宁	295	67	83	126	89	91
122	那曲地区	藏	296	46	115	112	104	85
123	海南藏族自治州	青	297	82	107	83	110	128
124	玉树藏族自治州	青	300	83	128	76	112	127
125	黔南布依族苗族自治州	黔	302	128	73	115	65	123
126	黔东南苗族侗族自治州	黔	304	125	104	50	117	106
127	阿里地区	藏	308	77	127	113	105	86
128	黔西南布依族苗族自治州	黔	316	127	103	114	124	31

政府内部管理绩效各职能领域中，西部地区表现各异，波动性大。虽在行政成本、政府效能、行政公开等领域较其他三大区域处于落后水平，但在依法行政、行政廉洁领域分别比最落后区域高出17分、26分；并且，依法行政绩效表现相当突出，其得分分别是中部地区的1.35倍、东部和东北地区的1.62倍。总体而言，西部地区所辖地市级政府内部管理绩效水平较为理想。

政府内部管理职能中，西部地区依法行政绩效得分最高，表现优异，分别比东部、中部、东北地区高出16分、11分、16分。其中，违法违纪发案件数绩效得分88分，是东北地区的2.38倍，比东部、中部地区高出41分、35分，绩效表现异常突出；受理行政诉讼案件数绩效得分65分，分别是东部、中部和东北地区的2.32倍、1.55倍和1.59倍。这一方面体现了西部地区正处于发展的起步阶段，开放程度低、市场活跃程度低，由经济引发的行政问题相对较少；另一方面可能的原因是民众对行政处罚结果的关注度低、敏感度低，法律意识有待增强。

四 政府绩效分省评估

西部地区是我国区域差距最大、情况最复杂的区域，其内部各省份、各地市级政府绩效水平也大不相同：内蒙古和陕西在经济发展绩效方面位居前列；四川和云南则在市场监管绩效和政府内部管理绩效领域得分位居西部地区前两位；在社会管理和公共服务绩效上，新疆均以高分名列第一；平衡发展绩效方面，宁夏作为唯一一个得分高于全国平均水平的省区在西部排名中稳居首位；

甘肃、青海、贵州、西藏等地区则因为各职能领域优势均不突出，尤其是经济发展绩效远远落后于其他省份，在地区排名中排在最后。本部分正是依据各省份所辖地市级政府的绩效特点，将西部地区11个省份大致分为六类，并逐一进行具体分析。

（一）西部地区经济发展的领头羊——内蒙古、陕西

就经济发展职能而言，西部地区政府绩效得分35.96分，是东部地区经济发展绩效得分的3/5，在全国四个区域中处于最落后位置；但就在这最落后的西部，仍有部分地区以其较强的经济实力在评估中取得骄人的成绩——内蒙古（48.84分）、陕西（42.24分），成为西部地区经济发展的领头羊。

1. 内蒙古

内蒙古自治区所辖地市级政府绩效评估总体水平在西部11个省份中居首位。其中，鄂尔多斯和乌海排名位于全国前50名，占前50名中西部地区地市级政府总数（7个）的将近29%；尤其在经济发展绩效方面，内蒙古自治区同样居于西部各省份首位，并且绩效水平远远高于其他地区，其12个地市级政府中经济发展绩效排名位于全国前50名的有鄂尔多斯、包头和呼和浩特，占西部地区总数（10个）的30%（见表10）。

表10 内蒙古自治区所辖地市级政府绩效综合排名

区内名次	地市级政府	西部地区名次	全国名次	政府对外管理绩效	经济发展绩效	政府内部管理绩效
1	鄂尔多斯市	1	24	36	17	7
2	乌海市	3	32	42	114	36
3	包头市	11	74	102	24	33
4	呼伦贝尔市	16	100	110	119	112
5	呼和浩特市	26	138	142	41	132
6	通辽市	34	159	198	129	43
7	锡林郭勒盟	46	191	173	102	209
8	巴彦淖尔市	48	196	176	208	215
9	赤峰市	69	236	248	163	89
10	阿拉善盟	72	239	210	141	253
11	乌兰察布市	73	240	236	251	190
12	兴安盟	97	279	250	274	268

同时，内蒙古自治区各地市级政府绩效排名中存在一个显著特点，即资源型地市级政府绩效极为突出，尤以鄂尔多斯和包头最为明显。在优异的经济发展绩效水平带动下，其政府绩效总排名不仅在西部地区荣列第1和第11名，而且在全国317个地市级政府排名中也分别位于第24和第74名，是西部地区极少数绩效水平"优异"的行政区域。此外，除鄂尔多斯和包头等经济发展绩效极为突出，因此总绩效也位居前列的地区外，还存在各职能绩效发展均衡且水平较高，因而总绩效排名靠前的地区，如乌海。乌海市公共服务绩效和平衡发展绩效水平均居内蒙古地区首位，市场监管和内部管理绩效位居第2，虽社会管理和经济发展绩效稍逊于其他领域，但在省内排名中也居于中上位置；正是各职能绩效水平普遍较高，且相互之间均衡发展，使乌海市政府在绩效总排名中位居内蒙古第2。

2. 陕西

在西部地区11个省份中，陕西省所辖地市级政府绩效平均水平在排名中位居第3；且绩效水平较为均衡，没有位于前100名的地市级政府，也没有绩效水平极低的政府。在各职能方面，陕西省最为突出的是位居西部第2的经济发展绩效，以超过40分的绩效得分远远领先于除内蒙古以外的其他省区；并且，其9个地市级政府中没有位于全国后50名的，是西部地区唯一一个所有政府排名均位于后50名之前的省份（见表11）。

表11 陕西省所辖地市级政府绩效综合排名

省内名次	地市级政府	西部地区名次	全国名次	政府对外管理绩效	经济发展绩效	政府内部管理绩效
1	宝鸡市	17	101	109	146	30
2	榆林市	18	108	116	66	116
3	铜川市	25	137	197	153	98
4	咸阳市	32	153	164	192	44
5	延安市	50	200	111	139	280
6	安康市	63	228	253	200	246
7	渭南市	66	231	234	237	120
8	汉中市	71	238	194	195	286
9	商洛市	95	276	236	262	239

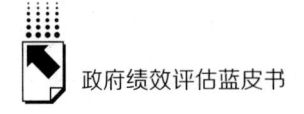

在陕西省各地市级政府中，榆林市政府堪称陕西经济发展的标杆政府。榆林市经济发展绩效得分在全国排名第66位，是陕西省得分最高的地市级行政区域；2010年，榆林市GDP是陕西省各地市级政府GDP平均水平的将近3倍，是整个西部地区平均水平的将近4倍，远远高于全国平均水平；其财政总收入高达400亿元，是陕西省各地市级政府平均水平的4倍、西部地区平均水平的5倍、全国平均水平的将近3倍；从这些数据可知，榆林市经济发展水平在陕西省乃至整个西部地区位于上游，经济总量高，发展前景大。

（二）西部平衡发展的新典范——宁夏

宁夏回族自治区各地市级政府绩效平均水平在西部11个省份排名中居于第5名，整体处于中游；除平衡发展绩效水平位居西部第1外，其他绩效水平都不突出。在平衡发展绩效方面，宁夏地区平均得分30.80分，高于29.96分的全国平均水平，更远远高于西部平均水平（25.04分）；作为西部唯一一个得分超过全国平均分的地区，宁夏与位列西部地区倒数第1的西藏地区相差将近13分。可以说，宁夏地区平衡发展绩效整体水平较高，堪称西部地区平衡发展职能绩效的典范。

宁夏地区的公共服务绩效得分、社会管理绩效得分略高于西部地区平均得分，经济发展绩效基本与西部平均水平持平，而市场监管和政府内部管理领域的绩效水平却低于西部地区平均水平，与全国平均水平更是相去甚远。如表12所示，在经济发展绩效方面，宁夏地区只有银川以57.77分高于全国平均水平，其他四个地市级政府得分均较低，尤其吴忠、中卫、固原三地得分远远低于西部和全国平均水平，与银川差距之大不容忽视；在市场监管绩效方面，只有固原高于全国均值，其他四个地市级政府得分均低于全国平均水平，其中吴忠得分只有固原得分的一半，省内差距较大；公共服务绩效方面也不例外，银川、石嘴山水平较高，其他地区均有待提高；在社会管理绩效上，宁夏整体水平较高，固原、吴忠得分略低于全国均值，其他三个地市级政府得分均高于全国平均得分；政府内部管理绩效方面，虽只有银川、中卫高于全国均值，但固原、石嘴山绩效得分与全国水平差距并不显著；在政府绩效总得分方面，宁夏地区仍只有银川得分高于全国平均得分，与第二名石嘴山相差约1分，并且与最低分吴忠相差2.3分，这就形成了宁夏"银川一枝独秀、整体有待提升"的显著特点。

表12 宁夏回族自治区所辖地市级政府绩效得分

省内名次	地市级政府	经济发展绩效	市场监管绩效	社会管理绩效	公共服务绩效	内部管理绩效	政府绩效综合得分
1	银川市	57.77	25.28	37.29	40.61	35.41	6.064
2	石嘴山市	44.62	18.84	36.81	36.54	27.24	5.152
3	固原市	22.70	29.28	26.07	29.09	27.78	4.441
4	中卫市	28.63	23.33	33.32	25.19	31.73	4.440
5	吴忠市	27.78	14.68	28.82	24.83	21.73	3.762
西部平均		35.96	23.34	29.67	28.86	31.93	4.688
全国平均		46.95	25.94	30.11	32.60	31.04	5.178

（三）西部对外交流的门户——广西

广西壮族自治区濒临北部湾，面向东南亚，拥有长达1595千米的海岸线，是我国西部地区唯一的出海口，是沟通华南与西南的重要结合部，也是我国与东盟交往的第一门户。广西壮族自治区所辖地市级政府绩效平均得分居27个省份的第24名，与青海、西藏一起成为仅有的3个没有政府位居全国前100名的地区，且政府绩效总排名位于全国后100名的地市级政府有9个，占广西地市级政府总数的64.3%，即广西所辖地市级政府绩效水平普遍偏低（见表13）。

表13 广西壮族自治区所辖地市级政府绩效综合排名

省内名次	地市级政府	全国名次	经济发展绩效	市场监管绩效	社会管理绩效	公共服务绩效	平衡发展绩效	内部管理绩效
1	南宁市	120	86	152	253	58	287	64
2	桂林市	157	108	250	196	104	190	170
3	梧州市	180	218	168	137	165	147	125
4	柳州市	181	136	284	183	74	289	59
5	钦州市	214	250	49	301	304	178	17
6	防城港市	222	186	108	170	280	186	217
7	玉林市	226	224	131	306	250	180	71
8	贵港市	242	280	125	290	315	65	61
9	北海市	243	200	226	138	272	127	266
10	崇左市	270	258	88	218	288	219	254
11	河池市	277	278	244	205	184	273	203
12	来宾市	283	267	268	278	294	172	195
13	贺州市	289	306	223	298	262	168	226
14	百色市	303	270	223	315	251	299	284

广西是西部唯一沿海、拥有出海口的地区，并且环北部湾经济区①拥有国家大量的政策支持和优惠，与西部其他省区相比，广西经济发展表现出较强的综合竞争力和较高的外向度②。2010 年，广西地区进出口总额高达 150.23 亿元，占整个西部 11 个省份进出口总额的 20%；同年，广西环北部湾经济区进出口总额为 76.93 亿元，占整个广西的 51.21%。此外，由图 4 可以看出，广西在进出口总额和实际利用外资金额方面均排在西部第一位，远远高于除内蒙古之外的其他地区。也就是说，广西壮族自治区，尤其是环北部湾经济区在经济对外发展方面处于西部地区最高水平，与西部其他省区相比表现出突出的经济外向性。

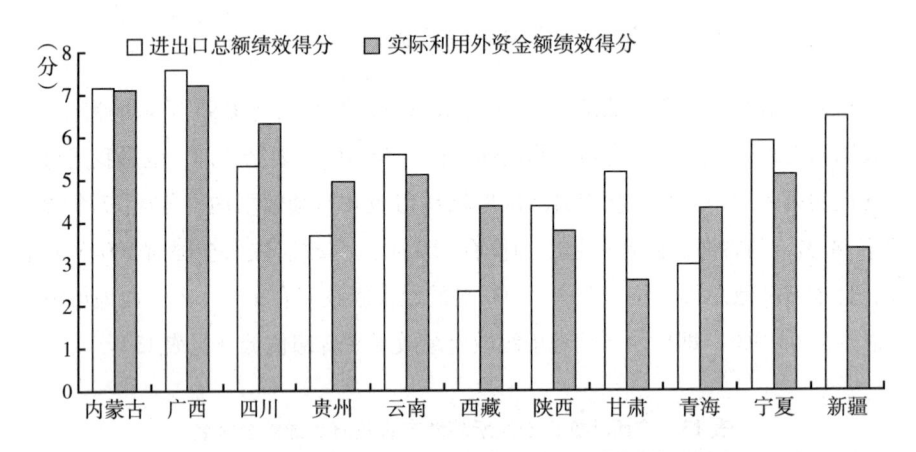

图 4 西部地区各省区经济发展外向度基本情况

（四）西部公共服务、社会管理的火车头——新疆

新疆所辖地市级政府绩效平均水平在西部 11 个省份中排名第二，成绩较为优异；市场监管和平衡发展绩效水平略低于西部平均水平，经济发展和政府

---

① 广西环北部湾经济区涵盖南宁、钦州、北海、防城港 4 个地级市，海岸线长 1595 公里，人口 1240 多万。2008 年 1 月，国家批准实施《广西北部湾经济区发展规划》，广西北部湾经济区开放开发上升为国家战略。
② 外向度，经济外向度也叫对外贸易系数、外贸依度或外贸依存率，反映一个国家或地区的经济与国际经济联系的紧密程度，是衡量一个国家或地区开放型经济发展规模和发展水平的宏观指标之一。

内部管理绩效基本与西部平均水平持平，而社会管理和公共服务方面的绩效水平则远远高于西部平均水平，在西部地区排名中位于榜首，与最后一名的绩效得分分别存在10.93分、10.86分的巨大差距，可谓是西部社会管理绩效和公共服务绩效的火车头。

同时，新疆下辖的14个地市级政府在社会管理绩效和公共服务绩效方面也表现出较高水平。从表14可以看出，在社会管理绩效方面，新疆14个地市级政府中，仅有塔城位于全国后100名；而位于前100名的地市级行政区域有10个，占新疆地区政府总数的71.43%，足以说明新疆地区社会管理绩效整体水平之高。同样，在公共服务绩效方面，新疆地区位于前100名的地市级政府有7个，位于中间117名的有7个，没有位于后100名的政府，是西部唯一一个在公共服务领域所有地市级政府均位于中上游的省份。其中，克拉玛依以全国第7的排名领跑新疆乃至整个西部地区。

表14 新疆维吾尔自治区所辖地市级政府绩效综合排名

区内名次	地市级政府	全国名次	政府对外管理绩效	社会管理绩效	公共服务绩效	政府内部管理绩效
1	克拉玛依市	37	74	190	7	77
2	乌鲁木齐市	38	83	63	89	63
3	昌吉自治州	66	92	71	53	193
4	哈密地区	112	137	46	72	240
5	吐鲁番地区	114	154	25	77	212
6	阿克苏地区	143	186	72	148	196
7	巴音郭楞自治州	154	218	83	92	105
8	伊犁自治州	165	198	13	60	225
9	阿勒泰地区	197	224	4	162	200
10	博尔自治州	219	256	107	124	152
11	和田地区	233	266	38	147	181
12	喀什地区	247	291	171	143	87
13	塔城地区	279	287	259	207	241
14	克孜勒自治州	297	308	100	141	268

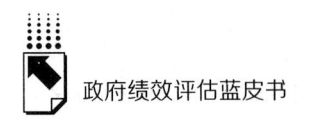

（五）西部经济发展的瓶颈带——贵州、甘肃、青海、西藏

贵州、甘肃、青海、西藏等地区的经济发展绩效与内蒙古和陕西形成强烈反差，不仅在西部地区居于末位，在全国27个省份排名中也处于落后位置，且与其他省区存在巨大差距，成为西部地区乃至全国经济发展的瓶颈地带。

1. 贵州

贵州省所辖地市级政府绩效平均水平远远落后于西部其他省区，在全国27个省份排名中位居倒数第二。如表15所示，贵州省下辖的9个地市级政府绩效总排名都没有进入全国前50名的；贵阳在贵州省内部排名首位，其绩效水平在全国位于第67名，是贵州省仅有的排在前100名的地市级政府；除贵阳外，其他地市级行政区域绩效水平均处于全国排名的下游，大多处于末位，黔西南更是排在全国倒数第一，与省会政府绩效存在较大差距。同时，在经济发展、社会管理、公共服务、平衡发展和政府内部管理等绩效方面，贵阳市也均居于贵州省首位，且远远好于其他地区。从以上数据可以看出，贵州省各地市级政府绩效水平普遍较低，且省内差距较大，可谓"省会较强、带动力弱"。

表15　贵州省所辖地市级政府绩效综合排名

省内名次	地市级政府	全国名次	政府对外管理绩效	经济发展绩效	政府内部管理绩效
1	贵阳市	67	70	69	110
2	遵义市	242	188	233	216
3	铜仁地区	270	300	277	136
4	黔东南自治州	296	268	282	304
5	安顺市	299	297	295	249
6	六盘水市	303	238	298	281
7	黔南自治州	308	259	303	302
8	毕节地区	310	287	307	261
9	黔西南自治州	317	291	315	316

2. 甘肃

甘肃省所辖地市级政府绩效平均水平在全国27个省份排名中位于第21

位，在西部地区位于第 5 位；其绩效水平在各职能方面存在着较大的差距。在公共服务绩效、内部管理绩效方面，甘肃各地市级政府平均水平略高于西部平均水平，社会管理、平衡发展和市场监管等绩效大体与西部平均水平持平，而经济发展绩效得分则远低于西部地区平均得分。

同时，甘肃省下辖的 14 个地市级政府在各绩效领域表现也不尽相同。如表 16 所示，在市场监管绩效上，甘肃省排在全国前 100 名的地市级政府有 3 个；社会管理和公共服务绩效方面排在全国前 100 名的地市级政府各有 5 个；内部管理绩效排在全国前 100 名的政府有 7 个；而平衡发展和经济发展绩效则没有排在全国前 100 名的政府，尤其在经济发展领域，排在第 300 名以后的 17 个地市级政府中，有 6 个属于甘肃地区，占比 35.3%，足以证明，甘肃在经济发展绩效领域的落后程度极为突出。同时，天水市属于"关中——天水经济区"，是国家政策大力支持的经济发展区，但却并没有像其他地区那样，在经济发展上有所成就，反而远远落后，这不得不引起反思。

表 16　甘肃省所辖地市级政府绩效综合排名

省内名次	地市级政府	全国名次	经济发展绩效	市场监管绩效	社会管理绩效	公共服务绩效	平衡发展绩效	内部管理绩效
1	嘉峪关市	30	184	15	10	4	171	26
2	酒泉市	76	173	144	9	68	114	78
3	兰州市	95	101	196	199	11	159	166
4	金昌市	109	211	241	35	28	197	42
5	天水市	167	283	19	65	248	243	15
6	白银市	211	284	74	85	83	298	75
7	庆阳市	230	264	161	160	191	254	73
8	平凉市	244	298	237	231	113	184	108
9	张掖市	263	305	265	202	155	122	188
10	武威市	265	314	149	242	298	189	29
11	甘南自治州	292	304	293	195	210	293	235
12	定西市	305	317	259	232	301	163	262
13	临夏自治州	309	315	216	229	295	309	285
14	陇南市	316	310	273	272	314	314	204

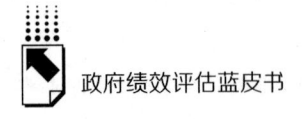

3. 青海

青海省所辖各地市级政府绩效平均得分在社会管理方面略高于西部平均水平，平衡发展方面基本与西部均值持平，其他四个职能绩效均远远落后于西部平均水平，与东部、中部地区的差距更是极为显著。

同时，青海省所辖地市级政府的绩效水平均位于全国中下游，不容乐观。如表 17 所示，在政府绩效总排名中，有 5 个政府位于后 50 名，占青海地市级政府总数的 62.5%；位于全国后 100 名的有 6 个，占青海政府总数的 75%。尤其在经济发展领域，8 个地市级政府中排名在第 300 名之后的有 4 个，占比 50%，整体水平亟待提高。同时，值得注意的是，在社会管理领域，排名在前 100 名的 4 个地区都是少数民族自治州；即使排在省内第 5、第 6 位的地区，其排名也比西宁和海东地区靠前约 100 位，即少数民族自治州等民族地区在社会管理方面的绩效要远远好于非少数民族自治州。

表17 青海省所辖地市级政府绩效综合排名

省内名次	地市级政府	全国名次	经济发展绩效	市场监管绩效	社会管理绩效	公共服务绩效	平衡发展绩效	内部管理绩效
1	西宁市	168	149	270	222	82	164	128
2	海西自治州	202	181	249	118	201	250	164
3	海南自治州	257	309	243	70	214	58	297
4	海北自治州	267	295	295	20	237	166	273
5	海东地区	290	286	288	240	274	132	250
6	黄南自治州	295	313	288	52	263	271	279
7	果洛自治州	304	303	287	59	307	317	252
8	玉树自治州	315	316	288	147	317	257	300

4. 西藏

在 2010 年地市级政府绩效评估中，西藏地区各地市级政府绩效平均水平在全国 27 个省区中居最末位；除市场监管和公共服务绩效外，其他四项绩效得分均位于全国最末位，并且与西部其他省区存在很大差距。西藏地区在经济发展、市场监管、社会管理、公共服务、平衡发展和政府内部管理等职能方面的绩效得分与西部排在首位的省份得分分别相差 11.12 分、6.64 分、10.29 分、10 分、12.44 分、12.59 分，差距之大令人瞠目结舌。

如表18所示，西藏地区各地市级政府绩效总排名均位于全国下游；其中，位于全国后20名的有5个地区，占西藏地区政府总数的71.43%；位于全国后50名的有7个，占比100%。西藏地区7个地市级政府六个职能绩效得分没有一项位于全国前150名，并且只有阿里地区的市场监管绩效和林芝地区的公共服务绩效排名位于前200名，其他均处于下游偏差位置。以上数据足以证明，西藏地区各地市级政府绩效水平普遍很低，发展严重滞后，整体水平亟待大幅度提高。

表18 西藏自治区所辖地市级政府绩效综合排名

区内名次	地市级政府	全国名次	经济发展绩效	市场监管绩效	社会管理绩效	公共服务绩效	平衡发展绩效	内部管理绩效
1	林芝地区	268	276	202	289	197	200	287
2	拉萨市	287	214	305	316	216	270	265
3	阿里地区	298	282	171	252	255	312	308
4	日喀则地区	300	299	294	279	241	308	248
5	昌都地区	302	312	288	294	284	227	293
6	山南地区	306	266	297	291	264	316	270
7	那曲地区	307	308	227	283	293	307	296

（六）政府内部管理、市场监管的佼佼者——四川、云南

就政府内部管理而言，西部地区各地市级政府绩效平均得分31.93分，比绩效最低的东北地区高出6.7分，成绩较为理想。其中，四川和云南的得分最为优异，在西部地区名列第1、第2位，在全国排名中分别排在第5和第8名的位置。同样，在市场监管绩效上，西部地区仍是四川和云南得分最为优异，居前两位。可见，在政府内部管理和市场监管绩效方面，四川和云南绩效水平俨然成为西部地区的佼佼者。

1. 四川

四川省所辖地市级政府绩效平均水平在西部地区11个省份排名中位于第4名，较为优异。除在公共服务和社会管理绩效方面表现较差外，其他四个方面表现均很优异，尤其是政府内部管理和市场监管绩效均居于西部地区首位，这也为四川省的经济发展以及社会全面进步提供了良好的市场环境和空间。

同时,四川省各地市级政府在不同的职能绩效上表现也不同。从表19中可以看出,四川省20个地市级政府中没有绩效总排名位于前50名的政府,进入前100名的也只有攀枝花市和绵阳市;公共服务绩效水平普遍偏低,20个地市级政府全都排在100名之后,并且位于后100名的政府就有15个,占总数的75%;市场监管和社会管理绩效方面四川省排名较为理想,位于全国前100名的政府数量分别有4个和7个;在四川绩效最优异的政府内部管理方面,进入全国前100名的有12个,并且其他地市级政府绩效也都位于中游,没有排在后100名的,在西部和全国都堪称典范。此外,从表19还可以看出,四川省20个地市级政府在经济发展绩效排名中均排在300名之前,没有绩效水平极低的政府;但也没有进入前100名的,大多处于中游,即四川省各地市级政府"经济发展较为均衡、整体有待提高"。

表19 四川省所辖地市级政府绩效综合排名

省内名次	地市级政府	全国名次	经济发展绩效	市场监管绩效	社会管理绩效	公共服务绩效	平衡发展绩效	内部管理绩效
1	攀枝花市	63	116	50	49	119	50	154
2	绵阳市	97	123	30	94	187	204	93
3	德阳市	125	144	114	164	268	135	50
4	宜宾市	126	170	85	189	181	177	57
5	自贡市	142	192	129	149	183	129	69
6	乐山市	148	156	122	78	173	249	94
7	遂宁市	183	245	159	79	297	71	52
8	达州市	187	249	118	115	292	156	18
9	南充市	193	225	119	97	234	142	137
10	眉山市	209	217	225	95	275	59	158
11	资阳市	210	244	233	194	256	82	48
12	内江市	214	221	233	191	254	105	84
13	凉山自治州	222	191	60	262	316	297	19
14	广安市	224	240	257	169	303	88	49
15	泸州市	237	190	233	223	281	195	111
16	阿坝自治州	248	252	102	128	308	282	175
17	雅安市	249	241	262	129	260	174	185
18	广元市	252	227	233	110	305	160	206
19	巴中市	261	294	183	198	313	77	96
20	甘孜自治州	282	277	197	98	306	306	197

2. 云南

云南省各地市级政府绩效平均水平在西部地区排在第6位，处于中游；同总绩效相同，其经济发展、公共服务、平衡发展、市场监管等职能绩效水平均处于西部地区中游，有较大的提升空间；仅在市场监管和政府内部管理方面绩效水平较为优异，均排在四川省之后，位于西部地区第2名。

同时，云南省各地市级政府绩效水平存在较大差异，均衡性差。从表20可以看出，云南省16个地市级政府中只有昆明和玉溪两个市的政府绩效总排名位于全国前100名，其他政府排名均位于全国排名的中下游；而且，在六个职能绩效方面也是昆明和玉溪表现较好，尤其是经济发展绩效方面，除这两个地市级政府外大多处于全国的下游；这也是云南省政府绩效的一个明显的特点，即"两强引领、整体较弱"。同样，云南省地市级政府在各职能绩效方面也有优有劣；其中水平最高的是政府内部管理绩效，16个地市级政府有10个排名进入全国前100名，占比62.5%，在西部乃至全国各省区名列前茅。同时，在内部管理绩效各职能领域，云南省也都表现优异；其中，依法行政、行政廉洁、行政公开领域的政府绩效水平在全国27个省份中分别名列第4、第5、第3名。

表20 云南省所辖地市级政府绩效综合排名

省内名次	地市级政府	全国名次	经济发展绩效	市场监管绩效	社会管理绩效	公共服务绩效	平衡发展绩效	内部管理绩效
1	昆明市	35	23	17	180	44	233	100
2	玉溪市	90	140	170	45	178	96	68
3	楚雄自治州	146	246	80	28	196	198	97
4	曲靖市	171	189	59	249	218	275	13
5	保山市	177	261	123	117	278	69	32
6	西双版纳自治州	180	260	115	141	177	182	86
7	红河自治州	201	213	147	174	243	296	14
8	丽江市	212	263	91	92	249	211	70
9	迪庆自治州	235	223	296	5	296	222	242
10	临沧市	243	302	124	168	276	84	141
11	文山自治州	258	275	180	197	283	260	90
12	昭通市	272	290	155	234	299	276	47
13	大理自治州	273	231	309	109	212	301	176
14	普洱市	284	273	292	121	244	272	167
15	德宏自治州	286	288	175	150	279	294	219
16	怒江自治州	291	301	304	50	282	229	251

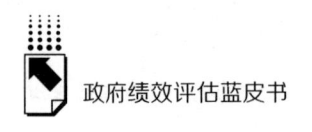

五 研究性发现

通过对西部地区128个地市级政府绩效水平进行评估和研究，可以看出西部地区政府绩效水平总体偏低，位于全国四个区域的最末位；分职能绩效来看，除社会管理绩效和政府内部管理绩效外的四个方面，均处于全国最低水平。此外，在对各地市级政府绩效进行的研究中发现，西部地区政府绩效还存在其他显著的特点。

（一）西部地区经济发展水平落后，但与东部差距逐渐减小

西部大开发十年来，虽然西部地区经济发展水平低的情况并没有得到明显改善，仍处于全国四大区域最末位，但是东、西部之间的差距呈现逐渐缩小的趋势。2000~2010年，东部地区GDP增长率由12.25%变为13.78%，西部地区由8.47%变为14.44%，增速明显优于东部地区；东、西部地区人均GDP之比由2.21缩小到2.04；固定资产投资总额之比由3.9减少到1.79。通过以上分析可以看出，东、西部地区之间经济发展差距正在逐步缩小。在进一步发展过程中，仍要时刻关注东、西部之间存在的差距；西部地区也应明确自身优势，通过经济发展绩效的改善，缩小区域差距，从而真正有利于实现区域协调发展和国家的整体全面发展。

（二）东西部差距不是"差"在城市，而是"差"在农村

区域差距逐渐扩大，是我国改革开放后经济社会发展的重要表现之一，与城乡差距、贫富差距并称"三大差距"。时至今日，东、西部差距依然较为突出，西部地区人民生活水平远远落后于东部地区。在对全国317个地市级行政区域城乡居民收入的研究中发现，这种差距在城乡之间的表现是截然不同的；准确地说，东、西部差距不是"差"在城市而主要是"差"在农村。2010年，西部地区城镇居民人均可支配收入16033元，优于中部和东北地区，仅落后于东部，而且相互之间差距不大；但其农村居民人均纯收入却只有4862元，分别比东部、中部和东北地区低3521元、951元和2275元，仅达到东部地区农村居民收入的58%。数据显示，西部地区城镇居民人均可支配收入与其他地

区处于相对均衡的状态,而农村居民人均纯收入则远远低于其他地区。这从一个重要角度说明:东、西部差距不是"差"在城市,而主要是"差"在农村。换言之,东、西部地区差距的实质,是西部自身城乡差距过大。另一组数据显示,截至2010年,西部城乡居民收入比达到3.3,而东部、中部和东北地区仅仅是2.3、2.6和2.1,西部地区的城乡差距明显高于其他地区(见图5)。因此,大力促进西部地区农村发展,是缩小东、西部差距和实现城乡均衡协调发展的关键。

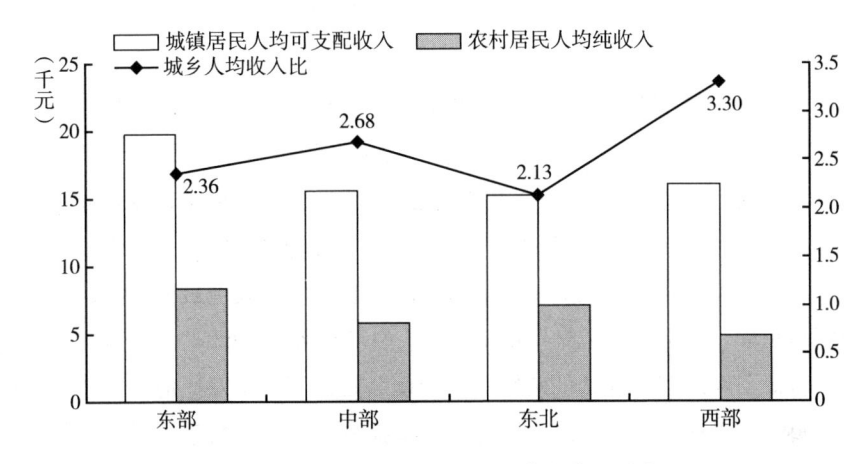

图5 全国四大区域城乡居民人均收入对比

(三)地方政府社会管理绩效不完全取决于经济发展水平

政府社会管理绩效虽然受经济发展水平影响,但自身具有一定的独立性。社会管理绩效的改善,既取决于与经济条件有关的资源经费投入力度,又取决于当地政府对社会管理的重视程度和制度建设水平。一般观点认为,经济不发达地区政府的社会管理水平往往较低。但这种看法在本研究的数据分析中却有较大颠覆。在西部地区,虽然经济发展落后,财政实力与其他地区相比较弱,但社会管理绩效水平却不完全受经济因素影响,具有相对独立性。评估数据显示,西部地区社会管理绩效平均得分为29.67分,排名第二,高于东部和中部地区;而其经济发展绩效位列全国末位,平均得分仅为东部的62%,与其他地区也有较大差距。从全国地市级政府角度看,社会管理绩效全国前100名中

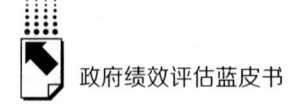

有44个位于西部地区,而其中一半以上的政府经济发展绩效却排在全国后100名内。例如,阿勒泰地区和迪庆藏族自治州的社会管理绩效极其优异,排在全国第4、第5名,而其经济发展绩效却排在第243名和第223名。这从政府个体角度验证了地方政府社会管理绩效并不完全取决于经济发展水平的结论。

(四)经济落后地区的政府内部管理绩效并不弱于发达地区

加强内部管理是政府全面履行经济社会发展各项职能和权力的关键前提,而经济的发展和财富的增长则是政府加强自身建设的有力支撑和重要保障。但是本研究发现,经济发达与否并不是政府自身管理水平高低的决定性因素,经济落后地区的政府内部管理也有着独特的优势。2010年,西部地区经济发展绩效与其他地区存在较大差距,其得分仅是东部、中部和东北地区的62%、79%和74%;然而,在政府内部管理绩效上,西部与东部、中部地区处于同一水平,明显优于东北地区。尤其是在依法行政方面的表现最为优异,绩效得分分别是东部、中部和东北地区的1.62倍、1.35倍和1.65倍。通过以上分析进一步印证了经济落后地区的政府内部管理绩效并不弱于发达地区,经济落后地区的政府可以通过加强政府自身建设,来提高政府综合绩效水平。

B.6 东北地区地市级政府绩效评估

孙彩红[*]

摘　要： 东北三省在发展背景方面具有一定的相似性，把东北地区作为一个整体进行政府绩效评估与对比，会产生重要的区域发展意义。东北地区政府绩效主要是从政府对外管理和政府内部管理两方面展开的。经过评估分析发现，东北地区的地市级政府综合绩效，在全国四大区域中处于中等水平。

研究显示，东北地区政府内部管理绩效在四大区域中排名第四位。尤其是依法行政和行政廉洁这两个指标，在全国四大区域中均排名末位。数据分析证明，政府内部管理与经济增长的关系并不明显，这说明政府内部管理水平并不完全取决于经济发达程度。从某些具体指标的绩效与经济发展相关性分析，可以得出结论：社会保障绩效、公共服务绩效与经济发展水平之间没有必然关系，欠发达地区的地方政府仍然可以通过自身努力，在社会管理和公共服务等职能上取得卓越的绩效。

关键词： 政府绩效评估　东北地区　地市级政府

2000年以来，为了缩小我国各个区域的发展差距，中央政府逐步实施了各项区域发展战略。其中，振兴东北老工业基地的战略，就是在东部地区率先发展、西部地区奋起直追的背景下提出和实施的。由于东北三省在发展背景方面具有一定的相似性，因此把东北地区作为一个整体进行政府绩效评估与对比，将会产生重要的区域发展意义。

---

[*] 孙彩红，中国社会科学院政治学研究所副研究员。

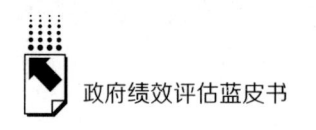

一　东北地区：老工业基地的落伍与振兴

东北地区，传统意义上是指东北三省，即山海关以北，漠河以南，乌苏里江以西的黑龙江、吉林和辽宁三省的总称。这三省由大兴安岭、小兴安岭和长白山环绕，是世界上著名的三大黑土地之一。"棒打狍子瓢舀鱼，野鸡落在饭锅里"，过去，东北人总是乐于用这样的词句来描绘这片富饶的黑土地。①

（一）传统资源经济优势与老工业基地

东北地区是一个相对完整、独立的经济区，既具有沿海与沿边的区位优势，也具有优越的自然资源优势。东北三省土地总面积约占全国的8.3%，人均耕地面积0.309公顷，是全国人均耕地面积的3倍，同时林业资源丰富，有"林海"之称，为全国各地提供大量的木材原料。东北三省资源丰富，拥有石油、煤炭、金属等多样化的矿产资源。从水资源来看，松花江和辽河是我国的重要水系，两河冲击而成的松嫩平原和辽河平原，为农业和工业的发展提供了重要的资源基础。东北地区得天独厚的区位优势和资源优势，使其在全国经济和工业发展中具有重要的战略地位。

东北地区是我国的老工业基地，是新中国成立后的第一个重工业基地。"前期以钢铁、机械为重点，后期以石油开采加工为重点，逐步形成了以钢铁、机械、石油、化工为主体的重型工业结构。"② 作为新中国工业的摇篮，东北老工业基地创造了许多新中国的"第一"，为国家重要战略物资储备和工业化建设奠定了扎实基础，"一五"和"二五"时期建设的156项重点工程中有56项分布在东北，后来又经过不断完善和发展，形成了以钢铁、机械、石油、化工为主导的工业体系，尤其在装备制造业方面形成了强大的基础，是共和国的总装备部。③ 在新中国成立后较长一个时期，东北地区为中国的工农业发展做出了不可磨灭的贡献。

---

① 有关"东北简介"，http://chinaeast.xinhuanet.com/2007-11/20。
② 张虹等：《东北老工业基地经济与社会可持续发展研究》，经济科学出版社，2011。
③ 有关"东北简介"，http://chinaeast.xinhuanet.com/2007-11/20。

（二）伴随中国经济转型逐渐落伍

改革开放后，随着计划经济向市场经济体制的转变，东北地区的发展逐渐落伍，经济增长速度开始落后于全国平均水平而且差距逐渐拉大，同时还面临着经济社会转型所带来的一系列困难和挑战。从经济体制看，东北地区国有企业所占比重特别大，非公有制经济的发展程度不高，影响了地区经济发展的活力，与私营经济和个体经济比较发达的江浙地区形成较大反差。从经济结构看，东北地区第三产业所占比重总体上低于全国的平均水平，产业结构不太合理，尤其是高新技术产业比重较低，影响经济发展的后劲。从发展资源看，区域内资源枯竭型城市逐渐增多，经济转型压力日益加大。

东北地区经济发展优势的丧失，也带来一系列社会发展方面的矛盾，其直接表现就是就业压力大、下岗职工多、社会保障能力不足、社会稳定压力较大等。在这个过程中，东北地区在技术基础、制度环境、资源供给等方面，与沿海发达地区的差距不断拉大。振兴东北老工业基地的发展战略，就是在东部地区率先发展、区域差距不断加大的背景下提出和实施的。

（三）东北振兴战略与规划的实施

国家把东北地区纳入发展战略规划，就是要通过政策倾斜与支持，来促进东北地区的科技创新和产业转型升级，加强经济与民生的协调发展，实现东北地区的重新振兴。党的十六大报告提出了促进区域协调发展的原则要求和指导方针，其中指出，"支持东北地区等老工业基地加快调整和改造，支持以资源开采为主的城市和地区发展接续产业"。[①] 2003年10月，党中央、国务院正式下发了《关于实施东北地区等老工业基地振兴战略的若干意见》，标志着实施东北振兴战略的开始。2007年，国务院批复了《东北地区振兴规划》，出台了产业发展、财政税收优惠等相关配套政策作为东北振兴的重要支撑。2009年，国务院发布《关于进一步实施东北地区等老工业基地振兴战略的若干意见》，从经济结构、产业体系到社会民生、生态建设等领域充实了振兴战略的内涵与

---

① 江泽民：《全面建设小康社会，开创中国特色社会主义事业新局面》，人民出版社，2002，第24页。

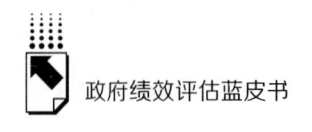

举措，为东北地区经济社会发展提供了重要的政策保障。

自实施东北振兴规划以来，东北地区经济发展的质量和效益得到明显提高，国有企业改革取得重大突破，出现了多种所有制经济共同繁荣发展的局面，对外开放水平大幅提升，经济实力显著增强。在社会民生领域，基础设施条件得到较大改善，新农合覆盖面逐渐拓展，城市棚户区的改造成效显著，人民生活水平明显提高。但是，东北地区的体制性、机制性、结构性矛盾还没有完全解决，转型发展还面临诸多困难，产业优化升级任重道远，生态环境保护压力较大，社会事业发展成果仍需巩固。为了进一步推进东北振兴战略的纵深发展，2012年国家出台了《东北振兴"十二五"规划》，为东北地区经济社会发展注入了新的动力。

在加快推进东北振兴战略过程中，地方政府承担着重要职责和使命。本研究选取地市级政府为评估对象，从政府对外管理和政府内部管理两方面，对作为东北振兴战略重要主体的地市级政府管理绩效，进行了全面、深入的考察和评估，为科学、客观地评价地方政府职能的履行情况提供了新的视角和参照。

二 政府绩效总体评估

东北地区地市级行政区域共有32个（不包括哈尔滨、长春、沈阳和大连4个副省级市）。其中，辽宁12个，吉林8个，黑龙江12个。本部分对东北地区的政府绩效评估，就是对东北三省所辖32个地市级政府的综合绩效和分职能绩效进行评估。

（一）政府整体绩效处于全国中等水平

东北地区作为一个整体，其区域内地市级政府综合绩效平均得分是5.12分。与其他三大地区相比，比东部（5.80分）低，比西部（4.69分）高一些，与中部（5.11分）基本上处于同一水平。可见，东北地区地市级政府的综合绩效在全国处于中等水平。

在四大地区地市级政府综合绩效的平均排名上，东北地区也与中部地区处于同一层次，排名在全国处于中游水平；而东部地区的地市级政府平均排名是100名之前，西部地区的平均排名是200名之后。如果把全国317个地市级政府的排名分为三个档次，1~100名是第一档次，101~200名是第二档次，201~317名是第三档次，那么东北地区有接近一半的地市级政府是处于第二档次的，占到43.8%，如图1所示。与其他三大地区相比，东北地区的地市级政府在三个档次中的分布比例，与中部地区地市级政府在三个档次中的分布比例是基本相同的。这与两个地区的政府综合绩效平均得分处于同一水平的结果也是一致的。东北地区的总体绩效水平比东部地区差很多，从图1可以看出，东部地区位于第一档次的地市级政府占到了近70%。

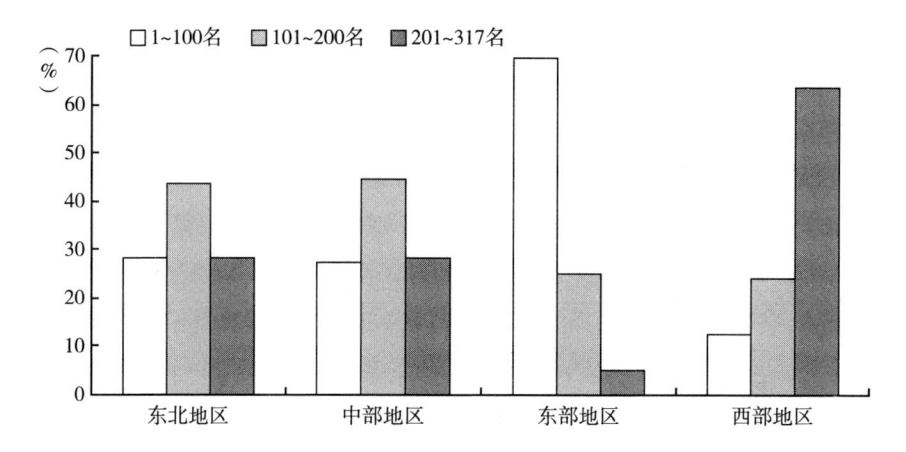

图1 全国四个区域地市级政府绩效在三个档次的分布

从各个地区的地市级政府在三个档次的分布还可以看出，东北地区的地市级政府绩效之间的差距是比较小的，属于绩效发展比较均衡的地区。而东部地区和西部地区的地市级政府绩效之间的差距就比较大。下面从东北地区地市级政府综合绩效前20名在全国的排名分布（见表1），来分析东北地区的整体绩效水平。

表1 东北地区所辖地市级政府综合绩效前20名

东北地区名次	地市级政府	所属省份	全国名次
1	辽 阳 市	辽	54
2	吉 林 市	吉	56
3	大 庆 市	黑	61
4	盘 锦 市	辽	65

续表

东北地区名次	地市级政府	所属省份	全国名次
5	抚顺市	辽	68
6	鞍山市	辽	75
7	营口市	辽	81
8	锦州市	辽	91
9	丹东市	辽	94
10	辽源市	吉	107
11	本溪市	辽	130
12	齐齐哈尔市	黑	132
13	通化市	吉	134
14	阜新市	辽	144
15	延边自治州	吉	150
16	白山市	吉	155
17	朝阳市	辽	158
18	佳木斯市	黑	160
19	牡丹江市	黑	170
20	双鸭山市	黑	174

从这前20名地市级政府在全国的排名来看，没有1个进入全国前50名；有9个进入了全国前100名，占东北地区地市级政府总数的28%；其余的11个地级市政府位于100名到200名之间。可以说，东北地区前20名的地市级政府总体绩效在全国都位于中游水平。从政府综合绩效得分（以10分制为满分计算）来看，如果将其分为4个层次，那么东北地区的地级市政府总体绩效水平全部位于4~6分。与东北地区的政府绩效总得分分布比较接近的一个就是中部地区，基本处于同一个水平（见表2）。

表2 全国四大区域地市级政府综合绩效得分分布比例

单位：%

地 区	7分以上	6~7分	4~6分	4分以下
东北地区	—	—	100	—
中部地区	—	8.7	86.4	4.9
东部地区	3.9	31.6	64.5	—
西部地区	—	5.5	77.3	17.2

（二）政府对外管理职能绩效在全国四大区域中位列第二

东北地区地市级政府对外管理职能绩效的平均得分和整体水平，在全国四大区域中均处于第二位，排在第一位的是东部地区，第三位是中部地区，最后是西部地区。如果把全国地市级政府按得分从高到低平均分为三部分，那么东北地区大约接近一半的地市级政府处于第一部分之中，另一半处于中间部分。总体来看，东北地区对外管理职能绩效在全国四个区域中位于第二。

下面从政府对外管理职能的五个方面分析东北地区地市级政府绩效在全国的位置（见图2）。

经济发展绩效得分：东北地区在全国四个区域中位于第2，与排名第3的中部地区的差异并不十分明显。

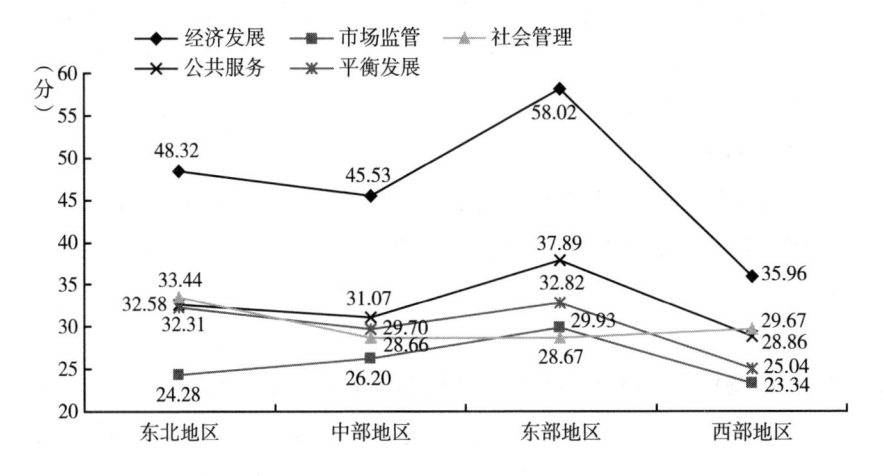

图2 全国四大区域所辖地市级政府对外管理职能绩效平均得分

东北地区地市级政府的市场监管绩效平均得分位于全国第三位，略好于西部地区，稍差于中部地区。东部地区地市级政府的市场监管绩效平均得分最高，其他三个区域基本上是同一水平的，差异不大。

东北地区地市级政府的社会管理绩效平均得分，在全国四大区域中位于第一位，第二位是西部地区，而东部地区和中部地区稍微差一些。从其中的社会保障和就业绩效来看，东北地区的地市级政府平均得分排在全国第一。

东北地区公共服务绩效平均得分位于全国第二位，稍微好于中部地区和西

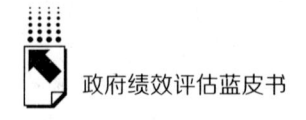

部地区,与绩效最高的东部地区差异较大。其中,东北地区的基础设施绩效也排在全国第二位。

东北地区平衡发展绩效平均水平位于全国第二位,略差于东部地区,好于中部地区,排在第四位的是西部地区。其中,东北地区的城乡差距绩效得分是最高的。

根据图 2 总体分析,东北地区地市级政府在对外管理五项职能绩效上,有一项位于全国第一位,三项位于第二位,一项位于第三位。而且在一些职能领域绩效方面,比如社会保障和就业、城乡差距等指标的绩效,都在全国四个区域中排名第一。因此,东北地区的政府对外管理职能绩效处于全国上游水平。

(三)政府内部管理绩效在全国四大区域中位列末席

在全国四大区域中,东北地区地市级政府内部管理绩效平均得分是第四名,排在最后。东部地区排在第一位,中部第二,西部第三。同时,其他三个区域的政府内部管理绩效表现差距并不大,东北地区的地市级政府内部管理绩效平均得分则明显低于其他三个区域。

按政府内部管理绩效排名把全国地市级政府分为 1~100 名、101~200 名、201~317 名这样三个档次,东北地区地市级政府大部分位于第三档次,即排到 200 名之后;没有一个地市级政府位于全国的第一档次,或者说没有地市级政府进入前 100 名。具体而言,东北地区的所有地市级政府中,有 15.6% 排在全国第 101~200 名,84.4% 排在全国第 201~317 名范围内。

从政府内部管理 5 个职能领域来看,东北地区没有一个排在第一位。如图 3 所示,其行政公开、依法行政绩效排在全国第三位;政府效能、行政成本绩效排在全国第三位;最差的是行政廉洁,其绩效排在全国第四位,而且与其他三个区域的差距是最大的。

在政府内部管理的 5 个指标上,东北地区与其他三个地区差别不太明显的是行政成本和行政公开这两个指标的绩效。对于行政成本绩效而言,全国各个区域差别不太大,可能说明行政成本偏高是个全国性问题。而对于行政公开这一指标而言,由于全国统一实施了《政府信息公开条例》,结果也会缩小各地区在行政公开绩效上的差距。

总体来看,东北地区所辖地市级政府综合绩效平均水平位于全国第二位,

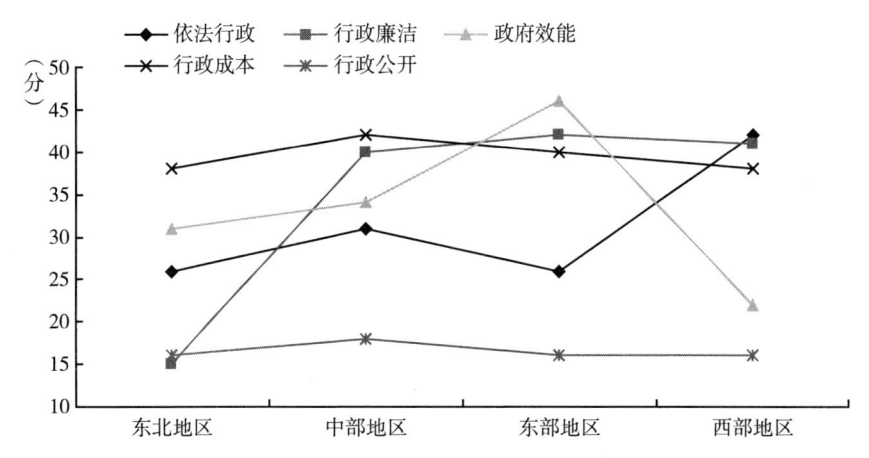

图3 全国四大区域所辖地市级政府内部管理分职能领域绩效得分

比东部地区差，好于中部、西部地区。然而，东北地区地市级政府的内部管理绩效要远远差于对外管理职能绩效，其对外管理平均绩效位于全国第二位，而内部管理绩效位于全国第四位。而且，东北地区还有一个明显特点，就是此区域本身的政府对外管理职能绩效与政府内部管理绩效之间的差距，在全国四个区域中是最大的，反差最明显。

从全国地市级政府范围看，政府内部管理绩效与经济发展水平之间没有直接的显著相关关系。但是，具体到东北地区地市级政府，把体现经济发展水平的指标之一即经济增长，与政府内部管理绩效进行分析发现，二者之间具有一定的相关关系。东北地区地市级政府经济增长绩效前10名中有7个地市级政府在内部管理绩效上也排在前10名，分别是大庆市、盘锦市、锦州市、鞍山市、吉林市、营口市、丹东市。这说明两个指标绩效之间存在一定的相关性。所以，可以考虑把提高经济增长水平作为改善内部管理的举措之一，为内部管理提供一定的经济基础。

三 政府绩效分职能评估

东北地区各地市级政府综合绩效水平并不低，那么从不同职能领域分析，在全国又处于什么水平呢？有哪些职能绩效表现突出，哪些职能绩效又表现较差呢？下面分六个部分进行具体分析。

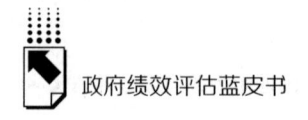

（一）经济发展绩效水平上等

东北地区地市级政府经济发展绩效在全国排第二名，基本与中部地区处于同一水平。这一排名情况，与该地区地市级政府综合绩效、政府对外管理职能绩效的排名情况是一致的。

把全国所有地市级政府绩效排名分为三个档次，东北地区的地市级政府经济发展绩效得分排名在这三个档次的分布比例如下：排在第 1~106 名的占43.8%，排在第 107~212 名的地市级政府占到 37.5%，排在 213 名之后的地市级政府占 18.7%。

在东北地区地市级政府经济发展绩效前 10 名中，辽宁就占了 8 个，占全省总数的 66.67%；吉林和黑龙江各有 1 个（见表 3）。经济发展绩效进入全国前 100 名的地市级政府有 13 个，除了上述 10 个，还有吉林的通化市、延边自治州，辽宁的铁岭市。这 13 个地市级行政区域占到东北地区总数的约 41%。而且，东北地区的地市级政府中没有一个落在全国最后的 20 名内。这说明了东北地区经济发展绩效在全国处于上等水平。

表 3　东北地区所辖地市级政府经济发展绩效前 10 名

东北地区名次	地市级政府	所属省份	全国名次
1	鞍山市	辽	16
2	营口市	辽	37
3	盘锦市	辽	40
4	大庆市	黑	46
5	吉林市	吉	50
6	辽阳市	辽	56
7	抚顺市	辽	59
8	丹东市	辽	62
9	本溪市	辽	68
10	锦州市	辽	74

在东北地区经济发展绩效进入全国前 100 名的 13 个地市级政府中，辽宁就有 9 个，占辽宁政府总数的 75%；吉林有 3 个，占该省的 25%；黑龙江只有 1 个。然而，在东北地区最后 10 名中，黑龙江省就有 8 个。这种对比恰好

说明，辽宁省地市级政府经济发展绩效在东北地区是最好的，黑龙江是最差的。

辽宁鞍山市经济发展绩效最高，是东北地区唯一一个进入全国前20名的地市级行政区。黑龙江的伊春市和黑河市经济发展绩效最差，位于全国最后50名之列。

本报告中，经济发展绩效主要由经济增长、经济结构和经济效果三个职能领域构成（见表4），具体分析如下。

表4 东北地区所辖地市级政府经济发展绩效各职能领域前10名

名次	经济增长绩效	所属省份	名次	经济结构绩效	所属省份	名次	经济效果绩效	所属省份
1	鞍山市	辽	1	延边自治州	吉	1	盘锦市	辽
2	大庆市	黑	2	鞍山市	辽	2	辽阳市	辽
3	吉林市	吉	3	丹东市	辽	3	营口市	辽
4	营口市	辽	4	营口市	辽	4	鞍山市	辽
5	盘锦市	辽	5	抚顺市	辽	5	大庆市	黑
6	抚顺市	辽	6	葫芦岛市	辽	6	四平市	吉
7	本溪市	辽	7	本溪市	辽	7	吉林市	吉
8	锦州市	辽	8	辽阳市	辽	8	锦州市	辽
9	辽阳市	辽	9	通化市	吉	9	白山市	吉
10	丹东市	辽	10	吉林市	吉	10	辽源市	吉

经济增长绩效中，排在东北地区第1名的辽宁鞍山市位于全国第10名；而排在最后1名的黑龙江大兴安岭地区则位于全国第284名。只有辽宁的鞍山市和黑龙江的大庆市，进入全国经济增长绩效前20名。这说明地市级政府之间经济增长绩效差距是很大的。

经济结构绩效中，东北地区地市级政府绩效平均水平在四大区域中位于第二。但是在全国最后50名中，东北地区就有5个，约占该区域政府总数的16%。

经济效果绩效中，东北地区在四大区域中居第二位。它的前7名地市级政府均位于全国地市级政府前50名，分别是盘锦市、辽阳市、营口市、鞍山市、大庆市、四平市、吉林市；并且，东北地区没有地市级政府进入最后50名。

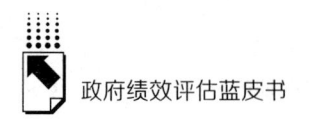

（二）市场监管绩效表现不佳

东北地区政府市场监管整体绩效在全国排第三名，比较落后。如果把全国所有地市级政府绩效排名平均分为三个档次，那么东北地区市场监管绩效得分排名在第二档的地市级政府几乎占到一半，位于第一档的只有16%，位于第三档的达到了37%。这也说明东北地区地级市政府市场监管的绩效较差。

在东北地区地市级政府市场监管绩效前10名中：吉林占4个，其中有3个位居东北地区前5名；黑龙江占4个；辽宁占2个；东北地区市场监管绩效的最后5名，全部位于辽宁省，其中本溪市是最后1名（见表5）。

表5　东北地区所辖地市级政府市场监管绩效前10名和后10名

市场监管绩效前10名			市场监管绩效后10名		
名次	地市级政府	所属省份	名次	地市级政府	所属省份
1	松原市	吉	23	吉林市	吉
2	辽源市	吉	24	大兴安岭地区	黑
3	佳木斯市	黑	25	四平市	吉
4	齐齐哈尔市	黑	26	通化市	吉
5	白山市	吉	27	白城市	吉
6	双鸭山市	黑	28	鞍山市	辽
7	辽阳市	辽	29	葫芦岛市	辽
8	抚顺市	辽	30	盘锦市	辽
9	延边自治州	吉	31	朝阳市	辽
10	大庆市	黑	32	本溪市	辽

具体到企业行为监管绩效方面，东北地区的绩效平均得分位于区域中的第二位，绩效最好的是东部。东北只有前3名进入了全国前50名，占比6%，分别是辽宁的锦州市（全国第16名）、黑龙江的佳木斯市（全国第21名）、吉林的松原市（全国第40名）。

在产品质量监管绩效上，全国前50名中东北地区占到了24%。东北地区前10名中吉林有7个（松原市、白山市、辽源市、延边自治州、吉林市、四平市、通化市）；东北地区后10名中，有4个位于辽宁省，6个位于黑龙江省。这也表明了吉林的产品质量监管绩效较为突出。

市场秩序监管绩效中，东北地区没有位于全国前20名的地市级政府。第1名的齐齐哈尔市（黑龙江），已经排到全国第31名。最后1名是大兴安岭地区（黑龙江），排在全国最后50名。

总之，不论是在市场监管绩效上，还是在企业行为监管、产品质量监管、市场秩序监管等职能领域绩效上，东北地区能进入全国前50名的地市级政府都只有2个或3个，这也在一定程度上说明了该地区市场监管绩效水平在全国处于比较落后的位置。

在上述东北地区市场监管绩效前5名的地市级政府中，佳木斯市、松原市、辽源市在企业行为监管绩效上也排在东北地区前5名；松原市、辽源市、白山市在产品质量监管绩效上排在东北地区前5名；齐齐哈尔市、佳木斯市在市场秩序监管绩效上排在东北地区前5名。可见，市场监管绩效位于前5名的地市级政府中，都有一项或两项指标是表现突出的。

（三）社会管理绩效排名第一

东北地区地市级政府社会管理绩效平均得分，在全国四个区域中排名第一位。从平均绩效排名来看，东北地区位于100名之内，西部地区排在第155名，东部和中部地区排到了第179名之后了。

在社会管理绩效全国排名前50名的地市级政府中，东北地区有13个，已经超过了1/4；这13个地市级行政单位占到东北地区地市级政府总数的约41%。东北地区排在全国第51~150名的地市级政府占到44%；排在第150名之后的只有15%；即东北地区有将近85%的地市级政府位于全国前150名，也就是绝大部分位于全国的中上游（全国317个地市级政府）。这就从一个角度说明了东北地区地市级政府社会管理绩效在全国四大区域中排名第一。

在东北三省中，辽宁和吉林省所辖地市级政府的社会管理绩效平均得分在全国27个省份中分别排在第1和第2位，只有黑龙江稍差一点。在东北地区的前10名中，有5个位于辽宁省，5个属于吉林省，且这10个地市级行政单位都进入了全国前50名。同时，第1和第2名的辽阳市与白山市，也分别排在全国的前两名（见表6）。这些都体现了东北地区社会管理绩效整体表现上乘的特点。

表6　东北地区所辖地市级政府社会管理绩效前10名

东北名次	地市级政府	所属省份	全国名次
1	辽阳市	辽	1
2	白山市	吉	2
3	抚顺市	辽	11
4	锦州市	辽	12
5	吉林市	吉	21
6	营口市	辽	23
7	辽源市	吉	24
8	白城市	吉	27
9	延边自治州	吉	31
10	本溪市	辽	33

下面是东北地区地市级政府在社会管理具体职能领域的绩效表现。

在社会组织与人口绩效上，东北地区的平均水平位于全国第一位（51分），要好于东部和西部地区，远远超过中部地区（35分）。在32个地市级政府中，得分最高的是锦州市（辽），最低的是绥化市（黑）。进入全国前50名的有7个，从第1到第7名分别是：锦州市、营口市、抚顺市、白山市、丹东市、牡丹江市、辽阳市。最后1名是绥化市，排到全国第285名，也是东北唯一一个排到全国最后50名的地市级政府。

在社会保障与就业绩效上，东北地区平均得分位于全国第一位（74分），高于中部地区（60分）和西部地区（57分），远远高于东部地区（48分）。在32个地市级政府中，有19个排到了全国前50名，占比达到38%，这在东北地区地市级政府总数中占59.4%；有13个进入全国前20名，约占东北地区总数的41%；有8个进入全国前10名，占到东北地区地市级政府总数的25%。这8个地市级政府中，吉林有4个，即白山、通化市、辽源、四平市；辽宁有3个，即本溪市、营口市、抚顺市；黑龙江1个，即伊春市。此外，东北地区在社会保障与就业绩效上只有1个地市级政府排在全国后50名。

特别值得注意的是，东北地区社会安全管理绩效却排在最后，和它的经济发展绩效不相称。可初步判断，经济发展不是促进社会安全管理的一个重要因素。就社会安全管理绩效与政府内部管理绩效的对比和相关分析，发现二者具有一定关联性。东北地区的依法行政和行政廉洁绩效比较低，可能在一定程度上导致其社会安全管理绩效较差。

（四）公共服务绩效比较均衡

公共服务职能主要是政府为社会提供基本的教育、文化、医疗卫生、基础设施等公共产品的职能。东北地区公共服务绩效平均得分位于全国第二位（33分），与绩效最高的东部地区（38分）差异较大。

东北三省所辖地市级政府公共服务绩效的平均水平，在全国27个省份中处于中间水平。可以说三省公共服务发展比较均衡，差异比较小，基本上都在全国平均水平附近，只是黑龙江、吉林高于全国平均水平，而辽宁省的绩效略低于全国平均水平。

东北地区公共服务绩效第1名是黑龙江省双鸭山市，正好排到全国第50名，也是唯一一个进入了全国前50名的地市级政府（见表7）。最后1名是吉林省松原市，排到全国第269名，也是唯一一个落到全国后50名之列的。其余30个地市级政府，占到东北地区94%的比例，都位于中间水平，可以说东北地区公共服务绩效发展均衡程度较高，差异不是太大。

表7　东北地区所辖地市级政府公共服务绩效前10名

东北名次	地市级政府	所属省份	全国名次
1	双鸭山市	黑	50
2	鹤岗市	黑	51
3	大庆市	黑	64
4	吉林市	吉	78
5	本溪市	辽	88
6	阜新市	辽	94
7	延边自治州	吉	95
8	大兴安岭地区	黑	96
9	鸡西市	黑	109
10	白山市	吉	110

从公共服务四个职能领域绩效分析，东北地区地市级政府各领域的绩效差异比较小，呈现一种比较均衡的状态（见表8）。

基础设施绩效中，东北地区平均绩效得分全国第二，略高于中部地区。基础设施的提供需要经济财力作为保障，与一个区域的经济发展水平具有密切关系，经济发展水平最高的东部地区，其基础设施的状况也最好；西部地区经济比较不发达，基础设施的状况就最差。东北32个地市级政府中，没有1个进入全国前30名，全国前50名中也只有4个，仅占东北地区地市级政府总数的12.5%。不过，东北地区也没有排到全国后50名的地市级政府。这也从侧面说明了区域内部基础设施发展是比较均衡的。

表8　东北地区所辖地市级政府公共服务绩效各职能领域前5名

东北名次	基础设施绩效	教育科技绩效	医疗卫生绩效	文化体育绩效
1	大庆市	本溪市	鹤岗市	朝阳市
2	牡丹江市	盘锦市	大兴安岭	双鸭山市
3	丹东市	齐齐哈尔市	双鸭山市	延边自治州
4	辽阳市	抚顺市	白山市	佳木斯市
5	鞍山市	大庆市	吉林市	大兴安岭地区

文化体育绩效中，东北地区平均得分位于全国第二；绩效最好的是西部地区，最差的是中部地区。东北32个地市级政府中有5个排在全国前50名；4个排在全国后50名。这一得分排名分布格局也是比较均衡的。

东北地区经济发展水平与公共服务绩效都在全国四个区域中位于第二。但从地市级政府样本分析，经济发展绩效排在前10名的只有3个排在公共服务绩效前10名，分别是大庆市、吉林市、本溪市。大部分地市级政府虽然经济发展水平高，但是公共服务绩效却没有相应的高水平。这也说明，政府公共服务的绩效水平不完全以经济发展为充分必要条件，其与政府在公共服务方面的财政投入有着较大的关系。

（五）平衡发展绩效比较突出

随着中国经济快速发展，社会、资源、生态等领域的问题也不断凸显出来，因此加强经济与社会、经济与资源生态、地区和城乡统筹协调发展就成为重要的现实选择。

东北地区平衡发展绩效整体水平位于全国第二位（32分），略差于东部地区（33分）。其32个地市级政府中有13个排在全国前100名，占到41%；位于第100~200名的有15个，占到47%；200名之后的只有4个，占12.5%。而且，最后50名中没有东北地区地市级政府。这都说明东北地区地市级政府在平衡发展绩效上位于全国的中上游水平。

东北地区前 10 名都位于全国前 80 名之列，如表 9 所示。其中，朝阳市和鸡西市进入了全国前 10 名，这也使得东北地区整体平衡发展绩效较为突出。在体现平衡发展的三个职能领域绩效上，东北地区都没有排在全国最后 50 名的地市级政府。

表 9　东北地区所辖地市级政府平衡发展绩效前 10 名

东北名次	地市级政府	所属省份	全国名次
1	朝阳市	辽	5
2	鸡西市	黑	10
3	抚顺市	辽	18
4	盘锦市	辽	28
5	阜新市	辽	39
6	本溪市	辽	42
7	鹤岗市	黑	45
8	通化市	吉	47
9	四平市	吉	51
10	丹东市	辽	79

在体现平衡发展的城乡差距这一指标上，东北地区的平均绩效水平位于全国第一（75 分），远远领先于其他地区，东、中、西部分别是 67 分、59 分、46 分。在 32 个地市级政府中有 23 个进入全国前 100 名，占 72%；排在第 200 名之后的仅占 6%。其中东北地区前 10 名分布：5 个位于黑龙江省（齐齐哈尔市、鸡西市、绥化市、牡丹江市、鹤岗市）；4 个位于辽宁省（朝阳市、抚顺市、铁岭市、阜新市）；1 个属于吉林省（四平市）。

从区域差距绩效看，东北地区绩效平均水平位于全国第二位（55 分），第一位是东部地区（58 分），第三位是中部地区（54 分），最后是西部地区（52 分）；四个区域的差距并不是很明显。这也说明，区域差距问题在中国目前还是一个比较普遍的问题。

从平衡发展绩效与经济发展水平的关系分析，虽然东北地区的环境保护绩效差一些，但是在缩小城乡差距方面却处于全国领先的位置。东北地区经济发展绩效前 10 名中只有 4 个进入平衡发展绩效前 10 名，即抚顺市、盘锦市、本溪市、丹东市。从这种现象看，平衡发展并不是以经济发展为充分必要条件的。朝阳、鸡西等地市级政府经济发展水平虽然不够高，但在平衡发展方面却排在了前列。

（六）政府内部管理绩效比较落后

全国四个区域中，东北地区地市级政府内部管理绩效平均水平排到第四位。在32个地市级政府中，没有一个进入全国前100名，如表10所示。东北地区80%以上的地市级政府排到了全国第200名之后，内部管理绩效总体表现差。

表10 东北地区所辖地市级政府内部管理绩效前10名

东北名次	地市级政府	所属省份	全国名次
1	大庆市	黑	115
2	盘锦市	辽	119
3	锦州市	辽	142
4	鞍山市	辽	153
5	吉林市	吉	155
6	营口市	辽	213
7	阜新市	辽	223
8	葫芦岛市	辽	224
9	丹东市	辽	227
10	佳木斯市	黑	229

在东北地区地市级政府内部管理绩效中，大庆市是区域内第1名，却排到了全国第115名；佳木斯第10名，却排在了全国的第229名。白山市是第32名，也是全国最后1名，即第317名。在全国最后20名中，东北地区占了6个：黑龙江2个（鹤岗市和黑河市）、吉林省3个（延边自治州、白城市和白山市）、辽宁省1个（本溪市）。

在政府内部管理五个职能领域，东北地区政府绩效表现又如何呢？

1. 依法行政绩效：东北地区平均得分排在全国靠后位置

全国四大区域中，依法行政绩效水平最高的是西部地区，东北地区位列第四位。在东北32个地市级政府中，没有进入全国前50名的，且只有前3名进入全国前100名；绩效最高的是黑龙江大兴安岭地区。在东北地区的前10名中，辽宁有6个，黑龙江有4个（见表11）。然而，全国后50名中东北地区却占9个，最差的是吉林辽源市。此外，东北地区超过60%的地市级政府在依法行政绩效领域排在全国第200名之后，总体上表明了依法行政绩效较差。

表11　东北地区所辖地市级政府依法行政绩效前10名

东北名次	地市级政府	所属省份	全国名次
1	大兴安岭	黑	71
2	大庆市	黑	94
3	盘锦市	辽	100
4	营口市	辽	107
5	阜新市	辽	108
6	葫芦岛市	辽	116
7	双鸭山市	黑	132
8	佳木斯市	黑	134
9	锦州市	辽	136
10	抚顺市	辽	183

2. 政府效能绩效：东北地区在四个区域中位于第三

东北地区政府效能绩效表现比西部地区稍微好一些，但远远落后于东部地区。在32个地市级政府中，只有7个进入全国前100名（见表12），仅占东北地区的22%。也就是说有78%的地市级政府都排到了全国第100名之后。其中最后5名是：伊春市、延边自治州、白山市、黑河市、大兴安岭地区。可见，政府效能绩效整体上比较差。

表12　东北地区所辖地市级政府的政府效能绩效前10名

东北名次	地市级政府	所属省份	全国名次
1	鞍山市	辽	30
2	松原市	吉	35
3	大庆市	黑	42
4	吉林市	吉	52
5	四平市	吉	67
6	本溪市	辽	92
7	辽源市	吉	95
8	营口市	辽	109
9	辽阳市	辽	111
10	锦州市	辽	121

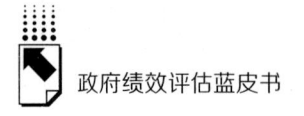

3. 行政廉洁绩效：东北地区在全国四个区域中排在最后

在前文图 3 中可以看出，东北地区政府行政廉洁绩效（15 分），远远落后于东部（42 分）、西部（41 分）和中部地区（40 分）。

在东北地区内部，大庆市是第 1 名，但排在全国第 72 名；盘锦市是第 2 名，排到全国第 164 名；大兴安岭是东北地区最后 1 名，也是全国最后 1 名，即第 317 名。

东北地区 32 个地市级政府中，有高达 75% 的地市级政府（24 个）排到了全国最后 50 名；有 18 个地市级政府排在了全国最后 20 名，占比高达 90%。

为什么东北地区政府行政廉洁绩效差，远远落后于全国其他地区？衡量行政廉洁绩效的具体指标中包括国家公务员职务犯罪率和依法追究责任的领导干部比例等。所以，一个原因可能是，东北地区的依法行政力度不够导致了行政廉洁绩效差。另一个原因可能是，东北地区在行政廉洁具体指标上，许多数据都无法从正式公开出版物中查到，这些数据缺失也可能导致绩效差的结果。

就东北地区来看，行政廉洁与依法行政之间是否具有相关性呢？东北地区依法行政绩效前 10 名和行政廉洁前 10 名比较而言，其中有 50% 的地市级政府是一样的，这在某种程度上说明，这两个指标之间具有一定的关联性。同样，相关性分析结果也显示，受理行政诉讼案件（依法行政具体指标）与依法追究责任的领导干部比例（行政廉洁具体指标）这两个变量之间具有较为显著的相关关系。

4. 行政成本绩效：东北地区整体平均水平位于第三

政府行政成本绩效方面，全国四个区域之间的差异并不是很明显，或者说，行政成本问题是全国政府管理中一个较为普遍的问题。但就东北地区内部而言，各地市级政府之间差距较为显著。东北地区前 5 名均排在全国前 50 名之内；然而，最后 2 名却已经排在全国 300 名之后（见表 13）。

表 13　东北地区所辖地市级政府行政成本绩效前 5 名和后 5 名

东北名次	地市级政府	所属省份	全国名次
1	鞍 山 市	辽	23
2	丹 东 市	辽	30
3	齐齐哈尔市	黑	33

续表

东北名次	地市级政府	所属省份	全国名次
4	伊春市	黑	38
5	阜新市	辽	42
…	…	…	…
28	松原市	吉	268
29	本溪市	辽	287
30	大庆市	黑	293
31	延边自治州	吉	306
32	白山市	吉	314

5. 行政公开绩效：东北地区整体平均绩效位居第三

就政府行政公开绩效而言，东北地区虽略高于东部、西部地区，但大体处于同一水平，只有中部地区稍微好一点，相互之间差异较小。东北地区只有1个地市级政府处于全国第300名之后；有3个位于全国前50名之内；大部分处于中间水平，差异相对也较小（见表14）。四个区域及东北内部绩效比较均衡，可能与中央统一实施《政府信息公开条例》有关系。按照中央统一要求，各地都制定了信息公开具体实施办法，而且近几年开始实行信息公开工作年报制度，这促成了全国各地政府信息公开水平的提高。

表14 东北地区所辖地市级政府行政公开绩效前5名和后5名

东北名次	地市级政府	所属省份	全国名次
1	丹东市	辽	18
2	通化市	吉	23
3	延边自治州	吉	40
4	牡丹江市	黑	52
5	吉林市	吉	79
…	…	…	…
28	营口市	辽	249
29	辽源市	吉	264
30	鹤岗市	黑	267
31	白山市	吉	283
32	抚顺市	辽	307

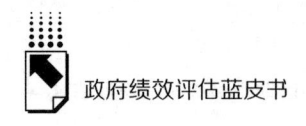

综上所述，东北地区地市级政府内部管理绩效中，依法行政和行政廉洁绩效较差，在四个区域中排第四位；在行政成本、政府效能和行政公开绩效上位于全国第三位。从东北地区 32 个地市级政府来分析，在内部管理五个职能领域中，部分绩效没有进入全国前 50 名的地市级政府；部分绩效位于全国前 50 名的地市级政府不超过 5 个；相反，位于全国最后 50 名的地市级政府所占比例比较大，有的甚至接近 50%。这也证明了，东北地区总体的政府内部管理绩效在全国四个区域中是较差的，改进和提升的空间非常大，任务也更重。

四 政府绩效分省评估

这一部分具体分析东北地区三个省份的绩效表现，从省域角度分析东北地区的政府绩效。首先分析东北三省绩效在全国各省份中处于何种水平；然后具体分析三个省份的绩效表现情况，以及它们之间存在的差异。

（一）东北三省绩效在全国省域中的位置

在东北地区范围内，辽宁省所辖地市级政府综合绩效得分最高，黑龙江省最低，吉林省位于中间。在全国 27 个省份当中，辽宁和吉林所辖地市级政府综合绩效得分位于全国平均水平以上，尤其是辽宁远远超过全国平均水平，排在第 6 位；而黑龙江则处于全国平均水平以下，稍微低于全国平均值。具体排名情况如图 4 所示。

其中，辽宁省所辖地市级政府绩效平均得分排在全国第 6 位，仅次于排在前五名的东部省份。吉林处于第 12 位，属于中等偏上水平；与吉林排名相近的五个省区中，除了内蒙古自治区，其余的均属于中部地区。黑龙江省处于第 18 位，位于全国平均水平以下，其后有八个省区均属于西部地区。因此，东北三省的政府综合绩效平均得分，表现出与东、中、西部绩效水平类似的梯度差异。辽宁省的地市级政府在绩效平均水平上接近东部地区，吉林省的地市级政府绩效平均水平与中部地区的省份相近，而黑龙江的地市级政府绩效平均水平则与西部地区比较接近。

在对外管理职能绩效平均得分方面，三省在东北地区中的排名是，辽宁第

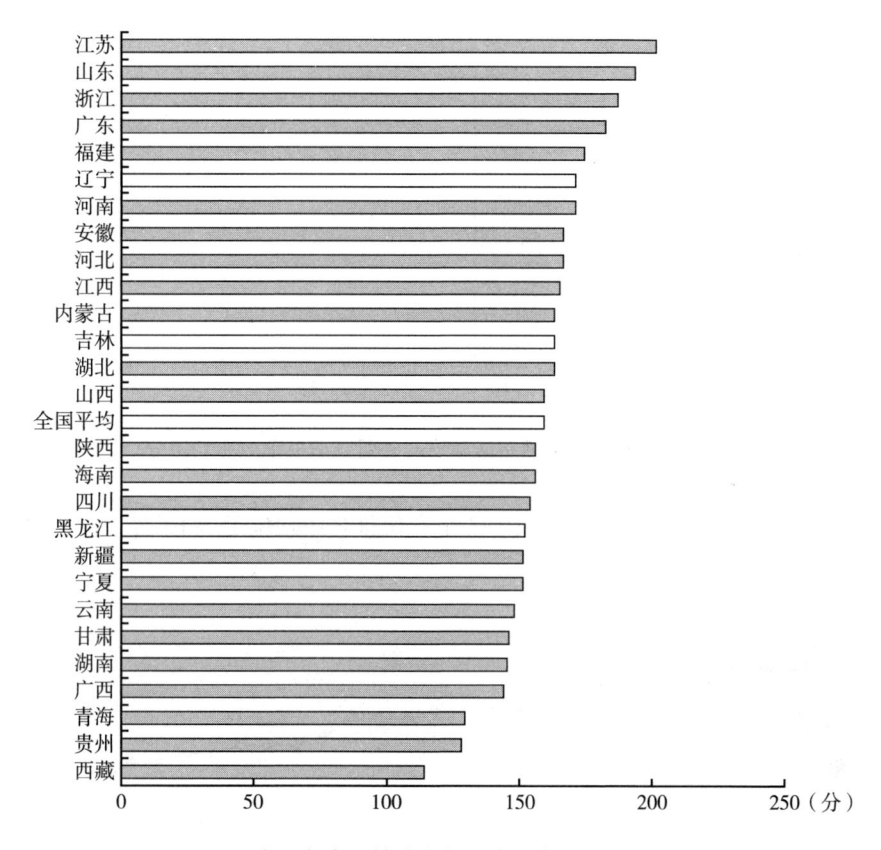

图 4 全国各省所辖地市级政府综合绩效平均得分

一，黑龙江第三，吉林位于中间。这种排名表现与三省政府综合绩效平均水平的排名是一致的。

具体分析，辽宁和吉林的地市级政府对外管理职能绩效平均得分在全国27个省份中都处于前10名，分别是第6名和第7名，仅次于排在前五名的东部地区省份。而黑龙江省对外管理职能绩效平均水平则排到了第14位。同时，辽宁和吉林省所辖地市级政府对外管理职能绩效平均得分远远高于全国平均值，属于上等水平；而黑龙江则与全国平均值大体一致，属于中等水平（见图5）。

从政府内部管理绩效分析，按照各省所辖地市级政府绩效平均得分排列，辽宁最好，黑龙江第二，吉林第三。图6显示，东北三省的政府内部管理绩效

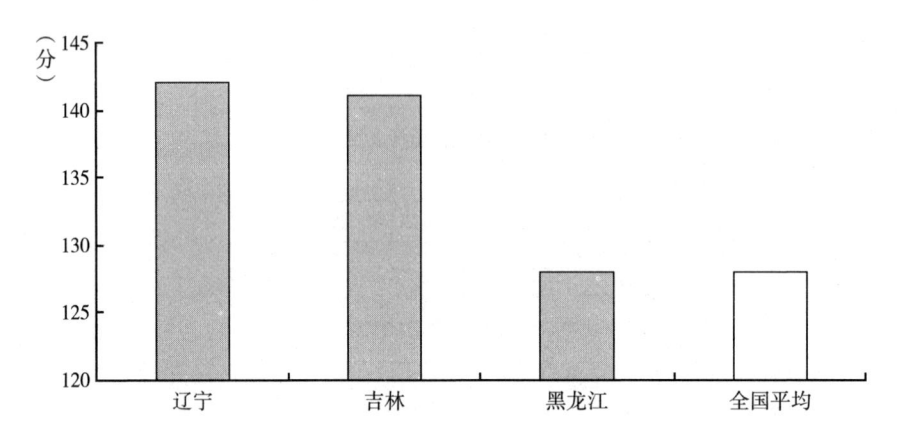

图5　东北三省所辖地市级政府对外管理职能绩效平均得分

平均得分都低于全国平均水平，在27个省份排名中均位于后10名，特别是吉林省位于最后1名。

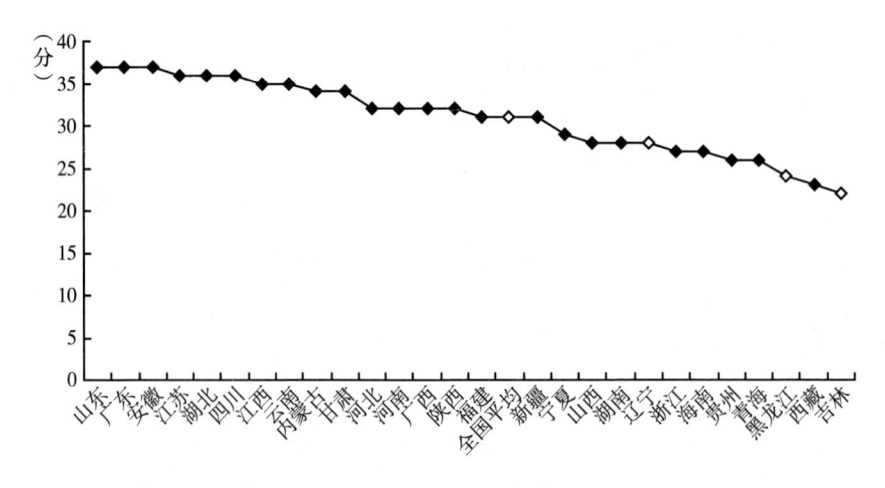

图6　全国各省所辖地市级政府内部管理绩效平均得分

东北所辖地市级政府在全国排名中也都位于200名之后。辽宁省所辖地市级政府内部管理绩效平均排名是第218名，黑龙江省是第263名，吉林省是第276名。这都说明了东北地区的政府内部管理绩效平均水平在全国处于下游位置。

综上所述，三个省总体上都是政府对外管理职能绩效要远远好于内部管理绩效，具体如下。

辽宁省在东北地区绩效水平最高。无论是政府综合绩效，还是政府对外管理绩效或内部管理绩效，辽宁省所辖地市级政府平均水平在东北地区都排在第一位。而且，辽宁省地市级政府综合绩效和对外管理职能绩效两项，在全国27个省份中都处于上等水平。

吉林省的情况是，其省域内地市级政府的对外管理职能绩效平均水平较高，位于所有省份中的上游；但其地市级政府内部管理绩效差，使得其综合绩效降到了中等水平，在所有省份中排名第12。

黑龙江的情况则是，政府对外管理职能绩效与全国平均值持平，表现一般；而且内部管理绩效则位于全国省份中的倒数第3名，因此其政府综合绩效跌到了全国平均水平以下。

（二）辽宁省综合绩效水平高，比较均衡

辽宁省除了沈阳、大连两个副省级城市之外，还有12个地市级行政区。这些地市级政府综合绩效、对外管理职能绩效、政府内部管理绩效平均水平，在东北地区三个省份中都是最高的（见表15）。因此，辽宁省属于比较均衡的高水平绩效。

表15　辽宁省所辖地市级政府绩效综合排名

省内名次	地市级政府	东北地区名次	对外管理职能绩效省内名次	内部管理绩效省内名次
1	辽阳市	1	1	8
2	盘锦市	4	4	1
3	抚顺市	5	2	11
4	鞍山市	6	6	3
5	营口市	7	3	4
6	锦州市	8	8	2
7	丹东市	9	7	7
8	本溪市	11	5	12
9	阜新市	14	10	6
10	朝阳市	17	9	10
11	铁岭市	23	11	9
12	葫芦岛市	25	12	5

在辽宁 12 个地市级政府中，综合绩效最高的是辽阳市，最低的是葫芦岛市。其中有 7 个排在了东北地区的前 10 名，占辽宁地市级政府的 58%；这 7 个地市级政府也正好排在全国的前 100 名之内。绩效最差的葫芦岛市也没有排在东北地区的最后 5 名（见表 16）。这充分说明了辽宁省的政府综合绩效水平在东北地区是最高的。

表 16 辽宁省所辖地市级政府分职能绩效排名

省内名次	地市级政府	经济发展绩效名次 省内	经济发展绩效名次 东北	市场监管绩效名次 省内	市场监管绩效名次 东北	社会管理绩效名次 省内	社会管理绩效名次 东北	公共服务绩效名次 省内	公共服务绩效名次 东北	平衡发展绩效名次 省内	平衡发展绩效名次 东北	政府内部管理绩效名次 省内	政府内部管理绩效名次 东北
1	辽阳市	4	6	1	7	1	1	5	18	7	17	8	11
2	盘锦市	3	3	10	30	11	21	4	15	3	4	1	2
3	抚顺市	5	7	2	8	2	3	6	19	2	3	11	16
4	鞍山市	1	1	8	28	9	16	3	11	12	32	3	4
5	营口市	2	2	4	12	4	6	9	27	8	20	4	6
6	锦州市	8	10	3	11	3	4	11	29	9	23	2	3
7	丹东市	6	8	7	22	7	13	7	22	6	10	7	10
8	本溪市	7	9	12	32	5	10	1	5	5	6	12	30
9	阜新市	12	25	6	21	8	14	2	6	4	5	6	8
10	朝阳市	11	23	11	31	6	12	8	24	1	1	10	15
11	铁岭市	9	13	5	15	12	27	10	28	11	27	9	13
12	葫芦岛	10	16	9	29	10	18	12	30	10	25	5	7

经济发展绩效上，辽宁的 12 个地市级政府中，前 8 名都进入东北地区前 10 名，占辽宁地市级政府总数的 67%；前 9 名都排在了全国前 100 名。鞍山市经济发展绩效第一，不仅排在东北地区第 1 名，也是唯一进入全国前 20 名的。阜新市是绩效最差的，也是唯一一个在全国 200 名之后的。辽宁省没有地市级政府排在东北地区最后 5 名。

此外，辽宁所辖地市级政府的经济发展绩效平均得分与东部地区的省份处于同一水平，仅次于江苏、浙江、山东、福建，在全国排第 5 名、在东北地区第 1 名。从体现经济发展的各职能领域分析，经济结构绩效和经济增长绩效方面，辽宁都是第 1 名，远远超过了吉林和黑龙江；经济效果绩效虽排第二，但仅仅比吉林少 1 分。正是这些具体绩效的领先表现，成就了辽宁在东北地区的绝对优势。

社会管理绩效上,辽宁省远超全国平均水平,不仅是东北地区第1名,而且是全国27个省份的第1名。12个地市级政府中,有10个进入东北地区前20名,占到83%。没有地市级政府排在东北地区最后5名。绩效最好的辽阳市,不仅是东北第1名,也是全国第1名。

公共服务绩效上,辽宁省的绩效稍微比黑龙江和吉林省差一些。在12个地市级政府中,绩效最好的是本溪市,排在东北地区第5名;绩效最差的葫芦岛市,排东北地区第30名。辽宁在基础设施和教育科技等职能领域绩效表现突出。基础设施绩效中,辽宁12个地市级政府有7个进入了东北前10名,分别是丹东市、辽阳市、鞍山市、本溪市、盘锦市、铁岭市、抚顺市。辽宁省教育科技绩效的前6名是本溪、盘锦、抚顺、鞍山、锦州、阜新市,也都进入了东北前10名。

平衡发展绩效上,辽宁省是东北第1名,排在全国27个省份的第5名,表现较为突出,与东部地区各省份处于同一个水平。其绩效前6名的地市级政府,都排在东北地区前10名,正好占到辽宁省地市级政府总数的50%,而且位于全国前80名之内。第1名是朝阳市;最差的是鞍山市,也是整个东北地区倒数第1名。

政府内部管理绩效上,辽宁省是东北地区第一名。其12个地市级政府中前7名都位于东北地区前10名,超过了辽宁省总数的58%。第1名的盘锦市,是东北地区第2名;绩效最差的本溪市,排到了东北地区倒数第3名;除此之外的11个地市级政府,都排东北地区前16名。所以,总体上说明了辽宁省在东北地区是内部管理绩效最好的省份。

(三)吉林省综合绩效水平中等,内部管理绩效偏低

吉林省除了长春这个副省级城市之外,共有8个地市级行政区。吉林省政府综合绩效,稍微高出全国平均水平,处于中等偏上,在东北三省中排在第二位。但该省的政府内部管理绩效平均得分排名是东北地区最差的,也是全国27个省份中最差的。从吉林8个地市级政府来看,除了第1名吉林市之外,其他都排在全国第100名之后;只有2个进入了东北地区前10名。不过,没有排在东北地区最后5名的地级市政府(见表17)。

表17　吉林省所辖地市级政府绩效综合排名

省内名次	地市级政府	东北地区名次	对外管理职能绩效省内名次	内部管理绩效省内名次
1	吉　林　市	2	1	1
2	辽　源　市	10	3	3
3	通　化　市	13	4	5
4	延边自治州	15	5	6
5	白　山　市	16	2	8
6	四　平　市	22	6	2
7	松　原　市	24	8	4
8	白　城　市	27	7	7

经济发展绩效上，吉林省处于中间水平。在8个地市级政府中，绩效最好的是吉林市，是唯一一个进入东北地区前5名的，也是唯一一个进入全国前50名的。其余7个排名分别位于东北地区的第11到第21名之间。没有排在东北地区最后10名的地市级政府。

市场监管绩效上，吉林省在东北排第一。8个地市级政府中，第1名和第2名是松原市、辽源市，也是排在东北地区前2名的。后面6名依次是：白山市、延边自治州、吉林市、四平市、通化市、白城市。没有地市级政府排在东北地区后5名；且在东北地区前10名中有4个来自吉林省，占50%。

社会管理绩效上，吉林省在东北三省中排名第二，在全国27个省份中也排名第二，与辽宁一样，领先全国其他省区。8个地市级政府中，有5个进入东北地区前10名，且排在全国前50名；有7个进入东北地区前20名，占到吉林省地市级政府总数的87.5%。只有松原市最差，落入了东北最后5名之内。因此，总体上说，吉林省的社会管理绩效在全国和东北均处于领先水平。

公共服务绩效上，吉林省排在东北地区第二，低于全国平均水平。其第1和第2名分别是吉林市和延边自治州，排在东北地区前10名。绩效最差的松原市排在东北倒数第1名。

平衡发展绩效上，吉林在东北地区排名第二，在全国排在第9位，处于中等水平。绩效最好的是通化市和四平市，均进入东北地区前10名。绩效最差的是延边自治州，也是吉林省唯一一个落入东北最后5名的地市级政府。

政府内部管理绩效上，吉林省的绩效不仅在东北地区排名最后，而且在全国27个省份中也是最后一名。绩效第1的吉林市，落到了全国第155名。有3个位于东北地区最后10名内。绩效最差的白山市，是东北地区倒数第1名，也是全国最后1名，即第317名。这都说明了吉林省所辖地市级政府内部管理绩效总体上较差。

综合以上六项职能绩效，吉林省所辖地市级政府的整体绩效水平是中等的，但是在政府内部管理绩效上却是最差的。

（四）黑龙江综合绩效偏低，公共服务绩效突出

黑龙江省，除了哈尔滨这个副省级城市之外，共有12个地市级行政区。黑龙江省所辖地市级政府对外管理职能绩效与全国平均水平一致，而政府内部管理绩效则远远低于全国平均水平。所以，黑龙江省所辖地市级政府综合绩效处于全国平均水平以下，在部分职能中的绩效表现也不是特别突出。在政府综合绩效方面，黑龙江省绩效最好的是大庆市，也是唯一一个进入东北地区前10名的地市级政府；绩效不好的最后5名包揽了东北地区最后5名；并且，没有进入全国前50名的。所幸的是黑龙江省也没有地市级政府排在全国最后20名之列（见表18）。

表18 黑龙江省所辖地市级政府绩效综合排名

省内名次	地市级政府	东北地区名次	对外职能管理绩效省内名次	内部管理绩效省内名次
1	大庆市	3	1	1
2	齐齐哈尔市	12	2	3
3	佳木斯市	18	6	2
4	牡丹江市	19	4	6
5	双鸭山市	20	5	7
6	鸡西市	21	3	10
7	鹤岗市	26	7	11
8	伊春市	28	9	5
9	大兴安岭地区	29	8	9
10	七台河市	30	10	8
11	绥化市	31	12	4
12	黑河市	32	11	12

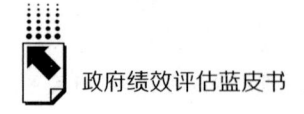

公共服务绩效上，黑龙江省在东北地区位居第1名，而且位于全国平均水平以上。12个地市级政府中，有9个位于东北地区前20名，占到75%。绩效最好的前3名——双鸭山市、鹤岗市和大庆市，也是东北地区前3名。只有绩效最差的绥化市，排在东北地区倒数第2名。总体上看，黑龙江的公共服务绩效是较为突出的。

经济发展绩效上，黑龙江位于东北第三位，低于全国平均水平。在12个地市级政府中，绩效最好的大庆市，排在东北第3名，也是唯一进入东北前10名的。然而，排名后8位的地市级政府，全部排在东北地区后10名之列，占到了黑龙江省的2/3。这也说明黑龙江省的经济发展绩效在东北地区是最差的。

市场监管绩效上，不论是在东北地区，还是全国27个省区内，黑龙江省都处于中等水平。从全国来看，黑龙江省所辖地市级政府市场监管绩效平均排名在第150~200名。在12个地市级政府中，有11个排在东北地区的前20名。其中，市场监管绩效第1名是佳木斯市，最后1名是大兴安岭地区。

社会管理绩效上，黑龙江省在东北地区表现最差，在全国排在了第13名，而且与领先的辽宁与吉林差距比较大。其社会管理绩效第1名是双鸭山，最后1名是绥化市；没有1个地市级政府进入东北地区前10名，有9个却位于东北地区的最后11名之内，占比高达黑龙江地市级政府总数的75%。可见，黑龙江在社会管理绩效上落后很多。

平衡发展绩效上，黑龙江在东北地区位于第3名，在全国27个省份中排在了第11名。在12个地市级政府中，只有排名第1和第2的鸡西市和鹤岗市，进入东北地区前10名；绩效最差的3个依次是七台河市、黑河市、佳木斯市，全部落在东北最后5名。可以看出，黑龙江省在平衡发展绩效上的表现比较差。

综合以上各职能绩效，可以发现黑龙江省所辖地市级政府的整体绩效水平偏低，其中经济发展、社会管理、平衡发展的绩效都比较落后。不过，其公共服务绩效比较突出，在东北地区是最好的。

五 研究性发现

对东北地区的地级市政府绩效总体评估，有如下重要的研究性发现。

（一）东北地区社会管理绩效和城乡均衡发展绩效全国领先

东北地区的社会管理职能绩效位于全国第一，而其经济发展绩效却与东部地区相差较大，居于全国第二位。就东北三省的情况而言，辽宁省和吉林省各自所辖地市级政府的社会管理绩效平均得分，分别在全国27个省份中位居第一和第二，黑龙江省稍差一点。而且，在社会管理绩效上，东北地区所辖地市级政府中有41%进入了全国前50名。这一结果也说明，社会管理职能履行情况和实际效果与经济发展水平之间关系并不是很密切。

在社会保障与就业绩效上，东北地区整体水平在四大区域中处于第一位，走在全国的前列，远远领先于经济发达的东部地区。单独从社会保障与就业支出占地方财政预算支出的比重这一相对值来分析，在全国排前50名的地市级政府中，有18个属于东北地区。可以看出，东北地区整体上对社会保障与就业的财政投入还是比较多的。所以，地方政府一定要转变思维，不一定要等经济发展到很高的水平才能提供更好的社会保障。

东北地区地市级政府在城乡协调发展方面的绩效也是最好的，远远领先于全国平均水平。可以说，缩小城乡差距、统筹城乡发展，与本地区的经济发展水平之间不是必然的因果关系，即并不一定是经济发达地区才能实现或做得更好。像东部地区经济发展水平最高，但是城乡差距绩效却不是最好的。所以，其他地区的政府即使在经济发展相对落后的情况下，也要注意加大城乡统筹发展的政策执行力度。

（二）东北地区政府综合绩效平均水平位居全国中等

东北地区所辖地市级政府平均绩效得分和排名，居于全国第二位，与中部地区处于同一水平。其中，对外管理职能绩效与整体绩效一致，位于全国第二位，好于西部地区，差于东部地区。而东北地区的政府内部管理绩效却在四个区域中排在第四位。

从三个省份来看，辽宁省所辖地市级政府的经济发展绩效、社会管理绩效、政府内部管理绩效是最好的；吉林省所辖地市级政府的市场监管绩效、社会管理绩效是较为突出的。三省地市级政府在公共服务绩效、平衡发展绩效上都在全国处于中等或中等以上水平，而且差异比较小。

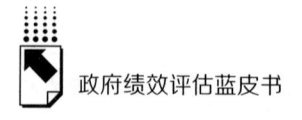

辽宁的辽阳市、盘锦市综合绩效最好，铁岭市、葫芦岛的最差。吉林省的吉林市、辽源市绩效最好，松原市、白城市绩效最差。黑龙江省的大庆市、齐齐哈尔市绩效最好，绥化市、黑河市绩效最差。

（三）较高的经济发展水平并没有促进政府内部管理绩效的同步提升

东北地区所辖地市级政府内部管理绩效平均水平总体上较低，在全国四个区域中排在第四位，与其他区域相比有很大的提升空间。

东北地区地市级政府的经济发展绩效，居于全国四大区域的第二位，但较高的经济发展水平并没有直接促进政府内部管理绩效的提升。从三省所辖地市级政府的内部管理绩效分析，其都低于全国平均水平，在27个省份中分别处于第20、第25和第27位。

从政府内部管理五个职能领域分析，东北地区的地市级政府绩效平均水平，在全国四大区域中都没有排在第一位的。特别是依法行政和行政廉洁等领域，都位于绩效较差的行列。在依法行政绩效上，东北地区的地市级政府中有60%排在全国中下游；在行政廉洁绩效上，排到全国最后20名的占到东北地市级政府总数的56%。因此，这些政府都需要做出进一步的努力，来提升内部管理整体绩效。具体而言，依法行政绩效与行政廉洁绩效之间具有一定的关联性，政府可以通过加强对干部的责任追究和受理办结行政诉讼案件等措施来提升内部管理绩效水平。

由东北地区所辖地市级政府内部管理绩效状况可以判断，经济发展水平较高，只能在一定程度上提升政府的整体绩效水平，为社会保障和城乡统筹发展提供一定的经济和财力基础。但是，就政府内部管理绩效而言，其并没有从较高的经济发展水平中得到直接的提升。因此，加强政府内部管理，取决于政府在依法行政、有效控制行政成本、提高行政廉洁程度等方面的主观意愿和主观能动性；可通过政府自身的主动创新与改革，来完成提升政府内部管理绩效的艰巨任务。

职能性评估篇

Evaluations Based on Government Functions

B.7
政府经济发展绩效评估

张文宾*

摘　要： 依据经济发展绩效数据，本研究对全国地市级政府经济发展绩效进行了全面的评估和分析，总体上呈现沿海省份平均绩效水平明显高于内陆省份的特点，且东、中部内陆省份平均绩效好于西部地区省份。在省域分析中，各省所辖地市级政府经济发展绩效平均水平排在前三名的分别是江苏省、浙江省和山东省。东部地区的经济发展绩效均值明显高于其他三大地区。河北省和广东省地市级政府的经济结构与经济效果绩效普遍偏差，但东部地区各地市级政府间差距较小。东北地区地市级政府经济发展绩效均值排在全国第二位，辽宁省表现优异，区域内部极值差略高于东部。中部地区经济发展绩效仅高于西部地区，排名区域第三，而且区域内部极值差非常大。从地市级政府个体区域分布考察，经济发展绩

---

* 张文宾，中国社会科学院公共管理模拟实验室助理研究员。

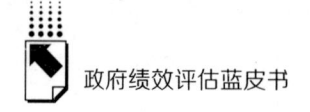

效领先且各职能领域得分均衡的地市级政府大多位于东部地区，而绩效偏差的地市级政府集中分布在西部地区。

研究显示，地市级行政区域经济总量大，仅会影响经济增长绩效水平，并不一定会导致经济发展综合绩效表现突出；经济发展质量和效果应该更受重视。同时，经济增长绩效水平较高的地区政府财政实力往往较强，更有条件提升本地区的公共服务绩效水平。此外，区域间经济差距实质上是经济发展不同历史阶段的差异，东部地区经济发展的经验会对其他区域起到重大的示范作用。区域间经济差距的存在，既是发展不平衡的表现，同时也预示着我国未来经济增长的巨大潜力。

关键词： 政府绩效评估　经济发展绩效　经济发展质量

一　概述

（一）正确解读 GDP

根据中国官方公布的统计数据，中国国内生产总值（GDP）已经在2010年第二季度超过日本，成为全球第二大经济体。但面对中国 GDP 超越日本，国人为何没有开香槟庆祝？相反，由于经济发展质量难以令人满意，很大一部分民众面对这样的成绩却觉得颜面无光。世界经济第二大国的位置，不仅不值得炫耀，不值得自豪，甚至觉得中国这种 GDP 一无是处。经过三十年"发展是硬道理"战略指导的经济跨越发展，其成果却遭到如此冷遇，着实有些匪夷所思。

这种现象背后的实质是对唯 GDP 论的质疑。长期以来，唯 GDP 论已成为部分地方政府履行经济职能的主要导向。唯 GDP 论，简而言之，就是 GDP 增长压倒一切，是把 GDP 作为评判政府绩效最为重要甚至唯一的标准。其主要理由在于 GDP 是经济活力的表现和经济实力的象征，只有先做大蛋糕才能分蛋糕，因而忽视甚至漠视城乡差距、地区差距和贫富差距的不断加大，市场监管、社会发展、公共服务职能的弱化，生态环境的日益恶化，人民群众生活水平的严重滞后等问题。与唯GDP论形成鲜明对比的，是"贬低GDP论"。所谓"贬低GDP论"，就是从目前面临的种种经济社会发展矛盾出发，对解决社会问题、生态环境问题、民生改善问题的重视程度，远远大于经济发展，强调分蛋糕而非做蛋糕才是政府职能的着力点。

事实上，这两种观点都具有其片面性。首先，唯GDP论的政绩观所带来的社会后果和环境代价是客观存在的。过分重视GDP，使地方政府片面追求经济总量，仅仅关注短期的经济增长，而忽视长期的经济发展和经济质量的提高，以及生态环境的保护和社会民生问题的改善。从根本上说，这种发展观是不可持续的，这是唯GDP论的主要问题所在。其次，"贬低GDP论"也有其明显的局限之处。虽然这种观点表达了对在经济发展过程中暴露出来的各种社会和环境问题的关注，体现了一定的人文关怀情结，并受到民众的支持和舆论的渲染。但是，我们必须清楚地认识到，这些问题的产生并不是GDP发展本身的过错，关键在于政府职能履行的缺位以及部分领导干部政绩观的扭曲和错位。因此，把当前面临的社会民生和环境问题归咎于GDP，既是不客观的，也是不公平的。

事实上，GDP的增长是国民财富的源泉和社会运行的基础，但其增长只是政府职能履行的目标之一，而不是唯一。因此，对政府经济职能发挥优劣的评判，一方面要摒弃唯GDP论，另一方面也要继续重视加强GDP对经济的推动作用。与此同时，除了要重视政府职能的其他方面，促进经济社会全面发展外，还要从经济增长、经济结构、经济效果等各领域，综合考虑经济总量、增量与均量之间的关系，全面评价政府经济发展绩效，树立科学的政府政绩观，引领经济发展质量和水平不断提升。

（二）全面、科学评估政府经济发展职能

经济发展涉及的内容超过了单纯的经济总量的增长，它至少包含三层含义：第一是经济总量的增加，即一个国家和地区GDP、财政总收入和社会消费品零售总额等的增长，它是经济发展的物质基础。第二是经济发展结构的优化，即一个国家和地区的产业机构、技术结构、分配结构、消费结构和拉动经济增长的投资、消费、出口三要素之间的比重等。它与经济增长相伴而生，同时也有其相对独立性，影响着经济发展的协调性和可持续性，是评价经济增长

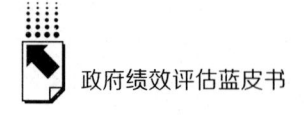

质量的重要指标。第三是经济发展的效果,即经济发展方式的改进和优化,社会就业的稳定,城乡居民收入的增长,能源消耗的降低,生态环境的平衡等。良好的经济效果,是经济发展应追求的目标,是政府经济发展绩效评价的落脚点。

本课题组构建的政府绩效评估指标体系,将政府经济发展绩效划分为经济增长、经济结构、经济效果三个职能领域,并从这三个维度全面评价政府经济发展的综合水平。在这三个评价指标中,经济总量增长特别是 GDP 的增长,一般是直观的和显性的,以往更受地方政府的关注,而经济结构的优化、经济效果的调整却是一个缓慢而长期的过程。通过指标体系的整合,对它们进行综合评价,有利于避免政府短期的盲目行为,树立着眼长远的政绩观,从而才能有效推动经济健康、协调和持续发展。本研究对全国地市级政府经济发展绩效的评估和分析,正是基于这种考虑进行的,并将其体现和落实于具体评估指标之中。

二 经济发展绩效总体评估

通过对全国 317 个地市级行政区域经济发展绩效的全面评估和分析,我们发现东部地区各地市级政府经济发展绩效均值明显高于其他三个地区,而西部地区低于其他地区,位居最末位;经济发展绩效优异的地市级政府也集中在东部,绩效偏差的则集中在西部地区。从省域角度评估,江苏、浙江、福建、山东四省的地市级政府经济发展绩效明显高于其他省份,而贵州、甘肃、青海、西藏四省所辖地市级政府经济发展绩效则处于落后地位。

(一)全国地市级政府经济发展绩效的等级分布

虽然东部地区地市级政府绩效平均水平处于领先水平,但从个体角度考察,位处中部地区的安徽省合肥市经济发展绩效却位列全国第一位,而且全国前五名中部地区占到三席。从整体来看达到绩效优异水平的地市级政府仍然是东部地区最多,约占总数的 66%。特别是前 20 名中有 15 个地市属于东部地区,而中部和西部地区只有一个。

为了更好地将 317 个地市级政府按照绩效加权得分高低进行分类,同时显示不同类别相对于317个地市的相对绩效水平，我们利用平均值和标准差建立了一个简约的参照系（见图1）。

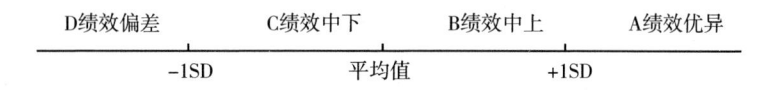

```
  D绩效偏差      C绩效中下      B绩效中上      A绩效优异
            -1SD           平均值          +1SD
```

图1 参照系

根据这个参照系，我们将绩效总水平划分为 A、B、C、D 四个绩效档次，它们分别为：A 为一等绩效，代表得分高于平均值基础上增加一个标准差的区域，绩效表现为优异水平；B 为二等绩效，代表得分高于平均值但低于平均值基础上增加一个标准差的区域，绩效表现为中上或次优；C 为三等绩效，代表低于平均值但高于平均值基础上减少一个标准差的区域，绩效表现为中下；D 为四等绩效，代表低于平均值基础上减少一个标准差的区域，绩效表现为偏差。

根据这一分类方法，我们可以得出全国317个地市级政府经济发展绩效平均值为44.91分，其中高于平均值的有153个，低于平均值的有164个；并计算出其标准差为13.58。由此可以得出处于优异水平的地市级政府有56个，约占全国总数的17.7%；处于中上游水平的有97个，约占全国总数的30.6%；处于中下游水平的有107个，约占全国总数的33.8%；处于下游水平的有57个，约占全国总数的17.9%（见表1）。

表1 全国四大地区地市级政府经济发展绩效等级分布

单位：个

地 区	绩效优异	绩效中上	绩效中下	绩效偏差
东部地区	37	31	8	0
东北地区	6	14	9	3
中部地区	9	31	37	4
西部地区	4	21	53	50

从表1可以看出，东部地区有89.5%的地市级政府经济发展绩效处在全国平均值以上；东北地区有62.5%的地市级政府经济发展绩效处在全国均值以上；中部地区有49.4%的地市级政府经济发展绩效高于全国均值，50.6%低于全国均值；而西部地区则有80.5%的地市级政府经济发展绩效得分处在

全国均值以下。

从个体角度考察，全国经济发展绩效水平最高的地市级政府是合肥市，然后依次是长沙市、苏州市、无锡市和郑州市，前5名中有三个分布在中部地区。分析经济发展绩效优异行列的地市级政府可以发现，东部地区有37个，中部地区9个，西部地区4个，东北地区6个（见表2）。这些政府大部分处于东部沿海地区，其中江苏省最多，有10个地市级政府的经济发展绩效达到优异水平，为全国各省之首，其次是山东省9个，浙江省7个，广东省6个，这四个省份也均是我国东部沿海地区经济较为发达的省份；东部地区经济发展绩效最好的地市级政府是苏州市，排在全国第3名。西部地区进入优异行列的4个地市级政府有3个分布在内蒙古自治区，经济发展绩效最好的是鄂尔多斯市，排在全国第17名，而东北地区的6个地市级政府有4个分布在辽宁省，绩效最好的是鞍山市，排在全国第16名。

表2　全国地市级政府经济发展绩效前20名

名次	地市级政府	所属省区	所属地区
1	合肥市	皖	中部
2	长沙市	湘	中部
3	苏州市	苏	东部
4	无锡市	苏	东部
5	郑州市	豫	中部
6	福州市	闽	东部
7	珠海市	粤	东部
8	常州市	苏	东部
9	烟台市	鲁	东部
10	佛山市	粤	东部
11	南通市	苏	东部
12	扬州市	苏	东部
13	东莞市	粤	东部
14	威海市	鲁	东部
15	淄博市	鲁	东部
16	鞍山市	辽	东北
17	鄂尔多斯市	蒙	西部
18	嘉兴市	浙	东部
19	中山市	粤	东部
20	泰州市	苏	东部

经济发展绩效偏差的地市级政府主要集中在西部地区。由表3可见，经济发展绩效后20名的地市级政府全部属于西部地区；其中甘肃省有7个，青海省有4个，西藏自治区有3个，而同属西部的内蒙古自治区、四川省、陕西省则没有。并且，经济发展绩效最差的五个地市级政府依次是定西市、玉树藏族自治州、临夏回族自治州、武威市、黄南藏族自治州。这5个地市级行政区域均分布于甘肃省和青海省。通过观察可以发现，经济发展绩效偏差的地市级政府大致有如下特点：第一是自然环境较为恶劣，例如西藏、青海地区的高寒缺氧，宁夏、甘肃的干旱缺水、地形复杂等。第二是文化发展落后。西部地区的教育水平和科技水平较全国其他地区明显偏低，民众思想开放程度低。第三是市场发育程度较低。这些原因可能构成了西部地区地市级行政区域经济发展的重要限制性因素。

表3　全国地市级政府经济发展绩效后20名

名次	地市级政府	所属省区	所属地区
298	平凉市	甘	西部
299	日喀则地区	藏	西部
300	铜仁地区	贵	西部
301	怒江傈僳族自治州	云	西部
302	临沧市	云	西部
303	果洛藏族自治州	青	西部
304	甘南藏族自治州	甘	西部
305	张掖市	甘	西部
306	贺州市	桂	西部
307	固原市	宁	西部
308	那曲地区	藏	西部
309	海南藏族自治州	青	西部
310	陇南市	甘	西部
311	克孜勒苏柯尔克孜自治州	新	西部
312	昌都地区	藏	西部
313	黄南藏族自治州	青	西部
314	武威市	甘	西部
315	临夏回族自治州	甘	西部
316	玉树藏族自治州	青	西部
317	定西市	甘	西部

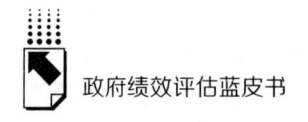

（二）政府经济发展绩效的省域特点

从各省所辖地市级政府经济发展绩效平均得分可以看出，我国经济发展绩效水平省域分布呈现沿海省份平均绩效水平明显高于内陆省份，东、中部内陆省份平均绩效则好于西部省份的特点。所辖地级市政府经济发展绩效平均得分超过60分的省份是江苏省、浙江省和山东省，这三个省份是中国经济发展的执牛耳者。高于50分的省份有福建省、辽宁省、海南省、广东省、河北省，无一例外，这些省份均为沿海地区。而中部六省的得分介于40到50分之间，得分最高的是山西省，往下依次是安徽省、江西省、河南省、湖南省，排名最后的是湖北省。西部地区得分最高的是内蒙古自治区，且只有内蒙古和陕西省得分超过40分，其余均低于40分；甘肃省、青海省和西藏自治区经济发展绩效得分均低于30分，在西部和全国均排在后三位（见图2）。

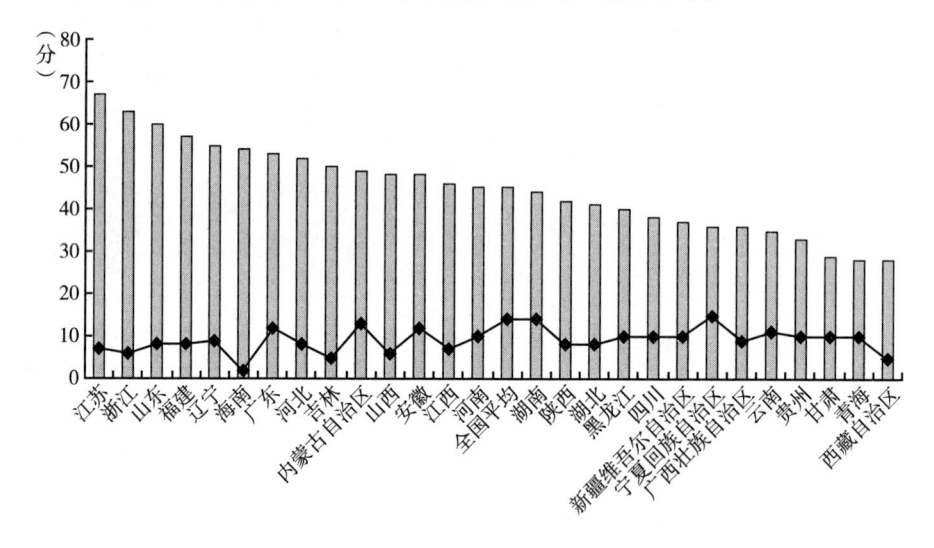

图2　全国各省区地市级政府经济发展绩效平均得分与标准差

由图2可看出，我国地市级政府绩效平均水平在省域分布方面差异较大。其中，有14个省份绩效得分高于全国平均水平，13个省份低于全国平均水平。东部地区所有省份均高于全国均值，其中江苏省得分最高，河北省得分最低。东北地区的辽宁省，得分远高于吉林省和黑龙江省，"辽老大"领先优势依旧很明显；而黑龙江省则低于全国平均得分5分左右，低于东部和中部以及东北其他省份。中部地区六省依然是塌陷区，得分排名分布在全国的第11至17名之间，并且湖南、湖北两省的得分低于全国平均水平，但中部六省的整体水平相差不大。西部地区只有内蒙古自治区的得分高于全国平均水平。这说明虽然有了"振兴东北老工业基地""中部崛起""西部大开发"等政策的支持，东部地区依然是我国经济发展的领头羊，相对于其他三大区域来说优势十分明显；而西部地区依然是我国经济发展最落后的地区，其潜力很大，但发展的任务也十分艰巨。总体来看，全国地市级政府经济发展绩效平均水平的省域分布特点，呈现沿海地区高于内陆地区、由东往西逐步降低的态势。

基于均值和标准差，本研究以省域为单位，按所辖地市级政府经济发展绩效平均得分将27个省区进行了分类。可以发现，大致可以分为4类，如表4所示。我们把绩效均值高于55.62分的省域称为绩效优异，把均值低于24.24分的省份称为绩效偏差。

表4 全国各省区所辖地市级政府经济发展绩效等级分布

（平均值=44.98分；标准差=10.64）

绩效等级	绩效偏差 (<34.34分)	绩效中下 (>34.34分,<44.98)	绩效中上 (>44.98分,<55.62)	绩效优异 (>55.62分)
数量	4个	9个	10个	4个
省份 （按得分次序排列）	贵　州 甘　肃 青　海 西　藏	湖　南 陕　西 湖　北 黑龙江 四　川 新　疆 宁　夏 广　西 云　南	辽　宁 海　南 广　东 河　北 吉　林 内蒙古 山　西 安　徽 江　西 河　南	江　苏 浙　江 山　东 福　建

由表4可见，经济发展绩效平均得分达到上游水平的省份只有4个，均属于东部地区。这四个省份的经济发展水平之所以高于其他省份，是由于其经济发展的各职能领域绩效均非常优异。虽然福建省地市级政府经济增长绩效平均水平不是很突出，但其经济结构绩效和经济效果绩效表现较为优异，因此在经

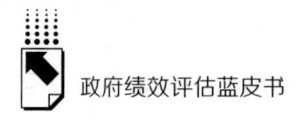

济发展绩效排名中位于第四位。

经济发展绩效位于中上游的省份有10个，这其中海南省的经济总量较小，但是经济结构和经济效果很突出；而同为东部省份的广东省和河北省的经济增长绩效比较突出，但是广东省的经济结构绩效稍差，河北省的经济效果绩效低于全国平均水平。经济发展绩效偏差的四个省份是贵州、甘肃、青海、西藏，均分布在西部的内陆地区。

标准差越小表明省域范围内各地市级政府绩效越均衡，标准差越大表明省域内各地市级政府间差距越大。我们把各省所辖地市级政府经济发展绩效得分的标准差分为5个等级：第一等级标准差极小的有1个省份，第二等级标准差小的有4个省份，第三等级标准差较小的有9个省份，第四等级标准差较大的有8个省份，第五等级标准差极大的有5个省份。可以看出，省域内各地市级政府经济发展绩效最均衡的是海南，最不均衡的是宁夏（见图3）。

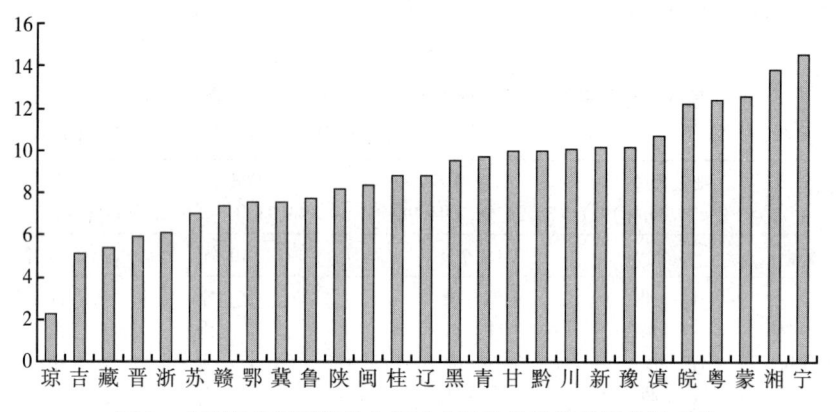

图3 全国各省区所辖地市级政府经济发展绩效得分标准差

（三）经济发展绩效的区域分布：东部风景独好

东部地区各地市级政府经济发展绩效平均得分最高，同时本地区有46.7%的地市级政府绩效达到优异水平，没有政府处于绩效偏差行列。而西部地区经济发展绩效均值最低，且只有4个地市级政府达到优异水平，而39.1%的地市级政府经济发展绩效处于偏差水平。

1．东部地区经济发展绩效远远领先于其他三个地区

全国地市级政府经济发展绩效水平由东部地区到西部地区呈梯形降低特

点：东部地区经济发展绩效平均水平远高于东北地区，东北地区平均水平略高于中部地区，西部地区地市级政府经济发展绩效平均得分最低。如图4所示，我国东部地区地级市政府经济发展绩效平均得分为57.99分，相对于其他三个区域领先优势比较明显，东北地区48.26分，中部地区45.51分，两个地区差距不是很大。西部地区地市级政府经济发展绩效平均得分位于最后，仅35.52分。可见分布趋势依然是东高西低，呈阶梯状分布。

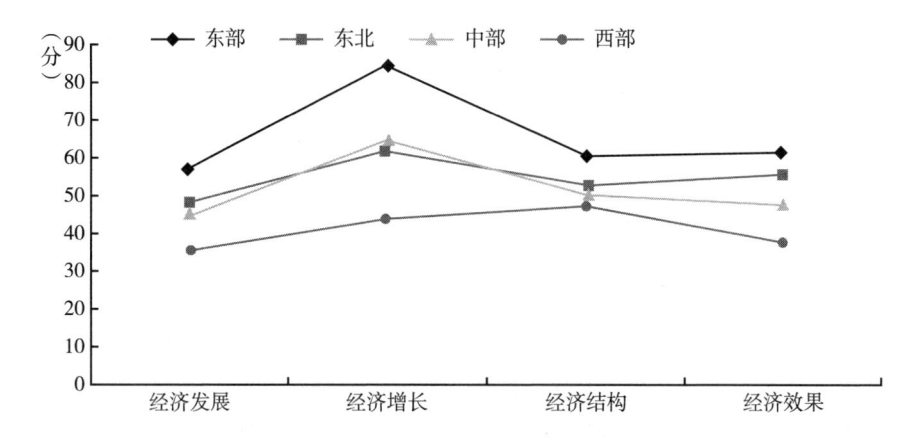

图4 全国四大地区经济发展及各职能领域绩效得分

由图4可以看出东部地区各地市级政府经济增长平均得分高于中部和东北地区20分，高出西部地区40.04分。可见东部地区经济增长绩效远远优于其他三个地区，而西部地区各地市级政府经济发展绩效则远远落后。

2.四大地区地市级政府经济发展绩效优异与偏差比重

无论是处于全国绩效优异序列政府的数量，还是绩效优异政府占本地区政府总量的比重，东部地区都大幅度领先于其他地区。经济发展绩效优异的地市级政府中东部地区有37个，占到总数的66.07%，占本地区地市级政府总数的48.68%；中部地区有9个，占总数的16.07%，占本地区地市级政府总数的11.11%；东北地区有6个，占总数的10.71%，占本地区地市级政府总数的18.75%；西部地区有4个，占总数的7.14%，占本地区地市级政府总数的3.13%。在经济发展绩效偏差的地市级政府中，东部地区数量为0；中部地区有4个，占总数的7.01%，占本地区地市级政府总数的4.94%；东北地区有3

个，占总数的5.26%，占本地区地市总数的9.38%；西部地区有50个，占总数的87.72%，占本地区地市级政府总数的39.06%（见表5）。

表5 全国四大地区经济发展绩效优异与偏差的地市级政府数量及占比

单位：个，%

地区	绩效优异地市级政府数量	所占比重 占优异地市级政府总量比重	所占比重 占本地区地市级政府总量比重	绩效偏差地市级政府数量	所占比重 占偏差地市级政府总量比重	所占比重 占本地区地市级政府总量比重
东部地区	37	66.07	48.68	0	0	0
东北地区	6	10.71	18.75	3	5.26	9.38
中部地区	9	16.07	11.11	4	7.01	4.94
西部地区	4	7.14	3.13	50	87.72	39.06

表5显示，经济发展绩效优异的地市级政府占本地区地市级政府总量的比重由东部向西部地区呈递减的趋势，而经济绩效偏差的地市级政府所占全国地市级政府总量的比重呈逐步上升的趋势。

从省域角度考察，经济发展绩效优异的地市级政府中，江苏省有10个，占全国总数的17.9%，占本省地市级政府总数的83.3%；山东省有9个，占全国总数的16.1%，占本省地市级政府总数的60.0%；浙江省有7个，占全国总数的12.5%，占本省地市级政府总数的77.8%。在经济发展绩效偏差的地市级政府中，甘肃省有10个，占全国总数的17.5%，占本省地市级政府总数的71.4%；云南省有9个，占总量的15.8%，占本省地市级政府总数的56.3%；西藏自治区有6个，占总量的10.5%，占本省地市级政府总数的85.7%；青海省有6个，占总量的10.5%，占本省地市级政府总数的75%。以上数据可以看出，东、西部省份间经济发展绩效存在巨大差距。

3. 中部地区地市级政府经济增长绩效实现突破

中部地区的地市级政府经济发展绩效整体水平远落后东部地区，与东北地区相差并不是很多，仅落后2.74分；其经济结构绩效平均得分比东北地区低2.75分，经济效果绩效平均得分比东北地区低8.77分，但是在经济增长绩效得分上却高出东北地区2.53分，这说明中部地区的地市级行政区域的经济增长势头是良好的。

三 经济发展绩效分领域评估

地市级政府经济发展绩效是由经济增长、经济结构、经济效果三个职能领域绩效构成的。如果三个领域的绩效得分均领先,那么地市级政府的经济发展绩效排名将靠前;三者中有一项水平较差,总体排名就会受到影响。通过对各区域、各省域和各地市级政府的经济发展三个职能领域绩效的考量及与其他指标的相关性分析,我们发现了经济发展各领域绩效和公共服务、平衡发展等绩效之间存在一定的内在联系。

由表6可见,合肥市经济发展绩效全国第一,表现为在三个职能领域中,经济增长和经济结构绩效两项指标均排在全国第2,经济效果绩效排在全国第12名。长沙市经济增长绩效排在全国第1,经济结构绩效排在全国第11,经济效果绩效排在全国第6名。

表6 全国地市级政府经济发展及各职能领域绩效前20名

名次	地市级政府	经济发展绩效各职能领域名次		
		经济增长绩效	经济结构绩效	经济效果绩效
1	合肥市	长沙市	苏州市	佛山市
2	长沙市	合肥市	合肥市	珠海市
3	苏州市	无锡市	无锡市	威海市
4	无锡市	苏州市	昆明市	东莞市
5	郑州市	鄂尔多斯市	郑州市	中山市
6	福州市	常州市	珠海市	长沙市
7	珠海市	福州市	金华市	东营市
8	常州市	南通市	常州市	烟台市
9	烟台市	包头市	福州市	绍兴市
10	佛山市	鞍山市	黄山市	舟山市
11	南通市	烟台市	长沙市	鄂尔多斯市
12	扬州市	郑州市	温州市	合肥市
13	东莞市	唐山市	台州市	苏州市
14	威海市	淄博市	泰州市	郑州市
15	淄博市	佛山市	嘉兴市	扬州市
16	鞍山市	扬州市	舟山市	无锡市
17	鄂尔多斯市	大庆市	南通市	福州市
18	嘉兴市	镇江市	延边朝鲜族自治州	盘锦市
19	中山市	泰州市	扬州市	淄博市
20	泰州市	南昌市	鞍山市	台州市

通过分析我们可以看出经济发展的三个职能领域绩效均进入全国前20名的有合肥市、长沙市、苏州市、无锡市、郑州市、福州市、扬州市等7个。这些地市级政府经济发展的各职能领域绩效比较平衡，并且都处于全国领先水平，成为其他经济发展绩效水平较低的地市级政府学习和参照的榜样。

只有一项指标的排名进入前20名的地市级政府经济发展绩效总体得分很难进入全国前20名。虽然其经济发展绩效有优秀的方面，但由于各职能领域发展的不均衡，从而在整体上影响经济的发展。比较典型的有唐山市，经济增长绩效排在全国第13名，而经济结构绩效排在全国第113名，经济效果绩效排在全国第89名，因此唐山市的经济发展绩效整体排名为全国第44名。唐山市经济总量庞大，经济增长速度比较快，但是经济发展主要是靠第二产业的重工业带动，三次产业比重失衡，因此，在进一步发展中应注重推进产业结构的优化和经济分配的合理化。延边朝鲜族自治州经济结构绩效排在全国第18名，而经济增长绩效排在全国第173名，经济效果绩效排在全国第112名，经济发展绩效排名为全国第87名。其原因在于，延边朝鲜族自治州处于中朝边界地区，当地经济发展主要靠边境贸易和旅游业，三次产业的增加值占GDP比重的结构很合理，但其经济总量小，经济增量也很有限。

（一）经济增长不等同于经济发展

人们印象中常将经济增长与经济发展这两个概念混淆，确实它们有很大一部分重合的内容，但是经济发展的内涵更加深刻和广泛，其中便包括经济增长。经济增长一般指经济总量的增加、经济增量的扩大，如GDP的增加、财政收入的增加等，而经济发展是指在经济增长的同时经济结构得到优化，经济环境得到改善，经济分配更加合理等。经济发展绩效会受到经济增长因素的影响，具有一定相关性，但是经济增长绩效好的地市级政府经济发展绩效水平不一定高。同样我们用平均值和标准差建立一个参照系，来划分经济增长领域各地市级政府的绩效分类。

由表7可知，经济增长绩效达到优异水平的地市级政府有63个，这些政府在GDP总量及增速、财政收入总量及增速等多个方面均处于全国领先水平，但是其经济发展绩效不一定在全国领先。经济发展绩效优异的地市级政府有56个，而并不与经济增长绩效优异的地市重合。通过对比表2和表8我们会发现经济发展绩效水平高的地市级政府绝大部分经济增长水平也比较高,例如经济发展绩效前四名,在经济增长绩效上也位于前四名。

表7 全国地市级政府经济增长绩效等级分布

(平均值=60.75分;标准差=26.09)

绩效等级	绩效偏差 (<34.66分)	绩效中下 (>34.66分, <60.75分)	绩效中上 (>60.75分, <86.84分)	绩效优异 (>86.84分)
数量	64个	98个	92个	63个

表8 全国经济增长绩效优异的地市级政府排名

名次	地市级政府	名次	地市级政府	名次	地市级政府	名次	地市级政府
1	长沙市	17	大庆市	33	洛阳市	49	吉林市
2	合肥市	18	镇江市	34	绍兴市	50	柳州市
3	无锡市	19	泰州市	35	中山市	51	金华市
4	苏州市	20	南昌市	36	珠海市	52	襄阳市
5	鄂尔多斯市	21	东莞市	37	济宁市	53	清远市
6	常州市	22	惠州市	38	淮安市	54	邯郸市
7	福州市	23	东营市	39	呼和浩特市	55	临沂市
8	南通市	24	徐州市	40	沧州市	56	漳州市
9	包头市	25	泉州市	41	宜昌市	57	营口市
10	鞍山市	26	昆明市	42	温州市	58	连云港市
11	烟台市	27	潍坊市	43	太原市	59	盘锦市
12	郑州市	28	盐城市	44	江门市	60	湖州市
13	唐山市	29	威海市	45	榆林市	61	泰安市
14	淄博市	30	石家庄市	46	南宁市	62	株洲市
15	佛山市	31	嘉兴市	47	滨州市	63	日照市
16	扬州市	32	芜湖市	48	台州市		

但同时也发现,有许多经济增长绩效水平高的地市级政府其经济发展绩效并没有达到优异水平,这说明它们在其他两个职能领域还有有待改善的地方。例如,连云港市的经济增长绩效排全国第58名,而其经济结构绩效位于全国第73名,属于中上游水平,经济效果绩效位于全国第80名同样处于全国中上游水平。榆林市经济增长绩效位于全国第45名,而其经济结构绩效位于全国第97名,经济效果绩效位于全国第139名,所以榆林经济发展绩效仅位于全国第66名。

如表9所示，邯郸、襄阳、清远、柳州四个地市级政府经济发展绩效处于中上游水平。其经济增长绩效属于全国上游，而经济结构和经济效果绩效均处在中下游水平，甚至柳州市的经济结构绩效处于全国下游水平，仍未能影响其处于全国中上水平的经济发展综合绩效排名。在一定程度上也反映出经济增长绩效对于经济发展绩效的影响之大。

表9 地市级政府经济发展及各职能领域绩效比较

地市级政府	经济发展绩效名次	职能领域绩效名次		
		经济增长绩效	经济结构绩效	经济效果绩效
连云港市	57	58	73	80
漳州市	63	56	170	49
榆林市	66	45	97	139
宜昌市	67	41	123	123
南宁市	86	46	230	136
邯郸市	97	54	178	186
襄阳市	104	52	213	193
清远市	112	53	243	174
柳州市	137	50	291	183

（二）经济结构绩效优异应以合理的产业结构为基础

经济结构，英文为Economic Structure，指国民经济的组成和构造。一个国家的经济结构是否合理，主要看它是否建立在合理的经济可能性之上。合理的经济结构有利于经济优势的充分发挥，有利于国民经济各部门的协调发展。经济结构直接影响政府经济的再增长。

产业结构，亦称国民经济的部门结构，是指国民经济各产业部门之间以及各产业部门内部的构成。产业结构高度化，也称产业结构高级化，是指一国经济发展重点或产业结构重心由第一产业向第二产业和第三产业逐次转移的过程，标志着一国经济发展水平的高低和发展的阶段、方向。

由表10和表11可见，全国地市级政府中经济结构绩效最好的是苏州市，最差的是玉树藏族自治州。前20名的地市级政府中，有13个分布在东部地区，2个分布在东北地区，4个分布在中部地区，而西部地区只有1个。中部地区经济结构绩效最好的地市级政府是合肥市,东北地区最好的是延边朝鲜族自治州。后 20 名的地市级政府中,有 2 个分布在东北地区,4 个分布在中部地区,14 个分布在西部地区,而东部地区没有地市级政府分布在后 20 名。

表 10 全国地市级政府经济结构绩效前 20 名

单位:%

名次	地市级政府	二三产业比重之和	二三产业比重之比
1	苏州市	98.31	1.38
2	合肥市	95.01	1.31
3	无锡市	98.19	1.29
4	昆明市	94.33	0.92
5	郑州市	96.92	1.38
6	珠海市	97.32	1.29
7	金华市	94.88	1.19
8	常州市	96.72	1.33
9	福州市	90.95	0.97
10	黄山市	87.25	1.01
11	长沙市	95.56	1.28
12	温州市	96.80	1.18
13	台州市	93.39	1.24
14	泰州市	92.60	1.46
15	嘉兴市	94.48	1.61
16	舟山市	90.37	1.01
17	南通市	92.32	1.48
18	延边朝鲜族自治州	90.17	1.09
19	扬州市	92.76	1.47
20	鞍山市	95.62	1.32

表 11 全国地市级政府经济结构绩效后 20 名

单位:%

名次	地市级政府	二三产业比重之和	二三产业比重之比
298	黄南藏族自治州	70.67	1.33
299	双鸭山市	69.66	1.80
300	崇左市	70.73	1.16
301	巴彦淖尔市	80.27	2.35
302	百色市	81.67	2.03
303	北海市	78.28	1.15

续表

名次	地市级政府	二三产业比重之和	二三产业比重之比
304	河池市	79.12	1.40
305	伊春市	69.67	1.29
306	渭南市	83.91	1.42
307	漯河市	87.27	3.98
308	荆州市	72.40	1.16
309	贵港市	80.16	1.32
310	昌吉回族自治州	70.20	1.49
311	钦州市	74.61	1.29
312	咸阳市	81.50	1.78
313	商丘市	73.82	1.70
314	贺州市	78.55	1.49
315	周口市	70.23	1.83
316	来宾市	75.86	1.67
317	玉树藏族自治州	43.57	1.10

通过对比经济结构绩效前后20名地市级政府的产业结构，可以发现，经济结构绩效较好的，其第二、第三产业增加值占GDP的比重之和基本都高于90%，同时第二产业增加值占GDP比重和第三产业增加值占GDP比重的比值基本低于1.4。如经济结构绩效第一名的苏州市的第一产业比重只有1.69%，其第二、第三产业增加值之比也仅为1.38。这表现出这些地市级政府产业结构的高级化。而经济结构绩效排名后20名的地市级政府的第二、第三产业增加值占GDP的比重之和基本低于80%，其第二产业增加值占GDP比重和第三产业增加值占GDP比重的比值高于1.7。这说明这些地市级政府的第一产业比重较大，并且产业结构中第二产业较第三产业来说比重过大，经济结构不合理。

由表12可知，全国第二、第三产业增加值占GDP比重的比值超过4的地市级政府有六个。通过观察我们可以发现它们皆为典型的资源性地市级行政区域，其经济支柱产业多为采矿业，如克拉玛依和大庆市是著名的石油城；金昌市是我国的镍都；海西蒙古族藏族自治州是我国重要的油气产区，也是西气东输的重要来源点；阿拉善盟煤炭探明储量13亿吨，其闻名中外的"太西煤"在国际市场上被誉为"黑色宝石"，储量4亿吨，年出口30万吨；而嘉峪关市是西部重要的钢铁城。这些地市级政府的经济结构绩效普遍落后，基本上处于全国的中下游水平，这也是大部分资源性城市发展的重要特点和制约其进一步发展的瓶颈。在大规模的开采后，资源储量逐渐减少，其优势也将渐趋消失，因此经济结构转型是它们当前面临的一个重大问题。

表12 第二、第三产业比值超过4的地市级政府

经济结构绩效名次	地市级政府	二三产业比重之比
150	克拉玛依市	9.20
189	大庆市	5.68
228	金昌市	5.15
190	阿拉善盟	5.02
197	海西蒙古族藏族自治州	4.36
263	嘉峪关市	4.33

（三）城乡居民收入是衡量经济效果的重要指标

经济效果是指经济活动所带来的社会财富的增长，集中体现在恩格尔系数的降低、物价水平的稳定、城镇化率的提高、人民收入的增加和人民生活水平的提高等方面；如果直观地看一个地市级政府的经济效果绩效，那么最为明显的参照物就是当地居民的富裕程度，即当地城镇居民和农村居民的收入情况。我国东部地区地市级政府的经济效果绩效要优于中西部地区，表现在现实中就是东部地区的居民生活水平和富裕程度要高于中西部地区，这一点在城镇居民和农民的人均收入方面表现得尤为明显，特别是江苏、浙江、广东、山东四省的地市级政府，其居民的人均收入要远远高于其他省份；而西部地区的居民收入最低，东、西部之间差距十分明显。

表13显示，经济效果绩效前五名的地市级政府有4个分布在广东省，佛山市排在全国首位。前25名的地市级政府有19个分布在东部地区，集中分布在广东、山东、浙江、江苏四个省份。

表13 全国地市级政府经济效果绩效前25名的城乡居民人均收入排名

经济效果绩效名次	地市级政府	城镇居民人均可支配收入名次	农民人均纯收入名次
1	佛山市	7	10
2	珠海市	13	18
3	威海市	27	15

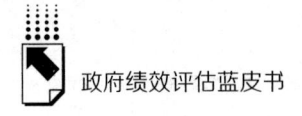

续表

经济效果绩效名次	地市级政府	城镇居民人均可支配收入名次	农民人均纯收入名次
4	东莞市	1	1
5	中山市	14	2
6	长沙市	24	13
7	东营市	19	41
8	烟台市	21	19
9	绍兴市	3	7
10	舟山市	9	5
11	鄂尔多斯市	15	35
12	合肥市	50	84
13	苏州市	2	3
14	郑州市	53	29
15	扬州市	47	22
16	无锡市	4	6
17	福州市	25	40
18	盘锦市	34	21
19	淄博市	30	30
20	台州市	8	12
21	嘉兴市	5	4
22	湖州市	12	8
23	镇江市	22	14
24	辽阳市	114	47
25	南通市	28	20

表14显示，东部地区各地市级政府城镇居民人均可支配收入和农民人均纯收入明显高于其他三个地区；特别是农民人均纯收入方面，东部地区比西部地区高出3521元；中部地区高于西部地区也将近1000元。而西部地区虽然城镇居民人均收入高于东北地区和中部地区，但由于农民人均纯收入远远低于其他三个地区，其经济效果绩效得分也远远落后于其他地区。

表14 全国四大区域所辖地市级政府城乡居民人均收入平均水平比较

单位：元

区域	城镇居民人均可支配收入	农民人均纯收入
东部地区	19766	8383
中部地区	15603	5813
西部地区	16033	4862
东北地区	15187	7137

四 经济发展绩效分区域评估

经济发展绩效水平由东部、东北向中部、西部地区依次呈降低趋势，而区域内极值差则呈上升趋势。四大地区中东部地区各地市级政府经济发展绩效平均水平最高，且内部极值差最小。西部地区地市级政府经济发展绩效均值最低，内部极值差也最大。东部地区内部地市级政府经济发展绩效均值最高的省份是江苏省，最低的是河北省；东北地区内部辽宁省领先优势明显；中部地区中湖北省各地市级政府经济发展绩效水平全面落后于其他省份；西部地区内部差距较大，内蒙古自治区各地市级政府经济发展绩效表现最为抢眼。

（一）东部地区

东部地区所辖地市级政府的经济发展绩效相对于其他地区来说整体较高，但是东部地区同样也有自身特点，例如经济发展绩效较高的地市级政府江苏省分布最多，河北、广东分布较少；江苏和浙江两省的地市级政府经济发展各职能领域绩效较均衡且水平高，广东和河北两省经济结构绩效和经济效果绩效水平较差。

1. 经济发展绩效较好的地市级政府主要集中在江苏

东部地区共有76个地市级政府，其中有37个经济发展绩效处于优异行列，占比48.68%；有31个处于绩效中上水平，占比40.79%；另外8个处于绩效中下水平，占比10.53%。可以看出东部地区大部分地市级政府经济发展绩效处在较高水平。

表15显示，东部地区经济发展绩效前五名依次是苏州市、无锡市、福州

市、珠海市、常州市，其中苏州位列东部第一。全国前 10 名的地市级政府中有 7 个分布在东部地区，全国前 20 名的地市有 14 个分布在东部地区，并且东部地区经济发展绩效前 20 名的地市级政府均位列全国前 30 名。在东部地区内部，经济发展绩效前 20 名的地市级政府江苏省最多，有 7 个，占 35%；广东省有 5 个，占 25%；浙江省有 4 个，占 20%；山东省有 3 个，占 15%；福建省 1 个，占 5%；河北省和海南省均没有地市级政府进入东部地区前 20 名。东部地区经济发展绩效最差的地市级政府是云浮市，然后依次是河源市、梅州市、潮州市、衡水市。在后 20 名中，有 8 个在全国处于中下水平，其余均处于中上水平。这 20 个地市级政府主要分布在广东和河北两省，其中广东省有 11 个，占总数的 55%，河北省 5 个，占总数的 25%。山东省和福建省分别有两个，分别占总数的 10%。

表 15　东部地区所辖地市级政府经济发展绩效前、后 20 名

经济发展绩效前 20 名				经济发展绩效后 20 名			
地区名次	地市级政府	全国名次	所属省份	地区名次	地市级政府	全国名次	所属省份
1	苏州市	3	苏	57	保定市	99	冀
2	无锡市	4	苏	58	宁德市	105	闽
3	福州市	6	闽	59	清远市	112	粤
4	珠海市	7	粤	60	莱芜市	120	鲁
5	常州市	8	苏	61	韶关市	122	粤
6	烟台市	9	鲁	62	湛江市	124	粤
7	佛山市	10	粤	63	张家口市	133	冀
8	南通市	11	苏	64	南平市	136	闽
9	扬州市	12	苏	65	揭阳市	139	粤
10	东莞市	13	粤	66	阳江市	143	粤
11	威海市	14	鲁	67	菏泽市	147	鲁
12	淄博市	15	鲁	68	邢台市	150	冀
13	嘉兴市	18	浙	69	茂名市	161	粤
14	中山市	19	粤	70	承德市	167	冀
15	泰州市	20	苏	71	汕尾市	179	粤
16	镇江市	21	苏	72	衡水市	187	冀
17	绍兴市	22	浙	73	潮州市	202	粤
18	惠州市	25	粤	74	梅州市	206	粤
19	台州市	26	浙	75	河源市	210	粤
20	金华市	27	浙	76	云浮市	222	粤

2.广东、河北两省的地市级政府经济发展绩效均衡性较差

江苏省和浙江省所辖地市级政府的经济发展绩效最为均衡，领先于全国其他省份。东部地区经济发展绩效平均得分最低的是河北省，其次是广东省。东部地区各省份按照其特点可以分为四类，第一类是江苏省、浙江省在经济增长、经济结构、经济效果绩效三个方面均领先于全国其他省份，并且相互之间比较均衡。第二类是山东省和福建省，其经济增长和经济效果绩效水平较高，但经济结构较差。第三类是海南省，其经济增长绩效在东部最低，但是经济结构和经济效果绩效比较好。第四类是广东省和河北省，各地市级政府经济增长水平较高但是经济结构和经济效果较差。广东省经济结构绩效平均分排在东部最后一名，河北省排在东部倒数第二且经济效果绩效平均分排在最后一名，与东部其他省份存在较大差距（见表16）。

表16 东部地区各省所辖地市级政府经济发展绩效平均得分

单位：分

地区名次	省 份	全国名次	经济发展绩效	职能领域绩效平均得分		
				经济增长绩效	经济结构绩效	经济效果绩效
1	江 苏	1	66.72	99.98	70.22	68.08
2	浙 江	2	63.48	82.95	72.55	71.21
3	山 东	3	60.22	89.27	60.97	64.82
4	福 建	4	56.78	81.13	58.92	62.76
5	海 南	6	53.98	66.06	62.47	64.25
6	广 东	7	52.51	75.75	52.27	59.52
7	河 北	8	52.24	81.09	56.90	48.56

（二）东北地区

在经济发展绩效上，东北地区的32个地市级政府，有6个达到优异等级，占比18.8%；有14个处于中上水平，占比达43.8%；有9个处在中下水平，占比28.1%；其余3个属于偏差水平，占总数的9.3%。

如表17所示，东北地区经济发展绩效最好的地市级政府是鞍山市，营口市、盘锦市、大庆市、吉林市紧随其后。在前10名中，有8个分布在辽宁省，占总量的80%；而吉林省和黑龙江省均有一个地市级政府进入前10名；辽宁省领先优势极为明显。东北地区经济发展绩效最差的地市级政府是黑龙江的伊

春市，排在全国第 272 名。并且，在后 10 名中，有 8 个分布在黑龙江省，2 个分布在辽宁省，吉林省没有；可以看出，黑龙江在东北三省中处于落后水平。

表 17 东北地区所辖地市级政府经济发展绩效前、后 10 名

经济发展绩效前 10 名				经济发展绩效后 10 名			
地区名次	地市级政府	所属省份	全国名次	地区名次	地市级政府	所属省份	全国名次
1	鞍山市	辽	16	23	朝阳市	辽	171
2	营口市	辽	37	24	七台河市	黑	182
3	盘锦市	辽	40	25	阜新市	辽	201
4	大庆市	黑	46	26	鸡西市	黑	204
5	吉林市	吉	50	27	双鸭山市	黑	219
6	辽阳市	辽	56	28	鹤岗市	黑	242
7	抚顺市	辽	59	29	绥化市	黑	247
8	丹东市	辽	62	30	大兴安岭地区	黑	265
9	本溪市	辽	68	31	黑河市	黑	269
10	锦州市	辽	74	32	伊春市	黑	272

（三）中部地区

中部地区各省所辖地市级政府的经济发展绩效，在全国处于中游水平。分省域来看，6 个省的地市级政府经济发展绩效平均水平也均居于全国中游，在全国 27 个省区中的排名介于第 11 名和第 17 名之间（见表 18）。中部地区经济发展绩效排名第 1 的是山西省，其在全国排在第 11 名，然后依次是安徽省、江西省、河南省、湖南省、湖北省，但是省际差距不是很大。其中，只有湖北省所辖地市级政府的经济发展绩效平均得分居于全国均值之下。

表 18 中部地区各省所辖地市级政府经济发展绩效平均得分

单位：分

地区名次	省 份	全国名次	经济发展绩效	职能领域绩效平均得分		
				经济增长绩效	经济结构绩效	经济效果绩效
1	山西省	11	48.40	66.71	57.27	48.88
2	安徽省	12	47.76	61.63	57.35	51.59
3	江西省	13	46.49	66.13	49.78	50.15
4	河南省	14	45.16	70.22	41.48	49.60
5	湖南省	15	44.42	63.41	51.80	43.44
6	湖北省	17	40.84	50.85	42.41	42.62

分职能领域来看，山西省经济增长绩效和经济结构绩效排在中部第二，但是经济效果绩效排在中部第四。安徽省的经济增长绩效排在中部第五，但是经济结构和经济效果两项绩效均排在中部第一。河南省的经济增长绩效排在中部第一，但经济结构绩效排在中部倒数第一名。湖北省三项指标中，经济增长和经济效果两项排在中部最后一名，经济结构排在中部倒数第二名，这是其经济发展绩效总体水平居于中部末席的原因所在。

从个体来看，中部地区81个地市级政府中，有9个经济发展绩效处在优异水平，占比11.1%；有32个处在中上水平，占比39.5%；36个处在中下水平，占比高达44.4%；其余4个属于绩效偏差行列，占比5%。经济发展绩效全国前五名中，中部地区独占三个；其中，绩效最好的是合肥市，同时也是全国第1名；其次是长沙市，全国第2名；然后是郑州市，全国第5名。中部地区经济发展绩效最差的，依次是湘西土家族苗族自治州、恩施土家族苗族自治州、张家界市，分别处在全国的第293、第289、第281名，地市级政府之间的差距十分大。

（四）西部地区

西部地区地市级政府经济发展及三个职能领域绩效平均得分均低于全国平均水平，差距最明显的是经济增长绩效，西部地区均值比全国平均水平低20.04分，比东部地区低40.40分；经济结构绩效差距最小，但仍然落后于全国均值5.54分，落后于东部地区13.84分。

从省域角度来看，西部地区各省区地市级政府经济发展绩效平均水平在全国排名中整体靠后，只有内蒙古自治区的经济发展绩效得分高于全国平均水平；并且区域内部各省份之间的差距也十分明显。内蒙古自治区是西部地区经济发展绩效最为优异的省区。尤其经济增长绩效领域得分远高于区域内其他省份，比第二名的广西壮族自治区高15.13分，是青海省得分的2倍，是西藏自治区的4倍左右，优势十分明显。同时经济效果绩效平均得分内蒙古自治区也排在西部第一，高出第二名的陕西省5.03分。但其经济结构绩效却排在西部第六，仅达到中游水平，这可能缘于内蒙古经济对资源开发的过度依赖。新疆维吾尔自治区、宁夏回族自治区、云南省、贵州省、西藏自治区的经济增长绩效比较落后，但经济结构绩效却排在西部前列。在经济效果绩效领域，贵州省排在西部乃至全国的最后一名（见表19）。

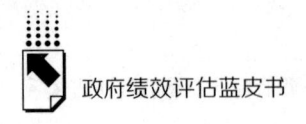

表19　西部地区各省区所辖地市级政府经济发展绩效平均得分

单位：分

地区名次	省区	全国名次	经济发展绩效	职能领域绩效平均得分		
				经济增长绩效	经济结构绩效	经济效果绩效
1	内蒙古自治区	10	48.84	70.47	47.36	56.59
2	陕西省	16	42.24	54.60	44.59	51.56
3	四川省	19	37.71	52.10	44.97	37.61
4	新疆维吾尔自治区	20	36.64	37.21	53.49	40.17
5	宁夏回族自治区	21	36.30	38.22	52.42	39.00
6	广西壮族自治区	22	36.21	55.34	33.01	40.98
7	云南省	23	34.62	36.61	55.31	31.73
8	贵州省	24	32.90	39.14	51.48	26.89
9	甘肃省	25	29.33	30.14	46.26	28.33
10	青海省	26	28.26	34.09	38.74	28.10
11	西藏自治区	27	27.72	14.99	52.97	31.05

在经济发展绩效上，西部地区128个地市级政府中，处于优异行列的有4个，占本地区地市级政府总数的3.1%；处在中上水平的有21个，占总数的16.4%；处在中下游水平的有53个，占总数的41.4%；经济发展绩效偏差的有50个，占总数的39.1%。可见西部地区的地市级政府经济发展绩效绝大部分处于中下和偏差水平。在西部地区内部，经济发展绩效得分进入前20名的地市级政府有6个分布在内蒙古自治区，这一数据遥遥领先于其他省区；陕西省有3个进入前20名；广西壮族自治区、四川省、云南省、新疆维吾尔自治区各有2个；贵州省、甘肃省、宁夏回族自治区均是省会政府进入，而西藏自治区和青海省没有地市级政府进入前20名。而在进入地区前20名的地市级政府占本省总数的比重上，内蒙古自治区以50%绝对领先。

五　研究性发现

（一）经济增长为公共服务提供物质基础

地市级政府公共服务水平的高低主要体现在其基础设施的完备程度、科技教育的投入多少、医疗卫生工作的进展状况、文化体育事业的发展水平等几个方面，这些都是政府所提供的公共产品和公共服务所覆盖的领域。因此，要提高政府的公共服务水平，其中一个重要的途径就是增加政府和社会资金的投入。从一定意义上可以说，经济总量较大、经济均量较高的地区在公共服务的资金提供上会占有很大优势；GDP 数量大、财政收入较多的政府大多具有较高的公共服务水平。我们以公共服务绩效水平前 20 名的地市级政府为样本，来具体分析经济增长绩效与公共服务水平的内在联系。

由表 20 可见，公共服务绩效水平排名前 20 的地市级政府中，有 14 个政府的经济增长绩效也处于全国上游水平，有 12 个地市级政府的 GDP 总量位于全国前 50 名，有 14 个地市级行政单位的人均 GDP 位于全国前 50 名，有 13 个地市级政府的财政总收入居于全国前 50 名。这其中克拉玛依市和嘉峪关市的人均 GDP 分别排在全国的第 3 名和第 9 名，这两个地市均为西部资源型城市，虽然其经济总量并不是很高，但人口少，均量突出，公共服务水平也比较优异。以上数据在某种程度上说明经济增长绩效与公共服务绩效存在一定相关性，即经济的增长可以为公共服务提供物质基础。但是，也存在例外，韶关市的经济增长绩效、GDP 的总量和均量、财政总收入在全国地市级政府中处于中下游水平，而其公共服务水平却排在全国第 15 名，这也是其政府绩效的一个亮点。

表20 公共服务绩效前 20 名地市级政府各项经济指标排名

公共服务绩效名次	地市级政府	经济增长绩效名次	GDP 总量绩效名次	人均 GDP 绩效名次	财政总收入绩效名次
1	无锡市	3	2	8	2
2	威海市	29	42	14	29
3	滨州市	47	53	54	69
4	嘉峪关市	33	284	9	281
5	东营市	23	27	4	24
6	烟台市	11	6	22	49
7	克拉玛依市	110	162	3	56
8	铜陵市	117	216	19	151
9	苏州市	4	1	7	1
10	绍兴市	34	18	29	32

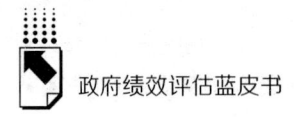

续表

公共服务绩效名次	地市级政府	经济增长绩效名次	GDP总量绩效名次	人均GDP绩效名次	财政总收入绩效名次
11	兰州市	82	87	105	40
12	扬州市	16	31	35	20
13	常州市	6	14	15	3
14	湖州市	60	70	43	70
15	韶关市	147	167	154	82
16	潍坊市	27	13	85	28
17	三明市	92	104	64	164
18	淄博市	14	18	21	23
19	太原市	43	47	41	36
20	石家庄市	30	11	87	26

（二）区域间经济差距实质上是经济发展不同阶段的时序差异

东部地区出于历史原因和沿海的优势成为全国率先发展起来的地区，特别是改革开放后，东部沿海地区作为首批对外开放的地区，率先与国际接轨，逐步走向了工业化、后工业化的道路。与其他地区相比，其经济总量比较大，经济结构比较合理，地区发展活力较为强劲。而东北地区是新中国成立以后伴随着苏联对中国的援助逐步发展起来的，其经济发展是以重工业为基础的，但是产业结构不合理的趋势明显显现，东北地区正处在经济结构转型的关键时期。西部地区的经济快速发展是"西部大开发"战略实施以来才开始的，其工业基础逐步建立，城市地区率先发展，但是市场化程度低、工业化前期阶段的一系列经济发展问题也开始暴露，对其进一步发展有一定的阻碍。

东部地区经济发展的经验和教训对其他区域有着重大的示范作用。可以说，东部地区的今天将是其他后发区域的明天；随着时间的推移和社会的进步，中西部地区的经济会逐步发展到东部地区的"发达"阶段。因此，东西之间的经济差距实质上是经济发展不同阶段的时序差异。

（三）区域间经济差距的存在预示着我国未来经济增长的巨大潜力

通过对四大区域内地市级政府经济发展绩效得分的均值和极值进行比较分

析发现，东部地区均值最高，极值最小；东北地区均值较高，极值也较小；中部地区均值排在第三，但是均值中等、极值较大；而西部地区均值最低，极值最大。这说明东部地区和东北地区所辖地市级政府经济发展整体水平较高且内部差距不大；中部地区经济发展水平较高，但是内部发展不平衡；而西部地区所辖地市级政府经济发展水平整体较低，且地市级政府间发展极不平衡。

而在全国地市级政府范围内这种经济发展绩效的不平衡性更为明显。通过对317个地市级政府经济发展绩效的评估，我们发现，绩效优异和绩效偏差的地市级政府在经济发展各职能领域绩效的均衡性上也存在较大差异。经济发展绩效全国前五名的地市级政府在三个职能领域得分都非常高，并且很均衡；而经济发展绩效后五名的地市级政府在三个职能领域的得分都很低，并且各指标之间也不均衡。

事实上，区域间经济差距的存在，既是经济发展不平衡的表现，同时也预示着经济增长潜力的巨大，特别是西部地区各地市级行政区域，西部大开发政策的支持和科技文化水平的不断进步，已经为加快经济发展奠定了基础。西部地区各地市级政府应抓住机遇，积极迎接挑战，不断将西部大开发战略落实到本地区，并不断推向深入。

B.8
政府市场监管绩效评估

刘朋朋*

摘　要： 　　政府市场监管在过去十年取得较为明显的进步，但是其形势依然严峻。近年来市场监管领域问题频发，已将它推到了民众关注的前沿，各级政府面临的社会责难和监管压力前所未有。本报告从企业行为监管、产品质量监管以及市场秩序监管三个领域，构建了政府市场监管绩效的指标评价体系，对全国317个地市级行政区域市场监管绩效进行了全面的测量、评估和分析。

　　通过对全国地市级政府市场监管绩效的分析发现，全国地市级政府市场监管绩效水平偏低，且各区域的绩效分布梯次特征明显。对市场监管各职能领域绩效而言，全国地市级政府的市场秩序监管绩效相对突出，产品质量监管绩效相对较低。从区域角度看，全国四大区域地市级政府市场监管绩效平均水平存在明显差异；整体而言，东部地区地市级政府绩效平均水平优于中部地区，中部高于东北，而东北则好于西部地区；从省域来讲，沿海省份的平均绩效水平高于内陆省份，省际绩效差距较大。通过分析还发现，地市级政府市场监管绩效水平与经济发展水平息息相关，经济越发达的地区政府市场监管任务越重。

关键词： 　政府绩效评估　市场监管　市场监管绩效

近年来，市场监管领域问题频发，已将其推到了民众关注的最前沿，各级政

---

* 刘朋朋，中国社会科学院公共管理模拟实验室助理研究员。

府面临的社会责难和监管压力前所未有。根据有关资料统计，仅在流通领域，全国每天发生的食品安全违法案件就有287件，而药品违法案件则有515件。除此之外，生产安全与市场秩序等领域的监管形势同样很严峻。2010年，全国每天平均有207余人死于各类事故：其中，工矿商贸行业平均每天有27人死于安全事故，煤矿采掘业平均每天有5人死于安全事故。同样在2010年，全国每天平均还发生商品交易违法违章866件，不正当竞争93件，违反公平交易1569件，消费者申诉2318件，违法广告115件（见图1）。这一系列的数字让人触目惊心！

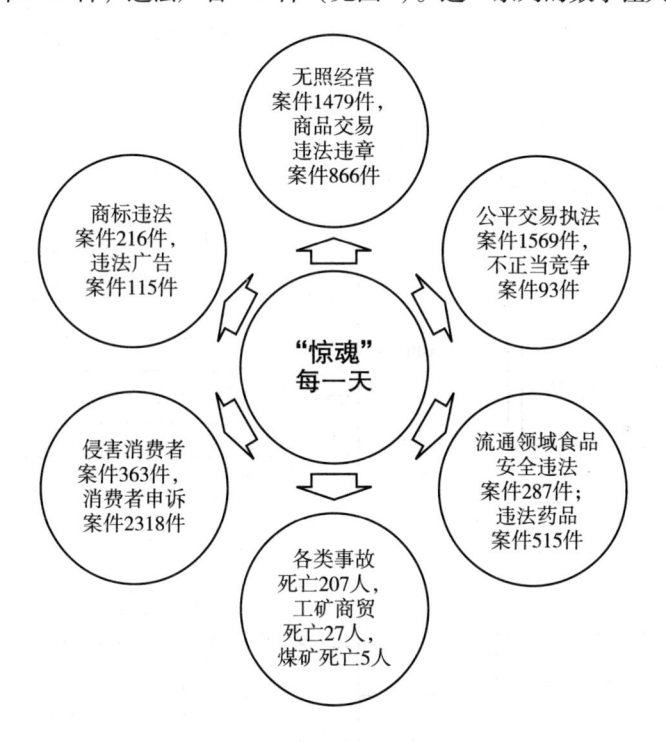

图1 2010年市场监管领域平均每天发生的事故

回顾近10年来攸关民生的市场监管领域，各类安全生产责任事故频发，食品安全问题层出不穷，这与政府市场监管体制弊端直接相关。目前，政府市场监管存在职能薄弱，多个职能部门分散执法、职责边界不清等问题，如工商管理局、质量安全监督局、安全生产监督局、农业部、食品药品监督管理局、知识产权局等。庞杂的监管体系隐含着诸多漏洞，导致了政府市场监管职能的失灵和错位。

为了有效缓解市场监管领域中的矛盾，中央和地方各级政府对市场监管职能整合和体制改革进行了多方面探索。2009年，为贯彻大部制改革的思路，理顺市场监管体制，中央编委和广东省政府批准了《深圳市人民政府机构改革方案》，组建了深圳市市场监督管理局，将工商管理局、质量技术监督局、知识产权局的职责以及卫生局餐饮环节的食品安全监管职责划入市场监督管理局，不再保留工商管理局、知识产权局以及质量监督局。与此同时，佛山市顺德区也专门设置了市场安全监管局，整合了原工商、质监、安监三个部门，同时还合并了原食药、卫生、文体、农业、经贸等5个部门的部分职能，形成了"3+5"的职能格局①。深圳市市场监督管理局和顺德区市场安全局的设立为全国市场监管领域的改革开辟了一条新的道路。在法律层面，为提高市场监管的效率与效果，从1993年出台的《反不正当竞争法》到2009年出台的《食品安全法》，我国市场监管的法律制度体系不断完善（见图2）。

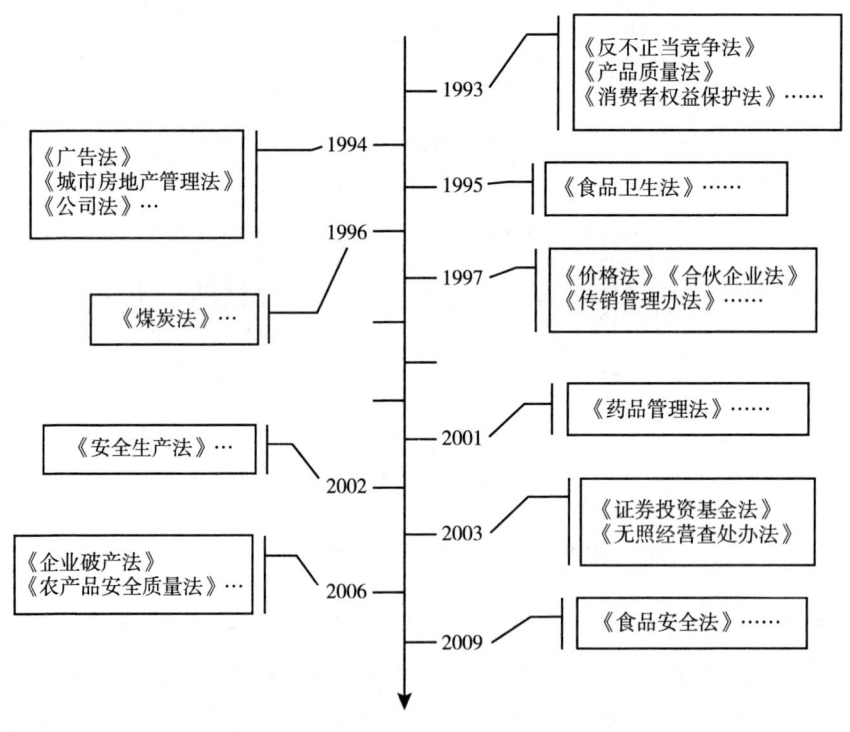

图2 我国市场监管相关法律法规的演进过程

---

① About MSSB（Market Security Supervision Bureau of Shunde），China Standardiztion，2012（6）.

尽管全国市场监管在过去十年取得了较为明显的进步，但是其形势依然严峻。面对这种状况，进一步改革监管体制，全面加强市场监管领域的政府管理，就是一种必然选择。其中，全面有效地评估和分析政府市场监管的效果，引导其走向规范化和科学化，是解决市场监管失灵问题的重要途径。正是基于这种原因，本研究从理论和实践出发，构建了政府市场监管绩效的指标评价体系，将市场监管职能划分为企业行为监管、产品质量监管以及市场秩序监管三个领域。本报告正是从这三个领域，对全国地市级政府的市场监管绩效进行评估，并全面分析地市级行政区域市场监管现状，以期为地方政府市场监管绩效的改进提供明确的方向和建议。

一 市场监管绩效总体评估

总体而言，全国地市级政府市场监管绩效水平偏低，且相互之间差距较大。从区域角度来看，东部地区政府市场监管绩效整体水平优于中部地区，中部高于东北，而东北则好于西部地区，市场监管绩效呈现由东向西梯形递减的态势。

（一）整体绩效水平偏低，各地市级政府绩效差异显著

全国地市级政府市场监管绩效平均得分为25.29分，与绩效满分相差25.43分，仅占其49.86%，即实际绩效得分不足绩效满分的一半，整体水平较低。并且，地市级政府之间绩效差距较为显著，排名末位的地市级政府得分极低，绩效水平亟待提高。

1. 市场监管绩效整体水平偏低

研究表明，全国地市级政府市场监管绩效整体水平偏低。如表1所示，全国地市级政府市场监管绩效平均得分为25.29分，与绩效满分相差25.43分，仅占其49.86%。同时，全国317个地市级政府中，市场监管绩效得分高于35分的仅有25个，占总数的7.6%；有109个地市级政府市场监管绩效得分低于23分，占总数的1/3左右，其中绩效得分低于17分的有25个。从各职能领域绩效来看，市场秩序监管绩效相对较好，产品质量监管绩效水平则较低。如表1所示，企业行为监管绩效平均得分为7.84分，占绩效满分的49.85%；产品质量监管绩效平均得分10.06分，占绩效满分的49.58%；市场秩序监管绩效

平均得分7.39分，占绩效满分的50.26%。以上数据表明，全国地市级政府市场监管及各职能领域绩效平均水平仅达到绩效满分的一半左右，整体水平偏低，有较大的提升空间。

表1　全国地市级政府市场监管及各职能领域绩效平均得分与绩效满分对比

单位：分，%

类别	市场监管绩效	企业行为监管	产品质量监管	市场秩序监管
全国绩效平均得分	25.29	7.84	10.06	7.39
绩效满分	50.72	15.72	20.29	14.71
占　比	49.86	49.85	49.58	50.26

2. 各地市级政府绩效差异显著

全国各地市级政府市场监管绩效差异较大。如表2所示，商丘市政府市场监管绩效排名全国首位，其绩效得分为41.16分，克孜勒苏柯尔克孜自治州政府市场监管绩效全国最低，仅为10.82分，两者相差30.34分，并且第一名绩效得分是最后一名的将近4倍，差距之大不容忽视。各地市级政府在市场监管三个职能领域绩效均存在较大差距。其中，企业行为监管绩效差异最明显，产品质量监管和市场秩序监管绩效差距相对较小。如表2所示，在企业行为监管绩效领域，济宁市排在第一名，绩效得分14.78分，是排在最后的池州市绩效得分的29.6倍，差异极其显著；而在产品质量监管领域，排在首位的嘉峪关绩效得分为19.28分，是最后一名包头市（2.1分）绩效得分的9.2倍；在市场秩序监管领域，绩效水平最高的是郑州，其绩效得分为13.44分，是绩效最低的大兴安岭地区（1.72分）的7.8倍。

表2　全国地市级政府市场监管绩效排名

单位：分

全国名次	市场监管绩效		企业行为监管绩效		产品质量监管绩效		市场秩序监管绩效	
	地市级政府	得分	地市级政府	得分	地市级政府	得分	地市级政府	得分
1	商丘市	41.16	济宁市	14.78	嘉峪关	19.28	郑州市	13.44
2	东莞市	40.95	东莞市	14.67	连云港市	18.80	孝感市	13.42
3	连云港市	40.51	唐山市	14.14	吐鲁番地区	18.23	漳州市	13.37

续表

全国名次	市场监管绩效 地市级政府	得分	企业行为监管绩效 地市级政府	得分	产品质量监管绩效 地市级政府	得分	市场秩序监管绩效 地市级政府	得分
4	惠州市	40.31	汕头市	13.96	荆门市	18.02	昆明市	13.28
5	苏州市	40.14	潮州市	13.94	无锡市	17.86	安阳市	12.90
…	…	…	…	…	…	…	…	…
311	娄底市	13.07	荆门市	1.55	泰安市	3.23	白山市	2.92
311	张家界市	13.07	黄冈市	1.10	阿拉善盟	2.10	邵阳市	2.51
315	博尔塔拉蒙古自治州	11.94	湘潭市	1.08	呼和浩特市	2.10	拉萨市	2.44
316	塔城地区	11.80	铜陵市	0.83	赤峰市	2.10	通辽市	1.96
317	克孜勒苏柯尔克孜自治州	10.82	池州市	0.50	包头市	2.10	大兴安岭地区	1.72

（二）绩效水平自东向西呈梯次递减趋势，中部地区绩效差距大

全国四大区域地市级政府市场监管绩效平均得分，自东部到西部呈梯形递减趋势，东中部地区平均得分高于全国平均水平，东北与西部地区的平均得分则低于全国平均水平，且东北地区平均得分高于西部地区。另外，从各地区内部的绩效差距来看，中部地区差异最为突出，东北地区绩效差距最小。

1. V形分布，梯形递减

从地市级政府市场监管绩效整体水平来看，东部地区最好，西部地区最差，绩效得分自东向西呈梯形递减态势。如表3所示，东部地区地市级政府市场监管绩效平均得分为29.93分，比全国平均水平高4.18分；中部地区市场监管绩效平均得分26.20分，比东部地区低3.73分，但仍高于全国平均水平；东北地区绩效低于全国平均水平，但是在企业行为监管领域高于全国平均水平；西部地区位居最后，市场监管绩效及各职能领域绩效均低于全国平均水平。

全国四大区域地市级政府市场监管各职能领域绩效平均水平，与市场监管绩效整体水平之间存在不一致性。如表3所示，在企业行为监管领域，中部地区平均绩效水平最低，东部地区最高；东北地区与西部地区分别位于第二、第三位。在产品质量监管领域，中部地区平均水平最高，东北地区最低；东部和

西部地区居于第二、第三位。在市场秩序监管领域，仍是东北地区平均水平最低，东、中、西部地区分列第一、第二、第三位。

表3　全国四大区域地市级政府市场监管绩效平均得分

单位：分

区　　域	市场监管绩效	企业行为监管绩效	产品质量监管绩效	市场秩序监管绩效
东部地区	29.93	10.61	10.77	8.55
中部地区	26.20	6.39	11.60	8.22
西部地区	23.34	7.27	9.35	6.72
东北地区	24.28	8.85	8.93	6.50
全　　国	25.75	8.00	10.21	7.53

2. 市场监管绩效差距：中部地区绩效差距显著

市场监管绩效区域极值差反映了一个区域内各政府市场监管绩效的差异程度，是该区域内绩效最大值与最小值之差，值越大代表该地区差距越大，反之亦然。如图3所示，东部地区与中部地区所辖地市级政府市场监管绩效差距较大，西部地区和东北地区差距相对较小。其中，中部地区差距最大，其极值差为0.39，是东北地区的3倍多和西部地区的近2倍，差距极为显著；东北地区较为均衡，差距最小，且其平均绩效在四大区域中处于中游偏下水平，这说明东北地区各地市级政府市场监管绩效大多处于中游水平，绩效极优和绩效极差的政府相对较少。东部地区总体具有高绩效、大差距的特点，说明其所辖地市级政府大多绩效较好，但也存在绩效较差的地区。西部地区低水平、小差距，说明其大部分地市级政府市场监管绩效水平较低，有待提高。

（三）东部地区整体绩效水平领先，中部地区政府个体绩效突出

评估结果显示，东部地区地市级政府市场监管绩效平均水平最高。这主要体现在以下两个方面，区域平均水平以及东部地市级政府市场监管绩效等级分布情况[①]。从区域平均水平来看，东部地区以29.93分居于四大区域之首。从

---

① 本部分绩效划分方法请参见分职能领域绩效中的详细介绍。

政府市场监管绩效评估

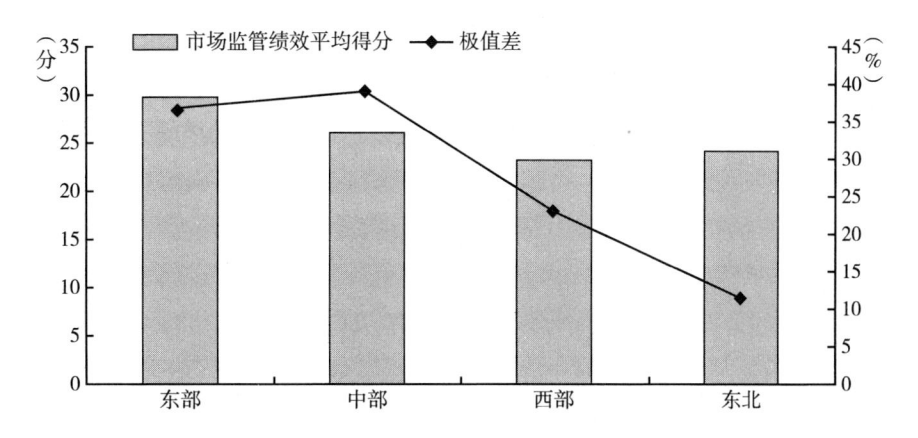

图3 全国四大区域市场监管绩效平均得分与极值差距

市场监管绩效等级分布来看，东部地区处于一等绩效的地市级政府数量最多，有27个，占一等绩效政府总数的54%，占东部地区地市级政府总数的35.53%，而其处于四等绩效水平的仅有一个。中部、西部、东北地区进入一等绩效的地市级政府分别仅有13个、8个、2个，与东部地区存在较大差距（见表4）。

表4 全国地市级政府市场监管绩效等级分布

单位：个

区 域		一等绩效地市级政府数	二等绩效地市级政府数	三等绩效地市级政府数	四等绩效地市级政府数
东部地区	浙	1	4	4	0
	粤	9	8	2	0
	苏	9	3	0	0
	闽	1	5	2	0
	鲁	5	5	5	0
	冀	2	5	3	1
	琼	0	0	2	0
中部地区	豫	7	9	1	0
	湘	1	1	4	8
	皖	1	2	6	7
	晋	2	9	0	0
	赣	1	5	3	2
	鄂	1	5	4	2

续表

区 域		一等绩效地市级政府数	二等绩效地市级政府数	三等绩效地市级政府数	四等绩效地市级政府数
西部地区	新	0	3	6	5
	陕	1	1	3	4
	黔	0	4	2	3
	宁	0	1	2	2
	蒙	1	3	2	6
	桂	1	4	7	2
	甘	2	3	5	4
	滇	1	7	4	4
	川	2	8	8	2
	青	0	0	2	6
	藏	0	0	3	4
东北地区	辽	0	1	6	5
	吉	2	1	5	0
	黑	0	3	9	0

从市场监管绩效的省域分布来看，绩效优异的地市级政府主要集中在广东、江苏、山东、河南等东、中部省份。而西部地区的西藏、宁夏、新疆、青海、贵州以及东北地区的辽宁和黑龙江等7个省区均没有位于一等绩效的地市级政府。

中部地区虽总体绩效平均得分略低于东部地区，但个别地市级政府绩效表现相当突出。从全国地市级政府市场监管绩效前20名看，中部地区有7个，分别为商丘、漯河、许昌、周口、郑州、长治、驻马店，在前20名中占比35%；其中，商丘市绩效最为突出，以41.16分位居全国榜首；漯河和许昌分别以38.44分和37.57分排在全国第8名和第10名（见表5）。

表5 全国地市级政府市场监管绩效前20名

单位：分

全国名次	地市级政府	所属省区	绩效得分
1	商丘市	豫	41.16
2	东莞市	粤	40.95
3	连云港市	苏	40.51
4	惠州市	粤	40.31
5	苏州市	苏	40.14
6	东营市	鲁	39.14
7	漳州市	闽	38.44

续表

全国名次	地市级政府	所属省区	绩效得分
8	漯河市	豫	38.44
9	无锡市	苏	37.63
10	许昌市	豫	37.57
11	泰州市	苏	37.37
12	鄂尔多斯市	蒙	36.92
13	周口市	豫	36.72
14	郑州市	豫	36.52
15	嘉峪关市	甘	36.38
16	长治市	晋	36.14
17	昆明市	滇	36.11
18	珠海市	粤	36.05
19	天水市	甘	35.71
20	驻马店市	豫	35.67

（四）市场监管绩效沿海高于内陆，由东往西逐步降低

全国各省区地市级政府市场监管绩效平均水平差异较大，沿海地区高于内陆地区，且绩效得分由东往西呈递减态势。其中，所辖地市级政府市场监管绩效平均得分超过31分的省区集中分布在东部地区，包括江苏、广东、河南；得分介于28~31分的省区分布在东、中部地区，包括山东、福建和山西；得分介于25~28分的省区分布比较分散，主要包括吉林、河北、浙江、四川、湖北等；得分介于22~25分的省区除东北的黑龙江和辽宁外，均位于西部地区；得分小于22分的省区也以西部居多。全国各省区地市级政府市场监管绩效平均水平由东往西呈递减态势。

二 分职能领域绩效评估

本报告依据排序赋值法加权得分对各地市级政府进行排名，并按排名将所有评估对象分为4个档次：第1~50名绩效优异，属于一等绩效；第51~150名绩效中上，属于二等绩效；第151~250名绩效中下，属于三等绩效；第251~317名绩效偏差，属于四等绩效。下文将从企业行为监管、产品质量监管以及市场秩序监管三个领域具体分析全国地市级政府市场监管绩效的现状。

（一）企业行为监管绩效：东部地市级政府绩效突出

评估结果显示，东部地区地市级政府企业行为监管绩效平均得分10.61分，远远高于其他三个区域和全国平均水平（8分），绩效表现较为突出；中部地区绩效水平最差。从企业行为监管绩效区域分布来看，一等绩效的地市级政府主要分布在东部地区，东北地区最少；同时，在四等绩效行列，以中、西部地市级政府居多，东部地区仅有一个，东北地区没有。具体如表6所示。

表6 全国地市级政府企业行为监管绩效等级区域分布

单位：个

区 域		一等绩效地市级政府数	二等绩效地市级政府数	三等绩效地市级政府数	四等绩效地市级政府数
东部地区	浙	0	3	5	1
	粤	12	7	0	0
	苏	10	2	0	0
	琼	0	1	1	0
	闽	2	3	3	0
	鲁	7	7	1	0
	冀	6	4	1	0
中部地区	豫	4	6	5	2
	湘	0	1	5	8
	皖	0	3	5	8
	晋	1	4	5	1
	赣	0	2	6	3
	鄂	0	0	0	12
西部地区	新	0	2	2	10
	陕	0	3	6	0
	青	0	2	4	2
	黔	0	2	4	3
	宁	0	1	2	2
	蒙	1	4	7	0
	桂	0	8	6	0
	甘	2	5	7	0
	滇	2	2	4	8
	川	0	10	8	2
	藏	0	0	2	5
东北地区	辽	1	5	6	0
	吉	1	2	5	0
	黑	1	11	0	0

具体来看，在企业行为监管领域一等绩效（前50名）的地市级政府中，东部地区有37个，占比最大，占东部地区地市级政府总数的48.68%；中部和西部地区各有5个入围，仅占本地区地市级政府总数的6.17%和3.91%；东北三省有3个入围，占东北地市级政府总数的9.38%。在企业行为监管领域四等绩效（最后67名）的地市级政府中，中部地区有34个，占其地市级政府总数的41.98%；西部地区有32个，占其地市级政府总数的25%；东部地区仅河北廊坊市入围，东北地区没有地市级政府入围。从以上数据可以看出，东部和东北地区地市级政府企业行为监管绩效相对突出。

进一步从全国企业行为监管绩效前后20名的地市级政府省域分布来看，在前20名中，山东省和广东省地市级政府所占席位最多，各有6个，其中山东省济宁市得分全国最高，排在首位，广东省东莞市以91.68分的绩效得分位居全国第二位；江苏省有3个，河南省有2个，河北省、内蒙古自治区、辽宁省各有一个，其中内蒙古鄂尔多斯位列全国第12位，是唯一一个进入全国前20名的西部地市级政府，辽宁锦州排在全国第16位，是唯一一个进入全国前20名的东北地区地市级政府。在后20名中，湖北省有9个入围，占比45%，占湖北省地市级政府总数的75%；新疆有5个，占比25%；湖南、安徽各有2个入围，且安徽的2个地市级政府排名全国最末位；四川和云南各有一个地市级政府入围。从以上分析可以看出，绩效前20名的地市级政府主要分布在东部省区，且沿海省份居多，而后20名则尽数分布在中西部内陆省区（见表7）。

表7 全国地市级政府企业行为监管绩效前20名和后20名

单位：分

企业行为监管绩效前20名				企业行为监管绩效后20名			
名次	地市级政府	所属省区	绩效得分	名次	地市级政府	所属省区	绩效得分
1	济宁市	鲁	92.40	298	博尔塔拉蒙古自治州	新	20.05
2	东莞市	粤	91.68	299	怒江傈僳族自治州	滇	19.97
3	唐山市	冀	88.37	300	阿勒泰地区	新	19.82
4	汕头市	粤	87.24	301	塔城地区	新	19.13
5	潮州市	粤	87.13	302	黄石市	鄂	18.79
6	苏州市	苏	86.49	303	随州市	鄂	18.33
7	日照市	鲁	86.27	304	和田地区	新	17.53
8	商丘市	豫	85.43	305	雅安市	川	17.18
9	连云港市	苏	84.67	306	襄阳市	鄂	16.32

续表

企业行为监管绩效前20名				企业行为监管绩效后20名			
名次	地市级政府	所属省区	绩效得分	名次	地市级政府	所属省区	绩效得分
10	盐城市	苏	84.25	307	郴州市	湘	15.22
11	珠海市	粤	82.31	308	宜昌市	鄂	13.97
12	鄂尔多斯市	蒙	81.07	309	克孜勒苏柯尔克孜自治州	新	13.05
13	滨州市	鲁	80.84	310	孝感市	鄂	10.76
14	东营市	鲁	80.70	310	荆州市	鄂	10.76
15	鹤壁市	豫	80.62	310	恩施土家族苗族自治州	鄂	10.76
16	锦州市	辽	80.59	313	荆门市	鄂	9.70
17	中山市	粤	80.54	314	黄冈市	鄂	6.89
18	莱芜市	鲁	79.47	315	湘潭市	湘	6.72
18	泰安市	鲁	79.47	316	铜陵市	皖	5.17
20	佛山市	粤	79.02	317	池州市	皖	3.11

（二）产品质量监管绩效：中部地市级政府绩效突出

与企业行为监管绩效特点不同，产品质量监管领域中部地区绩效突出；东部地区地市级政府产品质量监管绩效平均得分11.60分，远高于其他三个区域，比全国平均分高1.41分。从产品质量监管绩效等级区域分布来看，一等绩效的地市级政府主要分布于东、中、西部地区；而四等绩效的地市级政府则主要分布在西部、东部和东北地区，中部地区最少。具体如表8所示。

表8　全国地市级政府产品质量监管绩效水平区域分布

单位：个

区 域		一等绩效地市级政府数	二等绩效地市级政府数	三等绩效地市级政府数	四等绩效地市级政府数
东部	浙	2	2	3	2
	粤	5	9	3	2
	苏	5	7	0	0
	琼	0	0	2	0
	闽	0	2	4	2
	冀	0	1	8	2
	鲁	3	3	5	4

续表

区　　域		一等绩效地市级政府数	二等绩效地市级政府数	三等绩效地市级政府数	四等绩效地市级政府数
中部	豫	9	6	2	0
	湘	2	4	4	4
	皖	0	5	7	4
	晋	2	9	0	0
	赣	2	4	5	0
	鄂	4	6	2	0
西部	新	1	8	1	4
	陕	1	1	4	3
	青	0	0	0	8
	黔	3	2	4	0
	宁	0	4	1	0
	蒙	0	5	1	6
	桂	1	2	11	0
	甘	1	1	4	8
	滇	2	8	4	2
	川	3	5	12	0
	藏	1	2	0	4
东北	辽	0	1	7	4
	吉	3	2	3	0
	黑	0	1	3	8

具体来看，在产品质量监管领域处于一等绩效（前50名）的地市级政府中，中部地区有19个，占比38%，约占中部地区地市级政府总数的1/4；东部紧随其后，有15个入围，占东部地区地市级政府总数的1/5；西部地区有13个，占西部地市级政府总数的10%；东北地区仅有3个地市级政府入围。在产品质量监管领域处于四等绩效（最后67名）的地市级政府中，西部有35个，占比高达52.24%，约占西部地市级政府总数的27.34%；东部和东北地区各有12个入围，分别占本地区地市级政府总数的15.79%和37.5%；中部地区仅有8个，占中部地市级政府总数的9.88%。从以上数据可以看出，在产品质量监管领域，中部地区地市级政府绩效最好，东北较差。

进一步从全国地市级政府产品质量监管绩效前20名来看，中部有9个，占比45%，是入围最多的区域；西部地区有6个，其中，甘肃嘉峪关高居全

231

国榜首，吐鲁番地区位居全国第3位；东部地区仅有3个；东北地区有2个入围。从省域角度分析，绩效前20名的地市级政府分布不集中，分散在13个省份和地区中，分别为：江苏、湖北、河南各有3个，吉林有2个，甘肃、新疆、山西、四川、云南、湖南、江西、陕西和贵州各有1个，除江苏、吉林外，均为中、西部省份和地区。排名后20的地市级政府，主要集中在西部（12个），新疆和内蒙古最多，其中内蒙古呼和浩特、包头、赤峰、阿拉善盟位于全国绩效后4位；其余地市级政府均匀分散在辽宁、河北、安徽、山东四省；可以看出，在后20名地市级政府分布省份和地区中，仅有安徽属于中部地区，也证明了中部地区地市级政府产品质量监管绩效较为突出（见表9）。

表9 全国地市级政府产品质量监管绩效排名前20名和后20名

单位：分

产品质量监管绩效前20名				产品质量监管绩效后20名			
名次	地市级政府	所属省区	绩效得分	名次	地市级政府	所属省区	绩效得分
1	嘉峪关市	甘	120.52	296	本溪市	辽	28.36
2	连云港市	苏	117.52	296	朝阳市	辽	28.36
3	吐鲁番地区	新	113.96	300	邢台市	冀	27.50
4	荆门市	鄂	112.64	300	廊坊市	冀	27.50
5	无锡市	苏	111.64	302	阜阳市	皖	27.34
6	泰州市	苏	109.60	302	六安市	皖	27.34
7	松原市	吉	108.12	304	大理白族自治州	滇	27.18
8	漯河市	豫	107.46	305	巴音郭楞蒙古自治州	新	26.04
9	郑州市	豫	106.70	305	博尔塔拉蒙古自治州	新	26.04
10	十堰市	鄂	105.98	305	塔城地区	新	26.04
11	阳泉市	晋	105.96	305	克孜勒苏柯尔克孜自治州	新	26.04
12	攀枝花市	川	105.46	309	铜川市	陕	22.34
13	保山市	滇	105.34	309	宝鸡市	陕	22.34
14	鄂州市	鄂	104.62	309	商洛市	陕	22.34
15	株洲市	湘	104.56	312	济宁市	鲁	20.18
16	九江市	赣	104.40	312	泰安市	鲁	20.18
17	白山市	吉	103.82	314	呼和浩特市	蒙	13.10
18	商丘市	豫	103.66	314	包头市	蒙	13.10
19	延安市	陕	103.46	314	赤峰市	蒙	13.10
20	黔东南苗族侗族自治州	黔	102.62	314	阿拉善盟	蒙	13.10

（三）市场秩序监管绩效：西部、东北地区地市级政府的软肋

通过对全国地市级政府市场秩序监管绩效的分析，可以看出市场秩序监管领域，东部、中部绩效较为突出，西部、东北绩效水平较差。东部和中部地市级政府市场秩序监管绩效分别为8.55分和8.22分，远高于西部和东北的6.72分和6.50分。从处于市场秩序监管一等绩效的地市级政府区域分布来看，东部和中部地区较为集中，西部、东北相对较少。四等绩效行列的地市级政府集中分布在西部和东北地区，如表10所示。可以说，市场秩序监管领域是大部分西部和东北地区地市级政府市场监管的薄弱环节。

表10　全国地市级政府市场秩序监管绩效水平区域分布

单位：个

区　域		一等绩效地市级政府数	二等绩效地市级政府数	三等绩效地市级政府数	四等绩效地市级政府数
东部	浙	2	7	0	0
	粤	5	4	8	2
	苏	2	6	3	1
	琼	0	2	0	0
	闽	4	4	0	0
	鲁	4	7	3	1
	冀	3	1	6	1
中部	豫	8	6	2	1
	湘	0	0	6	8
	皖	2	3	10	1
	晋	3	8	0	0
	赣	2	4	5	1
	鄂	6	4	2	0
西部	新	0	3	3	8
	陕	1	6	2	0
	青	0	0	3	5
	黔	0	1	3	5
	宁	0	0	1	4
	蒙	0	2	8	2
	桂	0	5	6	3
	甘	2	5	6	1
	滇	2	5	5	3
	川	2	5	10	3
	藏	0	0	1	6
东北	辽	1	2	6	3
	吉	0	0	1	7
	黑	1	10	0	1

具体来看,在市场秩序监管绩效一等绩效(前50名)的地市级政府中,东部地区有20个,占东部地市级政府总数的26.32%;中部地区有21个入围,占中部地市级政府总数的25.93%;西部地区有7个,占本地区地市级政府总数的5.47%;东北地区仅有2个入围,占东北地市级政府总数的6.25%。市场秩序监管绩效四等绩效(最后67名)的地市级政府,集中分布在西部地区(40个),占比60%,占西部地区地市级政府总数的31.25%;东北地区有11个入围,占东北地市级政府总数的34.38%;中部地区有11个,占本地区地市级政府总数的13.58%;东部地区仅有5个,占东部地区地市级政府总数的6.58%。从前后50名的分析可以看出,东部、中部地区地市级政府市场秩序监管绩效要远远好于西部和东北地区。

进一步从全国地市级政府市场秩序监管绩效前20名省域分布来看,湖北省所占席位最多,有5个地市级政府位列其中;其次是河南和广东,各有3个入围,河南郑州市位居全国首位;福建有2个,云南、江苏、河北、安徽、浙江、甘肃、山西各有1个;其中,云南昆明和甘肃白银是前20名中仅有的两个西部地市级政府,东北地区则没有地市级政府排在前20名。在市场秩序监管后20名的地市级政府中,湖南以6个居于首位,占比30%;吉林、宁夏各有3个,贵州有2个,云南、山东、河南、西藏、内蒙古、黑龙江各有1个入围;其中,黑龙江大兴安岭地区位列全国倒数第一。可见,绩效前20名的地市级政府以东部地区省份居多,没有东北三省;而绩效后20名中,仅有山东枣庄一个东部地区地市级政府,相反东北地区除辽宁外均有地市级政府位列其中(见表11)。

表11 全国地市级政府市场秩序监管绩效排名前20名和后20名

单位:分

市场秩序监管绩效前20名				市场秩序监管绩效后20名			
名次	地市级政府	所属省区	绩效得分	名次	地市级政府	所属省区	绩效得分
1	郑州	豫	83.97	296	白城市	吉	23.06
2	孝感市	鄂	83.88	299	怒江傈僳族自治州	滇	22.53
3	漳州市	闽	83.55	300	枣庄市	鲁	22.42
4	昆明市	滇	83.01	301	吉林市	吉	21.53
5	安阳市	豫	80.62	302	黔东南苗族侗族自治州	黔	20.89

续表

市场秩序监管绩效前20名				市场秩序监管绩效后20名			
名次	地市级政府	所属省区	绩效得分	名次	地市级政府	所属省区	绩效得分
6	十堰市	鄂	79.91	303	遵义市	黔	20.52
7	苏州市	苏	78.95	304	长沙市	湘	20.18
8	咸宁市	鄂	78.11	305	鹤壁市	豫	20.14
9	石家庄市	冀	76.52	306	石嘴山市	宁	19.07
10	东莞市	粤	76.18	306	吴忠市	宁	19.07
11	龙岩市	闽	75.37	308	中卫市	宁	18.63
12	洛阳市	豫	75.21	309	张家界市	湘	18.56
13	合肥市	皖	75.17	309	益阳市	湘	18.56
14	惠州市	粤	74.69	309	怀化市	湘	18.56
15	丽水市	浙	73.43	309	娄底市	湘	18.56
16	襄阳市	鄂	72.5	313	白山市	吉	18.26
17	白银市	甘	72.38	314	邵阳市	湘	15.67
18	黄石市	鄂	72.04	315	拉萨市	藏	15.27
19	梅州市	粤	71.82	316	通辽市	蒙	12.25
20	太原市	晋	71.35	317	大兴安岭地区	黑	10.74

三 省域内地市级政府市场监管绩效评估

在全国地市级政府市场监管绩效分省域评估中可以看到，全国27个省份和地区市场监管绩效有优有劣，江苏位列第1，青海排在末位；省域内各地市级政府绩效水平也参差不齐，绩效差距有大有小，内蒙古、湖南、河南所辖地市级政府内极值差距最为显著，海南、青海所辖地市级政府极值差距则较小（见图4）。本部分将从省域内地市级政府市场监管绩效平均水平、绩效等级分布以及绩效差距三个方面对全国各省区市场监管绩效做具体分析。

（一）东部地区：江苏独领群雄

东部各省份地市级政府市场监管绩效整体水平优于其他地区，但区域内也有优有劣。在东部地区内部，江苏省地市级政府市场监管绩效平均水平最高，排在东部地区和全国的首位；海南省平均水平最低，在全国各省区中名列第

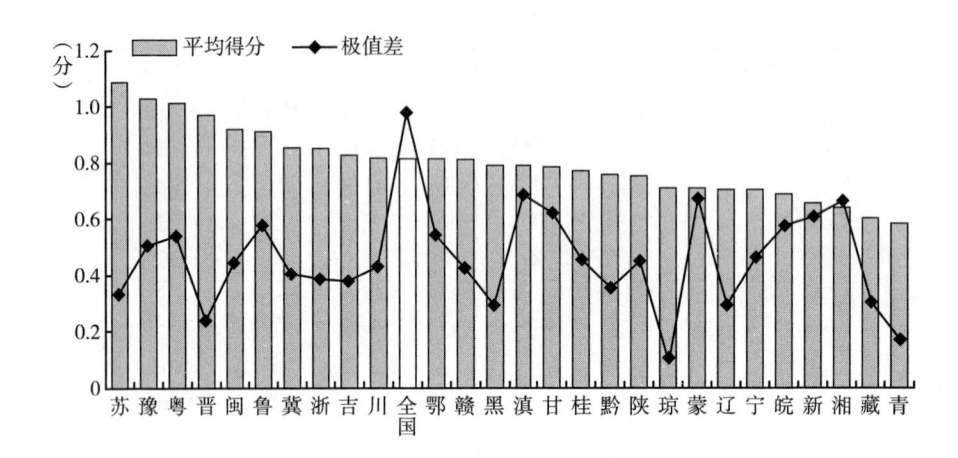

图 4　全国各省区地市级政府市场监管绩效平均水平与极值差距

19 位。从各省所辖地市级政府市场监管绩效等级分布来看，江苏省绩效优异的地市级政府占省内地市级政府总数的比例最高，海南省的地市级政府绩效皆处于中游水平（见表 12）。

表 12　东部地区各省所辖地市级政府市场监管绩效基本情况

单位：个，%

省份名称	所辖地市级政府总数	排名前 50 的地市级政府数量	排名后 50 的地市级政府数量	进入前 50 名的地市级政府占比
浙　江	9	1	0	11.11
山　东	15	5	0	33.33
江　苏	12	9	0	75.00
河　北	11	2	1	18.18
海　南	2	0	0	0.00
广　东	19	9	0	47.37
福　建	8	1	0	12.50

1. 河北：唐山 VS 廊坊

河北省地市级政府市场监管绩效平均得分在东部排在第 5 位，在全国排名中居第 7 位。从所辖地市级政府市场监管绩效等级分布来看，唐山、石家庄处于一等绩效，廊坊处于全国后 50 名，即仅有 18.18% 的地市级政府市场监管绩效优异。从省内地市级政府绩效差距来看，唐山市绩效水平最高，排在全国第36位；廊坊市政府市场监管绩效水平最低，全国排名第252位；省内绩效极值差0.4分，在全国各省区绩效极值差排序中处于中游。

2. 江苏：连云港 VS 镇江

在东部各省中，江苏省地市级政府市场监管绩效平均水平最高，在全国也排名首位。从江苏省地市级政府市场监管绩效等级分布来看，连云港、苏州、无锡等9个地市级政府处于一等绩效，有3个处于三等绩效行列。从省内地市级政府绩效差距来看，连云港政府市场监管绩效水平最高，绩效得分40.51分，全国排名第3位；镇江市政府市场监管绩效最低，全国排名第82位；省内绩效极值差为0.34分，省内差距相对较小。

3. 浙江：湖州 VS 台州

浙江省地市级政府市场监管绩效在东部排名中位于第6位，在全国排名第8位。浙江省在企业行为监管与产品质量监管领域的绩效水平相对落后，分别排在全国第16位、第11位。从浙江省地市级政府市场监管绩效等级分布来看，只有湖州市处于一等绩效，没有地市级政府位于全国后50名。从省内绩效差距来看，湖州市绩效水平最高，绩效得分33.14分，全国排名第39位；台州市绩效水平最低，全国排名第247位，与湖州相差208位；省内绩效极值差0.3分，省内差距不显著。

4. 福建：漳州 VS 宁德

从全省平均绩效水平来看，福建省高于全国平均水平，排在东部地区第3位，全国第5位；进一步从其职能领域绩效来看，福建省产品质量监管绩效水平相对落后，排名全国第18位。福建省各地市级政府市场监管绩效等级分布中，只有漳州处于一等绩效，占本省地市级政府总数的12.5%。从省内市场监管绩效差距来看，漳州水平最高，绩效得分38.44分，全国排名第7位；宁德绩效最低（24.31分），全国排名第178位，与漳州相差171位；省内绩效极值差为0.4分，其省内差距在全国各省区排名中处于中游。

5. 山东：东营 VS 菏泽

山东省地市级政府市场监管绩效平均得分高于全国平均水平，在东部各省中排在第4位，全国排名第6位；其产品质量监管领域绩效水平相对落后，排名全国第15位。从地市级政府市场监管绩效等级分布来看，山东省仅有东营、烟台、威海等5个处于一等绩效，有66.67%的地市级政府处于二等、三等绩效。从省内绩效差距来看，东营市绩效水平最高，绩效得分39.14分，全国排名第6位；菏泽市绩效最低，绩效得分20.73分，全国排名248位，与东营相差242位；省内绩效极值差0.5分，省内差距较为显著。

6. 广东：东莞 VS 茂名

从全省平均绩效水平来看，广东省绩效得分高于全国平均水平，在东部地区排名第2位，全国位于第3位；其市场秩序监管绩效相对落后，全国排名第10位。广东省各地市级政府在市场监管绩效等级分布上，有东莞、惠州、珠海等9个处于一等绩效，占广东省地市级政府总数的47.37%。从省内市场监管绩效差距来看，东莞市绩效水平最高，绩效得分40.95分，全国排名第2位；茂名市绩效最低，绩效得分23.92分，全国排名192位，与东莞相差190位；绩效极值差为0.5分，广东省内各地市级政府市场监管绩效差距较为显著。

（二）中部地区：河南领跑中部

中部地区地市级政府市场监管绩效平均水平在全国四大区域中排名第2位。在中部地区内部，河南省地市级政府市场监管绩效整体水平最高，在全国各省区排名中位于第2；湖南省绩效水平最低，在全国排名中位列倒数第3。从各省所辖地市级政府市场监管绩效水平等级分布来看，河南省内处于一等绩效的地市级政府数最多；而位于四等绩效行列的地市级政府则以湖南和安徽居多（见表13）。

表13 中部地区各省所辖地市级政府市场监管绩效基本情况

单位：个，%

省份名称	地市级政府数	处于一等绩效的地市级政府个数	处于四等绩效的地市级政府个数	处于一等绩效的地市级政府占比
山 西	11	2	0	18.18
江 西	11	1	2	9.09
湖 南	14	1	8	7.14
湖 北	12	1	2	8.33
河 南	17	7	0	41.18
安 徽	16	1	7	6.25

1. 山西：长治 VS 忻州

从各省平均绩效水平来看，山西省绩效得分高于全国平均水平，在中部地区位于第 2 位，全国排名第 4；其在企业行为监管领域的绩效相对落后，全国排名第 14 位。山西省所辖地市级政府在市场监管绩效等级分布上，仅长治、运城处于一等绩效，占地市级政府总数的 18.18%。从省内市场监管绩效差距来看，长治市绩效水平最高，绩效得分 36.14 分，全国排名第 16 位；吕梁、朔州以及忻州市绩效最低，绩效得分均为 28.31 分，全国排名 105 位，与长治相差 89 位，绩效极值差为 0.2 分，表示省内地市级政府市场监管绩效较为均衡。

2. 安徽：合肥 VS 池州

安徽省地市级政府市场监管绩效平均水平较为落后，得分低于全国平均水平，排在中部地区倒数第 2 名，全国倒数第 5 名；其在企业行为监管、产品质量监管以及市场秩序监管领域绩效都相对落后，分别排第 23、第 19、第 14 位。从地市级政府市场监管绩效等级分布来看，安徽省只有合肥市处于一等绩效，而池州、六安、铜陵等 9 个地市级政府均处于四等绩效水平，占到本省地市级政府总数的 43.75%。从省内绩效差距来看，合肥市绩效水平最高，绩效得分 32.91 分，全国排名第 42 位；池州市绩效最低，绩效得分 14.65 分，全国排名第 308 位，与合肥相差 266 位，绩效极值差为 0.5 分，省内差距较为明显。

3. 江西：九江 VS 景德镇

从全省平均绩效水平来看，江西省绩效得分低于全国平均水平，排在中部地区第 4 名，在全国排名中位于第 12 位；其企业行为监管、市场秩序监管领域绩效相对落后，分别排在第 18、第 15 位。江西省各地市级政府在市场监管绩效等级分布上，只有九江市处于一等绩效，而上饶和景德镇均位于四等绩效行列。从省内市场监管绩效差距来看，九江市绩效水平最高，绩效得分 33.07 分，全国排名第 41 位；景德镇绩效最低，得分为 19.58 分，全国排名 269 位，与九江相差 228 位，绩效极值差为 0.4 分，其省内差距在全国各省区排名中处于中游。

4. 河南：商丘 VS 平顶山

河南省地市级政府市场监管绩效平均得分高于全国平均水平，在中部位列首位，全国排名第 2 位；其在企业行为监管领域绩效相对落后，排在第 7 位。从地市级政府市场监管绩效等级分布来看，商丘、漯河等 7 个处于一等绩效，占地市级政府总数的不到一半。从省内绩效差距来看，商丘市绩效水平最高，绩效得分 41.16 分，全国排名第 1 位；平顶山市绩效最低，得分 25.19 分，全国排名第 164 位，与商丘相差 163 位，绩效极值差为 0.5 分，省内差距较为显著。

5. 湖北：十堰 VS 恩施土家族苗族自治州

从全省平均绩效水平来看，湖北省绩效平均得分低于全国平均水平，在中部地区排名第 3 位，全国排名第 11 位；其在企业行为监管领域绩效相对落后，在全国排名中位于第 23 位。湖北省各地市级政府在市场监管绩效等级分布上，只有十堰市处于一等绩效，荆州与恩施土家族苗族自治州均处于四等绩效，有 80% 的地市级政府绩效处于中游水平。从省内市场监管绩效差距来看，湖州市绩效水平最高，绩效得分 35.39 分，全国排名第 21 位；恩施土家族苗族自治州绩效最低，得分为 18.59 分，全国排名 280 位，与十堰相差 259 位，绩效极值差为 0.5 分，表示省内地市级政府市场监管绩效差距较为显著。

6. 湖南：岳阳 VS 娄底

湖南省地市级政府市场监管绩效平均得分低于全国平均水平，位列中部地区末位，在全国排名中处于倒数第 3 名；其在企业行为监管和市场秩序监管领域绩效水平相对较低，均排在全国第 25 位。从地市级政府市场监管绩效等级分布来看，湖南省只有岳阳市处于一等绩效，郴州、长沙等 8 个处于四等绩效。从省内绩效差距来看，岳阳市绩效水平最高，绩效得分 34.23 分，全国排名第 7 位；娄底、张家界、怀化、益阳市等绩效最低，得分均为 13.07 分，全国排名 311 位，与岳阳相差 304 位，绩效极值差为 0.6 分，省内差距极为显著。

（三）西部地区：四川独树一帜

西部地区地市级政府市场监管绩效平均水平在全国四大区域中排名第 4 位，绩效水平最低。在西部各省份中，四川省地市级政府市场监管绩效整体水平最高，在全国各省份和地区排名中位于第 10 名，是唯一高于全国平均水平的西部省份；西藏、青海绩效水平落后，在全国排名中位列最后两位。从各省所辖地市级政府市场监管绩效等级分布来看，仅四川、甘肃、陕西、内蒙古、广西五省区有地市级政府位于一等绩效行列（见表 14）。

表14 西部地区各省区所辖地市级政府市场监管绩效基本情况

单位：个，%

省区名称	地市级政府数	处于一等绩效的地市级政府个数	处于四等绩效的地市级政府个数	一等绩效的地市级政府占比	四等绩效的地市级政府占比
新　疆	14	0	5	0.00	35.71
西　藏	7	0	4	0.00	57.14
四　川	20	2	2	10.00	10.00
陕　西	9	1	4	11.11	44.44
青　海	8	0	6	0.00	75.00
宁　夏	5	0	2	0.00	40.00
内蒙古	12	1	6	8.33	50.00
贵　州	9	0	3	0.00	33.33
广　西	14	1	2	7.14	14.29
甘　肃	14	2	4	14.29	28.57

1. 内蒙古：鄂尔多斯 VS 阿拉善

从全省平均绩效水平来看，内蒙古平均绩效得分低于全国平均水平，在西部地区位于第7位，全国排名第16位；其在产品质量监管以及市场秩序监管领域绩效排名较为落后，分别排在全国第25、第20位。内蒙古各地市级政府在市场监管绩效等级分布上，只有鄂尔多斯处于一等绩效，阿拉善盟、赤峰、包头等6个处于四等绩效，占本省区地市级政府总数的一半。从省内市场监管绩效差距来看，鄂尔多斯绩效最高，绩效得分36.92分，全国排名第12位；阿拉善盟绩效最低，得分为15.71分，全国排名第298位，与鄂尔多斯相差286位，绩效极值差为0.6分，省内地市级政府市场监管绩效差距极为显著。

2. 广西：钦州 VS 柳州

广西壮族自治区地市级政府市场监管绩效平均得分低于全国平均水平，在西部地区排名第4位，全国排名第16位；其在产品质量监管以及市场秩序监管领域绩效排名分别排在第16位、第18位。从地市级政府市场监管绩效等级分布来看，广西只有钦州市处于一等绩效，来宾与柳州均处于四等绩效。从省区内绩效差距来看，钦州市绩效水平最高，绩效得分32.4分，全国排名第49位；柳州市绩效最低，得分为18.06分，全国排名284位，与钦州相差235位，绩效极值差为0.45分，省区内差距较为显著。

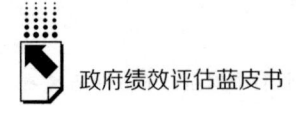

3. 四川：绵阳 VS 雅安

从全省平均绩效水平来看，四川省绩效得分在西部排名首位，全国排名第10，是西部地区唯一超过全国平均水平的省份。四川省各地市级政府在市场监管绩效等级分布上，仅绵阳与攀枝花市处于一等绩效，广安与雅安处于四等绩效，大部分地市级政府绩效处于中游水平。从省内市场监管绩效差距来看，绵阳市绩效水平最高，绩效得分33.89分，全国排名第30位；雅安绩效最低，得分为20.09分，全国排名第262位，与绵阳相差232位，绩效极值差为0.44分，省内地市级政府市场监管绩效差距较为显著。

4. 贵州：铜仁地区 VS 黔西南布依族地区

贵州省地市级政府市场监管绩效平均得分低于全国平均水平，在西部地区排名第5位，全国排名第17位；其在企业行为监管以及市场秩序监管领域绩效排名均较为落后，分别排在第20、第23位。从地市级政府市场监管绩效等级分布来看，贵州省没地市级政府处于一等绩效，黔西南布依族苗族自治州、六盘水等3个处于四等绩效，大部分处于绩效中下游。从省内绩效差距看，铜仁地区政府市场监管绩效省内最高，绩效得分28.97分，全国排名第95位；黔西南布依族苗族自治州绩效最低，绩效得分17.8分，全国排名第286位，与铜仁地区相差191位，绩效极值差为0.35分，省内各地市级政府市场监管绩效较为均衡。

5. 云南：昆明 VS 大理

从全省平均绩效水平来看，云南省绩效得分低于全国平均水平，在西部地区位于第2位，全国排名第14位；其在企业行为监管领域绩效排名较为落后，排在全国第21位。云南省各地市级政府在市场监管绩效等级分布上，只有昆明市处于一等绩效，大理、怒江等4个地市级政府均处于四等绩效。从省内市场监管绩效差距来看，昆明市绩效水平最高，绩效得分36.11分，全国排名第17位；大理白族自治州绩效最低，得分为14.49分，全国排名第309位，与昆明市相差292位，绩效极值差为0.68分，省内地市级政府市场监管绩效差距极为显著。

6. 西藏：阿里地区 VS 拉萨

西藏自治区地市级政府市场监管绩效平均得分低于全国平均水平，在西部地区和全国均排在倒数第2位；进一步从其职能领域绩效来看，西藏在企业行为监管和市场秩序监管领域绩效皆极为落后,分别排在第 25、第 24 位。从地市级政府市场监管绩效等级分布来看,西藏没有地级市政府处于一等绩效,拉萨、山南地区等 4 个均处于四等绩效,超过地市级总数的一半。从省区内绩效差距来看,阿里地区绩效水平最高,绩效得分 24.69 分,全国排名第 171 位;拉萨绩效最低,得分为 14.83 分,全国排名第 305 位,与阿里地区相差 134 位,绩效极值差为 0.31 分,省区内绩效差距较小。

7. 陕西:延安 VS 咸阳

从全省平均绩效水平来看,陕西省绩效得分低于全国平均水平,在西部地区排名第 6 位,全国排名第 18 位;进一步从其职能领域绩效来看,陕西省在产品质量监管领域绩效排名较为落后,在全国排名中位于第 26 位。陕西省各地市级政府在市场监管绩效等级分布上,只有延安处于一等绩效,商洛、咸阳等 4 个均处于四等绩效,几乎占本省地市级政府总数的一半。从省内市场监管绩效差距来看,延安市绩效水平最高,绩效得分 33.21 分,全国排名第 38 位;咸阳市绩效最低,绩效得分 19.22 分,全国排名第 275 位,与延安相差 237 位,绩效极值差为 0.44 分,省内地市级政府市场监管绩效差距较为显著。

8. 甘肃:嘉峪关 VS 甘南藏族自治州

甘肃省地市级政府市场监管绩效平均得分低于全国平均水平,在西部地区排名中位于第 3 位,全国排名第 15 位。从地市级政府市场监管绩效等级分布来看,甘肃省仅有嘉峪关、天水处于一等绩效,甘南藏族自治州、陇南等 4 个则处于四等绩效,一半以上的地市级政府处于中下游水平。从省内绩效差距来看,嘉峪关绩效水平最高,绩效得分 36.28 分,全国排名第 15 位;甘南藏族自治州绩效最低,得分为 16.6 分,全国排名第 293 位,与嘉峪关相差 278 位,绩效极值差为 0.62 分,省内差距极为显著。

9. 青海:海南藏族自治州 VS 海北藏族自治州

从全省平均绩效水平来看,青海省绩效得分为 18.50 分,远远低于全国平均水平(25.75 分),在西部地区和全国均排在倒数第 1 位。进一步从其职能领域绩效来看,青海省在企业行为监管、产品质量监管以及市场秩序监管领域的绩效皆低于其全国平均水平,分别排在第 19、第 27、第 22 位。青海省各地市级政府在市场监管绩效等级分布上,没有地级市政府处于一等绩效,海北藏族自治州、黄南藏族自治州等6个均处于四等绩效，占到青海省地市级政府总数的75%。从省内市场监管绩效差距来看，海南藏族自治州绩效最高，绩效得分21.43分，全国排名第243位；海北藏族自治州绩效最低，绩效得分为16.27分，全国排名第295位，与海南藏族自治州相差52位，绩效极值差为0.16分，表示省内地市级政府市场监管绩效均衡程度较高，但是是一种低绩效水平上的均衡。

10. 宁夏：固原 VS 吴忠

宁夏地市级政府市场监管绩效平均得分低于全国平均水平，在西部地区排名第8位，全国排名第22位。进一步从其职能领域绩效上看，宁夏在企业行为监管与产品质量监管领域的绩效排名均比较落后，分别排在第22、第27位。从地市级政府市场监管绩效等级分布来看，宁夏没有地级市政府处于一等绩效，石嘴山与吴忠处于四等绩效。从省区内绩效差距来看，固原市绩效水平最高，绩效得分29.28分，全国排名第89位；吴忠绩效最低，得分为14.68分，全国排名第306位，与固原相差217位，绩效极值差为0.46分，省区内差距较为显著。

11. 新疆：昌吉回族自治州 VS 克孜勒苏柯尔克孜自治州

从省区内平均绩效水平来看，新疆的绩效得分低于全国平均水平，在西部地区排名第9位，全国排名第24位；进一步从其职能领域绩效来看，新疆在企业行为监管与市场秩序监管领域的绩效排名均比较落后，分别排在第26、第21位。新疆各地市级政府在市场监管绩效等级分布上，没有处于一等绩效的，而克孜勒苏柯尔克孜自治州、塔城地区等5个均处于四等绩效。从省区内市场监管绩效差距来看，昌吉回族自治州绩效水平最高，绩效得分30.09分，全国排名第79位；克孜勒苏柯尔克孜自治州绩效最低，得分为10.82分，全国排名第317位，与昌吉回族自治州相差238位，绩效极值差为0.61分，表示省区内市场监管绩效差距极为显著，排名靠后的地市级政府绩效亟待提高。

（四）东北地区：吉林首领东北

东北地区地市级政府市场监管绩效平均水平在全国四大区域中排名第三，处于中下水平。在东北三省中，吉林地市级政府的市场监管绩效尤为突出，在全国排名第9位,是东北地区唯一高于全国平均水平的省份;辽宁省整体水平较为落后,在东北地区排在最后一名,在全国排名中位于第21位。从各省所辖地市级政府市场监管绩效水平等级分布来看,东北地区处于一等绩效的2个地市级政府皆在吉林省内,且吉林省没有地市级政府处于四等绩效;相反,东北地区位于市场监管四等绩效的5个地市级政府全部在辽宁省内(见表15)。

表15 东北地区各省所辖地市级政府市场监管绩效基本情况

单位:个,%

省区名称	地市级政府数	处于一等绩效的地市级政府个数	处于四等绩效的地市级政府个数	一等绩效的地市级政府占比	四等绩效的地市级政府占比
辽 宁	12	0	5	0.00	41.67
吉 林	8	2	0	25.00	0.00
黑龙江	12	0	0	0.00	0.00

1. 辽宁:辽阳 VS 本溪

辽宁省地市级政府市场监管绩效平均得分22.38分,低于全国平均水平(25.75分),在东北地区居于末位,在全国排名第21位;进一步从其职能领域绩效来看,辽宁省在产品质量监管与市场秩序监管领域的绩效水平均比较低,分别排在第23、第19位。从地市级政府市场监管绩效等级分布来看,辽宁省没有地级市政府处于一等绩效,鞍山、葫芦岛等5个处于四等绩效,占到辽宁省地市级政府总数的41.67%。从省内绩效差距来看,辽阳市绩效水平最高,绩效得分27.47分,全国排名第128位;本溪市绩效最低,绩效得分18.43分,全国排名第282位,与辽阳相差154位,绩效极值差为0.29分,省区内绩效差距较小。

2. 吉林:松原 VS 四平

从全省平均绩效水平来看,吉林省绩效得分26.13分,在东北地区居于首位,全国排名第9位;进一步从其职能领域绩效来看,该省在市场秩序监管领域绩效水平极低,排名全国倒数第2位。吉林省各地市级政府在市场监管绩效等级分布上,仅有松原与辽源市处于一等绩效,而近80%的地级市政府市场监管绩效则处于三等、四等绩效行列。从省内市场监管绩效差距来看,松原市绩效水平最高,绩效得分33.84分,全国排名第31位;四平市、通化市、白城市绩效最低,绩效得分均为22.04分,全国排名第228位,与松原相差197位,绩效极值差为0.37分,表示省内地市级政府之间的市场监管绩效较为均衡。

3. 黑龙江:佳木斯 VS 大兴安岭

黑龙江省地市级政府市场监管绩效平均得分24.95分,低于全国平均水平(25.75分),在东北地区位居第二位,全国排名第13位,处于中游;但是,黑龙江省在产品质量监管领域绩效排名却较为落后,排在全国倒数第4位。从地市级政府市场监管绩效等级分布来看,黑龙江省没有地市级政府处于一等绩效,其所有地市级政府绩效均处于中下游水平。从省内市场监管绩效差距来看,黑龙江省佳木斯市绩效水平最高,绩效得分31.82分,全国排名第53位;大兴安岭地区绩效最低,绩效得分22.55分,低于全国平均水平(25.75分),全国排名第222位,与佳木斯相差169位,绩效极值差为0.29分,表示省内地市级政府市场监管绩效差距较小。

四 研究性发现

根据以上对全国各区域、各省域以及各地市级政府市场监管绩效水平的分析,基本可以对目前阶段全国政府市场监管绩效总体水平及各职能领域绩效状况形成一个较为直观的认识,根据这些比较和分析,可以得出以下几个基本结论。

(一)政府市场监管区域差距梯次特征明显,东部地区地市级政府绩效突出

由上文分析可发现,全国地市级政府市场监管绩效水平由东往西大致呈梯形递减态势。东部地区地市级政府市场监管绩效平均得分最高,以29.93分居四大区域之首;中部地区平均得分26.2分,居第二位;东北地区平均得分24.28分,位列第三;西部地区则以23.34分的得分在全国排名中居于末位。从区域内地市级政府绩效分布上看,东部地区处于一等绩效的地市级政府数量最多,有27个,占一等绩效的54%,占东部地区地市级政府总数的35.53%,

中部、西部、东北地区进入一等绩效的地市级政府分别仅有13个、8个、2个，与东部地区存在较大差距；但在最落后的四等绩效中，西部地区最为集中，有42个，占比62.69%，中部地区有19个，东北地区有5个，而东部地区仅有一个地市级政府位列其中，绩效水平远远高于中、西部地区。通过以上分析可以看出，全国地市级政府市场监管绩效平均水平沿海地区高于内陆地区，且绩效得分由东往西呈递减态势。

（二）经济发展水平越高的地区其市场监管的任务越重

上述研究性发现指出，地市级政府市场监管绩效水平分布梯次特征明显，沿海高于内陆，东部高于中部、中部高于西部，由东往西逐级递减；这同经济社会发展格局大体一致。如图5所示：经济发展水平高的地区，其市场监管绩效水平相对也高；经济发展水平较低的地区，其市场监管绩效相应也较低。

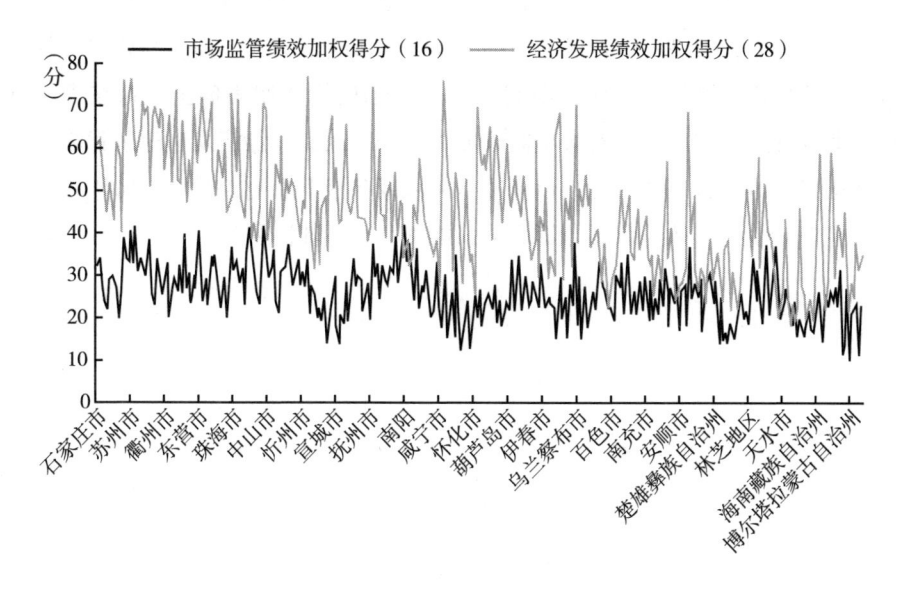

图5 全国地级市政府市场监管绩效与经济发展绩效趋势比较

为进一步验证两者之间的相关性，本报告选用SPSS对全国地市级政府市场监管绩效得分与经济发展绩效得分进行了分析。如表16所示，两者之间的相关性系数为0.42（大于0.4），说明两者之间存在显著相关性。

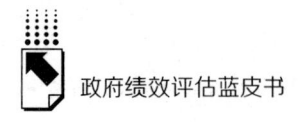

表 16　全国地市级政府经济发展绩效与市场监管绩效相关性系数

类别		Zscore(经济发展绩效得分)	Zscore[市场监管绩效加权得分(16)]
Zscore(经济发展绩效得分)	Pearson 相关性	1	0.420**
	显著性(双侧)		0.000
	N	317	317
Zscore[市场监管绩效加权得分(16)]	Pearson 相关性	0.420**	1
	显著性(双侧)	0.000	
	N	317	317

注：** 在.01 水平（双侧）上显著相关。

同时，再以省域为单位对全国地市级政府市场监管绩效与经济发展绩效之间的相关性做进一步验证。相关性分析发现，各省区市场监管绩效平均水平与经济发展绩效平均水平之间也存在显著相关性（相关性系数为0.585）。因此，可以得出以下结论，政府市场监管绩效与当地的经济发展水平息息相关。

众所周知，经济发达地区的市场主体多、市场活力大，商品与要素交易频繁，违法事件屡屡发生，而目前我国政府市场监管体制不健全，存在多头管理、职权交叉等问题，政府市场监管能力较弱；因此，经济发达地区就陷入了问题频发但难以解决的困境，市场监管领域任务极其繁重。我国现阶段正处于市场经济转型期，政府市场监管职能只能加强，不能削弱！

B.9
政府社会管理绩效评估

陈承新*

摘　要： 本报告通过对全国317个地市级政府社会管理指标数据的分析发现，四大区域政府社会管理绩效得分大体呈现由东部向中部、西部和东北地区逐渐递增的态势，但相互之间较为接近、差距不大；只有东北地区地市级政府的社会管理绩效平均得分在全国平均分之上，西部地区地市级政府的社会管理绩效得分与全国平均分最为接近，东部和中部地区的平均分均在全国平均分之下。

通过对评估结果的进一步分析发现，社会管理绩效不完全取决于经济发展水平；同时，平衡社会管理各职能领域的管理水平，有助于改进政府的社会管理绩效。从更大的视野考量，社会管理绩效的提高还需要统筹考虑各项政府职能的贡献率和均衡度。

关键词： 政府绩效评估　社会管理　社会管理绩效

一　社会管理再认识

近年来，因各种社会矛盾和纠纷引发的事件多达数万起甚至十余万起。仅2012年就有天津PC项目污染引发的群众"集体散步"事件、7月初的什邡事件和7月底的启东事件等几次大型事件。2013年1月4日，河南兰考的一个民办收养场发生火灾，7名儿童死亡，引起民众对于当地相关部门行政作为的争

---

* 陈承新，中国社会科学院政治学研究所副研究员。

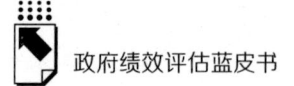

论。2013年5月，国内知名导演张××陷入"超生门"事件，被爆料再婚并育有三子，引发公众对当地计生政策及其实际执行的质疑。还有"我爸是李刚"事件、富士康事件、各地校园袭童事件、方××遇袭事件等，诸如此类的事件比比皆是，引发了社会的热烈讨论，也将社会管理问题推向前沿……

随着中国经济社会的转型和体制改革的推进，社会管理领域的问题已经成为政府必须面对的战略性问题。尽管随着改革的推进，社会管理难度日益加大，但政府仍坚持加大对社会的管理力度，全国上下在社区建设、风险评估、矛盾调解、流动人口与特殊人群服务管理、基层治安防控、两新组织服务管理等方面，不断推出新举措，力求实现社会管理的改革创新。

（一）政府管理视野下的社会管理

什么是社会管理？在国家层面，中国共产党自十六大以来，不断探索中国特色社会管理的理论和实践。

探索以社会管理概念的正式提出为开始。随着社会管理问题的日渐突出，政府对其重视度不断提升。2004年9月，党的十六届四中全会明确提出深入研究社会管理规律、加强社会建设和管理，推进社会管理体制创新的任务。2006年10月，中共十六届六中全会指出，加强社会管理，维护社会稳定，是构建社会主义和谐社会的必然要求。2007年十七大报告指出，要建立健全党委领导、政府负责、社会协同、公众参与的社会管理格局。

第二阶段，明确了工作重点。2009年，党中央在举行的全国政法工作电视电话会议上强调，深入推进"社会矛盾化解、社会管理创新、公正廉洁执法"工作。2011年2月19日，时任总书记胡锦涛在省部级主要领导干部社会管理及其创新专题研讨会上发表专题讲话强调，要"扎扎实实提高社会管理科学化水平，建设中国特色社会主义社会管理体系"，全面论述了社会管理工作的科学内涵，并提出了社会管理格局设计、维护群众权益机制等八个方面的任务。2011年3月，"社会管理创新"一词首次被写入《政府工作报告》，并在国家"十二五"规划纲要中单独成篇；切实解决人民群众最关心、最直接、最现实的利益问题，已被各级政府摆在了更加重要的位置。

其后，细化方法，强化管理。2011年5月30日，时任总书记胡锦涛同志主持政治局会议，进一步强调加强和创新社会管理的问题，提出了社会管理要以"以人为本、服务为先,多方参与、共同治理,关口前移、源头治理,统筹兼顾、协商协调,依法管理、综合施策,科学管理、提高效能"为原则。2011年7月,《中共中央国务院关于加强社会管理创新的意见》出台,这是中国第一份关于社会管理创新的正式文件。2011年9月16日,中央决定把中央社会治安综合治理委员会更名为中央社会管理综合治理委员会。

基于上述理解,政府的社会管理就是政府通过公共财政、社会福利、社会保障以及基本公共服务的供给,也通过社会自身的行为规范、社会关系协调、公众参与等来维护社会秩序,激发社会活力的管理活动。[1]

依据上述界定,社会管理涵盖规范社会行为、协调社会关系、解决社会问题、防范社会风险等领域。根据中国现阶段的发展特点和部门分工,政府社会管理职能包括三大类主要事务:一者事关社会活力,包括社会组织管理和人口管理;二者事关社会安全和社会稳定,主要是行政和司法领域;三者事关社会公平,包括提供社会公共服务和公共物品。本报告正是据此从社会组织与人口、社会安全和社会保障与就业三个职能领域对地市级政府的社会管理绩效进行评估。

(二)社会管理的现实挑战

改革开放以来,通过不断改革和完善社会管理体制,强化社会管理职能,中国地方政府的社会管理取得了显著成效。地方各级政府越来越重视加强社会管理,社会支出不断增加、社会救助水平迅速提高、社会保障制度基本确立、政府扶贫工作成效显著,并在推进各项事业社会化、加强城市社区建设、加强农村基层自治组织建设、培育和发展民间组织等方面迈出了较大步伐。但是,中国毕竟正处于超高速的历史性巨变之中,经济社会转型与体制转轨相交织,社会问题的复杂性世所罕见。目前,中国政府社会管理工作还不能完全适应市场经济发展和社会全面进步的要求,亟须在加强社会管理革新方面取得突破。[2]

形成于计划经济时代的社会管理观念至今仍在中国实践中发挥影响:注重

---

[1] 汪大海:《社会管理》,中国人民大学出版社,2013;陈振明等:《社会管理——理论、实践与案例》,中国人民大学出版社,2012;丁元竹:《社会管理概念的理论、历史和国际视角》,载《创新驱动与首都"十二五"发展——2011首都论坛文集》,北京出版社,2012。

[2] 丁元竹:《社会管理:问题与方向》,广东省省情调查研究中心广东省情调研网,2011年8月9日;蓝蔚青:《加强改善和创新社会管理的建议》,《观察与思考》2012年1月6日。

经济发展、轻视社会发展，导致政府的经济发展职能与社会管理职能极不协调；注重管制、轻视参与，突出表现为凡事都需要层层审批和政府许可；注重全面管理、轻视合作，政府垄断大量社会资源，挤占了社会组织的活动空间；注重权力行使、轻视绩效评估，导致权责不匹配，服务意识淡漠。受累于此观念，社会管理体制并不健全，在新旧体制转轨中呈现明显的过渡性特征，不仅各项社会管理体制机制不健全，而且长期以来缺乏科学、健全的社会管理评估机制。

同时，改革的深化与利益格局的调整已经积累了大量社会矛盾，社会不稳定因素日渐增多，前述提及的频繁发生的群体性事件就是这些因素相互作用的结果。这些社会管理问题已经成为当代中国体制改革的短板，处理不慎就可能一触即发，对中国社会安定和发展构成致命威胁。

因此，政府社会管理职能的改进和加强已经被逼到了改革的前沿。本报告将在厘清认识的基础上，对中国地市级政府社会管理绩效做深入的评估和分析。

二　描轮画廓：地市级政府社会管理绩效总体状况

中国地市级政府社会管理管得怎样？通过对全国317个地市级政府社会管理指标数据的考察和分析，希望能够清晰地勾画出地市级政府绩效水平在全国、地区和省域的分布特点，也能对社会管理各职能领域的绩效情况有一个整体性认知。

（一）全国总体特点：各区域绩效得分均衡，个体特点不突出

中国地市级政府社会管理绩效的全国分布，基本呈现各大地区均匀分布的状态，似乎与经济的梯次分布没有明显的相关性。东部、中部、西部和东北地区都广泛散布着社会管理绩效各个分数段的地市级政府，相对而言，东北部和西部地区所包含的高分地市级政府比其他地区较多。

图1反映了各地市级政府社会管理绩效省域角度的排名情况。从图中可以直观地看到，东北地区各地市级政府社会管理绩效较为优异，辽宁省排名全国第一，吉林省全国第二，黑龙江表现虽较差，但也处于全国中游；西部地区表现也较为突出，11个省份中有8个位于全国中上游；东、中地区社会管理绩效水平则较差。从图中也可发现，各省份绩效虽有优有劣，但总体差距并不大，第一名和最后一名的差距也仅仅只有不到14分。

政府社会管理绩效评估

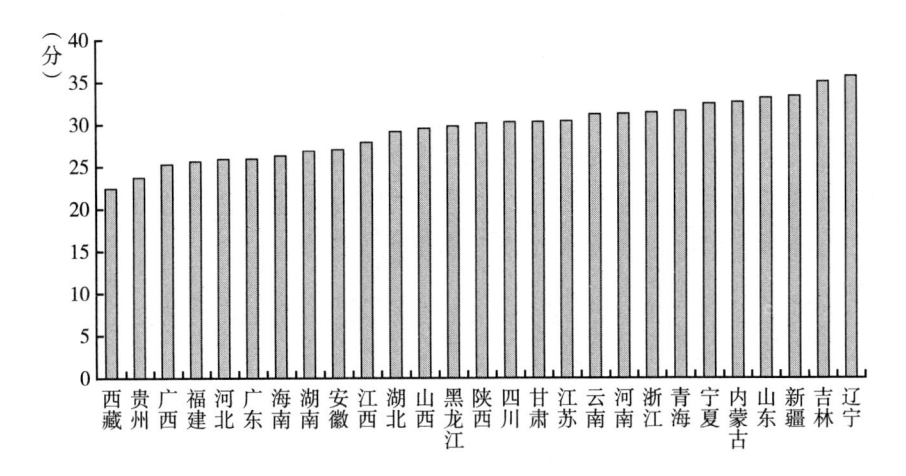

图1　全国各省区所辖地市级政府社会管理绩效平均得分

各省区所辖地市级政府在社会管理绩效平均得分上没有太大差距，但是它们之间的排名情况究竟会怎么样？在区域分布和省域分布上呈现什么特点？社会管理各职能领域绩效上又有什么不一样？这些都需要进一步分析。

（二）职能特点：中部社会管理职能领域绩效均居下游

虽然各省区在社会管理绩效平均得分上没有太大差距，但是通过对各地市级政府绩效得分的名次排列，能够进一步清晰地了解其绩效特点，便于我们分辨它们之间存在的差异。

从社会组织与人口管理、社会安全管理和社会保障与就业管理三个方面综合考量社会管理绩效，得出了全国地市级政府社会管理绩效得分及排名。表1中能清楚地了解社会管理绩效排在前20位的地市级政府。

表1　全国地市级政府社会管理绩效前20名

全国名次	地市级政府	所属省区	职能领域绩效名次					
			社会组织与人口管理绩效	所属省区	社会安全管理绩效	所属省区	社会保障与就业管理绩效	所属省区
1	辽阳市	辽	舟山市	浙	辽阳市	辽	白山市	吉
2	白山市	吉	黄山市	皖	舟山市	浙	伊春市	黑
3	淄博市	鲁	威海市	鲁	淄博市	鲁	通化市	吉

253

续表

全国名次	地市级政府	所属省区	职能领域绩效名次					
			社会组织与人口管理绩效	所属省区	社会安全管理绩效	所属省区	社会保障与就业管理绩效	所属省区
4	阿勒泰地区	新	湖州市	浙	聊城市	鲁	本溪市	辽
5	迪庆藏族自治州	滇	安康市	陕	迪庆藏族自治州	滇	营口市	辽
6	烟台市	鲁	烟台市	鲁	安阳市	豫	辽源市	吉
7	舟山市	浙	宜昌市	鄂	三明市	闽	阿勒泰地区	新
8	威海市	鲁	淄博市	鲁	镇江市	苏	四平市	吉
9	酒泉市	甘	锦州市	辽	吐鲁番地区	新	铜川市	陕
10	嘉峪关市	甘	银川市	宁	开封市	豫	抚顺市	辽
11	抚顺市	辽	苏州市	苏	海南藏族自治州	青	鸡西市	黑
12	锦州市	辽	巴彦淖尔市	蒙	潍坊市	鲁	呼伦贝尔市	蒙
13	伊犁哈萨克自治州（直属县市）	新	昆明市	滇	葫芦岛市	辽	天水市	甘
14	呼伦贝尔市	蒙	昌吉回族自治州	新	庆阳市	甘	白城市	吉
15	莱芜市	鲁	营口市	辽	许昌市	豫	辽阳市	辽
16	巴彦淖尔市	蒙	莱芜市	鲁	洛阳市	豫	阜新市	辽
17	乌兰察布市	蒙	绍兴市	浙	商丘市	豫	威海市	鲁
18	开封市	豫	嘉峪关市	甘	湘潭市	湘	伊犁哈萨克自治州（直属县市）	新
19	银川市	宁	泰州市	苏	海北藏族自治州	青	攀枝花市	川
20	海北藏族自治州	青	阿勒泰地区	新	衡水市	冀	朝阳市	辽

从社会管理绩效排名与其三个职能领域绩效排名之间的关系，可以清楚地发现，前10名地市级政府中，第1名辽阳、第3名淄博、第4名阿勒泰、第7名舟山和第8名威海各有2个职能领域绩效名列前20位，第5名迪庆、第6名烟台和第10名嘉峪关各有1个职能领域名列前20位。第11至20名中，除第17名外，其他九个地市级政府，即抚顺、锦州、伊犁、呼伦贝尔、莱芜、巴彦淖尔、开封、银川和海北藏族自治州，都各有1个职能领域绩效名列前20位。

值得关注的是，两个西部地市级政府，即第 9 名酒泉和第 17 名乌兰察布，与其他前 20 名地市级政府不同，它们在三个职能领域中绩效都不突出，均没有名列前 20 位。不过，进一步查阅它们的绩效得分发现，酒泉的社会组织与人口管理绩效、社会安全管理绩效和社会保障与就业管理绩效得分分别是 59.83 分、82.88 分和 76.67 分，乌兰察布的社会组织与人口管理绩效、社会安全管理绩效和社会保障与就业管理绩效得分分别是 54.05 分、81.62 分和 75.79 分，都处于各职能领域绩效平均得分之上，总体比较均衡。

在后 20 位地市级政府绩效排名中，我们发现了同样的规律。社会管理绩效排名后 10 位的地市级政府，其各职能领域绩效，尤其是社会保障与就业管理绩效排名普遍靠后；各职能领域排名比较均衡的地市级政府，其社会管理绩效排名也比较靠前（见表 2）。

表 2 全国地市级政府社会管理绩效后 20 名

全国名次	地市级政府	所属省区	社会组织与人口管理绩效	所属省区	社会安全管理绩效	所属省区	社会保障与就业管理绩效	所属省区
298	贺州市	桂	临夏回族自治州	甘	茂名市	粤	山南地区	藏
299	湛江市	粤	贵港市	桂	阳江市	粤	钦州市	桂
300	毕节地区	黔	阳江市	粤	七台河市	黑	泉州市	闽
301	钦州市	桂	信阳市	豫	呼和浩特市	蒙	东莞市	粤
302	娄底市	湘	黔东南苗族侗族自治州	黔	张家界市	湘	苏州市	苏
303	邯郸市	冀	平凉市	甘	益阳市	湘	汕头市	粤
304	亳州市	皖	衡阳市	湘	娄底市	湘	邯郸市	冀
305	石家庄市	冀	菏泽市	鲁	兰州市	甘	衡水市	冀
306	玉林市	桂	赣州市	赣	盘锦市	辽	连云港市	苏
307	吉安市	赣	娄底市	湘	六盘水市	黔	廊坊市	冀
308	茂名市	粤	玉林市	桂	商洛市	陕	丽水市	浙
309	六盘水市	黔	吉安市	赣	牡丹江市	黑	莆田市	闽
310	阳江市	粤	沧州市	冀	淮南市	皖	林芝地区	藏
311	商洛市	陕	安阳市	豫	黔南布依族苗族自治州	黔	龙岩市	闽
312	黔南布依族苗族自治州	黔	邵阳市	湘	自贡市	川	西宁市	青

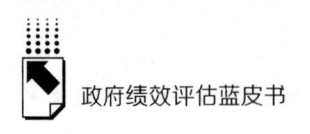

续表

全国名次	地市级政府	所属省区	职能领域绩效名次					
			社会组织与人口管理绩效	所属省区	社会安全管理绩效	所属省区	社会保障与就业管理绩效	所属省区
313	黔西南布依族苗族自治州	黔	阜阳市	皖	昆明市	滇	沧州市	冀
314	莆田市	闽	宿州市	皖	湛江市	粤	石家庄市	冀
315	百色市	桂	百色市	桂	恩施土家族苗族自治州	鄂	拉萨市	藏
316	拉萨市	藏	亳州市	皖	荆州市	鄂	贵港市	桂
317	宿州市	皖	三亚市	琼	随州市	鄂	宿州市	皖

在后10名地市级政府中，除了黔西南布依族苗族自治州三个职能领域绩效均不在后20名外，其余9个地市级行政区域在社会管理绩效各职能领域至少有一项排后20位中。其中阳江排名第310名，它在社会组织与人口管理领域和社会安全管理领域均落入了后20位，分别是第300名和第299名。

值得指出的是，黔西南布依族苗族自治州的社会管理绩效排名第313位，但是它在社会组织与人口管理领域排名第292位，在社会安全管理领域排名第293位，在社会保障与就业管理领域排名第290位，三个职能领域排名相当，且均处于落后水平，因此其社会管理综合绩效位于后20位。

中部地区有13个地市级政府排在全国后20名之中，占比高达65%，且中部地区社会管理各职能领域绩效都相对落后于其他区域，需要较大力度的加强和改进；东北地区则与中部形成鲜明对比，除了社会安全管理需要继续加强以外，在社会管理其他两个职能领域绩效表现均较为优异；西部地区在社会组织与人口以及社会保障与就业两个方面需要加大政府工作力度；与西部地区一样，东部地区在这两个职能领域绩效表现也较弱，但在社会安全管理领域绩效则相对突出。

（三）地域特点：西部分化、中部塌陷

着眼于全国27个省区所辖地市级政府社会管理绩效平均得分，大体呈现东北水平高、西部分化大、东中部低水平小差距的地域分布特点。

1. 分布的总体特点

中国地市级政府社会管理绩效得分呈现由东部向中部、西部和东北地区逐渐递增的态势。据计算，全国地市级政府社会管理绩效平均得分为29.98分，结合表3可以发现，只有东北地区所辖地市级政府的社会管理绩效平均得分在全国平均分之上，西部地区得分与全国平均分最为接近，东部和中部地区的平均分均在全国平均分之下。

表3 全国四大地区所辖地市级政府社会管理绩效平均得分

单位：分

区域名称	社会管理绩效平均得分	区域名称	社会管理绩效平均得分
东部地区	28.67	西部地区	29.67
中部地区	28.66	东北地区	33.00

中国地市级政府社会管理绩效的省域平均得分排名情况中。东北地区地市级政府的省域平均水平最高；西部地区紧随其后，不仅包含高分省域，全国得分最低的两个省区也属于西部；东部地区除山东、浙江处于全国平均水平之上，其他省份仅位于下游，绩效偏差；中部地区各个省域得分较为均衡，没有大起大落的现象。

2. 社会管理绩效前20名地域分布特点

依据表1所示，社会管理绩效得分排名前10位的地市级政府，主要集中在东部（4个）和西部地区（4个），东北地区次之（2个），中部地区没有，总体呈现东西主导、中部塌陷的态势。

其中，社会组织与人口管理领域，得分排名前10位的地市级政府分别是舟山、黄山、威海、湖州、安康、烟台、宜昌、淄博、锦州、银川，同样主要集中于东部地区（5个），中部和西部各含2个，东北地区1个。社会安全管理领域，绩效排名全国前10位的地市级政府中，虽然第一名由东部转移到东北地区，但总体分布和社会组织与人口管理绩效一致，东部5个，中部和西部各2个，东北1个。社会保障与就业管理领域，得分在全国前10位的地市级政府，出乎意料地呈现与前几方面截然不同的分布态势，绝大部分集中于东北地区（8个），西部次之（2个），东部和中部均没有地市级政府进入前10名。

将样本量扩大至全国前20名，可以进一步分析不同绩效的地市级政府在区域和省域的分布特点。表4清晰地展示了社会管理绩效排名前20位的各地市级政府在区域和省域的分布状况。

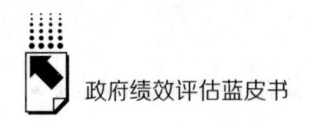

表4 社会管理绩效前20名地市级政府的区域和省域分布

单位：个

综合名次		社会组织与人口管理绩效		社会安全管理绩效		社会保障与就业管理绩效	
区域名称（个数）	省域名称（个数）	区域名称（个数）	省域名称（个数）	区域名称（个数）	省域名称（个数）	区域名称（个数）	省域名称（个数）
东部(5)	鲁(4)	东部(9)	浙(3)	东部(7)	鲁(3)	东部(1)	鲁(1)
	浙(1)		鲁(4)		冀(1)		
			苏(2)		浙(1)		
					闽(1)		
					苏(1)		
中部(1)	豫(1)	中部(2)	皖(1)	中部(6)	豫(5)	0	0
			鄂(1)		湘(1)		
西部(10)	蒙(3)	西部(7)	新(2)	西部(5)	青(2)	西部(6)	新(2)
	新(2)		陕(1)		甘(1)		川(1)
	甘(2)		宁(1)		滇(1)		陕(1)
	滇(1)		蒙(1)		新(1)		蒙(1)
	宁(1)		滇(1)				甘(1)
	青(1)		甘(1)				
东北(4)	辽(3)	东北(2)	辽(2)	东北(2)	辽(2)	东北(13)	辽(6)
	吉(1)						吉(5)
							黑(2)

从区域分布看，东部和东北部偏科明显。东部地区地市级政府在社会组织与人口管理领域和社会安全管理领域的绩效领先于其他区域，但是社会保障与就业管理绩效却排名倒数第2，存在较大改进空间；东北地区地市级政府社会保障与就业管理绩效遥遥领先于其他地区，但是社会组织与人口管理以及社会安全管理两个领域的绩效存在较大改进空间。

相形之下，西部地市级政府明显在社会管理的各个职能领域表现较为平衡，没有大起大落的现象。西部地区地市级政府不仅在前10名中与东部齐头并进，各占4席，遥遥领先于其他地区，而且在社会管理绩效排名前20位地市级政府中进一步占据了"半边天"。

中部地市级政府则在社会管理各个职能领域都表现平平甚至不佳，除了社会安全管理绩效仅次于东部占得6席以外，其他社会管理职能领域排名与综合排名均较落后，体现出显著的中部塌陷特征。

3. 社会管理绩效后20名地市级政府的地域分布特点

由表5发现，社会管理绩效排名后20位的地市级政府中，中、西部地区占据了绝大部分（14个），东部和东北地区分别占4个和2个，因此，社会管理绩效后20位的排名大体呈现与区域经济发展水平相符的东部和东北较好、中西部落后的特点。其中，社会组织与人口管理绩效得分排名后20位的地市级政府，同样集中于中、西部地区（15个），东部和东北部相当，分别占3个和2个，但是东部地区三亚市排名垫底，凸显出其社会组织与人口管理绩效水平亟待提高。社会安全管理绩效得分排名全国后20位的地市级政府中，中部占了后10名的一半和后20名的40%，东、西部各占5个，东北仅占2个并且没有地市级政府进入后10位。社会保障与就业绩效得分在全中国后20位的地市级政府，东西部分别占40%和35%，但是东部地区没有地市级政府进入后10位，因此总体上西部地区在这一领域的绩效水平最为靠后。

表5 社会管理及各职能领域绩效后20名地市级政府的区域分布

单位：个

区域	社会管理绩效	职能领域绩效		
		社会组织与人口管理绩效	社会安全管理绩效	社会保障与就业管理绩效
东部地区	4	3	5	8
中部地区	6	6	8	2
西部地区	8	9	5	7
东北地区	2	2	2	3

三 分域履职：社会管理职能领域绩效特点

为了进一步评估中国地市级政府的社会管理绩效水平，本部分将从政府分域履职的现实出发，就社会组织与人口管理、社会安全管理和社会保障与就业管理三个领域综合考量地市级政府的社会管理绩效。

为了便于分析理解，我们利用平均值和标准差建立了一个简约的参照系（见图2），将317个地市级政府按照绩效得分高低进行分类，同时显示不同类别相对于其他地市级政府的相对绩效。

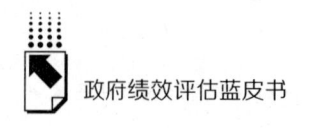

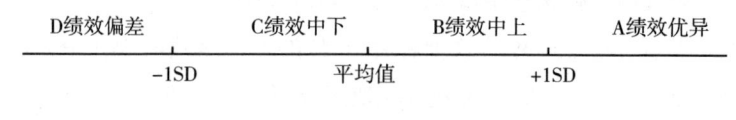

```
D绩效偏差        C绩效中下        B绩效中上        A绩效优异
─────────────┼───────────────┼───────────────┼─────────────
           -1SD            平均值           +1SD
```

图 2　参照系

根据这个参照系，我们将绩效总水平划分为 A、B、C、D 四个绩效档次，它们分别为：A 为第一档绩效，代表得分高于平均值基础上增加一个标准差的区域，绩效表现为优异；B 为第二档绩效，代表得分高于平均值但低于平均值基础上增加一个标准差的区域，绩效表现为中上或次优；C 为第三档绩效，代表低于平均值但高于平均值基础上减少一个标准差的区域，绩效表现为中下；D 为第四档绩效，代表低于平均值基础上减少一个标准差的区域，绩效表现为偏差。其后依据中国地市级政府社会管理绩效得分进行排名。

为方便分析，按照李克特量表法，我们将其社会管理能力划分为四档区间，第一档是排名 50 位之前的地市级政府，第二档是居于第 51 至 150 名之间的地市级政府，第三档是居于第 151 至 250 名之间的地市级政府，第四档是第 251 名之后的地市级政府。

（一）绩效不同档地市级政府的地域特点：西部广覆盖

依据分档情况，第一档和第四档地市级政府数量相对较少，中间两档地市级政府数量较多，呈现两头离散、中间集中的特征。从职能领域排名方面进行评估，各地市级政府均存在发展不平衡的特点，即便处于社会管理绩效第一档的 50 个地市级政府，也没有一个在各职能领域绩效都出色。进一步观察最突出的前 10 名，也没有一个地市级行政单位其三项职能领域绩效得分都能排入前 20 名。这意味着无论各地市级政府社会管理绩效处于哪一档次，均有某职能领域绩效有待提升。

在上述共性下，下文将分别从区间概况、区域分布、省域分布三个方面对不同档的地市级政府展开职能评估。

1. 社会管理绩效一档地市级政府：西部覆盖广，辽宁最集中，省域分布梯次明显

区间概况——第一档一共涵盖了社会管理绩效综合排名前 50 位的地市级

政府。第一名辽阳的社会管理绩效加权得分是44.31分,与第一档最低的怒江傈僳族自治州相差9.43分,差距不是很大。

区域分布——大多数第一档地市级政府来自西部地区,一共有21个,占所有第一档城市的42%,占西部地市级政府总数的16.4%;其次是东北部地区(13个)和东部地区(9个),分别占到26%和18%;其余14%是来自中部地区的7个地市级行政单位。因此,第一档在区域分布上没有显著的梯次特征,尤以西部居多。

省域分布——绩效第一档的地市级政府中,辽宁最多,有7个;其次是吉林、山东和新疆,各有5个入围;云南有4个入围,甘肃和内蒙古各有3个入围,江苏、浙江、安徽、湖北、陕西和宁夏各有2个入围;还有山西、江西、河南、四川、青海和黑龙江各有1个入围(见表6)。

表6 全国社会管理绩效第一档地市级政府排名

全国名次	地市级政府	所属省区	职能领域绩效名次		
			社会组织与人口管理绩效	社会安全管理绩效	社会保障与就业管理绩效
1	辽阳市	辽	50	1	15
2	白山市	吉	29	55	1
3	淄博市	鲁	8	3	58
4	阿勒泰地区	新	20	56	7
5	迪庆藏族自治州	滇	52	5	53
6	烟台市	鲁	6	52	34
7	舟山市	浙	1	2	266
8	威海市	鲁	3	128	17
9	酒泉市	甘	57	25	31
10	嘉峪关市	甘	18	68	41
…	…	…	…	…	…
41	黄山市	皖	2	64	241
42	宜昌市	鄂	7	187	102
43	朝阳市	辽	163	61	20
44	镇江市	苏	40	8	273
45	玉溪市	滇	49	35	169
46	哈密地区	新	33	143	106
47	丹东市	辽	36	194	68
48	铜陵市	皖	144	88	25
49	攀枝花市	川	56	229	19
50	怒江傈僳族自治州	滇	98	156	28

2. 社会管理绩效中档地市级政府：西部覆盖广，四川最集中

区间概况——绩效中档地市级政府是指根据离散程度划分出的第二和第三两档，一共涵盖了社会管理绩效综合排名第51位至第250位共200个地市级政府。尽管该档政府数量远多于第一档，但是第51名乌海市的社会管理绩效加权得分与第250名滁州市仅相差9.03分，绩效差距比第一档更小。

区域分布——东部地区有46个地市级政府入围，中部地区有54个，西部地区有82个，东北地区有18个，再次呈现东北、东、中、西逐一递增的梯次分布，并且中档绩效中有41%的地市级行政单位来自西部地区，占西部地区地市级政府总数的64%。

省域分布——绩效中档的地市级政府中，西部的四川最多，有18个，占四川全省地市级政府总数的90%；河南紧随其后，有16个，占河南全省的94.4%；云南、广东分别有12个和11个入围，黑龙江、甘肃和山东各有10个，江苏有9个，新疆、内蒙古、湖南、湖北、安徽和山西各有8个，青海和广西各有7个，陕西、江西和河北各有6个，辽宁和浙江各5个，福建4个，宁夏、贵州和吉林各有3个，海南仅海口市入围（见表7）。

表7 全国社会管理绩效中档地市级政府排名

全国名次	地市级政府	所属省区	社会组织与人口管理绩效	社会安全管理绩效	社会保障与就业管理绩效
51	乌海市	蒙	47	176	62
52	黄南藏族自治州	青	28	208	82
53	潍坊市	鲁	76	12	226
54	焦作市	豫	70	74	123
55	阜新市	辽	67	254	16
56	三门峡市	豫	51	137	99
57	嘉兴市	浙	25	45	254
58	湘潭市	湘	214	18	67
59	果洛藏族自治州	青	61	172	71
60	漯河市	豫	199	42	35
…	…	…	…	…	…
241	固原市	宁	282	86	225
242	武威市	甘	223	214	165

续表

全国名次	地市级政府	所属省区	社会组织与人口管理绩效	社会安全管理绩效	社会保障与就业管理绩效
243	松原市	吉	172	291	127
244	张家界市	湘	141	302	143
245	汕尾市	粤	222	221	163
246	黑河市	黑	63	279	292
247	济宁市	鲁	258	105	257
248	肇庆市	粤	191	271	159
249	曲靖市	滇	189	132	283
250	滁州市	皖	265	69	270

3. 社会管理绩效四档地市级政府：西部广覆盖，广东最集中

区间概况——第四档一共涵盖了社会管理绩效综合排名第251位的池州至第317位的宿州共67个地市级政府。池州市的社会管理绩效得分比宿州市高出9.4分。

区域分布——位于第四档的地市级政府在四大地区的分布由多到少依次为西部（25个）、东部（21个）、中部（20个）和东北地区（1个），分别占第四档地市级政府的37.3%、31.3%、29.9%和1.5%。因此，第四档在区域分布上没有显著的梯次特征。

省域分布——在绩效第四档的地市级政府中，东部的广东竟最多，有8个；其次是西藏和广西，各有7个；贵州、湖南和安徽各有6个，河北有5个，江西和福建各有4个入围，浙江、山西和湖北各有2个入围；还有江苏、海南、黑龙江、内蒙古、四川、陕西、甘肃、新疆各有1个（见表8）。

表8 全国社会管理绩效第四档地市级政府排名

全国名次	地市级政府	所属省区	社会组织与人口管理绩效	社会安全管理绩效	社会保障与就业管理绩效
251	池州市	皖	274	80	262
252	阿里地区	藏	150	160	296
253	南宁市	桂	267	203	149

续表

全国名次	地市级政府	所属省区	职能领域绩效名次		
			社会组织与人口管绩效	社会安全管理绩效	社会保障与就业管理绩效
254	台州市	浙	152	162	295
255	保定市	冀	175	173	274
256	抚州市	赣	281	149	192
257	潮州市	粤	168	255	224
258	安顺市	黔	233	251	157
259	塔城地区	新	239	232	178
260	邵阳市	湘	312	177	100
…	…	…	…	…	…
308	茂名市	粤	254	298	267
309	六盘水市	黔	278	307	220
310	阳江市	粤	300	299	203
311	商洛市	陕	294	308	212
312	黔南布依族苗族自治州	黔	273	311	255
313	黔西南布依族苗族自治州	黔	292	293	290
314	莆田市	闽	277	287	309
315	百色市	桂	315	288	246
316	拉萨市	藏	293	248	315
317	宿州市	皖	314	215	317

（二）各职能领域绩效不同档地市级政府的区域分布

在掌握社会管理绩效不同档次地市级政府在区域、省域的分布状况之后，可以从社会组织与人口管理、社会安全管理和社会保障与就业管理三个职能领域，进一步评估不同档地市级政府的分布情况。

1. 社会组织与人口管理绩效各档地市级政府区域分布

社会组织与人口管理绩效各档地市级政府区域分布主要呈现以下特点：西部分化明显、东部成绩靠前、中部有待提高。其中一档地市级政府在内蒙古最为集中，四档地市级政府在广西最为集中，中档地市级政府绩效差距最大。

区间概况——总体而言，各个档次区间的绩效差距都较大。第一档一共涵盖了社会组织与人口管理绩效排名前50位的地市级政府，第一名舟山市与第

50名辽阳市绩效得分相差19.23分,差距较大。中档地市级政府是指根据离散程度划分出的第二和第三两档,一共涵盖了社会组织与人口管理绩效排名第51位的三门峡至第250位的九江共200个地市级政府,其绩效得分相差32.34分,差距最为显著。第四档一共涵盖了排名第251位的上饶市至第317位的三亚市共67个地市级行政单位,绩效差距为20.21分。

区域分布——总体呈现西部分化明显、东部成绩靠前、中部有待提高、东北最为优异的格局。社会组织与人口管理领域绩效第一档地市级政府主要来自西部和东部,分别有22个和16个,占本地区地市级政府总数的17.2%和21.1%;东北虽仅有8个,但占当地地市级政府总数的25%;中部最少,只有4个政府入围。第四档地市级政府主要来自西部和中部地区,各有27个和25个,占该档政府总数的40.30%和37.31%;东北最少,仅有1个入围。

2. 社会安全管理绩效各档地市级政府的区域分布

社会安全管理绩效的各档地市级政府分布主要呈现以下特点:一档地市级政府绩效差距大,群集中部,河南最多;四档地市级政府区域分布均匀,广东和黑龙江两省最为集中。

区间概况——总体而言,各个档次的绩效差距都不小,一档最为明显。第一档一共涵盖了社会安全管理绩效排名前50位的地市级政府,其中,第一名辽阳市与第50名鹰潭市绩效得分相差25.75分,差距较大。中档地市级政府一共涵盖了社会安全管理绩效排名第51位的南阳至第250位的四平共200个政府,南阳市与四平市的绩效相差25.07分,差距也不小。第四档一共涵盖了社会安全管理绩效排名第251位的安顺市至第317位的随州市共67个地市级行政单位,绩效差距为19.83分。

区域分布——社会安全管理领域绩效第一档的地市级政府主要来自中部,有17个,占一档政府总数的34%;东部和西部各有15个,各占30%;东北部最少,仅有3个入围。中档地市级行政单位主要群集于西部,共有91个,占比45.5%;东部和中部各有48个和44个,占比24%和22%;东北部依然最少,仅17个,占比8.5%。第四档地市级政府在各区域的分布相对均匀,主要来自西部和中部,分别有22个和20个,占当地地市级政府总数的17.2%和24.7%;其次是东部和东北部,分别有13个和12个,占当地地市级政府总数的17.1%和37.5%。

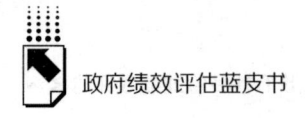

3. 社会保障与就业管理绩效各档地市级政府的区域分布

社会保障与就业管理绩效各档地市级政府分布主要呈现下述特征：东北部领先、东部拖后、西部居中游，中档地市级政府绩效差距最大。

区间概况——各档地市级政府绩效差距都不小，中档最为显著。第一档一共涵盖了社会保障与就业管理绩效排名前50位的地市级政府。中档涵盖了排名第51位的石嘴山至第250位的河池共200个地市级政府，石嘴山市与河池市相差28.49分，绩效差距最大。第四档一共涵盖了社会保障与就业管理绩效排名第251位的大庆市至第317位的宿州市共67个地市级政府，绩效差距为21.95分。

区域分布——总体呈现东北领先、东部拖后、西部居中游的分布态势。社会保障与就业管理领域绩效第一档地市级政府主要来自东北地区，共有19个，占该档总数的38%，占东北地区地市级政府总数的59.4%；其次是西部和中部地区，各有16个和13个入围，占比32%和26%；东部最少，仅有2个入围。中档地市级政府主要来自西部地区，共有86个，占比43%；中部地区共62个，占比为31%，占中部地市级政府总数的76.5%；东部地区有41个政府入围，占比20.55%；东北地区有11个地市级政府入围。第四档地市级政府主要来自东部地区，共有33个，占该档总数的49.25%；其次，有26个来自西部地区，占比38.81%；中部和东北地区最少，分别占6个和2个。

四　社会管理绩效的地域评估

评估各地区地市级政府社会管理绩效情况，有助于进一步放大职能的区位特点，找到不同区域改进社会管理绩效的着力点。通过对省域社会管理绩效的评估发现，各省区在社会管理及其各职能领域绩效表现不尽相同。

社会管理综合绩效最佳省份——辽宁，下游省份——广东；社会组织与人口管理绩效最佳省份——内蒙古，下游省份——广西；社会安全管理绩效最佳省份——河南，下游省份——广东、黑龙江并列；社会保障与就业管理绩效最佳省份——辽宁，下游省份——河北。

（一）地市级政府社会管理绩效的省域特点

中国社会管理绩效的省域分布呈现东北三省得分居上、西部省区起伏分化、东部各省相对均衡、中部六省绩效中等偏下的总体分布态势。

为了便于理解，根据27个省区所辖地市级政府社会管理绩效的平均得分，可以计算得出其平均分为14分。根据数据离散程度和李克特量表法，省域社会管理绩效水平可以按照得分由高到低划分为四个档次：第一档，第1~6名（辽宁、吉林、新疆、山东、内蒙古、宁夏）；第二档，第7~14名（青海、浙江、河南、云南、江苏、甘肃、四川、陕西）；第三档，第15~21名（黑龙江、山西、湖北、江西、安徽、湖南、海南）；第四档，第22~27名（广东、河北、福建、广西、贵州、西藏）。

东北地区仅含三省，辽宁和吉林两省位列全国前2名，并在得分上遥遥领先于其他省份，总体水平优异。包含11个省区的西部地区较东北地区更为多样化，在最佳、上游和下游水平都有省区分布，并且前两档中就占到7个，水平仅次于东北，位列第二。东部7省同样在各档都有分布，绩效压后的省份又与西部"平分秋色"，但总体水平低于西部。相比之下，中部6省都居于中等水平，没有绩效过高或过低的省份，但中等偏下省份居多，因此中部地区省域平均水平总体压后。

根据图3，进一步评估省域内地市级政府社会管理绩效差距的大小。全国27个省区所辖地市级政府社会管理绩效平均得分高于全国平均得分的有15个，其余12个省区则低于全国平均水平。可以看出，东北三省均位于全国平均水平之上；西部有8个省区高于全国均值，但排在最后的三个省区也均属于西部；中部仅河南省高于全国平均水平，其他省份较为落后；东部省份在全国均值上下均有分布，且较为均衡。同时，通过极值差可以看出，全国27个省份中，安徽省内各地市级政府社会管理绩效差距最大，海南最小。并且，全国平均水平以下的省区与全国平均水平以上省区相比，其省域内绩效差距较小；除安徽外，其他省份极值差均不大，全国极值差最小的三个省份均位于绩效中下游行列，分别为海南省、西藏自治区和河北省。

（二）东部地区社会管理绩效：淄博VS莆田

东部地区地市级政府社会管理绩效平均得分为28.67分，低于全国平均水平，在四大区域中位列第三。表9是各省所辖地市级政府社会管理绩效平均得分的排名和前文统计的绩效分档中地市级政府数量分布情况。据此发现，东部

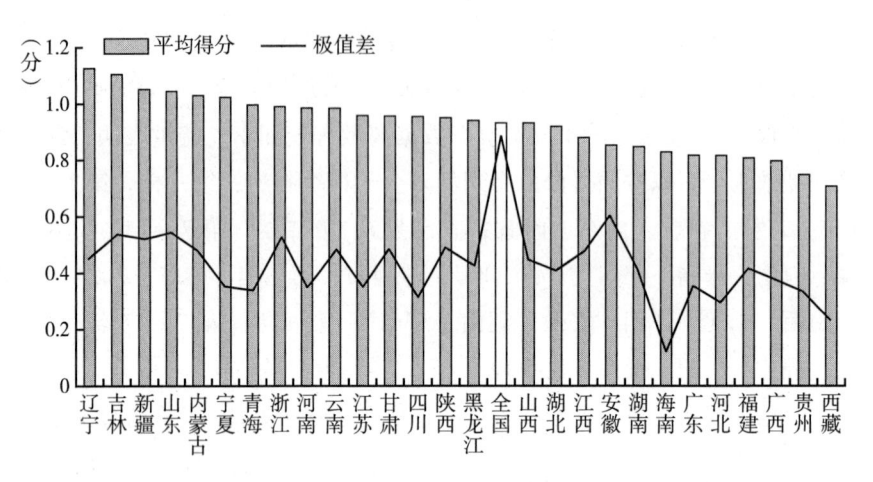

图3 省域内地市级政府社会管理绩效平均水平与极值差距

7省76个地市级政府中有9个处于一档绩效，占比11.84%；21个处于四档绩效，占该地区地市级政府总数的27.63%；其余60.53%的地市级政府社会管理绩效处在全国中档水平。

表9 东部地区各省地市级政府社会管理绩效排名及档次分布

单位：个

省份名称	社会管理绩效名次	社会组织与人口管理绩效	社会安全管理绩效	社会保障与就业管理绩效	前50名地市级政府数量	后67名地市级政府数量
山东	4	9	2	13	5	0
浙江	8	1	3	24	2	2
江苏	11	5	6	23	2	1
海南	21	27	5	17	0	1
广东	22	17	24	19	0	8
河北	23	18	10	26	0	5
福建	24	16	17	25	0	4

从省域分布评估，山东地市级政府的社会管理绩效在东部最为出众，总排名全国第四，各职能领域排名都在前15名之内，有5个地市级政府位列全国前50名。福建压后，是东部地区表现较差的省份。浙江和江苏的地市级政府绩效分布在中档水平，全国排名中等。海南仅有的2个地市级政府，1个处于中档，

1个处于第四档,总排名第21位,与广东、河北和福建类似,处于中等偏下水平。

由表10可见,东部地区社会管理绩效最好的地市级政府是淄博。东部社会管理绩效前10名的地市级政府中,山东有6个入围,占该省总数的2/5,包揽了东部前5名的4/5;除东营和潍坊以外,淄博、烟台、威海和莱芜都在全国前20名之内。浙江占2席,其中舟山排名东部第3、全国第7。江苏占2席,分别为无锡和镇江。

表10 东部地区地市级政府社会管理绩效前10名

东部名次	地市级政府	所属省份	全国名次
1	淄博市	鲁	3
2	烟台市	鲁	6
3	舟山市	浙	7
4	威海市	鲁	8
5	莱芜市	鲁	15
6	东营市	鲁	29
7	无锡市	苏	30
8	湖州市	浙	36
9	镇江市	苏	44
10	潍坊市	鲁	53

由表11可见,东部地区社会管理绩效水平最低的地市级政府是莆田。东部地市级政府社会管理绩效的后10名尽数排在全国第286名及以后,处于下游水平。河北11个地市级政府占4席。广东19个地市级政府占4席。福建8个地市级政府占2席。

表11 东部地区地市级政府社会管理绩效后10名

东部名次	地市级政府	所属省份	全国名次
67	廊坊市	冀	286
68	沧州市	冀	292
69	泉州市	闽	296
70	东莞市	粤	297
71	湛江市	粤	299
72	邯郸市	冀	303
73	石家庄市	冀	305
74	茂名市	粤	308
75	阳江市	粤	310
76	莆田市	闽	314

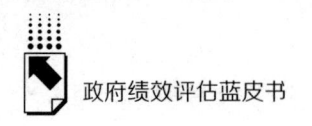

（三）中部地区社会管理绩效：开封 VS 宿州

中部地区地市级政府社会管理绩效的平均得分为 28.66 分，低于全国平均水平，也是全国四大区域中得分最低的。由表 12 所示，中部 6 省 81 个地市级政府中有 7 个处于全国社会管理绩效前 50 名，占该地区地市级政府总数的 8.64%；有 21 个处于全国后 67 名，占该地区地市级政府总数的 25.93%；其余 65.43% 的地市级政府社会管理绩效处在中档水平。因此，中部地区地市级政府社会管理绩效总体处于全国中下游水平。

进一步做省域评估，中部六省中，河南地市级政府社会管理绩效表现最佳，总排名全国第 9；其 17 个地市级政府中有 1 个位列全国前 50 名，其他都处于全国中档水平。

湖南地市级政府社会管理总排名在中部地区压后，14 个地市级政府中有 6 个位列全国后 67 名之内，8 个处于全国中档水平。

表 12　中部地区各省地市级政府社会管理绩效排名及档次分布

单位：个

省份名称	社会管理绩效名次	社会组织与人口管理绩效	社会安全管理绩效	社会保障与就业管理绩效	前 50 名地市级政府数量	后 67 名地市级政府数量
河南	9	20	1	10	1	0
山西	16	15	16	8	1	2
湖北	17	14	27	3	2	2
江西	18	24	19	5	1	4
安徽	19	21	8	20	2	7
湖南	20	23	22	12	0	6

由表 13 可见，中部地区社会管理绩效最好的地市级政府是开封。中部社会管理绩效前 10 名的地市级政府中，河南有 3 个入围，占该省总数的 17.65%。湖北 12 个地市级政府中有 2 个入围，占该省地市级政府总数的 1/6。安徽 16 个地市级政府中有 2 个入围，占该省地市级政府总数的 1/8。

表13 中部地区地市级政府社会管理绩效前10名

中部名次	地市级政府	所属省份	全国名次
1	开封市	豫	18
2	太原市	晋	26
3	萍乡市	赣	32
4	襄阳市	鄂	39
5	黄山市	皖	41
6	宜昌市	鄂	42
7	铜陵市	皖	48
8	焦作市	豫	54
9	三门峡	豫	56
10	湘潭市	湘	58

由表14可见，中部地区社会管理绩效水平最低的地市级政府是宿州市。中部地市级政府社会管理绩效的后10名尽数排在全国第280名及以后，处于下游水平。安徽16个地市级政府中有3个入围，为该省地市级政府总数的18.75%。江西和湖北各有2个入围，同为本省地市级政府总数的1/6。山西11个地市级政府中各有2个入围。湖南省有1个地市级政府入围。

表14 中部地区地市级政府社会管理绩效后10名

中部名次	地市级政府	所属省份	全国名次
72	随州市	鄂	280
73	上饶市	赣	282
74	朔州市	晋	284
75	淮南市	皖	287
76	孝感市	鄂	288
77	吕梁市	晋	295
78	娄底市	湘	302
79	亳州市	皖	304
80	吉安市	赣	307
81	宿州市	皖	317

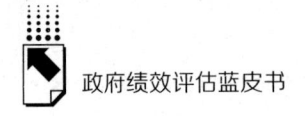

（四）西部地区社会管理绩效：阿勒泰VS拉萨

西部地区地市级政府社会管理绩效平均得分为29.67分，高于全国平均水平，在全国四个地区中排名第二。根据表15，西部11省128个地市级政府中有21个处于全国社会管理绩效前50名，占该地区地市级政府总数的16.41%；有25个处于全国后67名，占该地区地市级政府总数的19.53%；其余64.06%的地市级政府社会管理绩效处在中档水平。

表15　西部地区各省区地市级政府社会管理绩效排名及档次分布

单位：个

省份名称	社会管理绩效名次	社会组织与人口管理绩效	社会安全管理绩效	社会保障与就业管理绩效	前50名地市级政府数量	后67名地市级政府数量
新　疆	3	2	15	7	5	1
内蒙古	5	3	18	9	3	1
宁　夏	6	10	4	14	2	0
青　海	7	7	13	11	1	0
云　南	10	6	7	18	4	0
甘　肃	12	19	9	4	3	1
四　川	13	11	21	16	1	1
陕　西	14	12	20	15	2	1
广　西	25	25	12	22	0	7
贵　州	26	26	25	21	0	6
西　藏	27	22	23	27	0	7

进一步做省域评估，新疆、内蒙古和宁夏处于全国社会管理绩效最佳水平。新疆地市级政府社会管理绩效在西部最佳，总排名全国第三；所辖14个地市级政府中有5个位列全国前50名，1个位列全国后67名，其余8个都处于全国中档水平。

青海、云南、甘肃、四川和陕西处于全国中档水平。广西、贵州和西藏是西部地区社会管理绩效最后3名，也是全国各省区排名的最后3名，处于全国下游水平。

由表16可见，西部地区社会管理绩效最好的地市级政府是阿勒泰地区。

西部社会管理绩效前10名的地市级政府中，内蒙古有3个，占该省地市级政府总数的1/4。新疆和甘肃各有2个地市级政府入围，均占本省区地市级政府总数的1/7。云南、宁夏、青海各有1个地市级政府入围。

表16 西部地区地市级政府社会管理绩效前10名

西部名次	地市级政府	所属省区	全国名次
1	阿勒泰地区	新	4
2	迪庆藏族自治州	滇	5
3	酒泉市	甘	9
4	嘉峪关市	甘	10
5	伊犁哈萨克自治州（直属县市）	新	13
6	呼伦贝尔市	蒙	14
7	巴彦淖尔市	蒙	16
8	乌兰察布市	蒙	17
9	银川市	宁	19
10	海北藏族自治州	青	20

由表17可见，西部地区社会管理绩效水平最低的地市级政府是西藏自治区的拉萨。西部地市级政府社会管理绩效的后10名尽数排在全国第298名及之后，处于下游水平。贵州9个地市级政府中有4个入围，为该省地市级政府总数的44.44%。广西14个地市级政府中有4个入围，为该省地市级政府总数的18.75%。西藏和陕西各有一个地市级政府入围。

表17 西部地区地市级政府社会管理绩效后10名

西部名次	地市级政府	所属省区	全国名次
72	贺州市	桂	298
73	毕节地区	黔	300
74	钦州市	桂	301
75	玉林市	桂	306
76	六盘水市	黔	309
77	商洛市	陕	311
78	黔南布依族苗族自治州	黔	312
79	黔西南布依族苗族自治州	黔	313
80	百色市	桂	315
81	拉萨市	藏	316

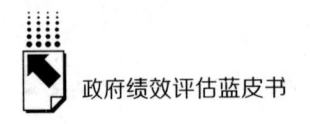

（五）东北地区社会管理绩效：辽阳 VS 绥化

东北地区地市级政府社会管理绩效平均得分为33分，在四大地区中排名首位。根据表18，东北3省32个地市级政府中有13个处于全国社会管理绩效前50名，占该地区地市级政府总数的40.63%；有1个处于全国后67名；其余18个地市级政府处在中档水平。可见，东北地区地市级政府社会管理绩效水平总体处于上游。

进一步做省域评估，辽宁和吉林位列全国社会管理绩效第一和第二。辽宁12个地市级政府中有7个位列全国前50名，5个处于中档绩效；吉林8个地市级政府中有5个位列全国前50名，3个处于中档绩效。黑龙江虽排名稍靠后，但也位于中游；12个地市级政府中有10个位列全国中档绩效水平（见表18）。

表18　东北地区各省地市级政府社会管理绩效排名及档次分布

单位：个

省份名称	社会管理绩效名次	社会组织与人口管理绩效	社会安全管理绩效	社会保障与就业管理绩效	前50名地市级政府数量	后67名地市级政府数量
辽　宁	1	4	11	2	7	0
吉　林	2	8	14	1	5	0
黑龙江	15	13	26	6	1	1

由表19可见，东北地区社会管理绩效最好的地市级政府是辽阳市。东北社会管理绩效前10名的地市级政府中，吉林和辽宁各占一半，分别占各自省内地市级政府总数的62.5%和41.67%。相较而言，吉林地市级政府所占比重最大。但在东北社会管理绩效排名前5名中，辽宁占据了3/5。

表19　东北地区地市级政府社会管理绩效前10名

东北名次	地市级政府	所属省份	全国名次
1	辽阳市	辽	1
2	白山市	吉	2
3	抚顺市	辽	11
4	锦州市	辽	12

续表

东北名次	地市级政府	所属省份	全国名次
5	吉林市	吉	21
6	营口市	辽	23
7	辽源市	吉	24
8	白城市	吉	27
9	延边朝鲜族自治州	吉	31
10	本溪市	辽	33

由表20可见，东北地区社会管理绩效水平最低的地市级政府是黑龙江绥化。东北地区地市级政府社会管理绩效的后10名尽数排在全国第119至293名，处于中档水平。黑龙江12个地市级政府中有8个入围，为该省地市级政府总数的2/3；从一个侧面反映了与吉林和辽宁相比，黑龙江社会管理绩效水平较差。

表20　东北地区地市级政府社会管理绩效后10名

东北名次	地市级政府	所属省份	全国名次
23	伊春市	黑	119
24	大庆市	黑	131
25	齐齐哈尔市	黑	139
26	鹤岗市	黑	143
27	铁岭市	辽	144
28	牡丹江市	黑	165
29	七台河市	黑	209
30	松原市	吉	243
31	黑河市	黑	246
32	绥化市	黑	293

五　研究性发现

根据中国317个地市级政府社会管理绩效的得分，通过职能和地域两个角度的分析评估，能够对全国地市级政府的社会管理绩效形成一定的认识，也能够从中得出以下研究性结论。

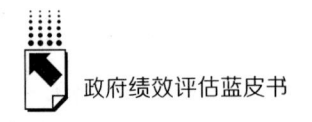

（一）地方经济发展是社会管理的必要非充分条件

通过数据计算发现，在基本财力保证之下，各个区域社会管理绩效水平不完全取决于该区域的经济发展水平。

评估显示，在经济发展绩效上，东部地区远远好于其他三个区域，在全国排名中居于首位；东北地区略好于中部，排在第二位；中部地区排名第三；西部地区则与其他区域有较大差距，排在全国最末位。与此不同，在社会管理绩效上，东部地区丧失其经济上的优势，在全国四大地区中排名第三；中部地区排名最后；而在经济上相对东部较为落后的东北和西部地区，其社会管理绩效则排在前两位，尤其是东北地区以绝对优势排在全国首位。

从评估结果中至少可以得出以下两点：一是东北地区的社会管理绩效水平较高。可见东北地区地市级政府比较重视社会管理；另一种可能性判断是，东北地区国有企业较为密集，获得的社会保障补贴较高，对该地区的社会保障绩效有拉动作用。二是经济发达的东部地区，其社会管理绩效水平不仅没有意想中的那么优秀，而且平均得分在全国平均得分之下，社会保障与就业管理绩效尤其落后，不知是不是经济发达到一定程度后社会流动急剧增加带来更多的社会管理问题所致；但政府社会管理职能履行不够到位，无法适应目前经济发展水平下的社会管理现状已是不争的事实，这也提醒东部地区政府应及时改进社会管理。

（二）改进社会管理绩效，从平衡各职能领域绩效入手

全国各区域所辖地市级政府社会管理绩效水平有优有劣：东北地区整体水平高于西部地区，西部地区高于东部地区，东部地区高于中部地区（见图4）。而各地市级政府社会管理绩效水平是由其社会组织与人口管理绩效、社会安全管理绩效和社会保障与就业管理绩效水平决定的。

不同地区、不同地市级政府在社会管理各职能领域有着不同的优势。从评估结果看，但凡在社会管理各职能领域绩效得分较为均衡的地市级政府，它的社会管理绩效综合排名也较靠前。而大多数地市级政府都存在明显的社会管理弱势领域，即便前20名的地市级政府依然如此。从地区特点看，东部和东北部偏科明显，需要有针对性地提高弱势领域的绩效水平。东部地区地市级政府

政府社会管理绩效评估

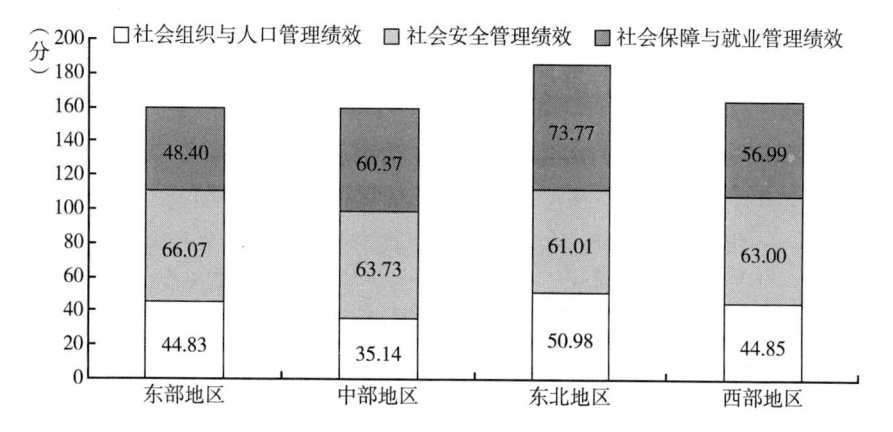

图4 全国四大区域地市级政府社会管理各职能领域绩效

在社会安全管理领域的绩效领先于其他地区，但是在社会组织与人口管理领域和社会保障与就业管理领域排名不佳，存在较大改进空间。东北地区的地市级政府在社会组织与人口管理以及社会保障与就业管理领域的绩效遥遥领先于其他地区，但是在社会安全管理领域存在较大改进空间。因此，东部和东北地区以及绩效水平较差的地市级政府，需要有针对性地取长补短、消灭"短板"，以期缩小各个职能领域之间的绩效差异，进而提高社会管理综合绩效。

（三）提高社会管理绩效还需统筹考虑各项政府职能的贡献率和均衡度

基于上述数据结果，对社会管理绩效的评估还需要放到更大的视野中加以考虑，需要统筹比较社会管理职能和其他各项政府职能的贡献率，观察它们的均衡度。

从区域间看，西部地区贡献率最高的是政府内部管理职能，而东部、中部和东北地区则均为经济发展职能，尤其是东部地区经济发展职能贡献率达到25.24%，西部地区仅为19.67%。东部和中部地区贡献率排在第二位的均为政府内部管理职能，东、中、西三个区域经济发展职能和政府内部管理职能的贡献率之和分别为43.75%、42.85%和41.5%，即这两项职能在东、中、西之间的影响程度大致相当。四个区域中除东部地区，贡献率最低的均为市场监管职能，其他三项职能的影响程度大致相当。

虽然各项职能在不同区域间的影响情况相近，但每个区域内部各职能之间的均衡性却有着一定的差异。西部地区贡献率最高职能是贡献率最低职能的1.7倍，而东部、中部和东北地区则分别是2.02倍、1.73倍和1.98倍，这意味着与其他三个区域相比，西部地区政府各项职能之间的均衡性最好（见图5）。

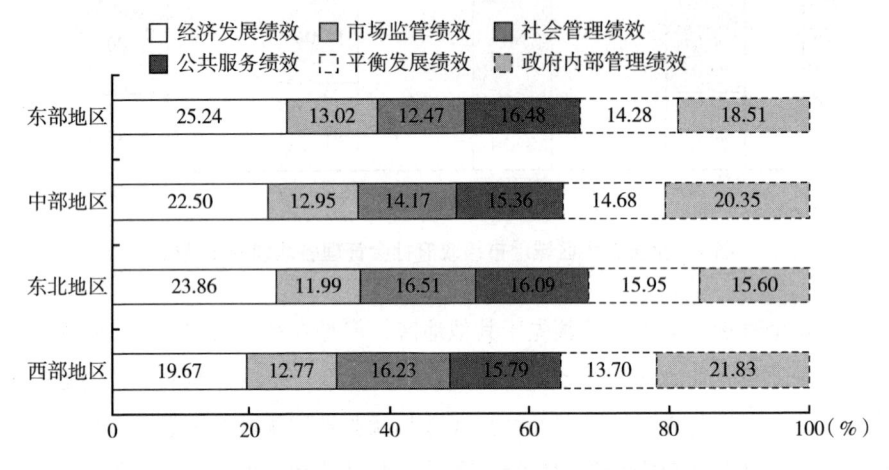

区域	经济发展绩效	市场监管绩效	社会管理绩效	公共服务绩效	平衡发展绩效	政府内部管理绩效
东部地区	25.24	13.02	12.47	16.48	14.28	18.51
中部地区	22.50	12.95	14.17	15.36	14.68	20.35
东北地区	23.86	11.99	16.51	16.09	15.95	15.60
西部地区	19.67	12.77	16.23	15.79	13.70	21.83

图5　全国四大区域各职能绩效对综合绩效的贡献率

为分析各地区政府的社会管理职能绩效与其他5项职能绩效之间的均衡关系，以四个地区六项职能的标准差和政府绩效总得分为依据得出绩效"九宫格"。据测算，东、中、西和东北地区所辖地市级政府六项职能绩效得分的标准差分别是8.76、6.20、5.09和6.29，四个地区政府的综合绩效平均得分分别是183.90分、161.87分、146.22分和162.14分。将标准差和绩效总得分各分为三档，并将其按照各自的得分依次落入相应的区间内。均衡程度得分越高说明均衡性越差，绩效总得分越高说明绩效水平越高。

从图6可以直观地看到，东部地区地市级政府绩效水平高，但其各职能绩效的均衡度低。西部地区地市级政府恰巧相反，各职能之间的均衡度高，但绩效水平不高。东北地区地市级政府具备中等偏上绩效水平，各职能之间的均衡度也一般；中部地区地市级政府绩效水平一般，但各职能之间的均衡度较高。

对应前文对职能贡献率和职能均衡度的评估分析，东部地区需要在经济发展占据高地的基础上迅速摒弃"GDP至上"等错误观念，进一步调配各方面

政府社会管理绩效评估

5.05~6.28	西部地区	中部地区	
6.29~7.52		东北地区	
7.53~8.76			东部地区
	145~158	159~172	173~186

各职能均衡程度（纵轴）　政府绩效总水平（分）

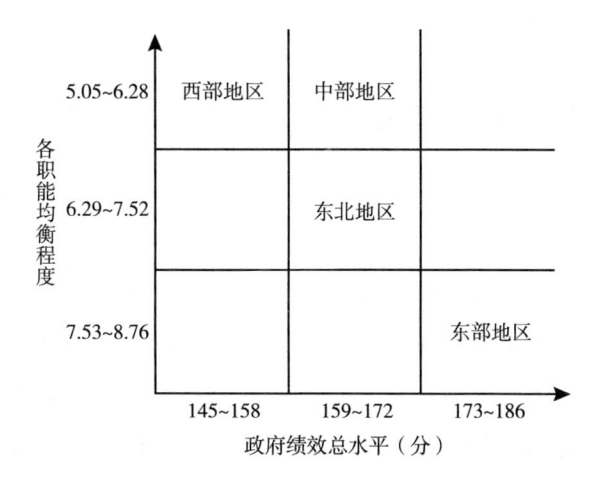

图6　四大区域地市级政府绩效总水平与各职能均衡度的相关分布

资源，增强政府各项职能的协调性，加强经济发展之外的其他几项弱势职能尤其是社会管理职能的履行效能，注意各职能之间的平衡发展。

西部地区地市级政府需要注意结合自身特点，整体性提高政府职能履行的效率和效益，避免为维系各项职能的均衡发展而影响了突出问题的解决和弱势职能的提升，尤其在市场监管职能方面要进一步加强，并注意各个方面平衡发展。

东北地区属于在政府绩效总水平和政府各个职能均衡程度两个方面都处于中等水平的地区，因此需要考虑在提高区域整体绩效水平的同时注意保持职能之间一定的均衡度。当然，这需要东北三省做好协调，有不小的难度。依据职能贡献率的评估结果，东北地区的地市级政府需要着重依靠加强市场监管和政府内部管理来实现与社会管理等其他职能之间的均衡程度，进而提升综合绩效水平。

中部地区地市级政府绩效水平一般，但各项职能之间的均衡度较高。因此，当务之急需要找到提高政府整体绩效水平的突破口。结合职能贡献率评估结果，发现中部地区地市级政府内部管理职能的贡献率较高，应该从加强市场监管和公共服务职能绩效这一重点入手，同时兼顾社会管理等职能绩效的改善和各项职能的平衡发展。

B.10 政府公共服务绩效评估

刘 平*

摘 要： 本报告的评估结果显示，全国地市级政府公共服务绩效总体上呈现东部地区水平高，西部地区水平较低的态势。这一个整体态势与经济发展水平的分布规律是基本一致的。在全国317个地市级行政区中，无锡市获得公共服务综合绩效的第一名，青海省的玉树自治州位居最后。

研究发现，从公共服务综合绩效水平与经济发达程度的相关性来看，经济发展水平是地方政府提供公共服务的基础性条件；经济发展的好坏是地方公共服务水平高低的重要影响因素。同时，经济发展绩效水平高并不必然带来公共服务绩效水平的提高，地方政府对公共服务职能的重视程度也是影响绩效水平的重要因素。以广东省为例，广东省是GDP第一大省，但是它的公共服务绩效在全国只排名第8，反差比较大。在广东省内部，像韶关、梅州这样经济发展不突出的地市级政府，公共服务绩效却名列前茅，特别值得鼓励和肯定。

关键词： 政府绩效评估 公共服务 公共服务绩效

一 概述

公共服务职能是中国地方政府的重要职能之一。近年来国家高度重视公共

---

* 刘平，中国社会科学院政治学研究所副研究员。

服务配置的均衡性，各地基本公共服务能力得到一定的提升。与此同时，随着经济社会转型的不断加快，城乡居民对教育、医疗、文化、体育等社会事业发展的需求逐渐增长，对质量的要求也不断提高，我国基本公共服务供给不足和配置不均等问题日益突出，成为制约经济发展、影响社会和谐稳定的重要因素。

（一）亟待加强的政府公共服务职能

进入新的历史时期之后，中国政府和社会对经济发展和公共服务之间的关系进行了广泛的思考。提升全社会的公共服务水平，实现公共服务在不同地域、不同人群之间的均等化，不仅不妨碍经济的发展，而且有利于经济发展水平的全面提升。

中国的经济发展是从计划经济逐渐过渡到市场经济的，市场化的改革促进了经济的快速发展，国家整体经济实力极大增强，但是也在一定程度上模糊了政府公共服务的职责和方向，导致政府过于重视经济，社会角色产生了一定混乱。由于受到各种因素的影响，本来应该坚持公共性立场的政府，却在一些领域弱化甚至放弃了对公共服务职能的履行。其社会后果，就突出表现为医疗、教育、住房、养老等领域的支出，成为压在民众身上的沉重负担。

当前，中国社会处于过度依赖市场分配和权力分配所造成的双重不平等之中。根据有关数据，我国的基尼系数已经突破0.46，成为转型国家之最。而有的民间研究机构则认为基尼系数甚至超过了0.6，显示中国贫富差距已到了一个高风险阶段。另外，中国城乡居民收入比超过3倍，也是世界上少有的几个国家之一。不同行业之间的收入差距达到15倍，占全国职工总数8%的垄断企业职工的工资福利相当于全国工资总额的55%；有的垄断企业员工一年的住房公积金高达16万元，远远超过其他行业职工的年工资收入，令人瞠目结舌。对于财富合理分配的正当性诉求，逐渐成为经济发展中一个内在变量；财富分配不公平所造成的社会群体之间的对立和紧张，正成为或已经成为影响社会稳定的重要因素，各级政府维护社会稳定的压力和成本越来越大。在这种背景下，如果各级政府不能及时转变职能，大力推进公共服务，缩小社会差距，那么社会群体的对立情绪将会愈演愈烈，政府的合法性也将进一步流失。

与此同时，社会财富集中在少数群体，大部分民众缺乏购买力和基本生活保障等现象的存在，会极大地限制社会消费需求的扩大，从长期来看将会降低经济发展的可持续性。从这个意义上讲,扩大和提升政府的公共服务能力,也有利于拉动内需,促进经济的健康持续发展；公共服务领域如果无法实现实质性的提升和突破,经济发展必然会受到拖累。2011 年,国际货币基金组织发布的一份报告称,贫富差距较小的经济体发展速度更快——这就是东亚增速在过去二三十年里超过拉美的主要原因。如果政府不能提供必要的基本公共服务,它所带来的负面影响是显而易见的。

(二)近年来加强公共服务的相关政策措施

全面建成小康社会和实现中华民族的伟大复兴,不仅要求政府能够继续承担稳增长、调结构、控风险,实现更高经济发展水平的任务,而且还必须更多地着眼民生,建立起完善的社会福利保障和公共服务体系,保证社会基本公平,使改革开放的成果更多地惠及全体国民。

在新当选的十八大常委和媒体见面会上,习近平总书记确切地表达了人民的这种期待:"我们的人民热爱生活,期盼有更好的教育、更稳定的工作、更满意的收入、更可靠的社会保障、更高水平的医疗卫生服务、更舒适的居住条件、更优美的环境,期盼孩子们能成长得更好、工作得更好、生活得更好。人民对美好生活的期待,就是我们的奋斗目标。"

"十二五"时期是我国全面建设小康社会的关键时期,是深化改革开放、加快转变经济发展方式的攻坚时期。建立健全基本公共服务体系,促进基本公共服务均等化,对切实保障人民群众最关心、最直接、最现实的利益有着十分重要的意义。鉴于此,党和国家在促进基本公共服务发展方面制定了一系列的政策措施。

2012 年 7 月 11 日,国务院印发了《国家基本公共服务体系"十二五"规划》(以下简称《规划》),该规划中明确定义基本公共服务均等化是指全体公民都能平等地获得大致均等的基本公共服务,其核心是机会均等,而不是简单的平均化和无差异化。同时,规划指出了基本公共教育、基本医疗卫生、公共文化体育等基本公共服务的工作重点、基本标准和相应的保障工程,并提出完善财政保障机制、监督评价机制,创新基本公共服务供给机制,推进城乡基本公共服务均等化等内容。在《规划》之外,国家也针对公共服务领域存在的问题,相应地出台了许多教育、医疗、文化等方面的专项政策。

当前，各项规划和政策的出台为解决基本公共服务制度不健全、区域和城乡差距等问题提供了新的依据。同时，也应看到，我国基本公共服务均等化等问题还没有得到有效解决。所以，在坚持已有政策的前提下，还需继续探索加强基本公共服务能力建设的有益措施，积极改善广大人民群众的生活，推动社会和谐发展。本报告即是对全国317个地市级政府公共服务职能绩效进行的全面评估。

二 公共服务绩效总体评估

本研究基于中国地方政府绩效信息数据库，按照排序赋值法，对全国317个地市级政府公共服务绩效的总体特点、省域特点和分职能领域特点，进行了全面的评估和分析。

（一）公共服务绩效的区域分布特点

全国地市级政府公共服务绩效总体上呈现东部地区服务水平高，西部地区水平较低的态势。这一整体态势与经济发展水平的分布情况是基本一致的。浙江省所辖地市级政府以40.43分的平均得分在全国各省区排名中位居首位；贵州省以24.64分在全国垫底。全国317个地市级政府公共服务绩效的平均得分是32.10分，在此之上的有14个省区，从高到低依次排序为浙江省、山东省、福建省、江苏省、河北省、新疆维吾尔自治区、山西省、广东省、黑龙江省、海南省、陕西省、内蒙古自治区、河南省、吉林省。

图1显示，东部地区的7个省份全部进入了全国前10名，占比70%。其中，前5名全部是东部省份，分别是浙江、山东、福建、江苏、河北，广东省名列第8位，海南省位居第10位。经济发展绩效好的东部7省全部进入前10名，说明良好的经济条件为政府提供高水平的公共服务奠定了有利的经济基础。不过，作为经济大省的广东却位居第8，显示广东省的公共服务水平明显滞后于经济发展水平。另外，中部地区、东北地区、西部地区各有一个省区进入前10名，分别是中部的山西省、东北的黑龙江省、西部的新疆维吾尔自治区。

在全国平均水平之下的省区有13个，从高到低依次排序为安徽省、甘肃省、辽宁省、宁夏回族自治区、江西省、湖北省、湖南省、广西壮族自治区、

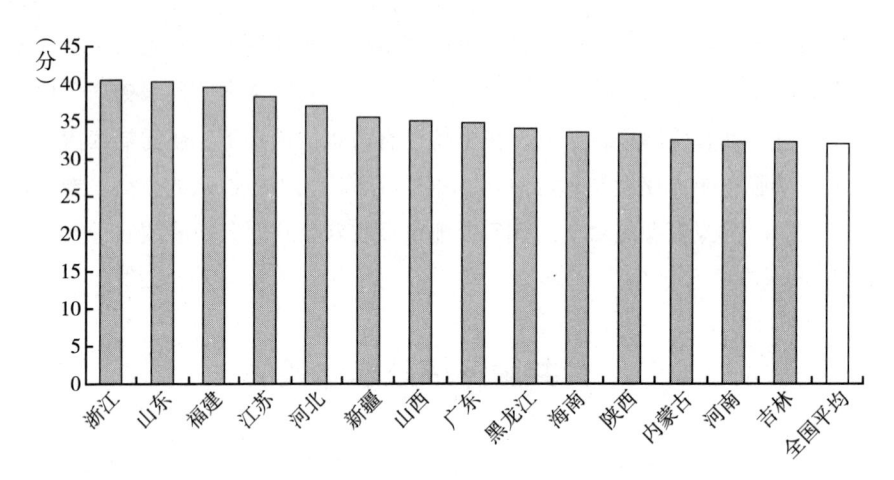

图1 所辖地市级政府公共服务绩效平均得分高于全国平均水平的省区排名

云南省、西藏自治区、青海省、四川省、贵州省。

图2显示，在后10名的省区中，西部地区有7个，分别是贵州、四川、青海、西藏、云南、广西、宁夏，占西部11个省区的64%，其中贵州位居西部和全国末位；中部地区有3个，分别是江西、湖北、湖南。研究显示，公共服务绩效后10名的省区尽数分布在经济不发达的中、西部地区，可以说，经济发展绩效与公共服务绩效几乎是正相关关系。

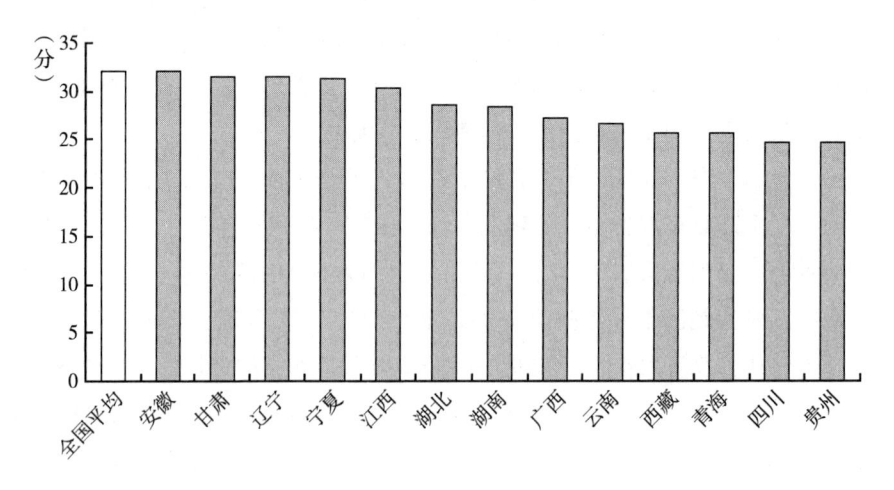

图2 所辖地市级政府公共服务绩效平均得分低于全国平均水平的省区排名

（二）地市级政府公共服务综合绩效排名

本研究按照排序赋值法，对全国地市级政府公共服务绩效进行了排名。评估结果显示，江苏省无锡市排名第一，是全国公共服务综合绩效的领跑者；青海省玉树藏族自治州排名最后，在公共服务领域表现不佳。

以下将重点分析公共服务绩效排在全国前20名和后20名的地市级行政区域的情况，具体排名参见表1。

表1 全国地市级政府公共服务绩效前20名和后20名

单位：分

公共服务绩效前20名				公共服务绩效后20名			
名次	地市级政府	所属省区	绩效得分	名次	地市级政府	所属省区	绩效得分
1	无锡市	苏	47.57	298	武威市	甘	21.62
2	威海市	鲁	45.96	299	昭通市	滇	21.58
3	滨州市	鲁	45.55	300	阜阳市	皖	21.57
4	嘉峪关市	甘	45.30	301	定西市	甘	21.49
5	东营市	鲁	45.18	302	六安市	皖	21.47
6	烟台市	鲁	45.08	303	广安市	川	21.36
7	克拉玛依市	新	45.07	304	钦州市	桂	21.30
8	铜陵市	皖	44.81	305	广元市	川	21.09
9	苏州市	苏	44.51	306	甘孜藏族自治州	川	20.38
10	绍兴市	浙	44.49	307	果洛藏族自治州	青	20.30
11	兰州市	甘	44.11	308	阿坝藏族羌族自治州	川	19.88
12	扬州市	苏	44.03	309	亳州市	皖	19.80
13	常州市	苏	43.97	310	六盘水市	黔	19.16
14	湖州市	浙	43.78	311	毕节地区	黔	18.92
15	韶关市	粤	43.65	312	黔西南布依族苗族自治州	黔	18.61
16	潍坊市	鲁	43.50	313	巴中市	川	18.45
17	三明市	闽	43.28	314	陇南市	甘	18.33
18	淄博市	鲁	43.26	315	贵港市	桂	17.59
19	太原市	晋	43.18	316	凉山彝族自治州	川	17.17
20	石家庄市	冀	43.12	317	玉树藏族自治州	青	14.57

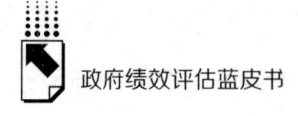

从公共服务绩效前20名看，山东省的表现最为突出，在前5名中，有3个地市级政府来自山东省，分别是威海、滨州、东营，占比60%；在前10名中，山东省占有4个，增加了烟台市，占比40%；在前20名中占6个，增加潍坊市和淄博市，占比30%。

其次是江苏省，在前20名中占有4个名额，分别是无锡、苏州、扬州、常州，占比20%，其中无锡市位居全国第一。甘肃有两个，分别是嘉峪关市和兰州市。浙江有两个，分别是绍兴市和湖州市。新疆、安徽、广东、福建、山西、河北各有1个地市级政府进入前20名。

从区域分布看，东部地区占有绝对的优势。山东、江苏、浙江三省共有12个地市级政府进入前20名，再加上广东的韶关市、福建的三明市和河北的石家庄市，共15个，占比75%（见图3）。这说明经济发展水平高是政府提供更多更好公共服务的基础性条件。

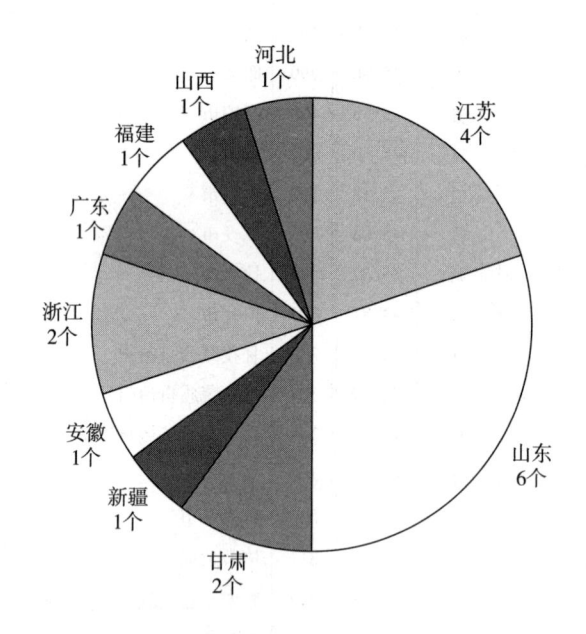

图3 全国地市级政府公共服务综合绩效前20名省域分布

不过广东省的情况值得关注，它的表现明显逊于江苏和山东。作为中国第一经济大省，广东仅有韶关一个地市级行政单位进入了公共服务绩效的前20名，而且韶关在广东省还是经济发展相对落后的地区。这在一定程度上说明经济发展绩效好的地区并不一定公共服务绩效就好。

作为反证，西部地区是经济最不发达的地区，但是甘肃的嘉峪关、兰州和新疆的克拉玛依市都进入了前20名；中部地区仅有山西太原市一个地市级政府进入了前20名。西部地区的绩效表现优于中部地区。

东北地区的表现最不理想。经济发展总体水平仅次于东部地区的东北，竟然没有一个地市级政府进入前20名，表现差于西部地区和中部地区。

东北地区和广东省所辖地市级政府在该领域的表现，说明尽管拥有提升公共服务的经济能力，但是可能由于地方政府对公共服务职能缺乏重视，理念和意识也比较滞后，以至于公共服务绩效与经济发展水平之间的落差较大。

公共服务综合绩效后20名的排名或许给人印象更为深刻。在这20个地市级行政单位中，除了安徽省的阜阳、六安、亳州三地以外，其余的都属于西部地区。其中：甘肃3个，分别是武威市、定西市、陇南市；云南1个，昭通市；四川6个，广安市、广元市、甘孜自治州、阿坝藏族自治州、巴中市、凉山自治州；广西2个，钦州市、贵港市；青海2个，果洛自治州、玉树自治州，其中玉树位居全国最后一名；贵州三个，六盘水市、毕节地区、黔西南自治州（见图4）。

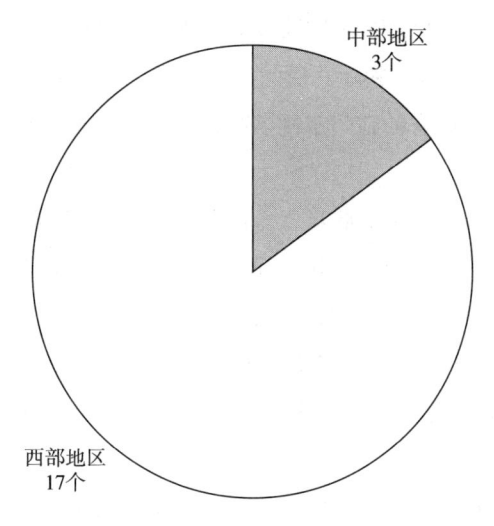

图4 全国地市级政府公共服务综合绩效后20名区域分布

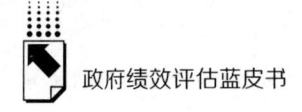

四川并不是西部地区最落后的省份，但是在后20名中，四川有6个地市级政府落入其中，占全国后20名的30%，这与四川省自身拥有的地市级政府个数多有一定的关系，同时也确实说明四川省内公共服务绩效水平有很大的提升空间。

在后20名中，没有一个东部地市级政府，也没有一个位于东北地区。联系前20名的地区分布可以发现，东部地区的公共服务绩效在全国遥遥领先，西部地区远远落后。这样整体性的地区差异需要怎样的措施才能填平？恐怕不仅仅是通过西部地区自身努力就可以实现的，还需要中央政府在相关政策和财政转移支付方面给予更多的支持和指导。

三 公共服务绩效分职能领域评估

本研究将政府公共服务分为四个职能领域，分别为基础设施、科技教育、医疗卫生、文化体育等；并根据排序赋值法，对全国317个地市级政府公共服务四个职能领域的绩效进行了排序和分析；下面将逐一陈述。

（一）基础设施绩效：无锡 VS 宿州

在全国317个地市级政府基础设施领域绩效排名中，江苏省无锡市以79.52分的得分位居榜首，紧随其后的是山东省的威海市，江苏省的苏州市获得了全国第三名。安徽省的宿州市则名列最后，且在全国后5名中有三个安徽省地市级政府。

如表2所示，与无锡市一起进入全国前20名的江苏地市级政府共有4个，其他三个分别是苏州、常州和扬州，显示在基础设施绩效上，江苏省有较多的地市级行政区进入全国优异行列，表现突出。

在公共服务综合绩效前20名中，浙江省只有2个地市级行政区进入，但是在基础设施绩效领域却有5个落入前20名内，分别是绍兴、温州、嘉兴、湖州、金华，占前20名的25%，位居全国之首。山东省有3个，分别是威海、东营、烟台。河北省有3个，分别是沧州、衡水、石家庄。福建省有2个，分别是漳州、福州。内蒙古、宁夏、江西各有1个进入。

表2 全国地市级政府基础设施绩效前20名和后20名

单位：分

| 基础设施绩效前20名 |||| 基础设施绩效后20名 ||||
全国名次	地市级政府	所属省区	绩效得分	全国名次	地市级政府	所属省区	绩效得分
1	无锡市	苏	79.52	298	永州市	湘	16.40
2	威海市	鲁	78.45	299	甘孜藏族自治州	川	15.59
3	苏州市	苏	78.15	300	定西市	甘	15.35
4	常州市	苏	74.01	301	来宾市	桂	15.31
5	绍兴市	浙	73.73	302	阿坝藏族羌族自治州	川	14.90
6	沧州市	冀	72.92	303	益阳市	湘	14.62
7	东营市	鲁	72.49	304	阜阳市	皖	14.60
8	衡水市	冀	71.61	305	遂宁市	川	14.43
9	扬州市	苏	71.52	306	天水市	甘	14.38
10	烟台市	鲁	70.94	307	崇左市	桂	14.33
11	温州市	浙	70.36	308	资阳市	川	13.31
12	包头市	蒙	69.35	309	陇南市	甘	12.85
13	嘉兴市	浙	69.27	310	贵港市	桂	12.31
14	漳州市	闽	69.25	311	凉山彝族自治州	川	10.98
15	银川市	宁	69.18	312	巴中市	川	10.78
16	湖州市	浙	69.11	313	亳州市	皖	10.16
17	金华市	浙	68.99	314	六安市	皖	9.74
18	福州市	闽	67.83	315	贺州市	桂	9.74
19	石家庄市	冀	67.33	316	广安市	川	7.76
20	南昌市	赣	67.11	317	宿州市	皖	7.01

从地域分布看，前20名中，东部地区一共有17个，占比85%，拥有绝对的领先优势。中部地区只有南昌1个。西部地区有包头和银川2个，表现略优于中部地区。让人难以理解的是，在基础设施领域，东北地区竟仍然没有一个地市级政府进入前20名，落后于中部地区和西部地区。另一个让人难以理解的是，广东也没有一个地市级行政区进入前20名，似乎与广东在经济发展上的地位不太相称。

如果分析基础设施绩效的后20名，这些数字则让人感到触目惊心。最后一名是安徽的宿州市，其得分是7.01分，不及第一名无锡市的1/10。即便是后 20 名中最好的湖南永州市，其得分为 16.40 分，也仅占无锡的 1/5。

图 5 显示，基础设施绩效全国最后 20 名的地市级政府由 5 个省区"分享"，四川省以 7 个入列，再拔"头筹"，分别是甘孜自治州、阿坝藏族自治州、遂宁市、资阳市、凉山自治州、巴中市、广安市，占后 20 名的 35%，占四川全省地市级政府总数的 35%。

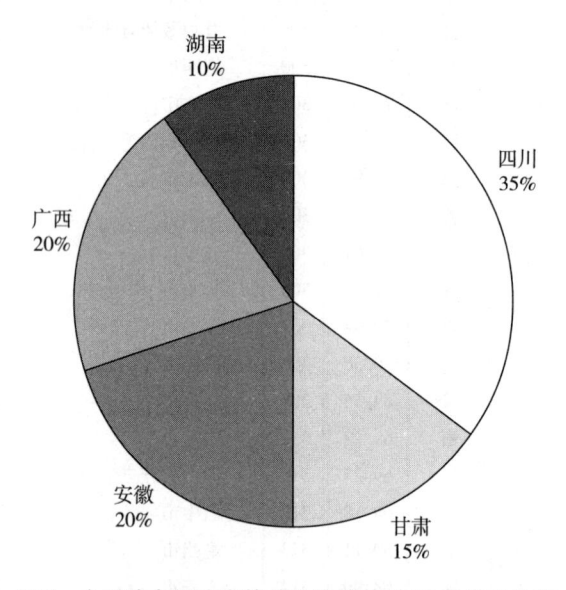

图 5 全国地市级政府基础设施绩效后 20 名省区分布

甘肃 3 个，分别是定西、天水、陇南。安徽 4 个，分别是阜阳、亳州、六安、宿州，占比 20%。安徽省在最后 5 名中占有 3 席，占比 60%。一个中部省份，其公共服务绩效表现如此"突出"，令人不可思议。广西 4 个，分别是来宾市、崇左市、贵港市、贺州市。湖南 2 个，分别是永州市和益阳市。

从区域分布看，在基础设施绩效全国最后 20 名的地市级政府中，西部地区共有 14 个，占比 70%；中部地区 6 个，占比 30%；东部地区和东北地区没有地市级行政单位进入。东部地区在前 20 名占比较高，同时没有特别落后的地市级政府，再次验证了东部地区在该领域整体绩效水平高的结论。另一个值得注意的现象是，东北地区地市级政府在前 20 名中不见身影，在后 20 名中同样不见踪迹，说明了东北地区在该领域虽然绩效表现不突出，但是也不特别落后，区域内部地市级行政区之间差距不大，绩效表现较为均衡。

（二）科技教育绩效：莱芜 VS 玉树

科技教育绩效的一个显著特点，就是东部地区地市级政府整体表现优异，处于全面领先的优势地位，在前20名中占有18个席位，其中山东省的莱芜市、潍坊市分别获得了第一名和第二名，福州市获得了第三名。而后20名则尽数分布在西部地区，其中青海省的玉树自治州名列全国末位。

表3显示，在科技教育绩效中，位居全国第一的是山东省的莱芜市，紧接着是山东的潍坊市，另外3个进入了前20名的山东省地市级政府分别是东营市、威海市、淄博市。

表3　全国地市级政府科技教育绩效前20名和后20名

单位：分

科技教育绩效前20名				科技教育绩效后20名			
全国名次	地市级政府	所属省区	绩效得分	全国名次	地市级政府	所属省区	绩效得分
1	莱芜市	鲁	74.59	298	铜仁地区	黔	21.97
2	潍坊市	鲁	73.25	299	普洱市	滇	21.75
3	福州市	闽	71.81	300	达州市	川	21.55
4	中山市	粤	70.87	301	来宾市	桂	21.12
5	太原市	晋	69.42	302	广元市	川	20.94
6	兰州市	甘	69.40	303	黔西南布依族苗族自治州	黔	20.94
7	泰州市	苏	68.69	304	黄南藏族自治州	青	20.71
8	无锡市	苏	68.42	305	迪庆藏族自治州	滇	20.52
9	镇江市	苏	68.30	306	锡林郭勒盟	蒙	19.86
10	南通市	苏	67.61	307	临夏回族自治州	甘	19.69
11	东营市	鲁	67.19	308	乌兰察布市	蒙	19.42
12	扬州市	苏	67.18	309	怒江傈僳族自治州	滇	18.46
13	威海市	鲁	67.15	310	阿坝藏族羌族自治州	川	18.40
14	石家庄市	冀	67.01	311	德宏傣族景颇族自治州	滇	17.88
15	温州市	浙	66.90	312	陇南市	甘	17.60
16	嘉兴市	浙	66.56	313	凉山彝族自治州	川	15.60
17	湖州市	浙	66.02	314	防城港市	桂	13.80
18	徐州市	苏	65.96	315	甘孜藏族自治州	川	13.19
19	苏州市	苏	65.49	316	果洛藏族自治州	青	9.52
20	淄博市	鲁	64.62	317	玉树藏族自治州	青	6.55

江苏省有7个地市级政府进入了前20名，分别是泰州、无锡、镇江、南通、扬州、徐州、苏州，占前20名的35%，是全国27个省份中在前20名中占比最大的省份，绩效表现优异。浙江有3个进入前20名，分别是温州、嘉兴、湖州。福建省有1个进入，即其省会福州。广东只有中山市进入前20名，仍然无法避免其经济大省的尴尬。河北省会石家庄市进入了前20名。

从四大区域分布来看，差距是显而易见的。在前20名中，东部地区占了18个，占比90%。中部地区和西部地区各有一个进入前20名，分别是山西的太原市和甘肃的兰州市，均为省会。东北地区依然没有地市级政府进入全国前20名。一个不容乐观但又不容回避的事实是，科技教育绩效的全国后20名被西部地区包揽。其中贵州有铜仁、黔西南自治州；云南有普洱市、迪庆自治州、怒江自治州、德宏自治州；四川有达州市、广元市、阿坝自治州、凉山自治州、甘孜自治州；广西有来宾市、防城港市；青海有黄南自治州、果洛自治州、玉树自治州；内蒙古有锡林郭勒盟、乌兰察布市；甘肃有临夏自治州、陇南市。最后一名玉树自治州的科技教育绩效得分是6.55分，几乎是得分最高的莱芜市（74.59分）的1/12，两者之间的差距异常明显。

（三）医疗卫生绩效：鹤岗VS玉树

在医疗卫生绩效领域，局面终于发生了改观。在前20名中一直没有斩获的东北地区，在医疗卫生绩效前20名中，有4个地市级政府进入；其中黑龙江省独占3个，分别是鹤岗、大兴安岭和双鸭山，鹤岗市还获得了全国的第一名。吉林省有1个，是白山市。辽宁省没有地市级行政区进入全国前20名。

表4显示，在医疗卫生绩效中，新疆表现较为优异，有4个地市级行政单位进入全国前20名，分别是哈密地区、伊犁哈萨克自治州、克拉玛依市和喀什地区。山东有3个，分别是烟台、滨州、菏泽。福建、安徽、甘肃各有2个，广东、内蒙古、河南各占1席。

从医疗卫生绩效看，处于优异行列的地市级政府区域分布结构发生了逆转。在前20名中，西部地区居然有7个地市级政府进入，占比35%，位居第一；东部地区的位置第一次下降到第二位，其"一区独大"的局面发生了改变。

表4 全国地市级政府医疗卫生绩效前20名和后20名

单位：分

医疗卫生绩效前20名				医疗卫生绩效后20名			
全国名次	地市级政府	所属省区	绩效得分	全国名次	地市级政府	所属省区	绩效得分
1	鹤岗市	黑	70.92	298	拉萨市	藏	27.27
2	大兴安岭地区	黑	67.62	299	甘孜藏族自治州	川	27.12
3	乌海市	蒙	66.58	300	镇江市	苏	27.05
4	哈密地区	新	65.13	301	中山市	粤	26.96
5	烟台市	鲁	65.06	302	三亚市	琼	26.92
6	伊犁哈萨克自治州(直属县市)	新	64.35	303	荆门市	鄂	26.68
7	南平市	闽	63.38	304	临夏回族自治州	甘	26.43
8	铜陵市	皖	63.34	305	南通市	苏	26.37
9	韶关市	粤	62.72	306	鹰潭市	赣	25.45
10	双鸭山市	黑	62.15	307	凉山彝族自治州	川	25.18
11	嘉峪关市	甘	62.01	308	鄂尔多斯市	蒙	24.85
12	安阳市	豫	61.62	309	佛山市	粤	23.73
13	克拉玛依市	新	61.54	310	陇南市	甘	23.02
14	白山市	吉	61.24	311	朔州市	晋	22.30
15	张掖市	甘	61.17	312	松原市	吉	22.10
16	喀什地区	新	60.99	313	吴忠市	宁	21.97
17	三明市	闽	60.63	314	丽江市	滇	21.79
18	滨州市	鲁	60.56	315	通辽市	蒙	21.18
19	菏泽市	鲁	60.46	316	东莞市	粤	15.17
20	芜湖市	皖	60.41	317	玉树藏族自治州	青	14.84

与医疗卫生绩效前20名格局发生的变化相呼应，后20名的格局也发生了较大改变。首先是一改东部地区在职能领域绩效中跟后20名无缘的情况，在医疗卫生领域有6个地市级行政单位进入后20名，占比30%，其中广东有3个，分别是中山、佛山、东莞，占比较大；江苏有2个，分别是镇江和南通；海南有1个，是旅游胜地三亚市。中部地区有3个，分别是湖北荆门市、江西鹰潭市、山西朔州市。东北地区只有一个，即吉林松原市。西部地区进入后20名数量较多，但分布不集中，分别有7个省份的10个地市级政府进入，占后20名的一半。

从区域分布特点看，后20名分布在14个省区，分布范围比较广，集中度不高。结合前 20 名的基本情况，能够发现西部地区地市级行政区域绩效分化现象较为明显，前 20 名中占据 7 席，而后 20 名中又占一半，说明西部地区各地市级政府之间差距十分明显，缩小西部地区内部差距的任务依然很艰巨。不过，广东省作为沿海经济发达省份之一，有 3 个地市级政府进入全国后 20 名，数量居于全国各省份之首。这种经济发展水平"上天"、医疗卫生水平"落地"的现象值得引起广东各地市级政府的反思。

（四）文化体育绩效：锡林郭勒 VS 贵港

在文化体育绩效的前 20 名中，几乎重复了医疗卫生绩效的格局，而且是"有过之而无不及"。西部地区全面领先；其中，内蒙古锡林郭勒盟和鄂尔多斯市分别位列全国前两名。表 5 显示，在文化体育绩效领域，仅内蒙古自治区就有 6 个地市级政府进入前 20 名，并且全国前 5 名均被西部地区包揽，内蒙古占据 4 席。前 10 名中除了丽水市属于浙江省以外，其他全部属于西部地区；前 20 名中有 17 个地市级政府属于西部，占比达 85%，拥有绝对领先优势。东部地区在前 20 名中只占 2 席，除了浙江丽水市，还有一个是福建的龙岩市。东北地区只有 1 个，是辽宁省的朝阳市。中部地区则没有地市级政府出现在这个行列。从文化体育绩效优异地区的分布情况可见，经济发展水平并不是文化体育绩效表现优异的充分条件。

表 5　地市级政府文化体育绩效前 20 名和后 20 名

单位：分

全国名次	文化体育绩效前 20 名 地市级政府	所属省区	绩效得分	全国名次	文化体育绩效前 20 名 地市级政府	所属省区	绩效得分
1	锡林郭勒盟	蒙	55.97	11	延安市	陕	51.22
2	鄂尔多斯市	蒙	55.89	12	朝阳市	辽	51.16
3	铜川市	陕	53.45	13	嘉峪关市	甘	50.48
4	乌海市	蒙	52.85	14	庆阳市	甘	50.13
5	呼伦贝尔市	蒙	52.80	15	昌吉回族自治州	新	49.16
6	银川市	宁	52.58	16	巴彦淖尔市	蒙	48.81
7	海北藏族自治州	青	52.52	17	酒泉市	甘	48.65
8	海西蒙古族藏族自治州	青	52.31	18	海南藏族自治州	青	47.89
9	乌兰察布市	蒙	51.65	19	龙岩市	闽	47.88
10	丽水市	浙	51.61	20	博尔塔拉蒙古自治州	新	47.67

续表

文化体育绩效后 20 名				文化体育绩效后 20 名			
全国名次	地市级政府	所属省区	绩效得分	全国名次	地市级政府	所属省区	绩效得分
298	曲靖市	滇	12.01	308	沧州市	冀	10.07
299	锦州市	辽	12.00	309	驻马店	豫	9.62
300	徐州市	苏	11.94	310	邵阳市	湘	8.91
301	商丘市	豫	11.93	311	黄石市	鄂	8.51
302	南阳市	豫	11.67	312	德阳市	川	8.17
303	忻州市	晋	11.47	313	毕节地区	黔	7.91
304	绵阳市	川	11.16	314	随州市	鄂	7.48
305	钦州市	桂	11.09	315	鄂州市	鄂	7.25
306	北海市	桂	10.98	316	六盘水市	黔	6.33
307	益阳市	湘	10.44	317	贵港市	桂	2.96

虽然在前 20 名的角逐中，东部地区全面落后于西部地区，但是在文化体育绩效后 20 名的区域分布中，东部地区所占席位也很少，仅有 2 个地市级政府落入其中，分别是江苏徐州和河北沧州。其余 18 个落后政府中，西部占 8 个，中部占 9 个，东北占 1 个。其中，西部地区的广西贵港市位居全国地市级政府的最后一名。

在文化体育绩效领域，东部地区地市级政府缺乏领先优势但在绩效偏差行列也少有涉及，以及西部地区地市级行政区域绩效分化明显的格局令人印象深刻。这种现象的出现，似乎与东部地区全面领先的常识有较大差距。但是，通过深层次的考察就会发现，人们日常印象主要源于对文化体育设施总量和先进程度的认识，而本研究的评估指标则综合考虑了增量和人口均量因素，同时加入了公共财政支出比重等考核维度。因此，评估结果与表面化的印象会形成较大反差。

四 公共服务综合绩效分区域评估

在对全国四大区域所辖地市级政府公共服务绩效进行的评估中发现，东部地区整体水平较为优异，在四大区域中位居首位；东北和中部地区分居第二、第三位；西部地区绩效偏差，排名末位。在各区域内部，不同地市级政府在公共服务绩效上也存在较大差距，绩效水平参差不齐。

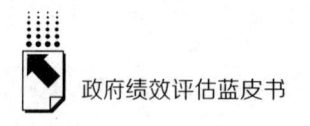

（一）东部地区：无锡 VS 云浮

东部地区是我国经济最发达地区，其公共服务绩效的整体水平也比较高。但是，在东部地区内部，不同地市级行政区域的公共服务绩效差距却比较大，呈现绩效水平高但是不均衡性突出的特点（见表6）。

表6　东部地区地市级政府公共服务绩效前20名和后20名

单位：分

公共服务绩效东部地区前20名				公共服务绩效东部地区后20名			
东部名次	地市级政府	所属省区	绩效得分	东部名次	地市级政府	所属省区	绩效得分
1	无锡市	苏	47.57	57	汕头市	粤	33.84
2	威海市	鲁	45.96	58	菏泽市	鲁	33.79
3	滨州市	鲁	45.55	59	徐州市	苏	33.60
4	东营市	鲁	45.18	60	河源市	粤	33.55
5	烟台市	鲁	45.08	61	盐城市	苏	33.54
6	苏州市	苏	44.51	62	清远市	粤	33.26
7	绍兴市	浙	44.49	63	泰安市	鲁	32.90
8	扬州市	苏	44.03	64	张家口市	冀	32.50
9	常州市	苏	43.97	65	莆田市	闽	32.50
10	湖州市	浙	43.78	66	三亚市	琼	31.81
11	韶关市	粤	43.65	67	南通市	苏	31.72
12	潍坊市	鲁	43.50	68	东莞市	粤	31.48
13	三明市	闽	43.28	69	湛江市	粤	31.39
14	淄博市	鲁	43.26	70	汕尾市	粤	30.78
15	石家庄市	冀	43.12	71	淮安市	苏	30.40
16	龙岩市	闽	43.02	72	揭阳市	粤	30.27
17	舟山市	浙	42.62	73	宿迁市	苏	29.92
18	福州市	闽	42.22	74	阳江市	粤	29.01
19	泰州市	苏	42.12	75	茂名市	粤	28.65
20	珠海市	粤	42.05	76	云浮市	粤	28.03

在东部地区前20名的地市级政府中，江苏省有5个；无锡市位列东部第一名，其他4个政府分别是苏州、扬州、常州、泰州。山东省有6个，占前20名政府总数的30%。这6个地市级政府分别是威海、滨州、东营、烟台、潍

坊、淄博。浙江省有3个，分别是绍兴、湖州、舟山。福建省有3个，分别是三明、龙岩、福州。广东省有2个，分别是韶关、珠海。河北省只有石家庄市进入东部地区前20名。海南省没有地市级政府进入前20名（见图6）。

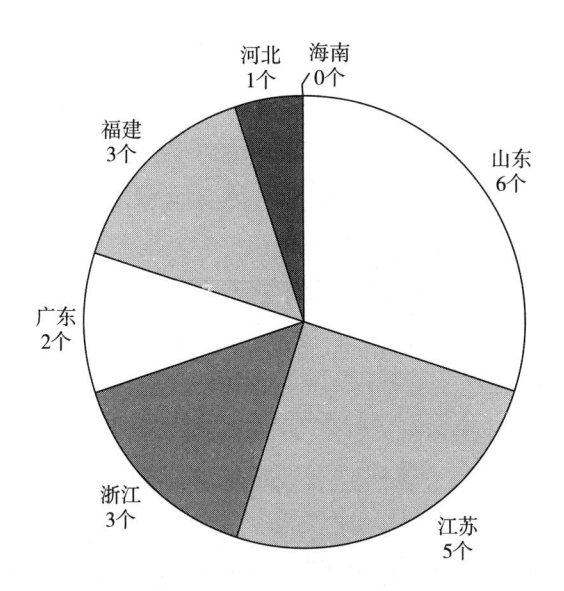

图6 东部地区地市级政府公共服务绩效前20名省区分布

在东部地区公共服务绩效后20名中，广东省表现"突出"，有10个地市级政府落入其中，占据了半壁江山，同时占广东省地市级总数的53%。这10个政府分别是汕头、河源、清远、东莞、湛江、汕尾、揭阳、阳江、茂名、云浮。云浮是东部地区公共服务绩效的最后一名。

山东省有2个进入东部地区后20名，分别是菏泽、泰安。江苏省有5个进入东部地区后20名，分别是徐州、盐城、南通、淮安、宿迁。在东部地区前20名和后20名中，江苏省各有5个，占江苏全省的83%，说明江苏省内各地市级政府公共服务绩效存在差异大、不均衡的特点。河北省、福建省和海南省各有一个地市级政府进入东部地区后20名，分别是张家口、莆田、三亚。浙江省没有地市级政府进入后20名，一定程度上显示浙江省的整体水平相对较高。

从省区分布看，后20名主要集中在广东省和江苏省，两省共有15个地市级政府落入其中，占比达到了75%，如图7所示。

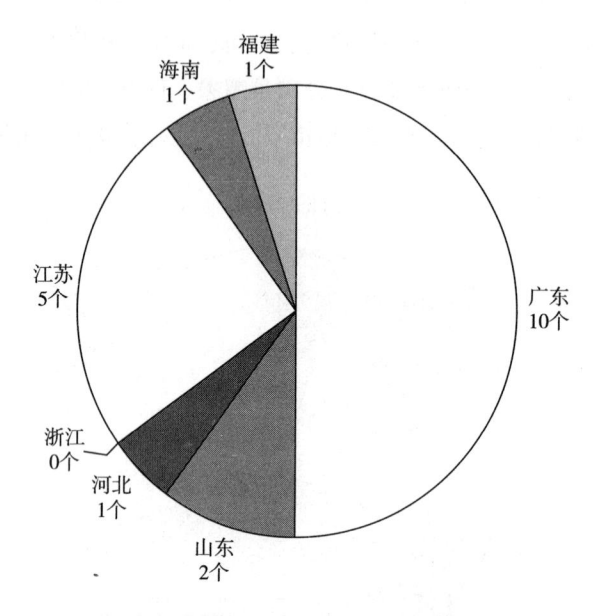

图7 东部地区地市级政府公共服务绩效后20名省区分布

在公共服务绩效的4个职能领域中,东部地区前5名和后5名的地市级政府排名情况如表7所示。在东部地区基础设施、科技教育、医疗卫生和文化体育绩效前5名的20个地市级政府中,山东省所辖的地市级政府出现了5次,广东、江苏、福建分别有4次,浙江省3次,河北省和海南省则无地市级政府落入其中。

表7 东部地区地市级政府公共服务各职能领域绩效前5名和后5名

	各职能领域前5名				各职能领域后5名			
东部名次	基础设施绩效	科技教育绩效	医疗卫生绩效	文化体育绩效	东部名次	基础设施绩效	科技教育绩效	医疗卫生绩效	文化体育绩效
1	无锡市	莱芜市	烟台市	丽水市	72	淮安市	三亚市	中山市	莆田市
2	威海市	潍坊市	南平市	龙岩市	73	云浮市	海口市	三亚市	邢台市
3	苏州市	福州市	韶关市	舟山市	74	揭阳市	承德市	南通市	保定市
4	常州市	中山市	三明市	韶关市	75	阳江市	汕尾市	佛山市	徐州市
5	绍兴市	泰州市	滨州市	梅州市	76	茂名市	张家口市	东莞市	沧州市

在东部地区公共服务各职能领域绩效后5名中,山东省和浙江省均没有地市级政府进入其中;福建省有1个地市级政府进入文化体育绩效后5名;江苏

省有3次,海南省有3次(其中三亚2次),河北省有5次,广东省多达8次。仅从前后5名的地市级行政单位分布看,山东省的情况是最好的,而河北、海南、广东的情况是相对较差的。不过,需要说明的是,这仅仅是从前后5名的分布情况来分析问题,它并不完全代表整体水平。以广东省为例,其前后5名的分布情况比较差,但是从全省的平均得分看,它又排在了山东省的前列。

(二)中部地区:铜陵 VS 亳州

中部地区地市级政府公共服务绩效排名中,安徽省的铜陵市和亳州市分列中部第一名和最后一名,该地区的地市级政府公共服务综合绩效前、后20名如表8所示。

表8 中部地区地市级政府公共服务绩效前20名和后20名

单位:分

公共服务绩效中部地区前20名				公共服务绩效中部地区后20名			
中部名次	地市级政府	所属省份	绩效得分	中部名次	地市级政府	所属省份	绩效得分
1	铜 陵 市	皖	44.81	62	宜 春 市	赣	26.77
2	太 原 市	晋	43.18	63	朔 州 市	晋	26.66
3	马鞍山市	皖	42.11	64	怀 化 市	湘	26.15
4	阳 泉 市	晋	40.42	65	恩施自治州	鄂	25.95
5	黄 山 市	皖	40.07	66	南 阳 市	豫	25.91
6	南 昌 市	赣	40.03	67	商 丘 市	豫	25.56
7	长 治 市	晋	39.52	68	鄂 州 市	鄂	25.18
8	洛 阳 市	豫	39.23	69	宿 州 市	皖	24.79
9	晋 中 市	晋	38.39	70	随 州 市	鄂	24.79
10	芜 湖 市	皖	38.00	71	忻 州 市	晋	24.49
11	许 昌 市	豫	37.66	72	信 阳 市	豫	24.02
12	三 门 峡	豫	37.24	73	益 阳 市	湘	23.66
13	晋 城 市	晋	36.84	74	荆 门 市	鄂	22.94
14	长 沙 市	湘	36.52	75	张家界市	湘	22.86
15	宜 昌 市	鄂	35.55	76	抚 州 市	赣	22.67
16	合 肥 市	皖	35.45	77	邵 阳 市	湘	22.57
17	安 庆 市	皖	35.44	78	永 州 市	湘	22.46
18	新 乡 市	豫	35.15	79	阜 阳 市	皖	21.57
19	安 阳 市	豫	35.15	80	六 安 市	皖	21.47
20	焦 作 市	豫	34.94	81	亳 州 市	皖	19.80

在中部地区地市级政府公共服务绩效前20名中，安徽、山西、河南三省明显领先，而江西、湖南、湖北则较为落后。在前20名地市级政府的省区分布中，安徽省有6个，占比30%，其中铜陵市位居第一，其余5个分别是马鞍山、黄山、芜湖、合肥、安庆。山西省有5个进入前20名，分别是太原、阳泉、长治、晋中、晋城。江西省有1个进入前20名，即省会城市南昌。河南省有6个进入前20名，总数与安徽并驾齐驱，分别是洛阳、许昌、三门峡、新乡、安阳、焦作。湖南省和湖北省各有1个进入前20名，分别是湖南省的省会长沙和湖北省的宜昌市（见图8）。

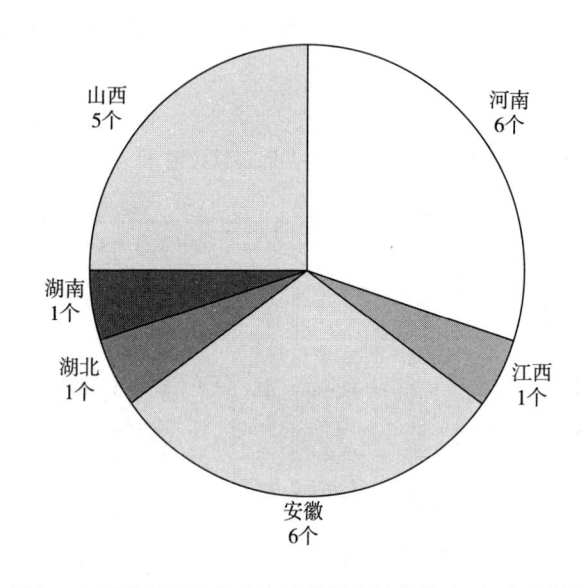

图8 中部地区地市级政府公共服务绩效前20名省区分布

在中部地区地市级政府公共服务绩效后20名中，江西省有2个地市级政府进入，分别是宜春和抚州。山西省有2个，分别是朔州、忻州。湖南省有5个，分别是怀化、益阳、张家界、邵阳、永州。湖北省有4个，分别是恩施、鄂州、随州、荆门。河南省有3个，分别是南阳、商丘、信阳。安徽省有4个，分别是宿州、阜阳、六安、亳州。

与前20名的地市级政府在各省区之间的分布不同，中部地区公共服务绩效后20名地市级政府的省区分布相对均衡，六省中相对差一点的是湖南省。

在公共服务的4个职能领域绩效上，中部地区前5名和后5名的地市级政府排名情况如表9所示。在中部地区基础设施、科技教育、医疗卫生和文化体育绩效前5名的20个地市级政府中，安徽省所辖地市级政府有8次进入，山西省有7次进入，河南省有2次，湖北、湖南分别有1次，河北省和海南省则无地市级政府进入前5名。在前5名的省域分布中，安徽省和山西省的绩效表现相对较好，河南省处于中游，江西省、湖北省、湖南省位次较少。

表9　中部地区地市级政府公共服务各职能领域绩效前5名和后5名

各职能领域前5名					各职能领域后5名				
中部名次	基础设施绩效	科技教育绩效	医疗卫生绩效	文化体育绩效	中部名次	基础设施绩效	科技教育绩效	医疗卫生绩效	文化体育绩效
1	南昌市	太原市	铜陵市	马鞍山市	77	益阳市	宜春市	吕梁市	驻马店市
2	芜湖市	阳泉市	安阳市	黄山市	78	阜阳市	上饶市	景德镇市	邵阳市
3	太原市	长治市	芜湖市	湘西自治州	79	亳州市	赣州市	荆门市	黄石市
4	马鞍山市	孝感市	淮南市	晋中市	80	六安市	抚州市	鹰潭市	随州市
5	铜陵市	大同市	新乡市	长治市	81	宿州市	张家界市	朔州市	鄂州市

在中部地区后5名的省域分布中，河南省表现最佳，其地市级政府只有1次进入。山西省有2次进入，湖南省有3次进入，安徽省、湖北省分别有4次进入，而江西省则有6次进入。

（三）西部地区：嘉峪关VS玉树

就总体水平而言，西部地区公共服务综合绩效位居全国四大区域末位，但是该区域内部分地市级政府的绩效表现却颇为不俗，如嘉峪关、克拉玛依和兰州三个地市级行政单位均排在全国前20名以内。在西部地区公共服务绩效排名中，甘肃省的嘉峪关市位居第一，青海省的玉树自治州排在最后。

如表10所示，除了嘉峪关以外，甘肃省还有兰州、金昌、酒泉、白银四个地市级政府进入了西部地区前20名。新疆也有5个地市级行政区域进入西部地区前20名，分别是克拉玛依、昌吉、伊犁、哈密地区、吐鲁番，其中克拉玛依位居西部地区公共服务绩效的第二名。内蒙古自治区的乌海市排名第4，和包头市一同进入前20名。宁夏首府银川市在西部地区排名第6，是唯一进入前20名的宁夏地市级政府。云南省会昆明市排名第7，广西首府南宁市排名第11，青海省会西宁市则排名第19。四川省和西藏自治区均没有地市级行政区域进入前20名。

表10 西部地区地市级政府公共服务绩效前20名和后20名

单位：分

西部名次	地市级政府	所属省区	绩效得分	西部名次	地市级政府	所属省区	绩效得分
公共服务绩效西部地区前20名				公共服务绩效西部地区后20名			
1	嘉峪关市	甘	45.30	109	临夏回族自治州	甘	21.88
2	克拉玛依	新	45.07	110	迪庆藏族自治州	滇	21.84
3	兰州市	甘	44.11	111	遂宁市	川	21.63
4	乌海市	蒙	42.26	112	武威市	甘	21.62
5	金昌市	甘	41.83	113	昭通市	滇	21.58
6	银川市	宁	40.61	114	定西市	甘	21.49
7	昆明市	滇	39.40	115	广安市	川	21.36
8	昌吉回族自治州	新	38.78	116	钦州市	桂	21.30
9	宝鸡市	陕	38.60	117	广元市	川	21.09
10	包头市	蒙	38.58	118	甘孜藏族自治州	川	20.38
11	南宁市	桂	38.42	119	果洛藏族自治州	青	20.30
12	伊犁哈萨克自治州	新	38.16	120	阿坝藏族羌族自治州	川	19.88
13	酒泉市	甘	37.33	121	六盘水市	黔	19.16
14	咸阳市	陕	37.25	122	毕节地区	黔	18.92
15	哈密地区	新	37.24	123	黔西南布依族苗族自治州	黔	18.61
16	柳州市	桂	37.14	124	巴中市	川	18.45
17	贵阳市	黔	37.12	125	陇南市	甘	18.33
18	吐鲁番地区	新	37.10	126	贵港市	桂	17.59
19	西宁市	青	36.79	127	凉山彝族自治州	川	17.17
20	白银市	甘	36.62	128	玉树藏族自治州	青	14.57

在西部地区公共服务绩效后20名的地市级政府中，甘肃省有4个，分别是临夏、武威、定西、陇南。云南省有2个，分别是迪庆藏族自治州、昭通。四川省有7个，分别是遂宁、广安、广元、甘孜藏族自治州、阿坝藏族羌族自治州、巴中、凉山彝族自治州。广西有2个，分别是钦州、贵港。青海有2

个，分别是果洛自治州和玉树自治州。贵州省有3个，分别是六盘水、毕节和黔西南自治州（见图9）。

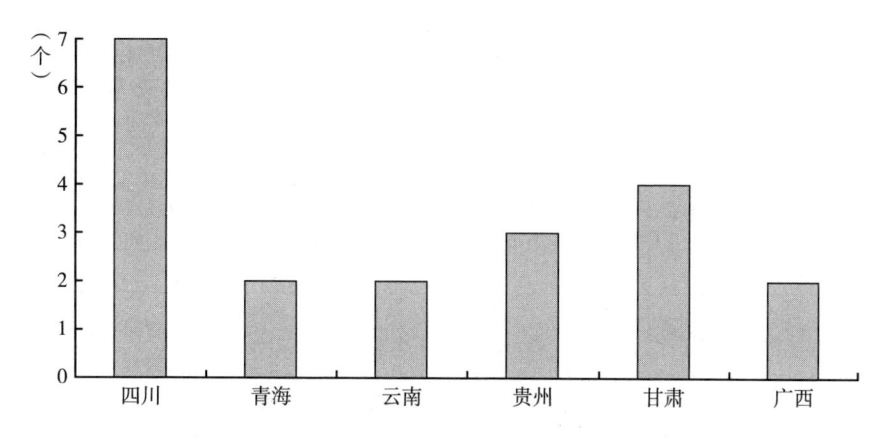

图9 西部地区地市级政府公共服务绩效后20名省区分布

分析后20名的省区分布，可以发现两点：其一，后20名的省区分布比前20名更加不均衡。四川省的情况最差，有7个地市级政府名列其中，占省内地市级政府总数的35%；但是新疆、内蒙古、宁夏、西藏、陕西5个省区却没有一个进入后20名。其二，在西部地区后20名的省区分布中，西北地区的情况明显好于西南地区。西南地区有14个，而西北地区只有6个，两者的比例是7:3。

在对公共服务4个职能领域绩效的分析中，由于西部地区的地市级政府基数大，一共有128个，所以选择了前10名和后10名的地市级政府作为样本，如表11所示。西部地区省会政府的表现不尽如人意；在基础设施绩效的前10名中，有3个省会（首府）没有进入，分别是广西的南宁市、西藏自治区的拉萨市和甘肃省的兰州市，省会地区的基础设施绩效逊于非省会地区，似乎有悖于常理。甘肃省的情形最为明显，嘉峪关市和金昌市都进入了前10名，但是省会兰州却在第10名之外。非省会政府进入基础设施前10名的还有新疆的克拉玛依市和内蒙古的包头市；其中，包头市位居基础设施绩效的第一名。在医疗卫生绩效和文化体育绩效中，居然没有一个省会政府进入前10名。在科技教育绩效中，作为省会政府的兰州和西宁进入前10名，其中兰州位居西部地区第一名。

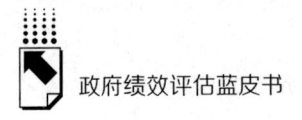

表 11　西部地区地市级政府公共服务各职能领域绩效前 10 名和后 10 名

西部名次	基础设施绩效	科技教育绩效	医疗卫生绩效	文化体育绩效	西部名次	基础设施绩效	科技教育绩效	医疗卫生绩效	文化体育绩效
各职能领域前 10 名					各职能领域后 10 名				
1	包头市	兰州市	乌海市	锡林郭勒盟	119	遂宁市	乌兰察布市	拉萨市	玉林市
2	银川市	吐鲁番地区	哈密地区	鄂尔多斯市	120	天水市	怒江傈僳族自治州	甘孜藏族自治州	黔西南布依族苗族自治州
3	昆明市	克拉玛依市	伊犁自治州(直属县)	铜川市	121	崇左市	阿坝藏族羌族自治州	临夏回族自治州	曲靖市
4	嘉峪关市	金昌市	嘉峪关市	乌海市	122	资阳市	德宏傣族景颇族自治州	凉山彝族自治州	绵阳市
5	金昌市	巴音郭楞自治州	克拉玛依市	呼伦贝尔市	123	陇南市	陇南市	鄂尔多斯市	钦州市
6	呼和浩特市	宝鸡市	张掖市	银川市	124	贵港市	凉山彝族自治州	陇南市	北海市
7	西宁市	白银市	喀什地区	海北自治州	125	凉山彝族自治州	防城港市	吴忠市	德阳市
8	克拉玛依	克孜勒苏自治州	资阳市	海西自治州	126	巴中市	甘孜藏族自治州	丽江市	毕节地区
9	贵阳市	哈密地区	和田地区	乌兰察布市	127	贺州市	果洛藏族自治州	通辽市	六盘水市
10	乌鲁木齐	西宁市	巴音郭楞自治州	延安市	128	广安市	玉树藏族自治州	玉树藏族自治州	贵港市

在西部地区基础设施、科技教育、医疗卫生和文化体育绩效前 10 名中，新疆所辖地市级政府进入前 10 名的频次最高，共达 13 次，其中克拉玛依市达 3 次之多。内蒙古有 8 个频次，其中包头市位居基础设施绩效第一名，乌海市位居医疗卫生绩效第一名，锡林郭勒盟位居文化体育绩效第一名，绩效表现非

常突出。另外，甘肃省有7个频次，青海省有4个频次，陕西省有3个频次，云南省和贵州省各有1个频次；广西和西藏没有地市级政府进入。可见，在4个职能领域前10名中，新疆的表现最好，其次是内蒙古，再次是甘肃省；四川、云南、贵州的表现一般；广西和西藏绩效表现相对较差。

在西部地区后10名的省域分布中，四川省有12个频次进入，其中广安市位居基础设施绩效的最后一名。广西有8个频次进入，其中贵港市位居文化体育绩效的最后一名。甘肃省有5个频次，云南省有4个频次，内蒙古、青海、贵州分别有3个频次，西藏、宁夏分别只有1个频次，新疆没有一个地市级行政单位落入公共服务各职能领域绩效的后10名中，绩效水平较为均衡。从以上的分布看，新疆在公共服务各职能领域绩效相对较好，广西相对较弱。

（四）东北地区：双鸭山 VS 松原

由于东北地区地市级行政区域的数量只有32个（其中黑龙江、吉林、辽宁分别为12个、8个和12个），总量不大，所以在样本分析中不再选取前后20名，而是以前、后16名为界点直接对这32个地市级政府的排名进行分析。

表12　东北地区地市级政府公共服务绩效排名

东北名次	地市级政府	所属省份	绩效得分	东北名次	地市级政府	所属省份	绩效得分
1	双鸭山市	黑	39.03	11	鞍山市	辽	34.93
2	鹤岗市	黑	38.96	12	牡丹江市	黑	34.61
3	大庆市	黑	37.79	13	辽源市	吉	34.61
4	吉林市	吉	37.03	14	伊春市	黑	34.38
5	本溪市	辽	36.52	15	盘锦市	辽	33.91
6	阜新市	辽	36.02	16	通化市	吉	33.84
7	延边朝鲜族自治州	吉	35.75	17	佳木斯市	黑	33.76
8	大兴安岭地区	黑	35.73	18	辽阳市	辽	33.67
9	鸡西市	黑	34.98	19	抚顺市	辽	32.72
10	白山市	吉	34.96	20	齐齐哈尔	黑	32.68

续表

东北名次	地市级政府	所属省份	绩效得分	东北名次	地市级政府	所属省份	绩效得分
21	黑河市	黑	32.06	27	营口市	辽	27.80
22	丹东市	辽	31.50	28	铁岭市	辽	27.60
23	白城市	吉	29.85	29	锦州市	辽	26.62
24	朝阳市	辽	29.80	30	葫芦岛市	辽	26.48
25	七台河市	黑	28.67	31	绥化市	黑	25.14
26	四平市	吉	27.84	32	松原市	吉	24.63

表12显示，黑龙江省有7个地市级政府进入了东北地区前16名，占其地市级政府总数的58.3%；其中双鸭山市在东北地区地市级政府公共服务绩效排名中位居第一，并且前3名均位于黑龙江省。吉林省有5个地市级行政单位进入了前16名，辽宁省有4个，分别占本省地市级行政区总量的62.5%、33.4%。东北地区后16名中，黑吉辽三省各有5个、3个和8个地市级政府落入其中，分别占这三省各自地市级行政区总量的比例为41.6%、37.5%、66.7%。吉林省在前16名中占比最高，在后16名中占比最低；辽宁省则与此相反。可以看出，在东北地区公共服务绩效中，吉林省的表现是最好的，辽宁省的表现则是最差的，黑龙江位居中游。

在公共服务四个职能领域——基础设施、科技教育、医疗卫生和文化体育——绩效前5名中，表现最为突出的是黑龙江省所辖地市级政府，一共有10次进入，其中大庆市位居基础设施绩效的第一名，鹤岗市位居医疗卫生绩效的第一名。辽宁省进入前5名的频次有7个，其中本溪市位居东北地区科技教育绩效的第一名。吉林省有3个频次，分别是白山市、吉林市、延边自治州（见表13）。

在东北地区公共服务各职能领域绩效后5名中，吉林省有5个频次进入，分别是白城市、四平市、白山市、松原市（2个）；其中松原市位居东北地区医疗卫生绩效的最后一名。黑龙江省有6个频次，分别是佳木斯市、黑河市、七台河市、大兴安岭、绥化市（2个），其中大兴安岭位居东北地区科技教育绩效的最后一名。辽宁省频次多达9个，其中朝阳市位居东北地区基础设施绩效的最后一名，锦州市位居东北地区文化体育绩效的最后一名。

表 13　东北地区地市级政府公共服务各职能领域绩效前 5 名和后 5 名

东北名次	各职能领域前 5 名				东北名次	各职能领域后 5 名			
	基础设施绩效	科技教育绩效	医疗卫生绩效	文化体育绩效		基础设施绩效	科技教育绩效	医疗卫生绩效	文化体育绩效
1	大庆市	本溪市	鹤岗市	朝阳市	28	白城市	黑河市	朝阳市	绥化市
2	牡丹江市	盘锦市	大兴安岭地区	双鸭山市	29	佳木斯市	七台河市	锦州市	铁岭市
3	丹东市	齐齐哈尔市	双鸭山市	延边朝鲜族自治州	30	葫芦岛市	绥化市	铁岭市	松原市
4	辽阳市	抚顺市	白山市	佳木斯市	31	四平市	白山市	营口市	抚顺市
5	鞍山市	大庆市	吉林市	大兴安岭地区	32	朝阳市	大兴安岭地区	松原市	锦州市

从三省所辖地市级政府公共服务各职能领域绩效前、后 5 名看，黑龙江省绩效状况是最好的，其次是吉林省，最后是辽宁省。

五　研究性发现

（一）经济优势是地方政府提供公共服务的最有利条件

如果从公共服务绩效水平在四大区域的分布看，大致呈现从东部向东北、中部和西部地区逐渐降低的态势。这跟四大区域的经济发展绩效分布格局几乎是完全一致的。也就是说，良好的经济基础是政府提供公共服务的先决条件；要想提高公共服务水平，一项最重要的因素是发展好地方经济。不过，这只是一种总体性规律。从具体的省际情况看，事实并非完全如此。比如，东部地区的广东省和海南省，其公共服务绩效水平就低于西部地区的内蒙古自治区和中部地区的山西省。这说明，经济发展绩效相对靠后的地区，也可以通过自身努力提供高于其经济发展水平的公共服务。

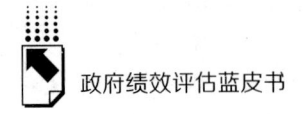

（二）经济发展绩效水平高并不必然带来公共服务绩效水平也高

以广东省为例，广东省是 GDP 第一大省，但是它的公共服务绩效在全国却排名第 8 位，反差比较大。本研究再以广东省内地市级政府为例，来说明公共服务绩效与经济发展绩效之间的反差；东莞市的经济发展绩效在广东省名列第 3，但是它的公共服务绩效却排在第 13 位；韶关市的经济发展绩效在广东省名列第 10，但是它的公共服务绩效却是第 1 名；梅州市的经济发展绩效排在省内第 17 名，但是它的公共服务绩效却排在第 3 名。从图 10 两条曲线的走向就能看出，它们并不是完全重合的。特别是像韶关和梅州这两个地市级政府，虽然经济发展水平不突出，但是其公共服务绩效却能够名列前茅，这一现象确实值得肯定。韶关市和梅州市的情况还说明，即便是在经济发展比较欠缺的地方，提升地方政府的公共服务水平，还是大有潜力可挖的；东莞市的情况告诉我们，经济发展绩效水平高并不必然带来公共服务绩效水平也高。

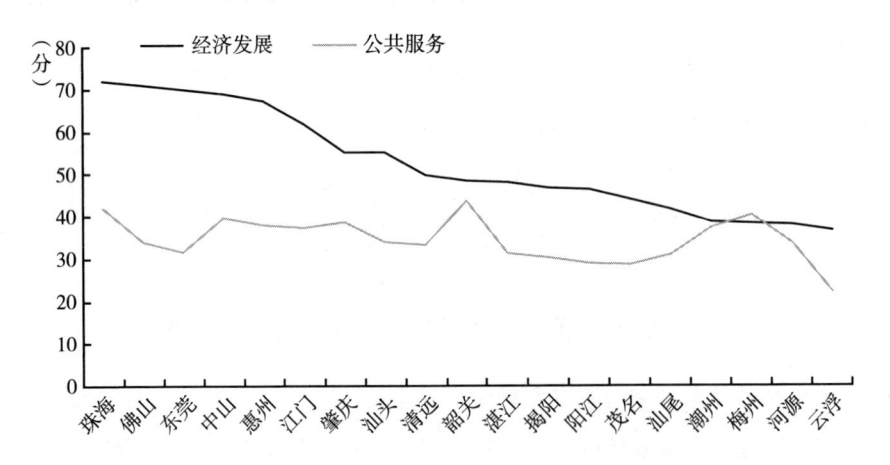

图 10　广东省地市级政府经济发展绩效与公共服务绩效相关性对比

B.11
政府平衡发展绩效评估

樊 鹏[*]

摘 要： 考虑到中国发展阶段的多重性、复杂性，本报告主要使用综合型指标体系来衡量政府平衡发展绩效。平衡发展绩效的三个职能领域，分别为环境保护绩效、城乡平衡发展绩效和区域平衡发展绩效，采集全国317个地市级行政区域（不含直辖市及副省级城市）的相关数据，总计18个初级变量，有效数据5706个。并在此基础上，采取排序赋值法，计算出各职能领域加权得分，并在各领域得分基础上计算平衡发展绩效综合加权得分。

本报告按照综合指标设置，围绕平衡发展总体绩效、分职能领域绩效（环境保护绩效、城乡平衡发展绩效以及区域平衡发展绩效），对全国317个地市级行政单位进行了排序赋值、得分加权、评估分析，并从中挖掘分布特征以及基本规律：中国地市级政府间的不平衡发展主要受到经济因素的影响，但平衡发展的实现仍需以经济的持续发展和增长为支撑；东部沿海地区平衡发展绩效处于领先地位，但各个区域之间存在明显的"相对比较优势"，在平衡发展分职能领域的某一方面，不同经济圈各领风骚；对于中西部内陆地市级政府，以及同样经济发展水平较为落后的地市级政府，环境保护可能成为提升平衡发展绩效的重要突破口；分析还发现，在现阶段，省域内部各地市级政府之间绩效表现差异化现象十分显著，这可能成为未来平衡发展的"软肋"。

---

[*] 樊鹏，中国社会科学院政治学研究所副研究员。

政府绩效评估蓝皮书

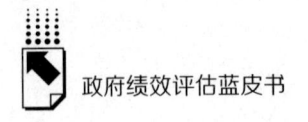

关键词： 政府绩效评估　平衡发展　平衡发展绩效

发展是人类社会恒久不变的主题，尤其是进入市场经济时代之后，发展被视为解决大部分社会问题的前提和基础。但是随着人类进入工业社会发展的高级阶段，发展本身所产生的问题也日益突出，这其中最大的挑战之一在于"不平衡发展"（Uneven Development）现象及其所产生的一系列问题。政治经济学所讲的平衡，是指国民经济和社会发展的各组成部分处于一种结构合理、区域均衡、相对协调的状态，此时政治系统功能和社会关系达到相对最优，而不平衡则是指相反的状态；不平衡是绝对的、长期的，平衡则是相对的、暂时的。因此从政府和政策角度来讲，对平衡发展的追求才是绝对的、长期的。

纵观历史发展与现实经验，各国政府对平衡发展的重视已经不仅仅作为一种政治理念而存在，而是逐渐具体化为一系列关于如何改善、维持平衡发展的衡量标准。从国际和国内相关学术研究和政策实践来看，有关平衡发展的衡量指标体系，先后经历了三个不同的范式：发展型平衡指标体系，分配型平衡指标体系以及综合型平衡指标体系。

第一，发展型平衡指标体系。

发展型平衡指标体系出现于工业化发展的初期阶段和上升阶段。不平衡现象是随着发展过程自然呈现出来的，最初的原因在于不同地区在资源基础、地理环境、劳动力分布等基本结构方面存在差异。在工业经济社会发展进入资本与人力高速流动的市场经济阶段后，不平衡的现象更加突出。世界上最发达的市场经济国家在"效率优先"的市场法则引导下，国民经济得到较快发展，但仍然存在区域间经济发展严重失衡的问题。在这一背景下，发展型平衡指标体系主要关注区域之间经济发展结构和发展水平的差异，常见的指标包括地区之间工业发展水平、GDP产出水平、三大产业布局的结构平衡等。基于这一指标体系而产生的政策，则主要致力于消除发展本身的非平衡性，追求国民经济的均衡发展。

在中国，直到20世纪90年代，当人们谈到差异、差距以及平衡发展的时候，主要指的还是区域经济发展的不平衡性问题，指标的选择主要使用人均

GDP、人均财政收入以及地方财政收入占地方 GDP 比重等。① 而当人们讨论地区或区域平衡发展政策和策略时，也主要涉及区域经济发展和调控政策，相关的政策工具则主要集中在税收及产业政策等方面。②

第二，分配型平衡指标体系。

分配型平衡指标体系主要出现于工业化发展的上升期和矛盾凸显期。这一阶段，经济学和社会学方面的研究发现，经济发展不平衡的影响往往并不局限于经济领域本身，而是会"外溢"到社会领域，这体现为不平衡发展带来的一系列社会分化。虽然采取一定的经济政策能够实现区域间经济的相对均衡，但区域内部不同社会群体之间的社会分化仍然十分严重，具体体现在教育、收入、住房等各个方面，这使得国家不得不关注收入分配和社会公平公正问题，最终将与分配相关的指标纳入平衡发展范畴，例如居民平均收入差异、地区之间收入差异、城乡之间收入差距等指标逐步被纳入其中。在西方发达国家，早在 20 世纪五六十年代，就已经开始将分配性指标纳入平衡发展的范畴，政策也开始随之调整。很长一段时间以来，欧美发达国家除了关注基尼系数（Gini Coefficiency）这类一般意义上的社会收入差距之外，还十分关心家庭收入差距的不平衡对社会带来的潜在风险。③ 近年来，西方发达国家又开始关注一个新的衡量分配不平衡的指标，即高收入群体与社会大众收入水平之间的相对不平衡性。根据世界经济合作组织（OECD）对 31 个成员的统计，过去 20 年，占人口总数 10% 的高收入人群收入增长速度是同样占人口总数 10% 的低收入人

---

① 王绍光、胡鞍钢：《中国地区差异报告》，辽宁人民出版社，1995；施琳：《差异、差距与不平衡发展——兼论引起我国区域经济不平衡发展的主要因素》，《中央民族大学学报》1998 年第 3 期。
② 朱江：《论地区平衡发展战略中的政府公共政策回应与创新》，《攀登》2001 年第 2 期；李敏：《税收促进我国区域经济平衡发展的思考》，《工业技术经济》2003 年第 2 期；欧阳德云：《增值税、分税制与区域平衡发展》，《地方财政研究》2005 年第 8 期。
③ David Jacobs, "Inequality and Police Strength: Conflict Theory and Coercive Control in Metropolitan Areas," American Sociological Review44 (1979): 913 – 925; David Jacobs and Ronald E. Helms, "Testing Coercive Explanations for Order: The Determinants of Law Enforcement Strength over Time," Social Forces75 (1997): 1361 – 92; David Jacobs and Stephanie L. Kent, "Social Divisions and Coercive Control in Advanced Societies: Law Enforcement Strength in Eleven Nations from 1975 to 1994," Social Problems51 (2004), 343 – 61..

群的9倍。其中，美国高收入人群收入增长幅度最大。[①] 从这些指标可以看出，"平衡发展"的内涵越来越丰富。

在中国，从20世纪90年代末期开始，有学者就已经将分配问题纳入衡量中国平衡发展的范畴，胡鞍钢、王绍光和康晓光等人在这一时期的著作就开宗明义地提出发展应重视社会分配问题，并将分配公平作为中国长期平衡发展的基础。[②] 近年来，人们又认识到有效的公共服务和切实可行的社会政策对降低社会分配不平衡有重要作用和意义，于是又提出了"基本公共服务均等化""公共服务水平初步均等化"的概念，并将其纳入平衡发展的范畴。一大批学者和官员也越来越重视通过统筹协调战略来解决中国发展中出现的不平衡问题，目标指向经济和社会的双平衡发展，并根据适龄儿童入学率、普九人口覆盖率、千人拥有的病床数、人均卫生事业费、城乡居民平均寿命等指标，测算综合指数，用以衡量平衡发展的水平。[③]

第三，综合型平衡指标体系。

综合型平衡指标体系出现在工业化发展的后期阶段以及后工业化阶段。虽然经济始终是政府关注的核心问题，但是进入这一阶段后，公民对发展有了更新的认识和诉求，他们除了关心增长、就业以外，还更加关注健康的卫生、无污染的环境、高质量的生活等。这种新的平衡发展理念，一方面建立在西方新古典经济增长模型的基础上，主张在各产业、各地区之间均衡部署生产力和资源，实现区域经济协调发展，强调产业间和地区间的关联性和互补性；另一方面综合型平衡发展理念关注发展的可持续性，强调发展过程中要做到经济、社会和生态的综合平衡，这意味着发展本身不能违背那些对于长期发展具有潜在贡献的因素，例如自然生态、公共卫生乃至社会人文环境，都应当得到最大程度的关照和考量。在这一背景下，综合型平衡指标体系应运而生，它除了保持发展型指标体系和分配型指标体系的一般要求外，还将环境保护、公共卫生、空气质量等指标纳入平衡发展范畴。在国际上，

[①] OECD, Divided We Stand: Why Inequality Keeps Rising, OECD Publishing, 2011。根据这项报告，低于9倍平均值的国家主要是北欧诸国，高于平均值的主要是意大利、英国、美国、以色列以及南美的墨西哥和智利。

[②] 王绍光、胡鞍钢：《不平衡发展的政治经济学》，中国计划出版社，1999。

[③] 肖昌进：《不平衡发展与统筹协调战略》，《党政论坛》2005年第12期。

除了学术研究机构之外,许多国际性组织也开始使用综合性指标体系来衡量各国的平衡发展绩效。①

改革开放三十多年来,中国经济社会发展取得了举世瞩目的巨大成就。但也出现了较严重的发展不平衡问题,主要体现在区域发展不平衡、城乡发展不平衡、城乡居民收入差距不断扩大、经济社会发展不平衡、经济发展受到资源与环境的约束等方面。今天的中国正处于从工业化发展初期阶段向更高级阶段转变的历史时期,东部发达地区开始显示出向后工业化阶段转变的症候,这主要体现在人们对经济发展之后的公共卫生、环境等可能产生破坏等问题的忧虑,以及对人类"宜居"环境的期待。

随着"科学发展观"的提出,人们在谈论平衡发展战略的时候,开始越来越多地将经济、社会和生态发展统合考量。俞可平将生态文明与"科学发展观"联系在一起;② 清华大学国情研究中心胡鞍钢教授编撰的《2030:中国迈向共同富裕》一书中,首次将"绿色中国"与习近平总书记提出的"中国梦"联系起来,③ 而在他最新的一本著作中,则用"绿色发展"的概念来指代低消耗、低排放、生态资本不断增加的经济社会发展模式,将建设"环境友好型社会"视为实现绿色发展与平衡发展最重要的支柱。④ 配合这一理念的变化,国家监管部门和政策实施部门也开始在行政评估和干部考核体系中更多地强调环境保护和生态平衡绩效的重要性,这在后文将要讨论的环境保护部分有所说明。

考虑到中国发展阶段的多重性、复杂性,本报告将主要使用综合型指标体系来衡量平衡发展绩效。一个完整的平衡发展综合型指标体系除了环境保护和生态平衡方面的指标外,还应当包含发展型指标体系和分配型指标体系中的基本指标,但是由于本书已有专门章节对地区间的经济增长与发展进行专门分析和比较,因此本报告将把发展型指标排除在外。在分配型平衡发展方面,我们主要选用了城乡平衡发展绩效和区域平衡发展绩效两类指标。就城乡平衡发展

---

① 国际上有关平衡发展的讨论,可以参见"平衡发展中心"(Central for Balanced Development), http://www.cbdus.org/。
② 俞可平:《科学发展观与生态文明》,《马克思主义与现实》2005年第4期。
③ 胡鞍钢:《2030:中国迈向共同富裕》,中国人民大学出版社,2011。
④ 胡鞍钢:《中国:创新绿色发展》,中国人民大学出版社,2012。

绩效来说，现有的研究和评估主要以省级为单位，但是本报告将经验分析的基础延伸到了地市级政府一级，将大大丰富对有关地区分配差异格局的认识；就地区差距来说，本报告的指标设计采用了能够反映相对差距水平的极值比较，更好反映各地区内部收入结构的平衡能力。在综合型平衡发展方面，我们的侧重点放在环境保护领域，参照环境保护部针对城市环境保护设定的考核，来选取本部分的具体指标，这也是为了使得分析结果可以更好地与国家层面的倡议与考核衔接起来，为公共评估和决策提供参考。

一 平衡发展总体评估

本报告数据采集覆盖了全国317个地市级行政区域，不含直辖市及副省级城市。平衡发展绩效包括三个职能领域，分别为环境保护绩效、城乡平衡发展绩效和区域平衡发展绩效，总计18个初级变量，有效数据5706个。并在此基础上，采取排序赋值法，计算出各职能领域加权得分（本报告第二部分），并在各领域得分基础上计算平衡发展绩效综合加权得分。

（一）平衡绩效综合得分排名

本研究对317个地市级行政区域平衡发展绩效得分进行了综合排名，图1显示了前20名的地市级政府，得分依次从高到低。这20个地市级行政区域绩效得分呈现完全正态分布格局，均值为41.91分，高于平均值和低于平均水平的各有10个。其中，排在前四位的分别为舟山（浙江）、湖州（浙江）、茂名（广东）、常州（江苏），排在后四位的为襄阳（湖北）、抚顺（辽宁）、焦作（河南）、河源（广东）。

从图1可以看出，高于平均值的10个地市级行政区域中，除了鸡西市（黑龙江）、朝阳市（辽宁）两个东北地区地市级政府以及黄山市（安徽）一个内陆省份地市级政府外，其余均分布在沿海省份。在这9个地市级政府中，江苏和浙江两省占比最高，其中排在前四名的浙江占两名，江苏和广东各占其一。

表1显示了前20名地市级政府的省域分布情况，可以发现浙江、江苏、广东三个省份，分别有三个地市级政府进入前20名，这三个省份的GDP全国

政府平衡发展绩效评估

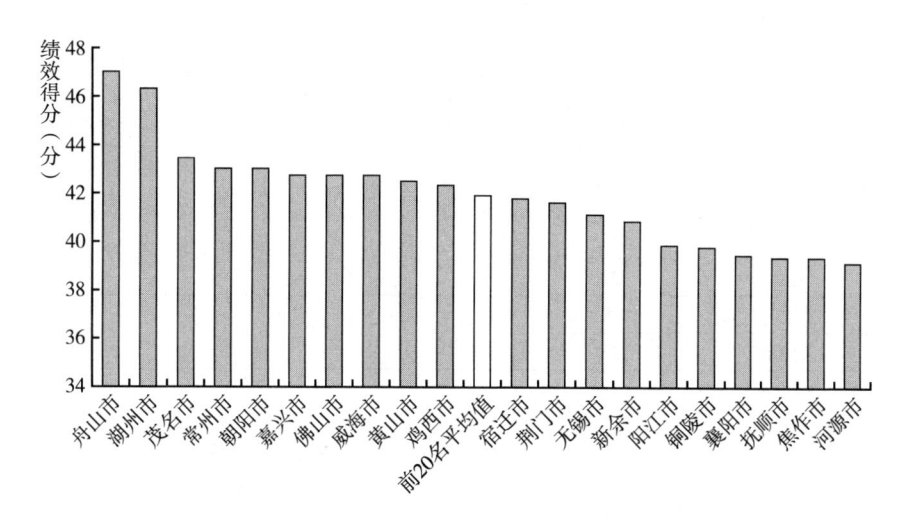

图1 全国地市级政府平衡发展综合绩效前20名

排名均位于前4名，可惜的是，按GDP排名前四的山东省在平衡发展方面仅仅只有一个地市级行政区威海进入前20名。值得注意的是，在前20名中，辽宁和黑龙江这两个东北省份表现十分突出。辽宁有两个地市级政府跻身前20名，朝阳市和抚顺市分别排在第9名和第16名；黑龙江虽然只有鸡西市，但是排名较为靠前，为全国第6名，实属不易。从后面具体分领域的分析可以看出，东北省份主要是在城乡平衡发展绩效和区域平衡发展绩效方面表现不错，东北三省虽然在GDP发展"做蛋糕"方面落后于主要沿海省份，但在促进城乡分配和区域平衡这一"分蛋糕"方面有明显着力。

表1 平衡发展综合绩效前20名的地市级政府省域分布

单位：个

地市级政府	全国名次	所属省区	排名进入前20名数量	地市级政府总数
舟山市	1	浙江	3	9
湖州市	2			
嘉兴市	6			
宿迁市	11	江苏	3	12
常州市	4			
无锡市	13			

315

续表

地市级政府	全国名次	所属省区	排名进入前20名数量	地市级政府总数
茂名市	3	广东	4	19
佛山市	7			
阳江市	15			
河源市	20			
朝阳市	5	辽宁	2	12
抚顺市	18			
荆门市	12	湖北	2	12
襄阳市	17			
黄山市	9	安徽	2	16
铜陵市	16			
鸡西市	10	黑龙江	1	12
威海市	8	山东	1	15
新余市	14	江西	1	11
焦作市	19	河南	1	17

图2是基于综合绩效得分得出的平衡发展后20名排序，得分呈现非正态分布。后20名平均得分为14.93分，高于和低于平均水平的地市级政府分别为14个和6个。这些地市级政府主要集中在中、西部地区，尤其是西部少数民族聚居区。这些地区大多处于工业化发展的初期阶段，虽然多数属于环境优美的地区，但是平衡发展更多地依赖于工业化发展基础上对环境保护的调控能力，而这些地区的城乡平衡发展绩效以及区域平衡发展绩效状况十分不好，以至于整体绩效得分不高。

值得注意的是，在平衡发展绩效得分后20名的地市级政府中，有三个省区达到4个，分别是山西省、西藏自治区以及新疆维吾尔自治区，山西省是唯——个平衡发展绩效得分落后的非民族区域自治地区，分别有大同市、吕梁市、忻州市以及临汾市进入后20名的序列中。山西因其丰富的煤炭资源为全国经济发展做出了巨大贡献，但是自身也付出了沉重代价，平衡发展水平的极度落后凸显了地方政府转变改革议程的迫切性和必要性。

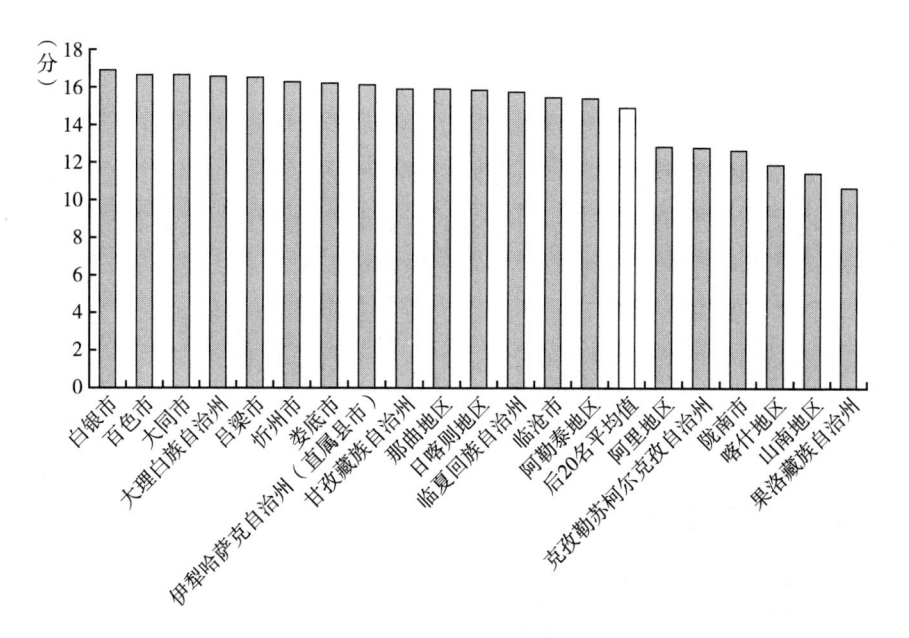

图 2　全国地市级政府平衡发展综合绩效后 20 名

（二）各省区绩效平均水平比较

为了更好地将 317 个地市级政府的平衡发展绩效能力和水平进行比较，本部分将利用绩效得分的平均值和标准差建立一个简约参照系。这一部分将主要计算各省区所辖地市级政府平衡发展绩效得分平均值，从而展开省际的比较，下一部分将利用更精致合理的方法，对绩效得分进行档次分类比较。

均值代表一个省区和区域的平均水平，通过均值可以对各省的平衡发展绩效和能力进行排序。这样建立的参照系，可以简约、直观地显示不同省份之间平均绩效水平的差异。

从图 3 可见，27 个省级单位（不含直辖市）所辖地市级政府平均得分呈现良好的正态分布，高于各省平均水平和低于各省平均水平的省区分别为 13 个和 14 个。其中，得分最高的三个省份是浙江、江苏、广东。这一结果与 317 个地市级政府排名前 20 中所占席位的格局基本一致。这说明，这三个省份就平衡发展而言，无论是以前 20 名来衡量，还是以 317 个地市级政府综合水平来衡量，都当之无愧走在全国各省区前列。

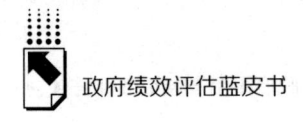

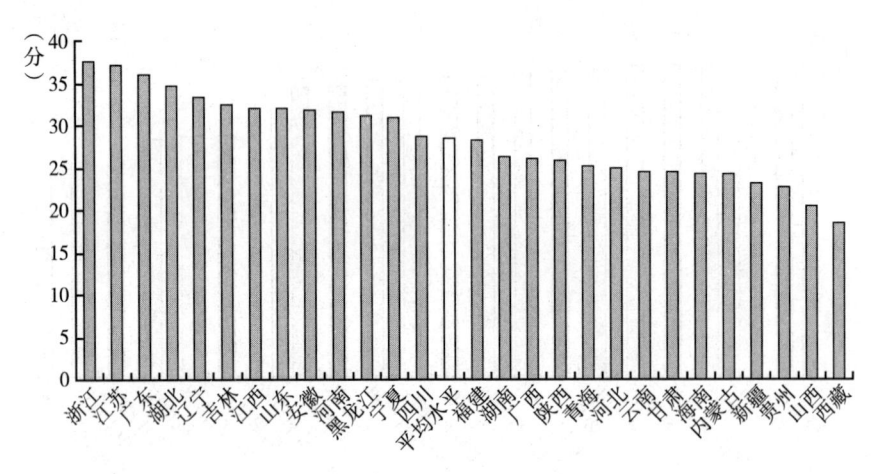

图3　各省区所辖地市级政府平衡发展绩效平均得分横向比较

（三）按绩效水平分档次比较

在前一部分简单比较的基础上，为了更好地对317个地市级政府按绩效进行分档、分类，同时显示不同区域政府之间的相对竞争力，本研究还依据更加科学、精致的标准，根据绩效得分平均值加减一个标准差的方式（M±SD，其中M代表平均值，SD代表标准差）将其划分为A、B、C、D四个档次。

这四个档次分别为：A为一级绩效，代表得分高于平均值基础上增加一个标准方差的区域，绩效表现为优异；B为二级绩效，代表得分高于平均值但低于平均值基础上增加一个标准差的区域，绩效表现为中上或次优；C为三级绩效，代表低于平均值但高于平均值基础上减少一个标准差的区域，绩效表现为中下；D为四等绩效，代表低于平均值基础上减少一个标准差的区域，绩效表现为偏差（见图4）。

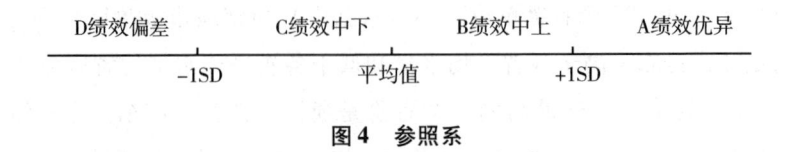

图4　参照系

表2显示了不同等级绩效所含地区的数量规模，可以发现二等次优绩效数量最多，达到118个，其次是三等绩效，达到97个。处在档次两端的是一等

优异绩效和四等最差绩效，分别为46个和56个。在四等绩效中，山西是唯一的非西部省份，全省有8个地市级政府进入绩效偏差序列；而在一等序列中，浙江、江苏和广东三省均跻身前五名，但是与得分前20名相比，顺序少有不同，广东在这里成为领头羊，有10个地市级行政区域跻身一等序列，而江苏和浙江则分别有7个和4个跻身其中，虽然这个结果不排除不同省份地市级行政区域数量的影响，但是多少反映出省份之间平衡发展综合水平的差异。

表2　全国地市级政府平衡发展绩效等级分布

单位：个

级别	一级绩效 （>35.92分）					二级绩效 （>28.82分，<35.92分）					三级绩效 （>21.73分，<28.82分）					四级绩效 （<21.73分）				
数量	46					118					97					56				
各省区所占数量（只列前五）	广东	江苏	辽宁	浙江	湖北	四川	安徽	河南	广东	山东	河北	广西	内蒙古	甘肃	湖南	山西	云南	新疆	贵州	西藏
	10	7	5	4	4	12	10	9	8	7	8	7	7	6	6	8	6	6	5	5

（四）各省区内部绩效均衡程度比较

以上内容根据各省平均值对省际的平衡发展能力和绩效水平进行了比较，同时也按照一定的统计标准，将27个省区所辖的317个地市级政府分成了四个等级，借以观察从优异到偏差等级中各省区分布情况。但是这些比较仅仅是基于各省区、各地区的总体绩效水平而言，并不能表明各省内部的平衡发展能力和绩效均衡化程度，换句话说，有的省区平均得分很高，可能主要得益于个别地区分数的领先作用，而其余地区的绩效得分并不高。因此，如果仅仅使用平均值来代表各省平衡发展绩效，可能会出现以偏概全的问题。

为了更好地衡量省际平衡发展能力的差异，还可以通过各省内部地市级政府绩效得分的标准差进行比较。标准差（Standard Deviation），也称均方差（Mean Square Error），是各数据偏离均值的距离的平均数，平均数相同的，标准差未必相同。它是离均差平方和平均后的方根。在统计意义上，标准差能反映一个数据集的离散程度。标准差越大，数据之间的离散度越高，即内部差异越大，均衡化程度越低；相反，标准差越小，数据之间的离散度越小，即内部差异越小，均衡化程度越高。

从省内不同地市级行政区域之间平衡发展绩效的均等化程度看，各省排序的格局发生了一些变化。部分中、西部省份开始进入前列，但是这可能是在所辖地市级政府绩效得分总体偏低条件下的均等化，因此结果只能直观地反映基本的排序情况。但是值得注意的是，绩效得分总排名中名列前茅的部分省份，在省区内部均衡程度方面却大幅落后。例如，浙江省虽然在各省绩效平均得分方面名列第一，但是在均衡度上却排在了倒数第四名，这说明浙江作为一个沿海经济重镇，其平衡发展能力总体高于全国其他地区，但是它内部不同地市级政府之间的平衡发展水平却存在参差不齐的问题，在促进平衡发展方面仍然存在较为严重的地区悬殊（见图5）。

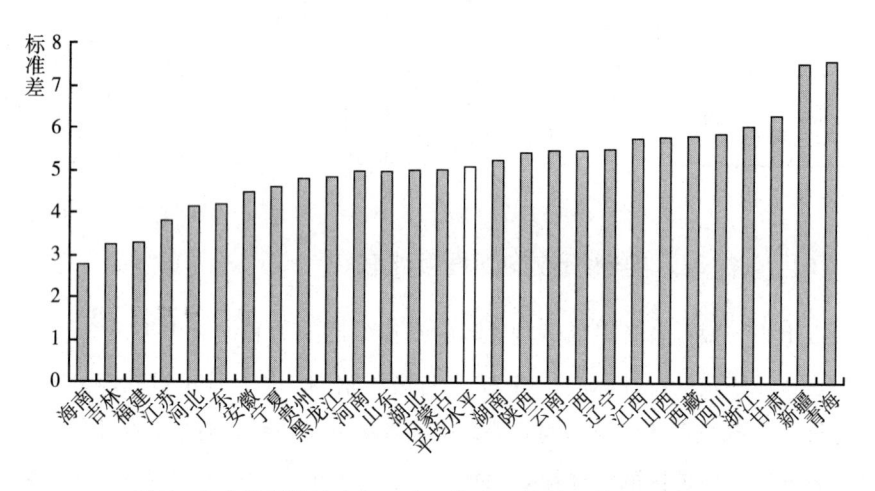

图5　各省区所辖地市级政府平衡发展绩效均等化程度比较

二　平衡发展绩效分职能领域评估

（一）环境保护绩效

2008年，根据第十一届全国人民代表大会第一次会议批准的国务院机构改革方案和《国务院关于机构设置的通知》（国发〔2008〕11号），我国设立了环境保护部，为国务院组成部门，将原国家环境保护总局的职责划入环境保护部。新成立的环保部负责拟订并实施环境保护规划、政策和标准，组织编制环境功能区划，监督管理环境污染防治，协调解决重大环境保护问题，还有环境政策的制定和落实、法律的监督与执行、跨行政区环境事务的协调等职责。环境保护监管治理机构的升格，反映出环境保护在我国中央监管职能序列和政策议程领域的上升。与此同时，环境保护也成为中央与各级政府对下级政府实施监督、测评的重要标准之一，环境保护绩效也被纳入地方干部政绩评价体系。

1. 指标选择

国家层面拟定的环境保护评估指标体系，经历了一个从粗犷的整体评估到以分类量化指标为基础的计量评估的发展过程。在环境保护部2011年发布的《"十二五"城市环境综合整治定量考核指标及其实施细则（征求意见稿）》中，对城市环境保护的指标体系多达16项，并分别按照权重给出了各指标总分。它们分别是：①环境空气质量（15分）；②集中式饮用水水源地水质达标率（8分）；③城市水环境功能区水质达标率（8分）；④区域环境噪声平均值（3分）；⑤交通干线噪声平均值（3分）；⑥清洁能源使用率（2分）；⑦机动车环保定期检验率（5分）；⑧工业固体废物处置利用率（2分）；⑨危险废物处置率（12分）；⑩工业企业排放稳定达标率（10分）；⑪万元工业增加值主要工业污染物排放强度（3分）；⑫城市生活污水集中处理率（8分）；⑬生活垃圾无害化处理率（8分）；⑭城市绿化覆盖率（3分）；⑮环境保护机构和能力建设（7分）；⑯公众对城市环境保护满意率（3分）。

在指标的选择方面，本报告除了参照国家环境保护部的指标体系外，还考虑到各地区的情况与地市级政府稍有不同，前者包含城乡两部分内容，因此指标的选择不宜过细、过多，再结合数据的可得性，最终选取了9个有代表性的指标。它们分别是：环保资金支出占地方财政一般预算支出的比重（%）、森林覆盖率（%）、工业固体废弃物综合利用率（%）、工业废水排放达标率（%）、城市空气质量指数（%）、城市区域环境噪音指数（市区区域环境噪音平均等效声级值）（分贝）、生活垃圾无害化处理率（%）、城镇生活污水处理率（%）、人均园林绿地面积（平方米）。

2. 得分排名

在上述指标数据基础上，采取排序赋值法并进行综合加权得分，计算出了317个地市级政府在环境保护领域的综合绩效得分。

图6显示了前20名的排序，得分依次从高到低。这20个地市级政府绩效得分分布格局中峰值偏高，均值为68.37分；高于和低于平均水平的地市级政府分别有8个和12个。领跑环境保护绩效前4名的地市级政府分别是山东的威海、安徽的黄山、浙江的衢州以及广东的河源，除黄山外均为东部沿海地市级行政区域。

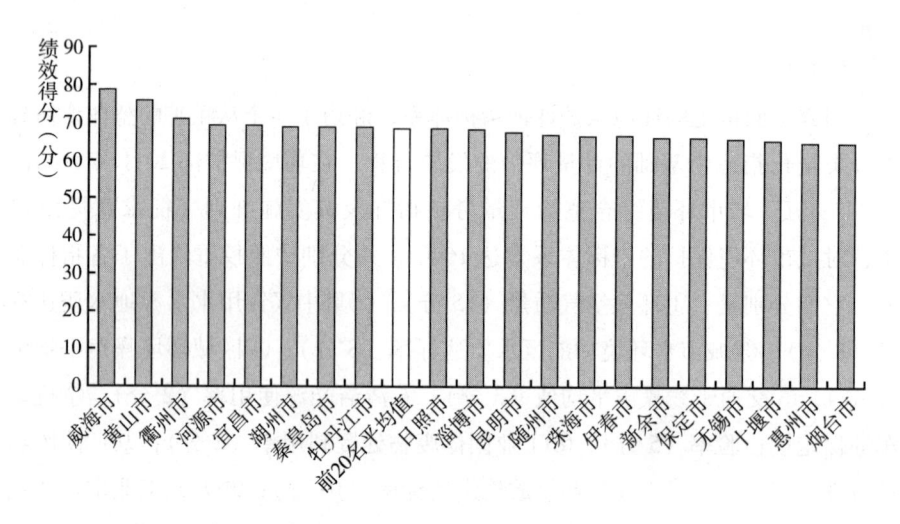

图6 全国地市级政府环境保护绩效前20名

在高于平均值的8个地市级行政区中，只有浙江省占据了两个名额，分别是绩效得分排在第三名的衢州市和排在第六名的湖州市，其余则均匀分布在其他六个省份。这一定程度上说明浙江在环境保护领域占得先机，但是值得注意的是，在前20名尤其是超过平均水平的前8名政府中，并没有出现与平衡发展综合绩效相似的分布情况，即没有完全被浙江、江苏和广东这些沿海经济大省独占，而是与其他省份荣誉均沾，这其中包括湖北省以及黑龙江省。从指标的选择来看，以上地区之所以排在前列，并不仅仅在于自然环境资源的优势，还由于其工业化已经达到一个较高的水平，较好地解决了工业化过程中可能带来的环境破坏问题，实现了工业化发展与基本环境保护的合理适度平衡。

图 7 是环境保护绩效得分后 20 名的排序，得分呈现非正态分布，均值为 24.29 分，高于和低于平均值的地市级政府分别为 14 个和 6 个，主要分布在中西部地区，尤其是西部少数民族地区。这些地区大多处于工业化发展的初期阶段，虽然可以算得上环境优美，但是从指标体系来看，环境保护绩效不仅考核自然生态的状况，而且主要考核的是政府对工业化发展过程中出现的环境负面效应的平衡与应对能力。因此，这些地区尽管可能在森林覆盖率等指标上领先，但是从对环境保护绩效的综合考量上看，它们可能远远落后于其他工业化发展水平较高、有能力对环境保护做出政策调整的地区。

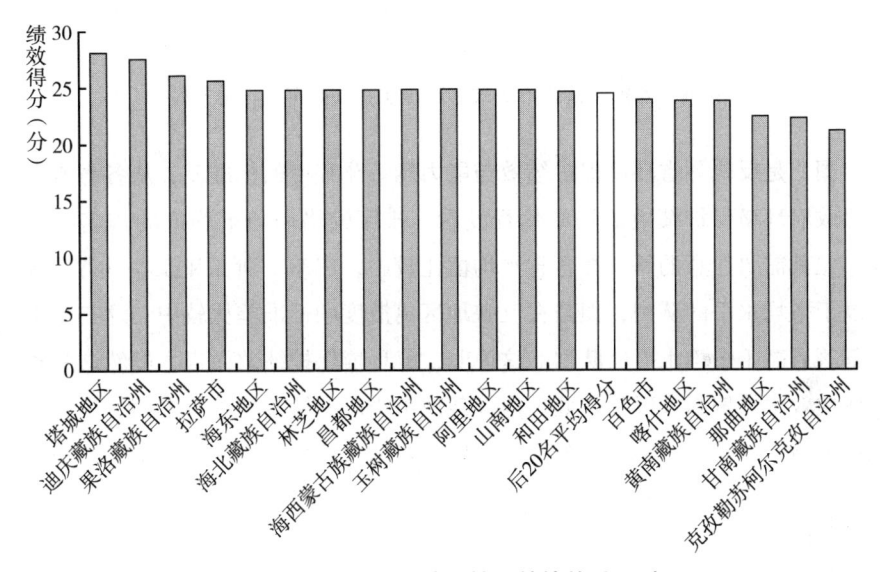

图 7　全国地市级政府环境保护绩效后 20 名

3. 地区比较

各省所辖地市级政府绩效得分的均值比较，可以在一定程度上反映各省之间在环境保护领域的相对水平差异。图 8 根据各省所辖地市级政府的均值，对其环境保护绩效进行了排序。图中可见，27 个省级单位（不含直辖市）所辖地市级政府平均绩效分布峰值偏低，高于各省平均水平和低于各省平均水平的省区分别为 16 个和 11 个。其中，得分最高的四个省分别是海南、河北、浙江和山东。这一结果与平衡发展综合绩效得分各省排名略有不同。不过浙江省无论就平衡发展而言还是以环境保护绩效衡量，都当之无愧走在全国各省份前列。

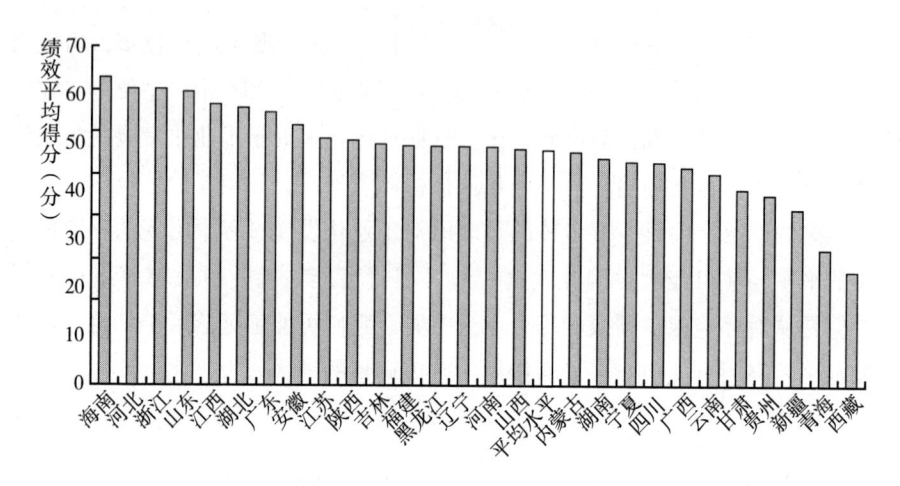

图8　各省所辖地市级政府环境保护绩效平均得分比较

图9是反映各省环境保护绩效与能力均等化程度的标准差，从各省所辖地市级政府环境保护绩效的均等化程度看，排序的格局与平均值的排名略有不同。尤其需要注意的是，在各省平均值比较中，广东、浙江和江苏三省全部排在高于平均水平的队列，但是在反映地区离散度的标准差比较中，这三个省份全部落入高于平均水平的队列。这说明，就环境保护绩效而言，虽然这些省份总体绩效水平偏高，但是在处理内部各地市级政府绩效均等化方面，尚有许多工作要做，这与前文第一部分平衡发展综合绩效评估中得出的结果十分一致。

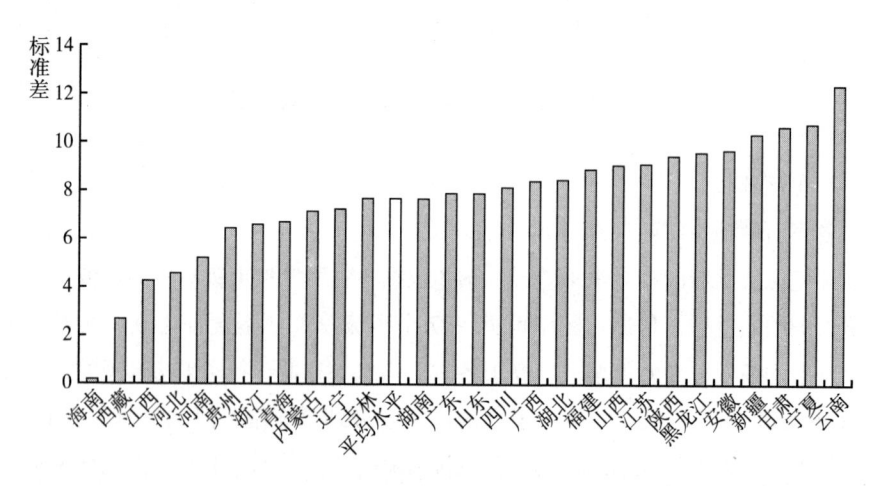

图9　各省所辖地市级政府环境保护绩效均等化程度比较

表3显示了环境保护绩效前20名的地市级政府在各省区的分布,数量规模最大的是山东省,其15个地市级政府中有4个进入环境保护绩效前20名,分别是威海、日照、淄博和烟台,均为沿海地区。其次是广东省,有3个进入前20名,但是从占省内地市级政府总数的比重来看,要低于山东省的水平。这可能是由于广东与山东两省在经济发展结构方面的差异,尽管广东经济水平高于山东,但是广东在经济结构转型方面所面临的压力可能要远高于山东,转变经济发展方式、提升环境保护水平需要一个长期的过程。

表3 环境保护绩效前20名的地市级政府省域分布

单位:个

地市级政府	全国名次	所属省份	排名进入前20名数量	地市级政府总数
威海市	1	山东	4	15
日照市	9			
淄博市	10			
烟台市	20			
河源市	4	广东	3	19
珠海市	13			
惠州市	19			
宜昌市	5	湖北	3	12
随州市	12			
十堰市	18			
衢州市	3	浙江	2	9
湖州市	6			
秦皇岛市	7	河北	2	11
保定市	16			
牡丹江市	8	黑龙江	2	12
伊春市	14			
黄山市	2	安徽	1	16
昆明市	11	云南	1	16
新余市	15	江西	1	11
无锡市	17	江苏	1	12

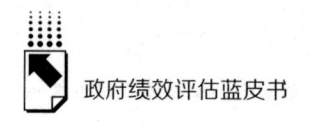

（二）城乡平衡发展绩效

城乡平衡发展绩效是衡量平衡发展的另外一项基础性指标。在国际上，平衡发展通常并不是在城乡意义上而言的，而是将一定行政区域内个人或家庭收入的差异程度，尤其是家庭收入的比较作为衡量平衡发展的重要指标。然而在中国的背景中，很难获得详细且准确的分地区家庭收入数据，不过不少研究已经验证，中国城镇内部、农村内部以及城乡之间收入差距的状态可以反映整体的收入格局。以全国为样本，中国城乡之间的收入差距可以解释（构成）全国总体居民收入差距的75%以上。[1] 实际上，采用城乡收入差距作为总体收入差距代理变量的方法在有关平衡发展的研究文献中非常普遍。[2]

1. 指标选择

基于上述理由，课题组将城乡平衡发展绩效纳入平衡发展的指标体系。城乡差异指标通常采用反映地区城乡发展水平的绝对值（例如采用人均GDP、人均家庭收入、人均家庭消费或多项指标加权的综合指数）来表示，也可以采用相对差距（例如大值与小值之差）或高低差距（最高收入与最低收入的比值）来计算。为了更好地综合衡量城乡平衡发展绩效，将选用"农村家庭居民人均纯收入增长率与城镇家庭居民人均可支配性收入增长率之比（%）""农村家庭居民人均纯收入绝对值与城镇家庭居民人均可支配收入绝对值之比（%）"以及"农村家庭人均生活消费支出与城镇家庭人均消费支出之比（%）"三个指标作为代理变量。

2. 得分排名

在上述指标数据基础上，采取排序赋值法并进行综合加权得分，计算出全国317个地市级政府城乡平衡发展绩效得分。从指标设计来看，得分越高，说明这一地区在城乡平衡发展绩效方面的平衡绩效越好。

图10显示了全国平衡发展绩效前20名的排序，得分依次从高到低分布。这20个地市级政府得分分布格局峰值偏低，呈完全正态分布，其均值为

---

[1] 李实：《中国个人收入分配研究回顾与展望》，《经济学季刊》2003年第2期。
[2] 陆铭、陈钊：《城市化、城市倾向的经济政策与城乡收入差距》，《经济研究》2004年第6期。

97.33分，高于平均值和低于平均值的地市级政府各有10个。领跑城乡平衡发展绩效前4名的地市级行政区域不再完全由东部沿海地区垄断，排在第一位的是黑龙江齐齐哈尔市，第二位是新疆昌吉回族自治州，第三位是浙江省舟山市，第四位是广东阳江市。

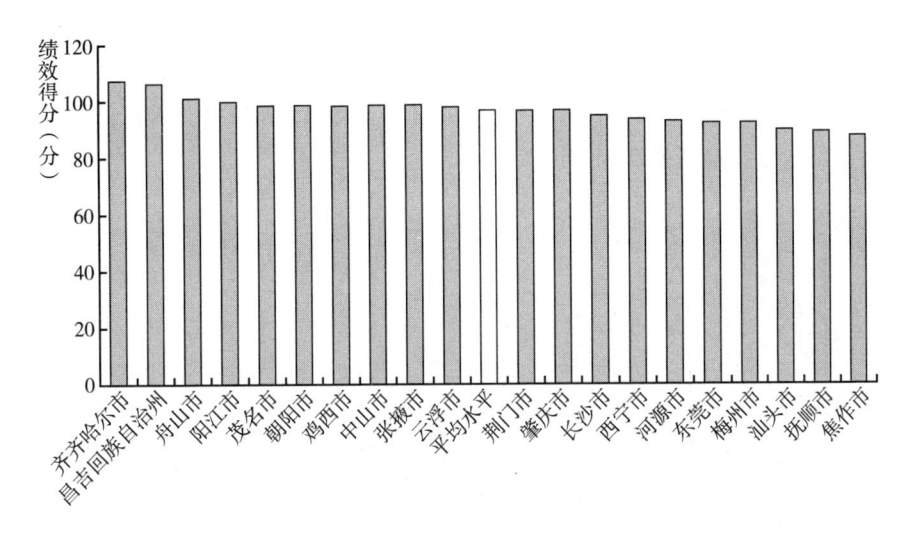

图10 全国地市级政府城乡平衡发展绩效前20名

图10中，在高于平均值的10个地市级行政区域中，广东省份额最大，所占数量多达4个。广东是全国发展的一个缩影，体现在经济发展取得辉煌成就的同时，省内城乡之间发展十分不平衡，二元结构问题比较突出，城乡居民无论是在收入还是在公共服务等领域都存在较大差距，农村经济与社会发展依然滞后。根据相关统计资料，该省一些农村地区的经济发展水平甚至低于全国平均值。但是近年来，广东省通过推进收入分配体制改革、健全公共财政政策、实施积极的就业政策以及合理调节收入差距等措施，在平衡城乡发展差距方面取得了一定成就，从其进入前10名的地市级政府数量就能看出。超过平均水平以上的10个地市级行政区域中，黑龙江有两个，分别是齐齐哈尔和鸡西市。这似乎也不是偶然，早在国务院提出新城镇化发展战略之前，黑龙江就针对城乡发展不平衡的问题，积极实施了"小城镇"发展战略，在齐齐哈尔和鸡西市等地推行小城市和小城镇协调发展的城镇布局，对于提高城乡平衡发展绩效起到了重要作用。

图 11 是城乡平衡发展绩效得分后 20 名的排序，得分分布峰值偏低，均值为 12.04 分，高于平均值和低于平均值的地市级政府分别为 12 个和 8 个。这些地市级政府主要分布在中、西部地区，而且是少数民族地区。城乡平衡发展绩效的出现，是工业化阶段经济发展的自然产物，但是在提高城乡平衡发展绩效上，市场所代表的"看不见的手"往往并不能起到关键作用，相反，需要政府具备强有力的平衡能力，包括充裕的财政税收能力以及再分配制度和手段。而这些少数民族地区大多缺乏充足的财政支持和政策支持，因此其城乡平衡发展绩效处在最低的队列。

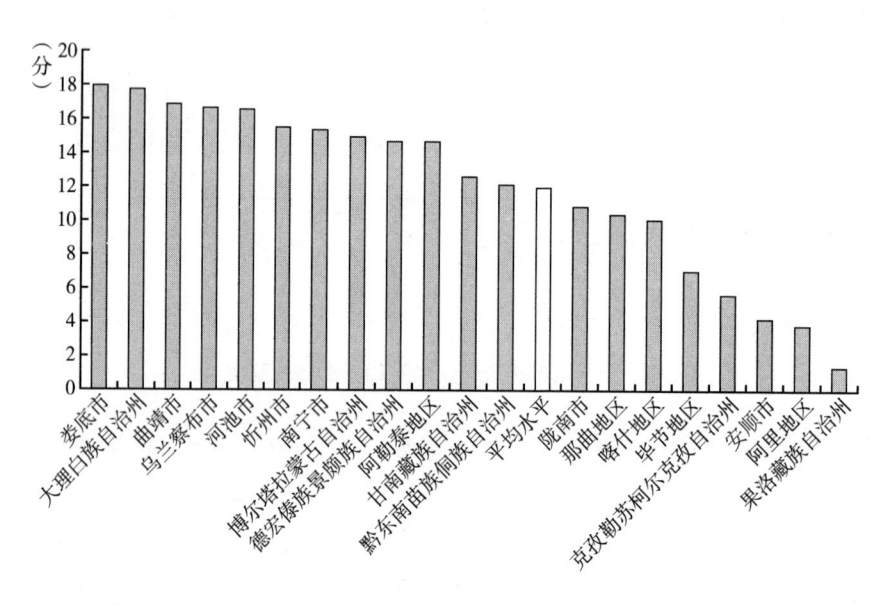

图 11 全国地市级政府城乡平衡发展绩效得分后 20 名

3. 地区比较

同前一部分环境保护绩效省际比较的方式一致，下文将对各省所辖地市级政府的城乡平衡发展绩效得分均值进行比较，可以在一定程度上代表各省在该领域的相对水平差异。

图 12 通过各省所辖地市级政府的城乡平衡发展绩效均值，对其在这一领域的综合绩效进行排序。图中可见，27 个省级单位（不含直辖市）所辖地市级政府平均得分基本为正态分布，平均水平为 55.96 分，高于平均水平和低于

平均水平的省区分别为13个和14个。排在前四位分别是广东、黑龙江、江苏和辽宁；其中，广东排在首位，排名得分前20名的地市级政府中有4个位于广东，这说明，无论是从平均水平，还是跻身优异序列的数量规模，广东在城乡平衡发展绩效领域的优势都毋庸置疑。此外，从超过平均水平的13个省区来看，东北地区在这一领域表现不俗，黑吉辽三省全部超过全国平均水平，其中黑龙江排在第二，仅次于广东，这与前面各地市级政府排名中黑龙江有2个地市级行政区域跻身前20名遥相呼应；继黑龙江之后，辽宁排在第四，吉林排在第十。

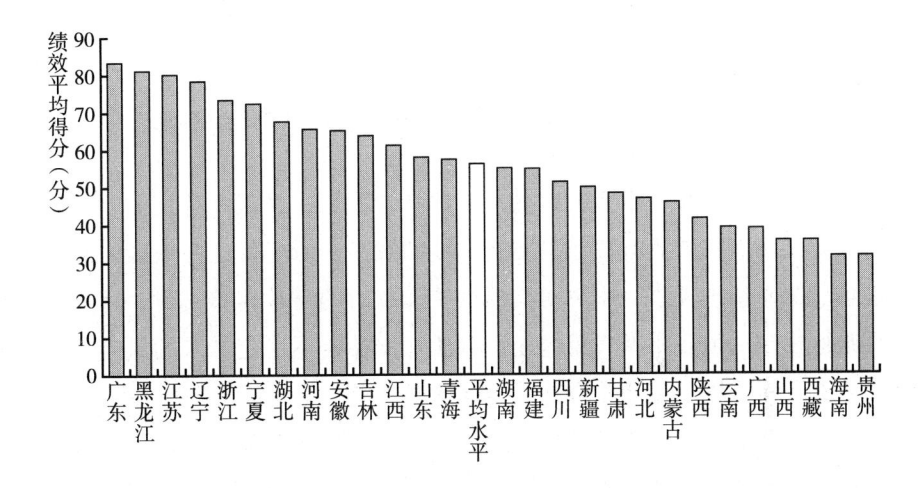

图12　各省所辖地市级政府城乡平衡发展绩效平均得分比较

图13是反映各省城乡平衡发展绩效与能力均等化程度的标准差。从省内不同地市级政府间城乡平衡发展绩效的均等化程度来看，情况比较复杂。由于标准差越小，代表省内不同地市级政府之间的差距越小，反之则越大。那么从图13可以看出，差距较小的地区既有江苏、福建、山东这种沿海省区，也有陕西、四川、黑龙江这类内地省区。但是标准差很大即省内各地市级政府之间绩效差异较大的后几名地区，则主要集中在西部少数民族地区。后四位分别是新疆、西藏、青海和甘肃。

这些地区中，新疆和西藏是中国的民族区域自治地区，是少数民族聚居的边疆地区，是政治敏感区域；青海和甘肃也都是少数民族比重很高、多民

政府绩效评估蓝皮书

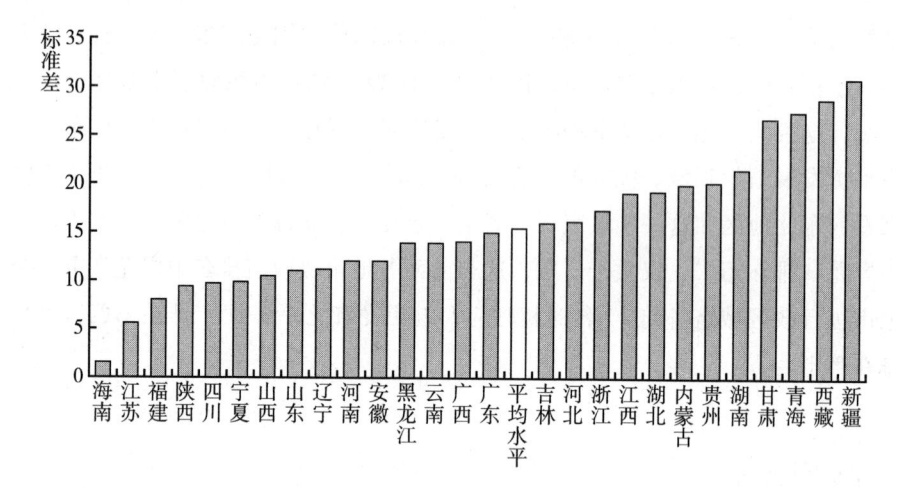

图13 各省所辖地市级政府城乡平衡发展绩效均等化程度比较

族杂居的地区。中央一贯重视这些地区的社会发展,在很大程度上,这些地区社会稳定的意义要远远高于其经济发展的意义。为了使这些地区的经济社会能够较为平衡地发展,中央对其提供了强有力的财政转移支付,旨在弥合这些地区出现的城乡平衡发展差距,以此降低社会不稳定带来的风险。这一结果,在一定程度上说明弥合这一地区的城乡平衡发展差距还任重而道远。

表4显示了在城乡平衡发展绩效领域得分前20名的地市级政府在各省区的分布,数量规模最多的是广东省,有9个进入其中。但是相比而言,同为平衡发展综合绩效前三名的浙江省在城乡平衡发展绩效方面的表现并不太理想,所辖的九个地市级政府中,只有舟山市进入了前20名的队列。值得注意的是,东北地区在这一领域表现十分不俗,除了广东之外,只有辽宁和黑龙江有两个以上的地市级政府进入了全国前20名。

(三)区域平衡发展绩效

在平衡发展指标体系中,区域平衡发展绩效也被纳入其中。从地方发展和政策制定的实践角度来看,通常各级政府所关心的区域内部差距除了城乡平衡发展绩效之外,还包括区域内部处在发达与落后"两极"的典型地区之间的差距。在今天中国地方政府的政策体系中,除了通过市场化手段和机制来盘活

表4 城乡平衡发展绩效前20名的地市级政府省域分布

单位：个

地市级政府	全国名次	所属省区	排名前20数量	地市级政府总数
阳江市	4	广东	9	19
茂名市	5			
中山市	8			
云浮市	10			
肇庆市	12			
河源市	15			
东莞市	16			
梅州市	17			
汕头市	18			
朝阳市	6	辽宁	2	12
抚顺市	19			
齐齐哈尔市	1	黑龙江	2	12
鸡西市	7			
焦作市	20	河南	1	17
昌吉回族自治州	2	新疆	1	14
长沙市	13	湖南	1	14
西宁市	14	青海	1	8
张掖市	9	甘肃	1	14
荆门市	11	湖北	1	12
舟山市	3	浙江	1	9

地方资源、促进投资和生产要素的流动之外，在条件具备的地区，通常还会辅助以有形的"政策之手"进行公共资源的区域调整，对社会资源的区域流动模式实施干预，以便使最发达地区与最落后地区的差异有所"收敛"。

1. 指标选择

为了更好地反映上述区域差异的内涵，本报告选取了能够反映相对差距水平的极值比较指标，选择了"区域间人均GDP极值差距指数（%）""区域间人均一般预算收入极值差距指数（%）"以及"区域间城乡收入极值差距指数（%）"三项指标。区域间人均GDP的极值反映的是实际发展水平的相对差

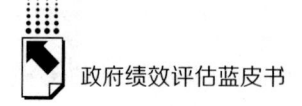

距，区域间人均预算收入极值反映的是地方政府财政汲取能力的相对差距，区域间城乡收入极值反映的是地方民生水平的相对差距。

2. 得分排名

在上述指标的数据基础上，通过排序赋值法，计算出317个地市级政府在区域平衡发展绩效上的加权得分。从指标设计来看，得分越高，说明这一地区的区域平衡发展绩效水平越高。

图14显示了全国区域平衡发展绩效前20名的排序，得分依次从高到低分布。这20个地市级政府加权得分分布格局基本为正态分布，均值为95.62分，高于平均值和低于平均值的地市级政府各为10个。领跑区域平衡发展绩效的前4名地市级政府分别为江苏宿迁市、浙江湖州市、广东佛山市以及四川资阳市。

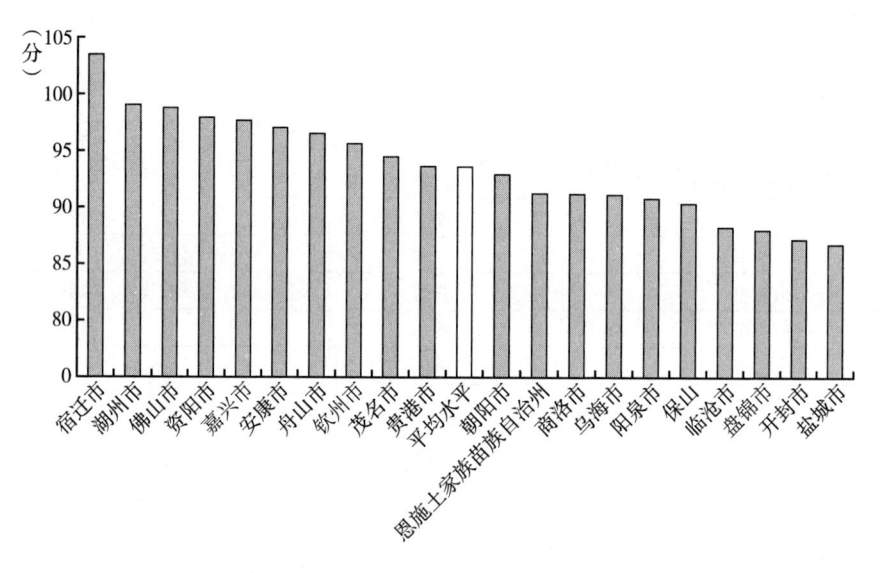

图14　全国地市级政府区域平衡发展绩效前20名

在图14中，高于平均值的10个地市级行政区域中，浙江所占份额最多，有三个跻身其中；其次是广东和广西，均有两个地市级政府入围。其余三个名额分别由江苏、四川、陕西分享。值得注意的是，在城乡平衡发展绩效中，广东省的表现十分突出，前20名中占了9个，高于平均值的前10名中广东占4个。但是在区域平衡发展绩效方面，广东的优势突然消失了。这一结果说明，虽然广东省地市级政府在城乡平衡发展绩效方面做出了一定举措，也取得了显著成绩，但这些努力基本都是以地市为单位的，表现的是每个地市级行政区域内部平衡发展的水平，但是就地市级政府所辖县区而言，广东省的差距要明显高于浙江和江苏等地区，换句话说，区域内部不平衡现象可能是以广东为代表的珠三角地区发展的"软肋"。

图 15 是区域平衡发展绩效后 20 名的排序，绩效得分呈现正态分布，均值为 12.62 分，高于平均水平和低于平均水平的地市级政府各有 10 个。从这些地市级政府的分布可以看出其主要归属于中、西部省区，其中比较引人注目的是内蒙古和山西两省区，分别有 3 个地市级行政区域落入最差 20 名的队列。其中，山西省吕梁、临汾等地，在本报告第一部分平衡发展综合得分中就排在 317 个地市级行政区域的最后 20 名。这进一步凸显了该省在平衡发展领域的尴尬局面。

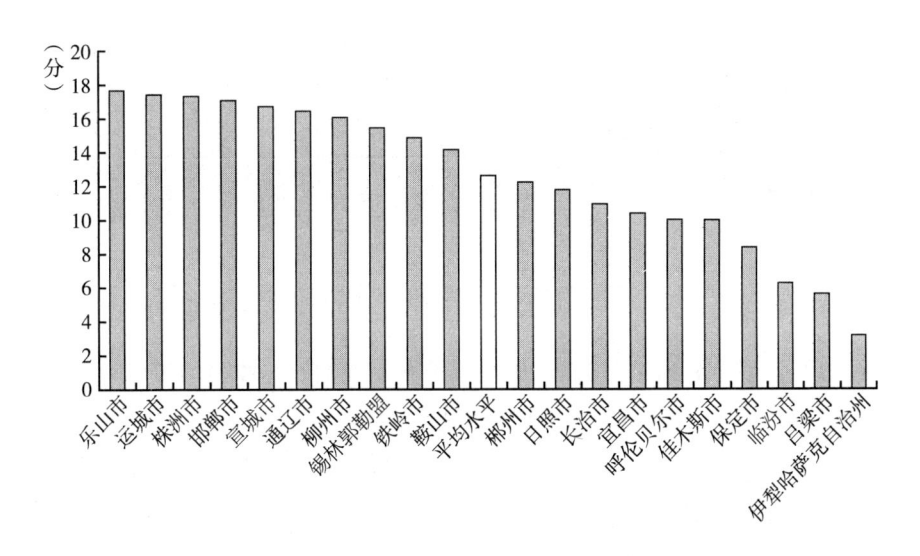

图 15 全国地市级政府区域平衡发展绩效后 20 名

3. 地区比较

为了显示各省区之间在地市级政府内部（即所辖区县之间）区域平衡发展绩效领域的相对水平差异，我们仍然使用各省所辖地市级政府这一指标得分的均值进行比较。

图 16 通过计算各省区地市级政府内部的区域平衡发展绩效均值，对各省在这一领域的综合绩效进行排序。图中可见，27 个省级单位（不含直辖市）所辖地市级行政区域平均得分基本为正态分布，平均水平为 53.25 分，高于平均水平和低于平均水平的省区分别为 14 个和 13 个。其中排在前四位的分别是江苏、浙江、湖北和吉林。浙江和江苏的地位与 317 个地市级行政区域前 20 名的晋级数量规模基本一致。值得一提的是，湖北很少跻身各领域前列，这是唯一一次出现在平衡发展领域的前四名内。

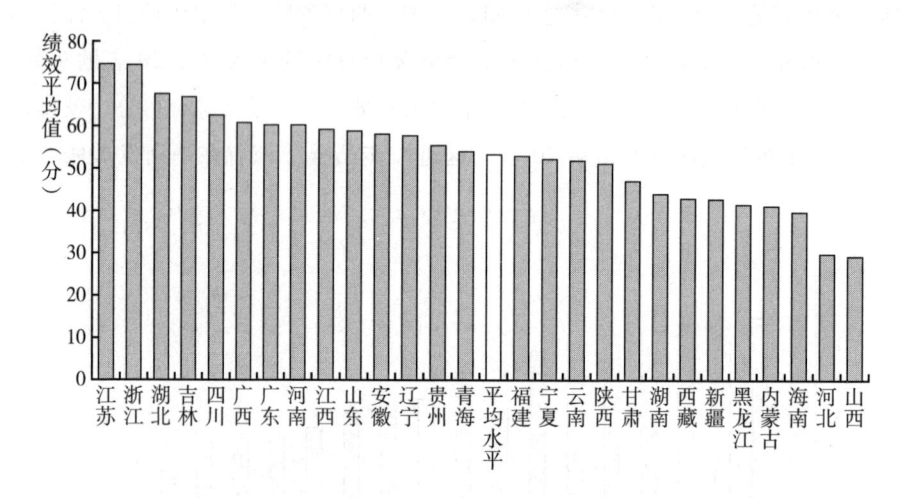

图 16 各省所辖地市级政府区域平衡发展绩效平均得分比较

图 17 是反映各省区地市级政府区域平衡发展绩效与能力均等化程度的标准差，平均水平为 20.66 分。跟前文一致，标准差越小，代表省内不同地市级政府之间的差距越小，反之则越大。从图 17 可以看出，省内地市级政府差异性较小的省区规律性不太显著，既有内陆地区，也有沿海地区；但是差异性较大的省区主要以中部省份为主。

表 5 显示了在区域平衡发展绩效领域得分前 20 名的地市级政府在各省区的分布，数量规模最多的是浙江省，有 3 个进入其中；其次是广东、江苏、辽宁、广西、云南、陕西，均有 2 个地市级政府进入；河北、内蒙古、山西、湖北、四川各有 1 个地市级政府进入；分布较为均匀。其中可以看到，同为平衡发展综合绩效前三名的浙江、江苏、广东在区域平衡发展绩效方面的表现也较

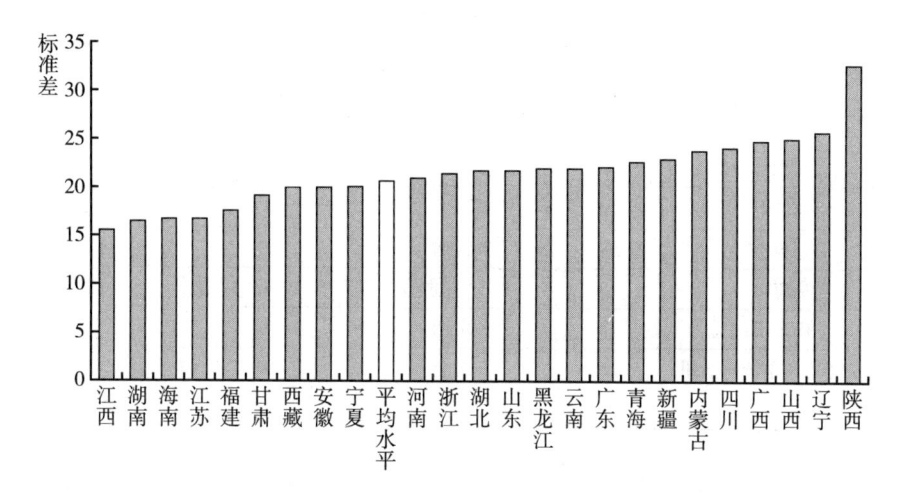

图17 全国地市级政府区域平衡发展绩效均等化程度省际比较

为理想；但同为平衡发展绩效前10名的吉林、湖北、江西、安徽等省区在区域平衡发展绩效上却较为落后。

表5 区域平衡发展绩效前20名的地市级政府省域分布

单位：个

地市级政府	全国名次	所属省区	排名进入前20数量	地市级政府总数
湖州市	2	浙江	3	9
嘉兴市	3			
舟山市	6			
佛山市	4	广东	2	19
茂名市	9			
宿迁市	1	江苏	2	12
常州市	20			
朝阳市	10	辽宁	2	12
盘锦市	19			
钦州市	8	广西	2	14
贵港市	11			
保山	16	云南	2	16
临沧市	17			

续表

地市级政府	全国名次	所属省区	排名进入前20数量	地市级政府总数
安康市	7	陕西	2	9
商洛市	12			
开封市	18	河南	1	17
乌海市	13	内蒙古	1	12
阳泉市	14	山西	1	11
恩施土家族苗族自治州	15	湖北	1	12
资阳市	5	四川	1	201

三 观察与结论

根据以上对各指标数据进行排名及综合比较和观察，基本可以对目前阶段我国317个地市级政府平衡发展绩效水平以及分区域、分省域、分职能领域绩效特点有一个较为直观的认识。并且，从上述分析中我们还可以得出以下几点结论。

（一）不平衡发展源于经济因素，但实现综合平衡发展仍需持续的经济发展与经济增长为支撑

无论从理论层面还是实践层面，不平衡发展问题源自经济发展本身，尤其在市场经济条件下，资本和其他生产要素往往流向最有利于投资回报的地区，这些地区都会因资本存量的充足，在公共设施建设、公共服务等"硬件"方面以及法制水平、政策环境等"软件"方面得到大大改善，这种改善往往又会促进新一轮的经济投资和增长。反观那些欠发达地区，则由于各方面条件的差距而得不到优质资本和生产要素的青睐，从而导致其长期处于落后地位。资本和生产要素虽然有时也会自然地向欠发达地区转移，但是这往往需要很长的过程。更多情况下，不平衡发展问题的解决者仍然是政府，确切地说，是政府依靠有形的"政策之手"通过调整产业政策、进行二次分配等各种手段促进生产要素流动、缩小地区差异，但前提则依赖于持续的经济

增长与财政收入。

本报告的数据分析在一定程度上验证了这样一种观察和逻辑。在改革开放之前，中国就已经存在明显的城乡不平衡和区域不平衡问题，但是较为严重的城乡平衡发展问题和区域平衡发展问题则主要始于改革开放，尤其是在步入社会主义市场经济发展阶段后。长期以来，在经济水平越高的地区，产生的平衡不发展问题越突出。这也往往成为许多人反对发展的一个理由，认为是发展导致了不平衡——这不仅包括城乡不平衡、区域不平衡，而且包括近年来人们十分关注的环境平衡问题，因此不少人主张，为了实现平衡，要放慢发展，甚至放弃发展。但是我们的研究表明，在今天的中国，以全国317个地市级政府为代表，平衡发展绩效最突出的地区仍然是东部沿海地区，从综合排名和各领域排名来看，绩效表现突出的地市级政府主要集中在东部沿海一线地带。例如，平衡发展绩效前20名的地市级政府中，有一半属于沿海一线开放地区；又例如，在城乡平衡发展绩效方面，无论是从综合平均水平，还是跻身优异序列的地市级政府数量规模，广东省的优势都毋庸置疑，而这个省份正是中国经济总量最高的省份。这说明，发展中产生的问题，依然还得依靠发展来解决。

（二）东部沿海地区平衡发展绩效领先，但不同区域之间存在明显"相对比较优势"

从平衡发展综合绩效的评估来看，走在前列的地市级政府主要集中于中国东部沿海省份，尤其是广东、浙江、江苏这三个省，无论是所辖地市级政府综合排名，还是跻身绩效优异序列的地市级政府数量规模，都稳居中国27个省级单位前列。显然，在中国改革开放以来的外向型经济发展战略蓝图中，东部占据绝对主导地位。随着经济的持续增长，区域内部不平衡问题的解决也主要从东部地区开始突破。但是如果细分领域、细分区域来对本报告的研究成果进行深入观察，可以发现，在追求和实现平衡发展方面，不同区域或者不同"战略圈"之间，存在着较为明显的竞争关系，绩效水平分布格局有一定的结构性可循。

本报告的研究结果发现，以广东省为代表的珠三角区域，在城乡平衡发展绩效方面的表现十分优异，仅城乡平衡发展绩效全国前20名的地市级政府中，就有9个位于广东省，这是广东在平衡发展绩效中取得优异成绩的主要"贡献者"。但是在环境保护绩效和区域平衡发展绩效方面，广东要明显落后于以浙江、江苏为代表的"长三角"经济地区以及以山东为代表的"渤海经济圈"；尤其在环境保护领域，广东的综合水平甚至落后于河北和湖北。相比而言，以苏、浙为代表的"长三角"区域以及以山东为代表的"渤海经济圈"，则在环境保护绩效方面率先实现突破；尤其以山东和广东两地的比较最为突出，在山东的15个地市级政府中，有4个进入全国前20名的优异序列，而广东省20个地市级政府中只有3个进入，且排名落后于山东。研究认为，这是两个省份的经济结构差异和不同的转型压力造成的结果。

除了"珠三角"和"长三角"这两大战略经济圈之外，研究发现东北地区也在一些领域异军突起，寻求自己的一席之地。在城乡平衡发展绩效、环境保护绩效两个领域，东北地区尤其是黑龙江和辽宁两省的表现十分耀眼，不仅数个地市级政府跻身全国前20名的行列，而且从各省的平均水平来看，东北地区的表现也相当好，在城乡平衡发展绩效方面东北三省全部超过了全国平均水平，其中黑龙江排在第二，辽宁排在第四，吉林排在第十。通过分析可以看出，东三省在这一领域的"相对优势"，与同样表现优异的广东存在很大不同，后者是在经济总量高位状态下实现的平衡发展，而前者则是在经济总量尚不能与东部沿海平均水平相比的状态下进行政策调整的结果，是地方政府积极寻求行政改革和政策创新的结果。

（三）环境保护成为同等经济发展水平下提升平衡发展绩效的重要突破口

平衡发展综合绩效水平的提高，在很大程度上依赖于持续的经济发展与增长，这也是东部沿海地区在绩效总排名方面领先的主要原因；同时，在平衡发展综合绩效排序中，东、中、西部梯队特征十分明显，这进一步验证了经济发展水平对于提高平衡发展能力的主导性意义。但是，这是否意味着对于经济发展水平相对较低的地区，就没有实现平衡发展"赶超"的可能了？或者说，在同等经济发展水平下，一个地区凭借何种最佳策略能够实现脱颖而出？研究发现，这个突破口主要在环境保护领域。

同平衡发展绩效领域及其城乡平衡发展绩效领域和区域平衡发展绩效领域东、中、西部明显的梯队特征不同，环境保护领域的绩效排名梯队特征不太明显。在绩效优异的序列中，既有东部沿海省区所辖的地市级政府，如浙江、江苏和广东等省，也有中部省区所辖的地市级政府，如湖北、江西、安徽等省。尤其是前20名中超过平均水平的前8个地市级政府，并没有像平衡发展绩效那样，完全被经济大省独占；相反，除了浙江省占据了两个地市级政府外，其余则广泛分布在其他六个省份。

这一绩效水平的均衡分布，是一个极好的现象，这在很大程度上说明，环境保护能力虽然不能脱离经济发展和可支配资源的支撑，但它不像城乡平衡发展绩效和区域平衡发展绩效那样，与经济发展水平和规模有显著关系。因此，通过积极的政策调整和管理体制创新，环境保护在加强平衡发展方面是一块极具突破性的"处女地"。

（四）省内区域间绩效能力差异显著，可能成为未来平衡发展"软肋"

作为本报告的最后一个观察结论，分析发现，各省区所辖地市级政府之间存在明显的平衡发展能力差异，尤其是在政府绩效水平较高的东部沿海省份，内部绩效差异现象比中、西部地区更显著。

本报告所讲的平衡发展绩效，包括环境保护、城乡平衡发展以及区域平衡发展绩效，都是针对各地市级政府内部而言的，衡量的是各地市级政府之间的水平差异。如果将比较的样本上升到省一级的时候，除了通过一系列的指标设计（例如平均值，各省进入前20名的数量规模等）来衡量省级之间总体绩效水平的差异外，也利用了反映样本数据之间离散度的标准差来衡量各省区平衡发展绩效（包括细分的三个领域）的内部均等化程度。

研究发现，平均水平与均等化程度完全是"两张皮"。有些东部沿海省份，在平衡发展绩效及各职能领域的绩效平均水平上均排在前列，凸显了与其他省份之间的优势。但是，在这些绩效水平较高的省份，其地市级政府之间的内部均等程度却相当低，不少东部省份甚至低于全国27个省的平均水平。例如，在平衡发展绩效中，浙江的平均水平位列全国27个省级单位的第一名，但是在省内地市级单位的绩效均等化方面，却排在倒数第四位。这说明，浙江

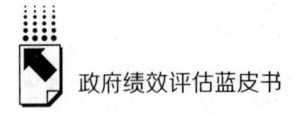

作为一个沿海经济重镇，其平衡发展绩效虽然高于全国其他地区，但是它省内不同地区之间的平衡发展水平并不一致，在促进平衡发展方面仍然存在较为严重的悬殊。

广东存在同样的问题，前文分析表明，广东在城乡平衡发展方面的绩效表现十分突出，因此可以将这一领域视为广东在平衡发展方面的"相对比较优势"。但是如果换个角度来看，广东省内部不同地市级政府在城乡平衡发展绩效方面的水平却是很不均衡的；以标准差来衡量，广东省地市级政府绩效和能力均衡程度排在了全国27个省的平均水平之下。这一结果说明，虽然广东在城乡平衡发展绩效方面做出了一定举措，也取得了显著成绩，但这些努力基本都是以地市级政府为单位的，表现的是各地市级政府的平衡发展水平，可是就地市级政府所辖县区而言，广东省地市级政府内部均衡绩效要明显低于浙江和江苏等省。广东和浙江的例子说明，各层级的区域不平衡现象在当今中国，可能是下一步追求综合平衡发展的"软肋"。这意味着在将来的政府绩效改善中，要以提升地市级政府内部区域平衡发展绩效均等化程度为优先目标，这是实现整个国家平衡发展的重要基础。

B.12
政府内部管理绩效评估

孙彩红*

摘　要：　本研究从依法行政、政府效能、行政廉洁、行政成本和行政公开5个领域近20项客观、可量化、以结果评估为导向的具体指标角度，对全国317个地市级政府内部管理绩效进行了全面的测量、评估和分析。

评估结果显示，东部、中部、西部和东北地区所辖地市级政府内部管理绩效平均水平呈依次降低态势，各区域内部绩效水平差异明显。东部地区地市级政府内部管理绩效平均得分最高，但与中部、西部地区差距不大，大体处于同一水平。东北地区地市级政府内部管理绩效平均水平较低，而且在全国排名靠后的地市级政府中，东北地区所占比例较大，这显示东北各省所辖地市级政府内部管理绩效较为落后。在对政府内部管理绩效各职能领域的评估中，东部地区地市级政府在多个领域处于领先水平，显示了沿海开放地区优异的政府管理水平；东北地区地市级政府在依法行政、行政廉洁领域排名全国末位，在行政成本和行政公开方面与其他三大区域差距不明显。

研究发现，政府内部管理绩效较好的地市级政府，不一定在政府对外职能管理绩效上也表现很好。可以说，政府内部绩效管理水平高，并没有直接促进政府对外职能管理的高绩效表现。反过来看，政府对外职能管理绩效较好，也没有直接或必然地带动政府内部管理绩效的提升。政府内部管理绩效，与当地的经济发展水平没有必然的直接关系，但高经

---

* 孙彩红，中国社会科学院政治学研究所副研究员。

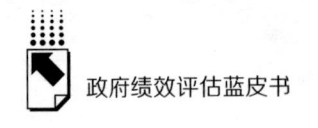

济发展水平对政府效能的提高有一定的促进作用。同时，研究还发现，降低行政成本和加强行政廉洁依然是大多地市级政府亟待完善的问题。

关键词： 政府绩效评估　政府内部管理　内部管理绩效

充满活力的中国经济社会在改革开放30多年来取得了迅猛发展，经济总量已位居世界第二，社会面貌与几十年前相比得到极大改善，人民生活水平也得到明显提升。但是，公众对政府的满意度却没有随着经济社会的发展而相应上升，甚至在一些领域的满意度和对行政机关干部的信任度有所下降，各级政府部门承受的社会舆论批评压力也日益增大。

根据有关数据统计，地方政府部门及其官员的行政违法违纪与贪污腐败案件不断发生，每年大多数地方政府查处的违法违纪案件在100件到800件不等。2013年之前，地方政府的行政成本偏高，大多数地方政府行政成本支出占地方财政收入的10%以上，而且行政支出增长率大幅超过了GDP的增长率。一些地方每年受理的针对地方政府部门提起的行政诉讼案件都超过100件，有的甚至达到600多件。一些地区较为严重的群众上访事件也屡有发生，等等。这些都对地方政府管理和加强自身建设提出了严峻的挑战。

一　内部管理绩效是政府组织的生命线

积极加强政府自身建设，提升政府内部管理绩效，不仅是政府有效履行经济社会发展职能的重要前提和保障，而且直接关系着政府自身的良好形象。对政府组织而言，内部管理绩效水平实质上就是政府管理的生命线。

（一）加强政府内部管理的现实迫切性

政府内部管理，是与政府对外职能管理相对而言的。它是指政府机构的各级管理主体依照一定的法律和规章制度，对政府组织内部的人、财、物、信息、设施等行政资源和工作流程进行的监督、协调和控制，其目的是以合法的、科学有效的方式履行政府各项管理职能，促进经济社会的全面协调可持续发展。在实践领域中，政府内部管理通常也被称为政府自身建设。

从实践领域来看，近年来政府自身管理中仍存在着机构设置、权力运行和具体管理等领域的诸多现实问题。主要表现在：政府结构不尽合理，职责权力划分不清，权力部门化、利益化的问题仍然比较突出。行政运行和管理制度不够健全，依法行政亟待加强，监督机制不太完善。在行政成本上，各种公务消费不规范，一些地方热衷于形象工程，政府投入产出比过高。在行政公开上，积极性、主动性和公开力度不够，与人民群众切身利益相关的政府工作缺乏透明度。

这些问题的存在，引发了社会公众和舆论的广泛关注和诸多批评。事实上，在各个国家，社会公众对政府的批评都是一种正常现象，这既是社会进步和社会开放的标志，同时也有利于政府改进自身问题，积极推进行政改革。这不仅直接反映了社会公众的这种关注和期待，同时也说明我国的政府内部管理绩效还存在较大的改进空间。

政府内部管理绩效水平，不仅攸关政府对外职能管理的有效履行，而且直接影响着政府组织自身在社会和公众中的良好形象。曾有一个时期，关于政府组织和公务人员的负面新闻层出不穷。在某些地区，一些公共事件甚至带来了严重的政府形象危机和信任危机。因此，大力加强政府自身建设，积极推进政府绩效评估，全面提升政府管理的科学化、制度化和规范化水平，具有相当的迫切性和现实必要性。

（二）政府内部管理绩效评估的基础与依据

行政组织是政府履行职能的载体，而政府内部管理的直接目的，就是保障行政组织和机构的有效、正常运转。然而，加强政府内部管理本身并不是政府组织的全部目的，其最终目标是更好地履行对外部公共事务的管理职能，促进经济社会的全面发展。

从实践领域来看，进入新世纪以来，中央和地方各级政府都非常重视加强自身建设，不断推进政府内部管理的制度化和规范化，并出台了一系列相应的法规和政策文件，例如《全面推进依法行政实施纲要》《国务院关于加强法治政府建设的意见》《政府信息公开条例》等。在具体实施层面，规范行政权力、推进行政公开、提高政府效能、降低行政成本、坚持勤俭行政、反对铺张浪费、查处违法违纪大案要案等，已成为历年来各级政府工作报告的主题和重点内容。事实上，坚持依法行政，建设法治政府、廉洁政府、高效政府，不仅是政府管理追求的目标，而且承载着人民对政府的信任和期待。

然而，如何评价政府的内部管理绩效水平，却是实践领域的盲点和薄弱环节。仅仅靠口号式的治理和束之高阁的文件约束，是起不了实质作用的。而全面加强政府绩效评估，建立科学、合理的绩效评估指标体系，规范、约束政府行为，引导政府加强自身建设，就成为一种必然的选择。

目前，许多地方政府已在试点开展政府绩效评估工作。但是，从实践来看，在政府内部绩效评估领域，许多绩效评估工作的科学性、规范性和有效性还有待加强。目前，政府内部管理绩效评估，在指标设计上还存在几个方面的重要问题：一是评估指标类别混乱，对外职能管理和内部管理区分不明确。许多指标的设计，缺乏行政管理职能理论的支撑，对外职能管理绩效指标和政府内部管理绩效指标混同，指标评估体系混乱；二是主观性指标和客观性指标混用，过程性指标和结果性指标不分，实践中不同评估指标的结果相互冲突；三是指标体系缺乏结构性解释能力，指标堆砌、缺乏选择、指标体系缺乏重点、操作性不强等问题并存，指标设计缺乏明确的目的性和针对性；四是缺乏对客观指标重要性的认识，所设计的指标不能进行量化评估，过于依赖主观性问卷评分，科学性、客观性严重不足；等等。

本研究项目经过长期的探索和实验，在努力克服上述问题的基础上，构建起一套完整的绩效评估体系，其中就包括政府内部管理绩效评估指标体系。具体而言，本研究的政府内部管理绩效评估指标体系，是从依法行政、政府效能、行政廉洁、行政成本和行政公开等5个重要领域的近20项客观、可量化、以结果评估为导向的具体指标角度构建起来的。以下将以全国317个地市级政府为评估对象，分别从具体管理领域和区域、省域、地市级政府个体的角度，对政府内部管理绩效进行全面的测量、评估和分析。

二 政府内部管理绩效的总体特点

评估结果显示,东部、中部、西部和东北地区的地市级政府内部管理绩效平均水平呈依次降低态势,各区域内部绩效水平差异明显。东部地区的地市级政府内部管理绩效平均得分最高,但与中部、西部地区差距不大,大体处于同一水平。东北地区地市级政府内部管理绩效平均得分最低,而且在全国排名最后的地市级政府中,东北地区所占比例较大,这表明东北地区政府内部管理绩效可改进空间最大。中部地区的合肥市异军突起,绩效得分全国排名第一。

(一)全国四大区域中东部领先、东北较差

东部地区所辖地市级政府内部管理绩效平均得分居于全国领先水平(34分);中部、西部地区依次居后,但差距不太明显,分别是33分和32分;只有东北地区绩效平均得分最低(25分),不过其内部三省之间的绩效差距相对小于其他区域,显示东北三省绩效平均水平较为均衡。从政府内部管理的五个职能领域绩效来看,全国四个区域的差异程度是不同的。具体变化趋势如图1所示。

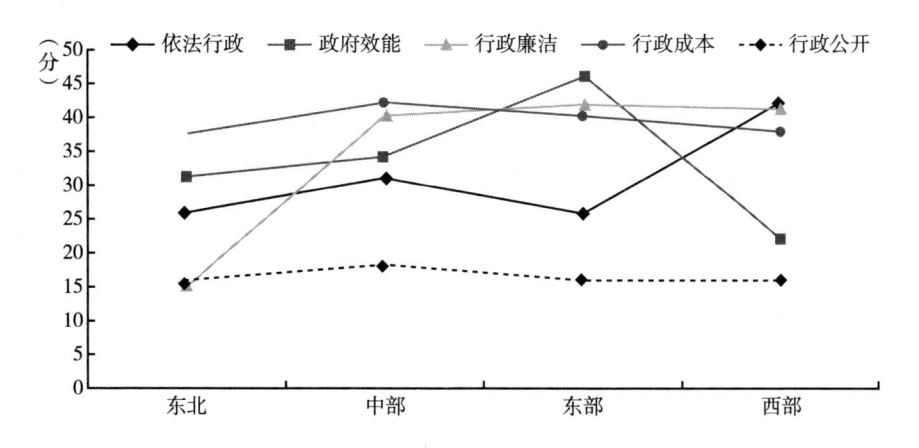

图1 全国四大区域政府内部管理各职能领域绩效平均得分比较

在行政成本和行政公开这两个领域绩效上,全国四个区域的差距并不是特别明显。这可能说明,行政成本目前仍然是一个普遍性的问题,而全国地市级

政府行政公开也基本上处于同一个水平。在政府效能领域，排名最高的是东部地区，中部地区和东北地区的绩效居中、差别不大，而西部地区的得分最低。依法行政领域的绩效，则是西部地区最高，明显高于其他三个区域；在具体指标上，即违法违纪案件数、行政复议、行政诉讼等，西部地市级政府绩效表现优异。究其原因，除了当地政府内部管理水平较高因素外，也可能与西部地区民风淳朴、经济欠发达、公民维权意识不强等因素有关，从而导致行政违法违纪行为和政府行政争议事件数量较少。行政廉洁绩效的分布特点则是，东部、中部、西部地区的绩效基本上是同一层次，东北地区的绩效远远低于其他三个地区，显示东北地区地市级政府反腐败工作亟待加强。

从全国排名前20的地市级政府区域分布也可以看出，东部地区较多，占总数的40%；西部地区占35%，中部地区占25%，而东北地区没有地市级政府进入全国前20名。这种结果进一步验证了前面所述的政府内部管理绩效从东到西梯次分布、东北地区最差的结论。

（二）山东所辖地市级政府内部管理绩效平均水平领先，吉林排名最后

从省级行政区层面分析，各省所辖地市级政府内部管理绩效平均水平差距明显，如图2所示。排名位于全国前列的五个省份依次是山东、安徽、广东、江苏、四川，其中三个是东部省份，中部、西部各一个；排名全国后五位依次是青海、贵州、黑龙江、西藏和吉林，其中三个是西部省份，两个属于东北地区。进一步验证了东北地区地市级政府内部管理绩效在全国处于落后水平的结论。

山东省所辖地级市政府内部管理绩效平均得分是37.58分，在27个省份（不包括直辖市）中排名第一。其中，有4个地级市政府进入了全国前10名，如表1所示，这占到山东省地级市政府（副省级市除外）总数的27%，而且没有地级市政府落在全国最后50名。这整体上提高了山东省所辖地市级政府内部管理绩效的平均得分。

吉林省所辖地市级政府的内部管理绩效平均得分为22.22分，在27个省份中位居末位，如图2所示。在吉林省8个地级市政府中，有7个落入全国最后50名，这是吉林省的地市级政府内部绩效平均水平在全国最低的主要影响因素。

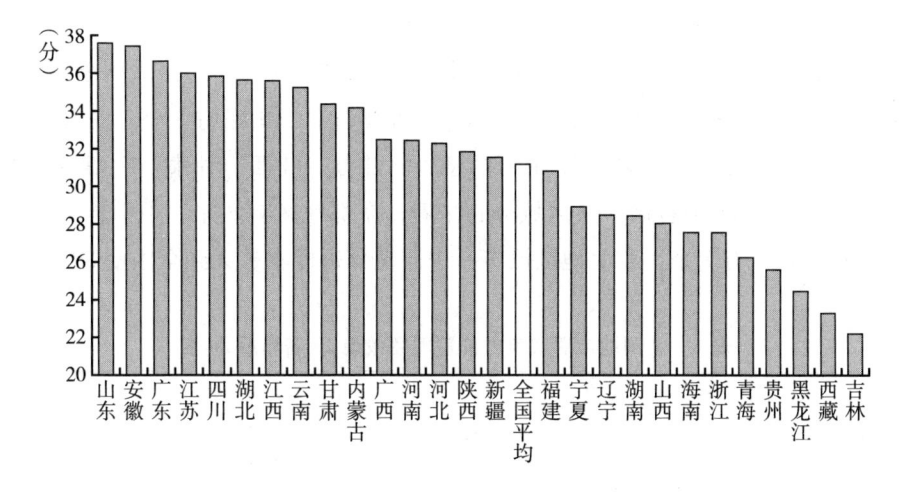

图2 各省份所辖地市级政府内部管理绩效平均得分排名

从经济发展水平来看，在全国 27 个省份中，山东省所辖地市级政府的经济发展绩效平均得分位居第 3 名，辽宁省位居第 5 名，显示这两个省在经济发展上差距是很小的。然而，从内部管理绩效平均得分来看，两省却差距明显：山东省是第 1 名，而辽宁省却排在第 18 名。这从一个侧面说明，政府内部管理绩效与当地的经济发展水平没有必然的联系，政府内部管理绩效水平主要取决于自身因素。

（三）合肥市政府内部管理绩效全国第一，白山市垫底

在全国 317 个地市级政府内部管理绩效综合得分排名中，来自中部安徽省的合肥市异军突起，排名全国第一，而吉林省白山市则在全国垫底。

从政府内部管理绩效 5 个职能领域看，合肥市在全国排名都是比较靠前的。其中，行政廉洁和行政公开两个指标的绩效排名均位居全国第二名，其他 3 个指标，即依法行政、政府效能、行政成本绩效则处于全国 50 名左右，均属于绩效优异行列。这显示合肥市政府内部管理不仅具备多个优势领域，而且没有明显的绩效短板，这也是它能在全国内部管理绩效综合排名中位居第一的重要原因。相反，吉林省的白山市之所以在全国排名垫底，不仅是由于没有优势领域，而且各个职能领域绩效都处于落后水平，在全国 317 个地市级政府中均排到了第 260 名以后；而且除了依法行政绩效，其余 4 个职能领域绩效都落入了全国最后 50 名之列。

347

这也是许多地市级政府绩效排名落后的普遍规律。

表1是全国地市级政府内部管理绩效前、后20名排名。评估结果显示，排在全国前20名的地市级政府在各省的分布情况是：山东有5个；安徽、四川、湖北、广东、云南各有2个；内蒙古、江苏、江西、甘肃、广西各有1个，共分布在11个省区。从区域分布来看，东部地区有8个，中部地区有5个，西部地区有7个，东北地区没有。进而把分析样本扩大到全国前50名，

表1 全国地市级政府内部管理绩效前20名和后20名

政府内部管理绩效前20名			政府内部管理绩效后20名		
全国名次	地市级政府	所属省区	全国名次	地市级政府	所属省区
1	合肥市	皖	298	大兴安岭地区	黑
2	随州市	鄂	299	鸡西市	黑
3	临沂市	鲁	300	玉树藏族自治州	青
4	泰安市	鲁	301	大同市	晋
5	宜昌市	鄂	302	黔南自治州	黔
6	莱芜市	鲁	303	娄底市	湘
7	鄂尔多斯市	蒙	304	黔东南自治州	黔
8	苏州市	苏	305	鹤岗市	黑
9	东莞市	粤	306	张家界市	湘
10	烟台市	鲁	307	延边自治州	吉
11	新余市	赣	308	阿里地区	藏
12	曲靖市	粤	309	益阳市	湘
13	潮州市	滇	310	衢州市	浙
14	红河自治州	滇	311	白城市	吉
15	天水市	甘	312	本溪市	辽
16	淮北市	皖	313	丽水市	浙
17	钦州市	桂	314	黑河市	黑
18	达州市	川	315	怀化市	湘
19	凉山彝族自治州	川	316	黔西自治州	黔
20	威海市	鲁	317	白山市	吉

这些地市级政府分布在 14 个省，仍然没有东北三省的地市级政府入围。从侧面反映了东北地区各地市级政府内部管理绩效水平低的窘境。

排在全国后 20 名的地市级政府在各省区的分布情况是：黑龙江和湖南各有 4 个；贵州、吉林各有 3 个；浙江有 2 个；辽宁、青海、西藏、山西各有 1 个。从区域分布来看，东北地区有 8 个，东部地区有 2 个，中部和西部地区各有 5 个。与全国前 20 名地市级政府中没有东北地区相比较，后 20 名中却有 8 个属于东北地区，这又一次说明东北地区地市级政府内部管理绩效在全国处于落后水平。与全国前 20 名中东部地区的地市级政府最多的结果相比，在最后 20 名中其仅有 2 个，这也说明了东部地区的政府内部管理绩效平均水平是排在前列的。

从全国地市级政府内部管理绩效得分分析，只有第一名得分超过了 50 分，第二名是 48.21 分，从第三名开始就都低于 45 分了。42 分以上的只有 22 个；32~42 分的有 148 个；22~32 分的有 124 个；22 分以下的有 23 个。据此可以判断，各地市级政府内部管理绩效差距是比较大的。

三 政府内部管理绩效的分领域评估

本报告这一部分，将从依法行政、政府效能、行政廉洁、行政成本、行政公开五大职能领域，对全国 317 个地市级政府的内部管理绩效进行分项评估，分析不同领域政府内部管理的具体绩效状况。

（一）依法行政绩效

依法行政是政府内部管理最基本的要求之一。2004 年国务院发布了《全面推进依法行政实施纲要》，2008 年又发布了《关于加强市县政府依法行政的决定》，对于各级政府依法行政工作产生了重要的推动作用。法治政府建设是实现依法治国的关键，依法行政也就成为政府内部管理水平的一个重要衡量指标。本研究根据排序赋值法对全国地市级政府依法行政绩效进行综合加权得分，计算出不同区域、不同省份、不同地市级政府的绩效排名。

依法行政绩效的地域分布特点是，西部地区地市级政府依法行政绩效平均水平最高，其他三个地区差距不太明显。

评估结果显示，在依法行政领域，西部地区政府依法行政绩效最好，其次是中部地区，最后是东北地区和东部地区。虽然西部地区政府内部管理总体绩效水平低于东部地区，但在依法行政领域，它的绩效表现是最好的，这也是西部地区在政府内部管理方面唯一处于全国领先水平的领域。同时，其他三大区域的依法行政绩效平均水平差距不太明显。

表2是全国地市级政府依法行政绩效前20名。这前20名的地市级政府分散在8个省份中，其中：甘肃、新疆各有4个，云南、四川、安徽各有3个，陕西、湖北、广东各有1个。从区域分布上看，依法行政绩效成绩排在前列的地市级政府较多分布在西部地区，集中在云南、甘肃、四川、新疆，数量占到75%；中部地区有4个，占20%；东部地区只有1个；而东北地区没有地市级政府进入前20名。从地市级政府个体看，排名第一的是云南的迪庆藏族自治州，紧随其后是甘肃的嘉峪关市、庆阳市；排名垫底的是福建的福州市。

表2　全国地市级政府依法行政绩效前20名

名次	地市级政府	所属省区	名次	地市级政府	所属省区
1	迪庆藏族自治州	滇	11	淮北市	皖
2	嘉峪关市	甘	12	铜陵市	皖
3	庆阳市	甘	13	攀枝花市	川
4	阿勒泰地区	新	14	阿克苏地区	新
5	天水市	甘	15	铜川市	陕
6	白银市	甘	16	西双版纳自治州	滇
7	孝感市	鄂	17	吐鲁番地区	新
8	德宏自治州	滇	18	德阳市	川
9	阿坝藏族自治州	川	19	揭阳市	粤
10	黄山市	皖	20	和田地区	新

依法行政绩效排在全国最后20名的地市级政府，在区域分布上，全部分布在中部、东部和东北地区这三个区域，西部地区没有地市级政府落入最后20名中，从反面证明了西部地区在依法行政领域的绩效表现是突出的。

各省区所辖地市级政府的依法行政绩效平均得分显示，排在前五名的分别是甘肃、新疆、宁夏、云南、四川，全部属于西部地区，这意味着经济较不发达的西部地区，仍然可以在依法行政方面做得较好。从衡量依法行政的具体指标变量来看，其存在一个问题，是否行政诉讼案件的申请数量与当地的经济发展水平和公民的维权意识是紧密相关的？或者说，由于经济较为不发达，公民的维权意识不太高，从而造成了行政诉讼案件不多的结果？这些还有待进一步研究和检验。

那么，能否判断，依法行政绩效与经济发展水平之间具有负向的相关关系呢？西部地区各地市级政府的依法行政绩效在全国四大区域中水平最高，但其经济发展绩效却最为落后；相反，经济发展水平最高的东部地区在依法行政绩效上却并不突出。在依法行政绩效全国前20名的地市级政府中，多数属于经济不够发达的省区，东部地区只有1个。把违法违纪案件发案数、行政诉讼案件数量等体现依法行政绩效的具体指标与体现经济发展绩效的GDP、财政总收入等指标进行相关关系分析，结果显示，受理行政诉讼案件数量与GDP和财政收入之间呈现显著正相关关系（相关系数是0.340），这在一定程度上说明经济发展程度越高，受理的行政诉讼案件就越多。这与排序赋值法中经济较为落后的地区依法行政绩效反而越好的结论是基本一致的。

（二）行政廉洁绩效

行政廉洁是衡量政府内部管理状况的一个重要指标。本研究通过对各具体指标排序赋值并进行综合加权得分，对全国317个地市级政府行政廉洁绩效进行排名。结果显示：全国四大区域中，东部地区、中部地区、西部地区的绩效基本上处于同一水平，差别不是很大；而东北地区的行政廉洁绩效平均得分最低，落后于其他三个地区。从省级层面分析，新疆所辖地市级政府行政廉洁绩效平均得分是全国第1名；东部地区的7个省份中，广东和山东两省所辖地市级政府在行政廉洁绩效表现上排入了前5名，福建和浙江位于全国后5名；东北地区的3个省份都排在了最后5名；而中部和西部则没有省份位于后5名。可以说，东部地区各省之间的行政廉洁绩效差别是最大的，西部和中部地区次之，而东北地区各省之间较为均衡。

表3显示，在全国行政廉洁绩效前20名的地市级政府中，山东省有4个，

新疆、湖南各有3个；而东北地区没有一个入围。即使把样本量扩大到前50名，也没有东北地区的地市级政府。相反，在全国最后20名中，仅东北地区就有18个，占比90%，占东北地区地市级政府总数的56%；这与东北地区所辖地市级政府绩效平均得分在全国排名最后的评估结果相一致。从地市级政府个体来看，新疆的喀什地区排名全国第一，合肥市、鄂尔多斯市紧随其后。排名最后的是黑龙江大兴安岭地区，排在它之前的依次是吉林的白城、通化和辽源。

表3 全国地市级政府行政廉洁绩效前20名和后20名

\multicolumn{3}{c	}{行政廉洁绩效前20名}	\multicolumn{3}{c}{行政廉洁绩效后20名}
名次	地市级政府	所属省区	名次	地市级政府	所属省区
1	喀什地区	新	298	双鸭山市	黑
2	合肥市	皖	299	鄂州市	鄂
3	鄂尔多斯市	蒙	300	齐齐哈尔市	黑
4	邵阳市	湘	301	舟山市	浙
5	红河自治州	滇	302	松原市	吉
6	长沙市	湘	303	白山市	吉
7	乌鲁木齐市	新	304	四平市	吉
8	泰安市	鲁	305	牡丹江市	黑
9	济宁市	鲁	306	鸡西市	黑
10	聊城市	鲁	307	鹤岗市	黑
11	宝鸡市	陕	308	伊春市	黑
12	榆林市	陕	309	七台河市	黑
13	常德市	湘	310	黑河市	黑
14	无锡市	苏	311	绥化市	黑
15	临沂市	鲁	312	本溪市	辽
16	阿勒泰地区	新	313	抚顺市	辽
17	天水市	甘	314	辽源市	吉
18	丽江市	滇	315	通化市	吉
19	云浮市	粤	316	白城市	吉
20	日喀则地区	藏	317	大兴安岭地区	黑

按照一般常识，依法行政绩效排名靠前的地市级政府，行政廉洁绩效也应排在前列。但根据评估结果，在依法行政绩效排名前20的地市级政府中，只有2个（甘肃的天水市和新疆的阿勒泰地区）在行政廉洁绩效上也排在前列。而且通过进一步的相关性分析，依法行政和行政廉洁两个变量之间没有显著相关性。依法行政绩效好的地市级政府在行政廉洁方面未必表现出较好的绩效。

（三）行政成本绩效

政府内部管理中的一个广受诟病的弊端，就是行政成本过高。党中央和国务院多次提出"降低行政成本"以及精简会议、勤俭节约反对浪费、更加有效地防治腐败等要求，行政成本就成为衡量政府内部管理绩效一个特别重要的指标。

评估结果显示，全国四大区域地市级政府的行政成本绩效平均得分，中部地区最好，其次是东部地区，东北和西部地区排名靠后。从上文图1可看出，四个地区行政成本绩效的差异很小，几乎处于同一水平。在省级层面，全国27个省区所辖地市级政府行政成本绩效平均得分排在前5名的依次是四川、安徽、甘肃、福建和山东。各省区所辖地市级政府平均得分分布趋势显示，除了排在最后5名的省份，其余都基本与全国平均水平持平。这也从一个侧面说明了行政成本问题在全国是一个普遍存在的问题。不过有例外是，与东部其他省份不同，海南省所辖地市级政府在行政成本绩效平均得分上则排在了最后。

表4显示，全国地市级政府行政成本绩效中，排名第一位的是湖北随州市，最后一名是新疆的哈密地区。行政成本绩效排在全国前20名的地市级政府分布在9个省，是比较分散的。从不同的地域分布来看，东部有4个，中部有6个，西部有10个，分别占本地区地市级政府总数的5.3%、7.4%、7.8%，东北地区没有地市级政府进入前20名。前20名地级市政府中有一半分布在西部地区，而且在本地区中所占比例也是最高，这在一定程度上表明，经济较为不发达的地区，在行政支出方面也低；经济发达的地区，行政成本支出相对也高。

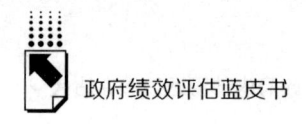

表4　全国地市级政府行政成本绩效前20名和后20名

行政成本绩效前20名			行政成本绩效后20名		
名次	地市级政府	所属省区	名次	地市级政府	所属省区
1	随州市	鄂	298	日喀则地区	藏
2	曲靖市	滇	299	萍乡市	赣
3	武威市	甘	300	伊犁克自治州	新
4	钦州市	桂	301	阿勒泰地区	新
5	芜湖市	皖	302	迪庆自治州	滇
6	宜昌市	鄂	303	阿克苏地区	新
7	平凉市	甘	304	郴州市	湘
8	泸州市	川	305	益阳市	湘
9	贵港市	桂	306	延边自治州	吉
10	六安市	皖	307	怀化市	湘
11	马鞍山市	皖	308	张家界市	湘
12	张家口市	冀	309	承德市	冀
13	莱芜市	鲁	310	衢州市	浙
14	达州市	川	311	黔西自治州	黔
15	绵阳市	川	312	克孜勒苏自治州	新
16	梧州市	桂	313	北海市	桂
17	徐州市	苏	314	白山市	吉
18	宜宾市	川	315	三亚市	琼
19	日照市	鲁	316	塔城地区	新
20	阜阳市	皖	317	哈密地区	新

从图3可看出，在GDP低于2000亿元的地市级政府中，有相当一大部分的行政成本是较低的，也有一部分则是行政成本相当高的；或者说，经济不发达的地区，行政成本有很高的，也有很低的。在GDP处于2000亿～4000亿元的政府中，其行政成本仍处于较低水平，也就是说，经济发展到一定程度之后，大部分地市级政府的行政成本便不会再显著增加。GDP大于6000亿元的地市级政府，行政成本也是或高或低，但平均水平处于中游。

（四）政府效能绩效

本报告提出的政府效能绩效，主要是指政府的投入产出比，这与各级纪检

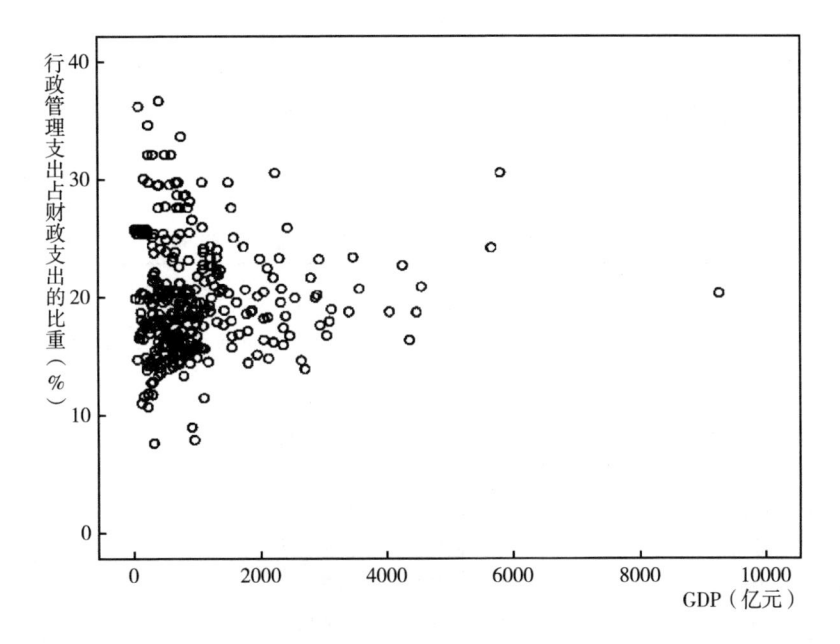

图3 全国地市级政府行政成本绩效与GDP的关系

监察部门在管理实践中提出的行政效能和效能建设的概念是不同的。如果行政投入少，带来的经济社会发展效益大，那么就说明政府效能高。本研究在政府效能绩效的衡量上，选取了公务员对GDP的人均贡献率、单位公务员服务人口数、单位财政支出对GDP的贡献率等变量。

评估结果显示，政府效能绩效得分的区域分布特点是，东部地区最高，西部地区较差，中部和东北地区则处于中间，但四个区域差别不太明显。从各省所辖地市级政府效能绩效的平均得分排名情况看，排在前5名的依次是江苏、福建、山东、广东、浙江，无一例外属于东部地区；排在最后5名的省区是西藏、青海、新疆、贵州、甘肃，这些省区全部属于西部地区。这也说明了经济发达的东部地区政府效能绩效是最好的，经济不发达的西部地区政府效能绩效水平是最低的。从地市级政府排名看，全国第1名是广东东莞市，最后1名是青海玉树藏族自治州。

表5显示，全国前20名的地市级政府，所属省份无一例外都位于东部地区。可见，东部地区的政府效能是较高的；在一定程度上也说明，经济发

达地区的政府效能绩效高。而形成鲜明对比的是，全国最后20名地市级政府，绝大部分都属于西部省区，只有1个地市级政府例外，属于黑龙江省。这也从一个侧面说明了经济不发达的地区，其政府效能的绩效表现也比较差。

表5　全国地市级政府效能绩效前20名和后20名

\multicolumn{3}{c	}{政府效能绩效前20名}	\multicolumn{3}{c}{政府效能绩效后20名}
名次	地市级政府	所属省区	名次	地市级政府	所属省区
1	东莞市	粤	298	迪庆藏族自治州	滇
2	泉州市	闽	299	昌都地区	藏
3	佛山市	粤	300	大兴安岭地区	黑
4	中山市	粤	301	拉萨市	藏
5	苏州市	苏	302	德宏自治州	滇
6	南通市	苏	303	林芝地区	藏
7	绍兴市	浙	304	那曲地区	藏
8	莆田市	闽	305	怒江自治州	滇
9	常州市	苏	306	临夏回族自治州	甘
10	泰安市	鲁	307	阿勒泰地区	新
11	扬州市	苏	308	黄南藏族自治州	青
12	茂名市	粤	309	甘南藏族自治州	甘
13	福州市	闽	310	海北藏族自治州	青
14	镇江市	苏	311	山南地区	藏
15	漳州市	闽	312	克孜勒苏	新
16	潮州市	粤	313	阿坝藏族自治州	川
17	无锡市	苏	314	甘孜藏族自治州	川
18	烟台市	鲁	315	果洛藏族自治州	青
19	嘉兴市	浙	316	阿里地区	藏
20	泰州市	苏	317	玉树藏族自治州	青

本部分对政府效能与经济发展绩效之间的相关性进行了分析。结果表明，政府效能的几个变量与GDP之间有着显著的正相关关系。其中，公务员对GDP的人均贡献率、单位公务员服务人口数、单位财政支出对GDP的贡献率等，这几个变量与GDP的相关关系分别为0.754、0.282、0.702，表明经济发展中GDP越高，政府效能的绩效水平就越高。这与绩效排名前20位和后20

位的研究结论是相一致的。这在一定程度上说明，发达地区的政府效能绩效一般要好于经济落后地区。

（五）行政公开绩效

行政公开即政府信息公开，是现代政府的重要特征。2008 年，《政府信息公开条例》正式实施。目前，这一条例已实施多年，但是政府管理实践中，仍存在许多依照法律和政策规定应该公开而没有向社会和民众公开的情况。因此，本研究将政府信息公开列为衡量政府内部管理水平的一个重要指标，以推动政府提升该领域的绩效水平。

行政公开绩效得分的分布特点是，全国四大区域所辖地市级政府的绩效平均得分，差距是比较小的，只有中部地区的稍高一点（18 分），其他三个地区均处于同一水平（都是 16 分）。从地市级政府角度看，全国第 1 名是云南的大理自治州，最后 1 名是山东的日照市。从省级层面上，各省区所辖地市级政府行政公开绩效的平均得分，也没有表现出特别大的差异，除了宁夏和新疆两个省区稍微差一些，其余的基本上与全国平均水平持平。行政公开绩效平均得分排在前五名的省区均匀分布在西部、东部和中部地区，排在最后五名的省区除广东、河北位于东部外，其他均属于西部地区。中部地区的行政公开绩效没有最差的省份，所以区域整体的平均水平排在了第一位。东北三省的行政公开绩效均处于中等水平（见图 4）。

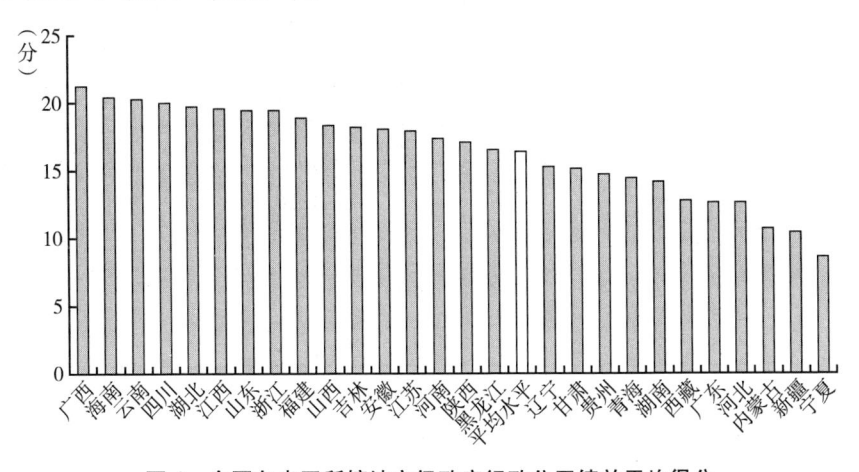

图 4 全国各省区所辖地市级政府行政公开绩效平均得分

具体分析地市级政府行政公开绩效，全国前20名地市级政府的省域分布比较分散，分属于15个省区。从区域分布来看，这些地市级政府也较为广泛地分布于全国四大区域（见表6）。综合以上区域、省级和地市级政府行政公开绩效的分布特点，可以判断，政府行政公开领域的绩效水平与经济发展程度没有直接的显著相关性。经济发达地区有些地市级政府的行政公开绩效比较差；而经济比较不发达的地区，也有政府行政公开绩效很好的地市级政府。

表6 全国地市级政府行政公开绩效前20名和后20名

行政公开绩效前20名			行政公开绩效后20名		
名次	地市级政府	所属省区	名次	地市级政府	所属省区
1	大理自治州	滇	298	呼和浩特市	蒙
2	合肥市	皖	299	通辽市	蒙
3	贵阳市	黔	300	毕节地区	黔
4	襄阳市	鄂	301	江门市	粤
5	十堰市	鄂	302	阳江市	粤
6	韶关市	粤	303	阿克苏地区	新
7	福州市	闽	304	揭阳市	粤
8	鹰潭市	赣	305	阿勒泰地区	新
9	无锡市	苏	306	黔南自治州	黔
10	临沂市	鲁	307	抚顺市	辽
11	郑州市	豫	308	潮州市	粤
12	昆明市	滇	309	和田地区	新
13	钦州市	桂	310	上饶市	赣
14	凉山自治州	川	311	果洛自治州	青
15	宝鸡市	陕	312	锡林郭勒盟	蒙
16	玉林市	桂	313	恩施自治州	鄂
17	海西自治州	青	314	玉树自治州	青
18	丹东市	辽	315	汕头市	粤
19	黄冈市	鄂	316	海南自治州	青
20	枣庄市	鲁	317	日照市	鲁

全国317个地市级政府行政公开绩效得分显示，总体差距不是很大。与地市级政府在行政廉洁、依法行政领域的绩效差距相比，行政公开绩效之间的差

距要小得多。这其中最大的原因可能是实施《政府信息公开条例》之后，按照中央统一要求，各地都制定了信息公开具体实施办法，而且近几年开始实行信息公开工作年报制度。这说明评估结果正好符合实践进展情况。

四 政府内部管理绩效分区域评估

政府内部管理绩效的总体特征是：东部地区领先，中部地区、西部地区、东北地区依次居后。如果把全国317个地市级行政区域从分档角度考察，这一特征会更加明显。本报告依排序赋值法加权得分，按照排名将所有评估对象分为6个档次，每50名为一个档次，最后一档含排名居于最后的67个地市级政府。

东部地区共有76个地市级政府，排名位于第1档（1～50名）的有20个，位于第2档（51～100名）的有8个，位于第3档（101～150名）的有19个，位于第4档（151～200名之间）的有10个，位于第5档（201～250名）的有11个，位于第6档（251名之后）的有8个地市级政府。可以看出，分布较为集中的是第1个和第3个档次，所占比例超过了50%。中部地区有81个地市级政府，在上述6个档次中，分布比例较大的是第4和第2个档次，总共占据了中部地市级政府总数的约50%。东北地区共有32个地市级政府，都位于100名之后，即后4个档次；而且排名较多地分布在第6档，占到东北地区地市级政府总数的近60%。西部地区共有128个地市级政府，主要分布在第2、第5和第6档，所占比例超过60%。

图5显示，排在前两个档次的地市级政府中，东部地区所占比例最大，其次是西部地区和中部地区，而东北地区则没有地市级政府进入。从最后一个档次的分布来看，所占比例最大的是东北地区。这也充分说明了东部地区的整体绩效较好，中部地区与西部地区相差不大，东北地区的整体绩效水平是最差的。

从五个职能领域绩效的区域分布来考察，东部地区有2个指标排名第一，中部地区同样有2个指标排在第一位，西部地区有1个指标排在第一位，而东北地区没有任何一项指标绩效领先。这与四个区域整体水平排名的结果是一致的。下面具体分析各个区域的政府内部管理绩效水平。

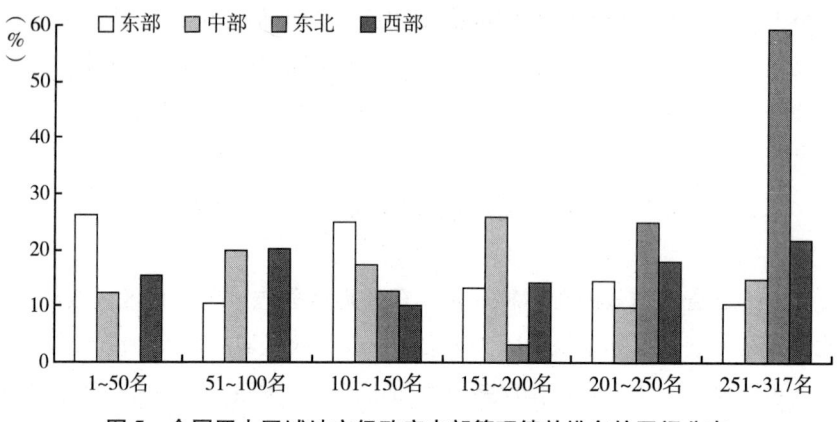

图 5　全国四大区域地市级政府内部管理绩效排名的区间分布

（一）东部地区政府内部管理绩效——临沂第一，丽水最后

在东部地区，各省所辖地市级政府内部管理绩效平均得分超过全国平均水平的有4个省份，如图6所示。其中前3名的山东、广东、江苏省在全国27个省份排序中也进入了前5名；位于第4名的河北，在全国27个省中则排名第13位；而位于东部最后的浙江省在全国排在第22名，显示出东部地区各省份绩效差距较为明显。

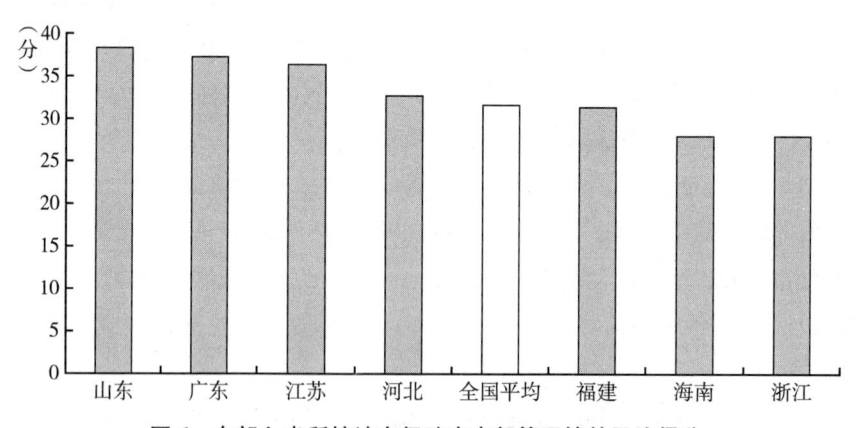

图 6　东部七省所辖地市级政府内部管理绩效平均得分

如图6所示，在东部七省中，绩效得分处于全国平均水平以下的三个省份依次是福建、海南和浙江。其中，最值得关注的是浙江省。为什么在经济发展

领域与山东、广东、江苏属于同一水平的浙江,其所辖地市级政府的内部管理绩效平均得分却与其他省份差距明显?从政府内部管理各职能领域分析,或许可以找到相应的答案。在东部7省中,浙江所辖地市级政府的依法行政绩效位于第5名,行政廉洁绩效位于第7名,政府效能绩效位于第5名,行政成本绩效位于第6名,行政公开绩效位于第2名。除了在行政公开领域外,浙江在多数职能领域排名都比较靠后。因此,地市级政府内部管理总体绩效水平在东部地区诸省中排名落后也就不奇怪了。

表7是东部地区政府内部管理绩效前20名的地市级政府在各职能领域的排名情况。可以看出,东部地区排名前20的地市级政府,都进入了全国的前50名。其中,山东省有6个(5个位于东部地区的前10名),广东省有8个,江苏省有4个,河北省有2个。东部地区排名前20的地市级政府所分布的省份,正好是排在东部地区各省平均绩效前4名的省份,也是超过全国平均水平的省份。

表7 东部地区所辖地市级政府内部管理绩效前20名及各职能领域绩效排名

东部名次	地市级政府	所属省份	依法行政绩效	政府效能绩效	行政廉洁绩效	行政成本绩效	行政公开绩效	全国名次
1	临沂市	鲁	40	31	5	7	4	3
2	泰安市	鲁	39	10	1	11	16	4
3	莱芜市	鲁	8	39	43	2	25	6
4	苏州市	苏	19	5	7	19	46	8
5	东莞市	粤	22	1	31	9	37	9
6	烟台市	鲁	13	18	18	30	21	10
7	潮州市	粤	2	16	14	34	74	12
8	威海市	鲁	16	27	26	10	40	20
9	佛山市	粤	17	3	21	38	24	22
10	湛江市	粤	18	28	20	15	33	23
11	江门市	粤	3	24	10	54	71	27
12	常州市	苏	48	9	27	8	43	28
13	徐州市	苏	73	22	13	3	15	31
14	汕头市	粤	5	25	29	25	75	33

续表

东部名次	地市级政府	所属省份	职能领域绩效在东部地区名次					全国名次
			依法行政绩效	政府效能绩效	行政廉洁绩效	行政成本绩效	行政公开绩效	
15	无锡市	苏	21	19	4	71	3	37
16	石家庄市	冀	7	38	37	33	32	39
17	张家口市	冀	26	34	48	1	34	40
18	济宁市	鲁	46	52	2	28	8	41
19	揭阳市	粤	1	40	22	49	73	45
20	中山市	粤	63	4	23	18	36	46

山东省所辖地市级政府的平均绩效得分，不仅是东部地区第 1 名，也在全国 27 个省份中位列第 1 名。山东省的第 1 名是临沂市，排在全国第 3 名；最后 1 名是枣庄市，排在全国第 179 名。该省的地市级政府没有排在东部地区最后 20 名的。浙江省所辖地市级政府的平均绩效得分，是东部地区最后 1 名。浙江省的第 1 名温州市，排在了全国的第 191 名；丽水市是浙江省的最后 1 名，排在了全国第 313 名（倒数第 5 名）。

（二）中部地区政府内部管理绩效——合肥第一，怀化最后

在中部地区六省中，有 4 个省所辖地市级政府内部管理绩效平均得分超过了全国平均水平，分别是安徽、湖北、江西、河南。其中，第 1 名的安徽省，其所辖地市级政府内部绩效平均得分在全国 27 个省份中排第 2 名，也是中部地区唯一一个进入全国前 5 名的省。接下来的湖北、江西也都进入了全国 27 个省份的前 10 名。

如图 7 所示，六个省中还有 2 个省份所辖地市级政府内部管理绩效是低于全国平均水平的，就是湖南和山西省，在全国 27 个省中分别位于第 19 和第 20 名。

在中部地区，安徽省所辖地市级政府的内部管理绩效平均水平最高，山西省绩效平均水平最低。具体在 5 个职能领域排名上，两省的绩效差异仍是明显的。安徽省所辖地市级政府的内部管理绩效中，有 3 个职能领域在中部六省中排在第一位；而山西省的情况则是，4 个职能领域绩效均在中部六省中位于倒数第一或倒数第二名。这也是在中部各省政府内部管理绩效上安徽领先而山西

政府内部管理绩效评估

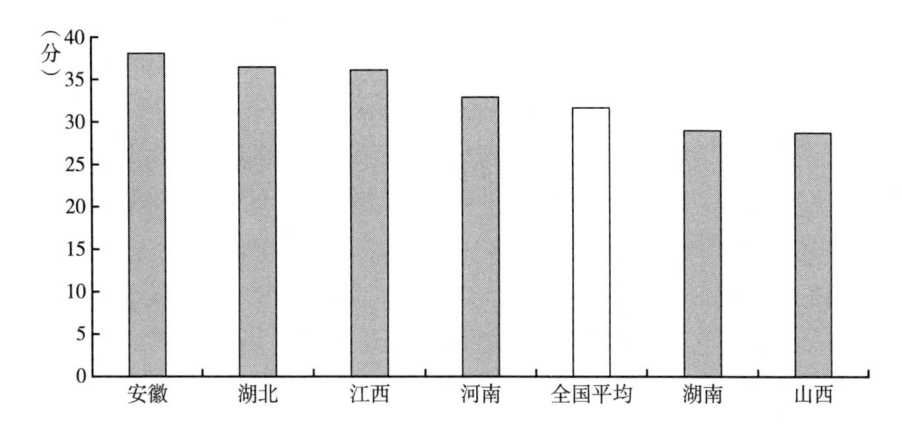

图7 中部六省所辖地市级政府内部管理绩效平均得分

落后的重要原因。

表8显示，中部地区政府内部管理绩效前20名地市级政府的省域分布中，安徽省数量最多，有9个，占到了安徽省所有地市级政府的56%；其次是湖北省，有5个，接近湖北省地市级政府总数的一半，这与其绩效平均水平排在中部第二名的结果是相符合的。其余6个地市级政府中，江西有3个，湖南有3个。

表8 中部地区所辖地市级政府内部管理绩效前20名及各职能领域绩效排名

中部名次	地市级政府	所属省份	依法行政绩效	政府效能绩效	行政廉洁绩效	行政成本绩效	行政公开绩效	全国名次
1	合肥市	皖	15	80	1	11	1	1
2	随州市	鄂	12	3	10	1	29	2
3	宜昌市	鄂	28	9	29	3	20	5
4	新余市	赣	8	14	62	7	13	11
5	淮北市	皖	3	49	54	8	68	16
6	铜陵市	皖	4	67	31	14	66	21
7	芜湖市	皖	19	73	66	2	44	24
8	淮南市	皖	6	21	55	16	64	25
9	常德市	湘	10	71	4	74	18	34
10	南昌市	赣	24	47	27	24	43	36

363

续表

中部名次	地市级政府	所属省份	职能领域绩效在中部地区名次					全国名次
			依法行政绩效	政府效能绩效	行政廉洁绩效	行政成本绩效	行政公开绩效	
11	孝感市	鄂	1	31	19	71	37	51
12	安庆市	皖	9	10	44	48	19	53
13	邵阳市	湘	17	41	2	41	72	54
14	宜春市	赣	30	45	11	26	14	56
15	襄阳市	鄂	16	63	52	53	2	58
16	阜阳市	皖	34	2	15	6	53	60
17	马鞍山	皖	25	6	78	5	46	62
18	长沙市	湘	74	20	3	40	31	65
19	荆门市	鄂	27	64	47	13	59	67
20	池州市	皖	7	28	17	42	60	72

安徽省地市级政府内部管理绩效平均水平排在中部第 1 名。合肥市是安徽省的第 1 名，也是全国的第 1 名。安徽省的最后 1 名是亳州市，排在了中部地区的第 59 名。在中部地区最后 20 个地市级政府中，没有一个是安徽省的。这也说明安徽省地市级政府内部管理绩效整体上都是很突出的。

山西省地市级政府内部管理绩效平均水平在中部地区排在最后，前 20 名的地市级政府中没有山西省的；相反，在最后 20 名中，有 7 个属于山西省，占到了山西省地市级政府总数的近 64%。山西省第 1 名阳泉市，排在了中部地区的第 31 名；最后 1 名大同市，排在了中部地区第 77 名，即倒数第 5 名。

河南省地市级政府内部管理绩效平均水平排在中部第 4 名，但中部地区前 20 名的地市级政府中没有一个是河南的；在后 20 名中，有 3 个属于河南。河南省第 1 名是濮阳，位于中部地区第 23 名；最后 1 名是开封，位于中部地区第 73 名。

湖北省地市级政府内部管理绩效的第 1 名和第 2 名是随州市和宜昌市，两者不仅位于中部地区前 5 名内，而且也是全国地市级政府排名中的前 5 名。这也提高了湖北省地市级政府内部管理绩效的平均水平，使得湖北平均得分在中部六省中位于第 2 名，在全国 27 个省份中排第 6 名。

湖南省地市级政府内部管理绩效平均得分在中部六省中位于倒数第二。

湖南省的第1名是常德市，也是湖南省唯一进入中部地区前10名的；怀化市是湖南省最后1名，也是中部地区最后1名。中部地区排在最后5名的地市级政府中有4个是湖南的，这就从整体上拉低了湖南省地市级政府的平均绩效得分。

（三）西部地区政府内部管理绩效——鄂尔多斯第一，黔西南州最后

西部地区共有12个省、自治区、直辖市，本报告的评估对象是除了直辖市重庆和两个副省级城市（西安和成都）之外的11个省和自治区所辖的128个地市级政府的内部管理绩效状况。

从11个省区所辖地市级政府内部管理绩效平均得分来看，有7个省区平均得分高于全国平均水平，其中四川省是第1名；接下来的云南、甘肃、内蒙古也均进入全国前10名。有4个西部省区的绩效平均得分低于全国均值，其中只有宁夏的绩效得分稍高一些，青海、贵州、西藏全部排在了全国27个省份的最后5名（见图8）。

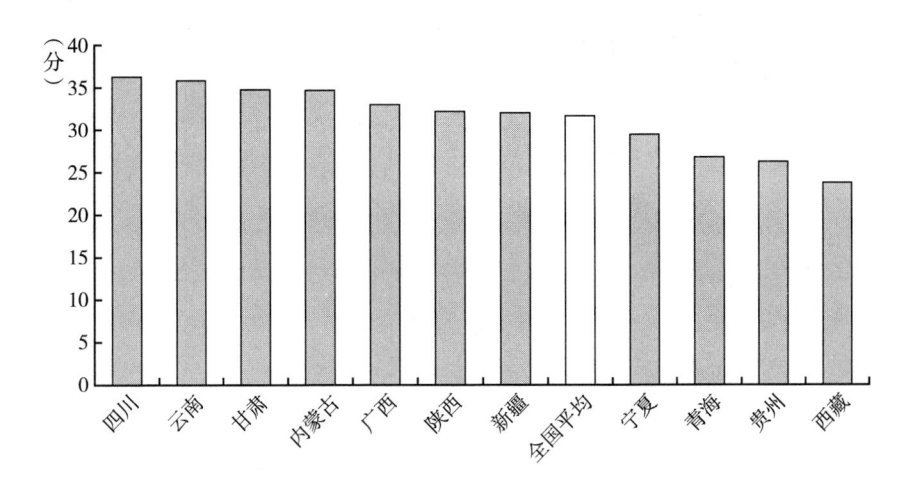

图8　西部11个省区所辖地市级政府内部管理绩效平均得分

四川省地市级政府内部管理绩效平均得分在西部地区是第1名，也是西部地区唯一进入全国前5名的省份。西藏自治区的绩效平均得分在西部地区排名最后，而且也是全国的倒数第二名。从这两个省区的政府内部管理各职能领域

绩效进行分析，也可得出同样结果。在五个职能领域中，四川省有 4 个都是排在中部前 5 名的，还有排在第 1 名和第 3 名的；而西藏自治区则有 2 个领域绩效排在中部最后，其他 3 个领域也都排在西部地区的最后几名。

表 9 显示，西部地区政府内部管理绩效排名前 20 位的地市级政府都进入了全国前 50 名。从这些地市级政府的省域分布来看，四川有 5 个，内蒙古有 4 个，云南有 4 个，甘肃有 4 个，陕西有 2 个，广西有 1 个，全部分布在西部地区排在前 6 名的省份内。

表 9　西部地区所辖地市级政府内部管理绩效前 20 名

西部名次	地市级政府	所属省区	全国名次
1	鄂尔多斯市	蒙	7
2	曲靖市	滇	13
3	红河自治州	滇	14
4	天水市	甘	15
5	钦州市	桂	17
6	达州市	川	18
7	凉山自治州	川	19
8	嘉峪关市	甘	26
9	武威市	甘	29
10	宝鸡市	陕	30
11	保山	滇	32
12	包头市	蒙	35
13	乌海市	蒙	38
14	金昌市	甘	42
15	通辽市	蒙	43
16	咸阳市	陕	44
17	昭通市	滇	47
18	资阳市	川	48
19	广安市	川	49
20	德阳市	川	50

四川省地市级政府内部管理绩效平均水平在西部地区排名第一，该省地市级政府在西部地区前 20 名中的数量也是最多的。进而把范围扩大到西部地区前 50 名的地市级政府中，四川省有 13 个，占到 1/4，而且占到四川省地市级

政府总数的65%。四川省地市级政府内部管理绩效第1名是达州市，位于西部地区第6名；最后一名是广元市，在西部地区128个地市级政府中排到第81位。这些都说明了四川省地市级政府内部管理绩效整体水平在西部各省区中名列前茅。

云南、甘肃、内蒙古这三个省份所辖地市级政府内部管理绩效平均得分，在西部11个省份中分别排第2、第3、第4位。其绩效平均得分相差很小，从西部地区排名前20位的地市级政府分布看，这三个省区中各有4个，这也从一定程度上说明了三省区的绩效水平相当。其中，鄂尔多斯市是内蒙古的第1名，是西部地区第1名，也是唯一一个进入全国前10名的西部地市级政府。

青海、贵州和西藏所辖地市级政府内部管理绩效平均得分是西部地区排名最后的，均位于全国27个省份排名的最后5名。这三个省区中，西藏更差一些，但相互之间的差距并不大。在西部地区排名后20位的地市级政府中，西藏有5个，占到西藏所有地市级政府的71%，这也导致了西藏地市级政府的绩效平均得分在西部地区是最后一名的结果；贵州有4个，青海有4个。总体来看，这三个省份在西部地区最后20名地市级政府中占比达65%。其中，贵州的黔西南自治州是西部地区最后1名。

（四）东北地区政府内部管理绩效——大庆第一，白山最后

东北地区三省所辖地市级政府内部管理绩效平均得分都低于全国平均水平。辽宁省在东北地区是第1名，表现突出，但在全国27个省份中排到了第18名。黑龙江和吉林两省的平均绩效得分在全国27个省份中分别是倒数第3名和最后一名（见图9）。

在五个职能领域中，辽宁省地市级政府内部管理绩效有4个在东北三省中是第1名，这也促成了辽宁省地市级政府内部管理绩效整体水平在本地区内最高的事实。黑龙江省在4个职能领域中排名第2，这与黑龙江内部绩效整体水平在东北地区三省中位于第2名的结果是一致的。而吉林的地市级政府情况较差，在五个职能领域中有3个都排在本地区的最后，因此也导致了该省地市级政府的整体绩效水平是相对最低的。

东北地区政府内部管理绩效排名前20位的地市级政府均排在全国第100

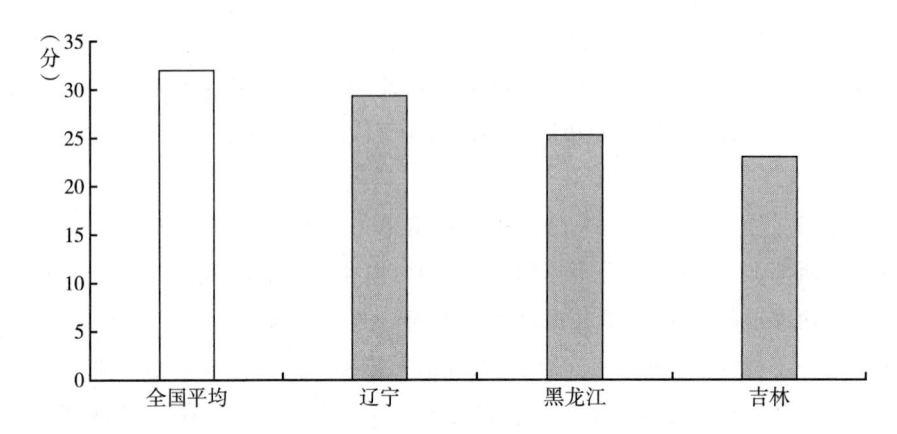

图9 东北三省所辖地市级政府内部管理绩效平均得分

名之后。再看这20个地市级政府在三省中的分布,其中辽宁省有11个,占辽宁省地市级政府总数的92%。黑龙江省进入前20名的有7个,占到省内地市级政府总数的58%。吉林省只有2个地市级政府进入前20名(见表10)。相反,吉林省在东北地区最后10名中却有4个,因此吉林省的整体绩效在东北地区是最低的。黑龙江省大庆市政府内部管理绩效在东北地区排名第一,也是黑龙江的亮点之一。

表10 东北地区所辖地市级政府内部管理绩效前20名

东北名次	地市级政府	所属省份	全国名次
1	大庆市	黑	115
2	盘锦市	辽	119
3	锦州市	辽	142
4	鞍山市	辽	153
5	吉林市	吉	155
6	营口市	辽	213
7	葫芦岛市	辽	223
8	阜新市	辽	224
9	佳木斯市	黑	227
10	丹东市	辽	229
11	辽阳市	辽	230
12	齐齐哈尔市	黑	234
13	铁岭市	辽	245

续表

东北名次	地市级政府	所属省份	全国名次
14	绥化市	黑	257
15	朝阳市	辽	259
16	抚顺市	辽	263
17	伊春市	黑	264
18	四平市	吉	271
19	牡丹江市	黑	272
20	双鸭山市	黑	274

白山市作为吉林省的最后 1 名，不仅是东北地区最后 1 名，也是全国最后 1 名。从政府内部管理的五个职能领域绩效来分析，白山市有 3 个领域的绩效在东北地区 32 个地市级政府中排在倒数后三名；有 4 个领域的绩效排在了全国最后 20 名。各职能领域绩效不佳也就导致了白山市政府内部管理绩效总体水平最低的结果。

在东北地区后 10 名地市级政府中，黑龙江省有 5 个，占到了一半。在前 20 名地市级政府中黑龙江省有 7 个，而且还有东北地区排名第 1 的地市级政府，这说明黑龙江省地市级政府之间的绩效差距与其他两省相比是比较大的。辽宁省的地市级政府内部管理绩效前面已分析，其绩效水平均处于较高行列；而吉林省的地市级政府则大部分都排在东北地区的 20 名之后；所以，这两个省内部各地市级政府之间的绩效差距比较小。

五 研究性发现

通过上述不同层面和不同维度的分析，把地市级政府内部管理绩效的一些重要特点和规律性内容总结如下。

（一）地市级政府内部管理绩效的区域分布规律不明显

从全国四个区域的地市级政府内部管理整体绩效表现来看，东部地区、中部地区、西部地区和东北地区的政府内部管理绩效平均水平是依次降低的，区域内和区域间均存在差距。从区域内部看，西部地区政府内部管理绩效最好的省份与最差的省份之间的差距是最大的，东北地区各省份之间的差距是较小的，东、中部地区省份间差距较为适中。从区域间分析，虽然东部地区的地市级政府内部管理绩效平均得分最高，但是与中部地区、西部地区差距并不是很大；只有东北地区地市级政府的内部管理绩效平均水平较低，而且在全国政府内部管理绩效排名最后的地市级政府中，东北地区所占比例是最大的。所以，东北地区的地市级政府改善和提升政府内部管理绩效的空间最大，尤其是在依法行政和行政廉洁领域需要大力改进。

具体到各地市级政府而言，高、低绩效的政府分散在各区域内。绩效水平较高的地市级政府除了分布在东北地区外，在其他三个区域分布较为均衡；而绩效水平差的地市级政府大部分属于东北地区，其他也均匀分布在东、中、西三大区域。可见，全国地市级政府内部管理绩效的区域分布规律并不明显。

（二）高行政成本和低行政廉洁是具有普遍性的问题

民众对居高不下的行政成本问题和严重的腐败现象非常关注。而本研究的评估结果显示，在行政成本和行政廉洁领域，全国四大区域绩效平均水平虽有差别，但并不太明显。这说明高行政成本和低行政廉洁是全国性的普遍问题，并不存在特别明显的区域差别或者因经济发展水平不同而引起的显著差别。这也说明了，政府自身改革与创新的紧迫性与现实必要性。

通过相关性研究发现，行政成本与几个经济变量之间不存在直接的显著相关关系，它不会随着经济发展水平的提高而降低，也不会随着经济发展水平的提高而明显提高。从全国四个区域来看，中部地区的地市级政府平均绩效稍微比其他三个地区好。不过，四个地区的绩效水平基本上处于同一个档次，差距很小。这也说明了，行政成本高还是一个全国性的普遍问题。不仅发达地区要解决，而且经济较为不发达的地区也面临着降低行政成本的任务和难题。2013年2月的中央纪委工作报告，特别强调了从严控制行政经费支出的问题，这也说明解决行政成本过高问题的现实迫切性。

从行政廉洁角度分析，东部、中部、西部地区地市级政府的绩效基本上处于同一水平，差距不太大，只有东北地区地市级政府行政廉洁绩效平均水平明显落后于其他三个地区。四个区域均存在行政廉洁绩效水平低的地市级政府。这也说明了行政廉洁是全国地市级政府内部管理面临的一个具有共性的问题,而且东北地区在这个问题上更为突出,绩效改进的任务也更重。

(三)高经济发展水平有利于提高政府效能绩效水平

就地市级政府内部管理绩效与当地经济发展绩效的关系而言,总体上不存在显著的相关关系,政府内部管理绩效并不是随着经济发展水平提高而自动提升的。因此,有些经济发展比较不发达的地市级政府,却可以有较好的政府内部管理绩效;而有些发达地区仍然需要进一步加强政府内部管理,提升绩效水平。

特别需要强调的是,地市级政府内部管理的一个职能领域,即政府效能与经济发展水平关系较为密切。东部地区地市级政府的政府效能绩效最高,后面依次是中部地区、东北地区、西部地区。四个地区地市级政府的绩效平均得分呈梯次分布,没有哪两个地区明显处于同一水平。全国政府效能绩效前20名的地市级政府全部集中在东部地区,即经济发达的地区,其政府效能绩效是较高的。相反,政府效能绩效较差的地市级政府绝大部分分布在西部地区,说明了经济比较不发达的地区,其政府效能的绩效表现也比较差。同时,通过相关性分析也发现,政府效能绩效与经济发展之间具有显著相关关系。经济发展中GDP越高,政府效能的绩效水平就越高。以上分析说明,高经济发展水平有利于提升政府效能绩效水平。

附　录

Appendixes

B.13
附录一　全国直辖市及副省级市政府绩效评估排名

综合绩效排名	政府名称	分职能领域绩效排名					
		经济发展绩效	市场监管绩效	社会管理绩效	公共服务绩效	平衡发展绩效	政府内部管理绩效
1	北　京	4	1	4	1	4	14
2	深　圳	3	4	10	8	1	6
3	杭　州	7	15	1	2	9	2
4	广　州	2	2	18	4	11	10
5	上　海	1	5	6	5	15	11
6	天　津	5	13	2	12	17	3
7	青　岛	9	7	15	9	7	5
8	南　京	8	6	14	6	5	12
9	武　汉	10	11	8	7	8	8
10	大　连	6	8	3	19	14	7
11	成　都	16	3	9	18	3	4
12	厦　门	11	14	11	11	13	9
13	宁　波	12	17	12	15	2	16

续表

综合绩效排名	政府名称	分职能领域绩效排名					
^	^	经济发展绩效	市场监管绩效	社会管理绩效	公共服务绩效	平衡发展绩效	政府内部管理绩效
14	济 南	15	18	7	3	16	17
15	西 安	18	16	13	10	18	1
16	重 庆	14	12	5	17	19	18
17	长 春	17	10	17	14	10	15
18	哈尔滨	19	9	19	16	6	13
19	沈 阳	13	19	16	13	12	19

B.14
附录二 全国地市级政府综合绩效百强排名

综合绩效名次	政府名称	省域简称	经济发展绩效	市场监管绩效	社会管理绩效	公共服务绩效	平衡发展绩效	政府内部管理绩效
			\multicolumn{6}{c}{分职能领域绩效排名}
1	无锡市	苏	4	9	30	1	13	37
2	威海市	鲁	14	32	8	2	8	20
3	苏州市	苏	3	5	111	9	78	8
4	烟台市	鲁	9	28	6	6	152	10
5	常州市	苏	8	34	182	13	4	28
6	东营市	鲁	29	6	29	5	61	76
7	淄博市	鲁	15	93	3	18	37	146
8	合肥市	皖	1	42	277	100	124	1
9	湖州市	浙	32	39	36	14	2	201
10	珠海市	粤	7	18	102	27	40	131
11	镇江市	苏	21	82	44	48	22	55
12	泰州市	苏	20	11	91	25	38	135
13	中山市	粤	19	26	123	41	30	46
14	佛山市	粤	10	44	271	128	7	22
15	东莞市	粤	13	2	297	171	25	9
16	郑州市	豫	5	14	166	125	32	82
17	莱芜市	鲁	120	33	15	52	35	6
18	舟山市	浙	49	54	7	22	1	276
19	嘉兴市	浙	18	201	57	30	6	147
20	绍兴市	浙	22	94	76	10	108	104
21	惠州市	粤	25	4	215	62	138	66
22	扬州市	苏	12	46	127	12	33	237
23	南通市	苏	11	47	157	169	26	88
24	鄂尔多斯市	蒙	17	12	211	84	251	7
25	潍坊市	鲁	28	173	53	16	73	117
26	唐山市	冀	44	36	159	45	46	80

续表

综合绩效名次	政府名称	省域简称	分职能领域绩效排名					
			经济发展绩效	市场监管绩效	社会管理绩效	公共服务绩效	平衡发展绩效	政府内部管理绩效
27	铜陵市	皖	78	285	48	8	16	21
28	江门市	粤	42	92	177	73	62	27
29	徐州市	苏	38	25	264	138	57	31
30	嘉峪关市	甘	184	15	10	4	171	26
31	长沙市	湘	2	283	178	87	63	65
32	乌海市	蒙	114	98	51	23	54	38
33	芜湖市	皖	31	185	181	61	130	24
34	泰安市	鲁	36	193	155	149	76	4
35	昆明市	滇	23	17	180	44	233	100
36	银川市	宁	61	162	19	33	64	102
37	克拉玛依市	新	81	184	190	7	119	77
38	乌鲁木齐市	新	58	157	63	89	214	63
39	许昌市	豫	79	10	101	65	21	178
40	南昌市	赣	34	127	228	38	158	36
41	临沂市	鲁	54	72	237	42	210	3
42	连云港市	苏	57	3	132	49	140	202
43	焦作市	豫	95	69	54	111	19	81
44	新余市	赣	80	120	175	176	14	11
45	太原市	晋	43	68	26	19	236	190
46	福州市	闽	6	96	221	24	258	138
47	洛阳市	豫	55	52	66	47	206	107
48	马鞍山市	皖	45	246	133	26	128	62
49	漳州市	闽	63	7	273	39	149	109
50	汕头市	粤	77	56	233	132	52	33
51	金华市	浙	27	154	206	40	68	214
52	阳泉市	晋	92	55	134	34	72	114
53	盐城市	苏	35	37	187	140	55	222
54	辽阳市	辽	56	128	1	137	115	230
55	滨州市	鲁	48	103	135	3	208	150
56	吉林市	吉	50	219	21	78	80	155
57	宜昌市	鄂	67	221	42	97	209	5
58	石家庄市	冀	47	45	305	20	239	39
59	济宁市	鲁	53	109	247	36	196	41

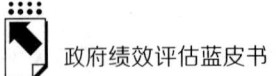

续表

综合绩效名次	政府名称	省域简称	经济发展绩效	市场监管绩效	社会管理绩效	公共服务绩效	平衡发展绩效	政府内部管理绩效
60	肇庆市	粤	75	24	248	57	107	124
61	大庆市	黑	46	174	131	64	109	115
62	淮安市	苏	39	61	142	186	104	126
63	攀枝花市	川	116	50	49	119	50	154
64	襄阳市	鄂	104	140	39	225	17	58
65	盘锦市	辽	40	272	113	129	28	119
66	昌吉回族自治州	新	195	79	71	53	66	193
67	贵阳市	黔	70	121	163	76	91	110
68	抚顺市	辽	59	151	11	153	18	263
69	黄山市	皖	115	274	41	37	9	168
70	温州市	浙	30	166	276	46	90	191
71	宿迁市	苏	96	77	203	192	11	83
72	龙岩市	闽	65	86	263	21	134	144
73	日照市	鲁	73	43	96	91	201	127
74	包头市	蒙	24	298	114	55	261	35
75	鞍山市	辽	16	255	64	112	234	153
76	酒泉市	甘	173	144	9	68	114	78
77	漯河市	豫	193	8	60	185	49	92
78	潮州市	粤	202	83	257	69	24	12
79	枣庄市	鲁	64	130	161	79	98	179
80	株洲市	湘	52	81	145	117	167	182
81	营口市	辽	37	182	23	227	123	213
82	三明市	闽	89	57	106	17	226	198
83	聊城市	鲁	84	204	105	32	185	95
84	晋城市	晋	93	64	77	81	194	157
85	秦皇岛市	冀	69	134	151	67	199	133
86	德州市	鲁	71	208	112	86	141	129
87	清远市	粤	112	29	261	142	100	101
88	台州市	浙	26	247	254	105	43	247
89	梅州市	粤	206	22	193	35	99	106
90	玉溪市	滇	140	170	45	178	96	68
91	锦州市	辽	74	181	12	240	143	142
92	张家口市	冀	132	84	130	158	192	40

续表

综合绩效名次	政府名称	省域简称	分职能领域绩效排名					
			经济发展绩效	市场监管绩效	社会管理绩效	公共服务绩效	平衡发展绩效	政府内部管理绩效
93	荆门市	鄂	183	75	75	285	12	67
94	丹东市	辽	62	218	47	170	79	229
95	兰州市	甘	101	196	199	11	159	166
96	九江市	赣	110	41	225	145	136	123
97	绵阳市	川	123	30	94	187	204	93
98	长治市	晋	113	16	67	43	284	205
99	南平市	闽	135	132	167	31	155	151
100	呼伦贝尔市	蒙	119	112	14	90	285	113

B.15 附录三 全国地市级政府绩效评估分省排名

表1 河北省地市级政府综合绩效评估排名

省内名次	政府名称	全国名次	经济发展绩效	市场监管绩效	社会管理绩效	公共服务绩效	平衡发展绩效	政府内部管理绩效
1	唐山市	26	44	36	159	45	46	80
2	石家庄市	58	47	45	305	20	239	39
3	秦皇岛市	85	69	134	151	67	199	133
4	张家口市	92	132	84	130	158	192	40
5	保定市	128	99	111	255	106	237	118
6	沧州市	136	51	143	292	75	244	211
7	邯郸市	169	97	191	303	63	247	132
8	衡水市	203	187	172	217	98	231	156
9	廊坊市	218	60	252	286	56	268	291
10	承德市	225	167	113	210	103	253	277
11	邢台市	227	150	214	185	126	269	243

表2 江苏省地市级政府综合绩效评估排名

省内名次	政府名称	全国名次	经济发展绩效	市场监管绩效	社会管理绩效	公共服务绩效	平衡发展绩效	政府内部管理绩效
1	无锡市	1	4	9	30	1	13	37
2	苏州市	3	3	5	111	9	78	8
3	常州市	5	8	34	182	13	4	28
4	镇江市	11	21	82	44	48	22	55
5	泰州市	12	20	11	91	25	38	135
6	扬州市	22	12	46	127	12	33	237
7	南通市	23	11	47	157	169	26	88
8	徐州市	29	38	25	264	138	57	31

续表

省内名次	政府名称	全国名次	经济发展绩效	市场监管绩效	社会管理绩效	公共服务绩效	平衡发展绩效	政府内部管理绩效
9	连云港市	42	57	3	132	49	140	202
10	盐城市	53	35	37	187	140	55	222
11	淮安市	62	39	61	142	186	104	126
12	宿迁市	71	96	77	203	192	11	83

表3 浙江省地市级政府综合绩效评估排名

省内名次	政府名称	全国名次	经济发展绩效	市场监管绩效	社会管理绩效	公共服务绩效	平衡发展绩效	政府内部管理绩效
1	湖州市	9	32	39	36	14	2	201
2	舟山市	18	49	54	7	22	1	276
3	嘉兴市	19	18	201	57	30	6	147
4	绍兴市	20	22	94	76	10	108	104
5	金华市	51	27	154	206	40	68	214
6	温州市	70	30	166	276	46	90	191
7	台州市	88	26	247	254	105	43	247
8	丽水市	123	91	142	99	29	81	313
9	衢州市	147	76	133	136	93	125	310

表4 福建省地市级政府综合绩效评估排名

省内名次	政府名称	全国名次	经济发展绩效	市场监管绩效	社会管理绩效	公共服务绩效	平衡发展绩效	政府内部管理绩效
1	福州市	46	6	96	221	24	258	138
2	漳州市	49	63	7	273	39	149	109
3	龙岩市	72	65	86	263	21	134	144
4	三明市	82	89	57	106	17	226	198
5	南平市	99	135	132	167	31	155	151
6	泉州市	103	33	153	296	66	203	207
7	莆田市	175	82	138	314	159	126	220
8	宁德市	178	105	178	186	80	145	289

表5　海南省地市级政府综合绩效评估排名

省内名次	政府名称	全国名次	经济发展绩效	市场监管绩效	社会管理绩效	公共服务绩效	平衡发展绩效	政府内部管理绩效
1	海口市	141	72	189	188	102	205	221
2	三亚市	232	88	245	268	168	256	258

表6　山东省地市级政府综合绩效评估排名

省内名次	政府名称	全国名次	经济发展绩效	市场监管绩效	社会管理绩效	公共服务绩效	平衡发展绩效	政府内部管理绩效
1	威海市	2	14	32	8	2	8	20
2	烟台市	4	9	28	6	6	152	10
3	东营市	6	29	6	29	5	61	76
4	淄博市	7	15	93	3	18	37	146
5	莱芜市	17	120	33	15	52	35	6
6	潍坊市	25	28	173	53	16	73	117
7	泰安市	34	36	193	155	149	76	4
8	临沂市	41	54	72	237	42	210	3
9	滨州市	55	48	103	135	3	208	150
10	济宁市	59	53	109	247	36	196	41
11	日照市	73	73	43	96	91	201	127
12	枣庄市	79	64	130	161	79	98	179
13	聊城市	83	84	204	105	32	185	95
14	德州市	86	71	208	112	86	141	129
15	菏泽市	164	147	248	213	134	94	163

表7　广东省地市级政府综合绩效评估排名

省内名次	政府名称	全国名次	经济发展绩效	市场监管绩效	社会管理绩效	公共服务绩效	平衡发展绩效	政府内部管理绩效
1	珠海市	10	7	18	102	27	40	131
2	中山市	13	19	26	123	41	30	46
3	佛山市	14	10	44	271	128	7	22
4	东莞市	15	13	2	297	171	25	9

续表

省内名次	政府名称	全国名次	经济发展绩效	市场监管绩效	社会管理绩效	公共服务绩效	平衡发展绩效	政府内部管理绩效
5	惠州市	21	25	4	215	62	138	66
6	江门市	28	42	92	177	73	62	27
7	汕头市	50	77	56	233	132	52	33
8	肇庆市	60	75	24	248	57	107	124
9	潮州市	78	202	83	257	69	24	12
10	清远市	87	112	29	261	142	100	101
11	梅州市	89	206	22	193	35	99	106
12	韶关市	104	122	101	208	15	83	256
13	湛江市	110	124	66	299	172	175	23
14	揭阳市	113	138	67	269	189	148	45
15	云浮市	124	222	23	192	220	23	145
16	汕尾市	127	179	65	245	179	31	162
17	河源市	135	210	150	172	139	20	160
18	茂名市	145	161	192	308	215	3	91
19	阳江市	188	143	186	310	206	15	218

表8 河南省地市级政府综合绩效评估排名

省内名次	政府名称	全国名次	经济发展绩效	市场监管绩效	社会管理绩效	公共服务绩效	平衡发展绩效	政府内部管理绩效
1	郑州市	16	5	14	166	125	32	82
2	许昌市	39	79	10	101	65	21	178
3	焦作市	43	95	69	54	111	19	81
4	洛阳市	47	55	52	66	47	206	107
5	漯河市	77	193	8	60	185	49	92
6	三门峡市	111	134	97	56	71	221	183
7	濮阳市	117	209	70	87	150	161	79
8	安阳市	118	151	63	146	108	181	172
9	鹤壁市	120	196	100	69	118	103	161
10	南阳市	121	145	62	104	247	144	112
11	开封市	139	178	76	18	163	60	278
12	新乡市	156	126	116	239	107	207	187

续表

省内名次	政府名称	全国名次	分职能领域绩效排名					
			经济发展绩效	市场监管绩效	社会管理绩效	公共服务绩效	平衡发展绩效	政府内部管理绩效
13	商丘市	166	235	1	88	252	139	228
14	信阳市	173	212	35	230	273	56	140
15	周口市	189	255	13	227	200	110	186
16	平顶山市	190	153	164	173	130	252	165
17	驻马店市	215	232	20	235	231	150	236

表9 湖南南省地市级政府综合绩效评估排名

省内名次	政府名称	全国名次	分职能领域绩效排名					
			经济发展绩效	市场监管绩效	社会管理绩效	公共服务绩效	平衡发展绩效	政府内部管理绩效
1	长沙市	31	2	283	178	87	63	65
2	株洲市	80	52	81	145	117	167	182
3	常德市	115	107	167	154	226	187	34
4	岳阳市	119	83	27	274	211	202	121
5	湘潭市	131	90	303	58	120	93	208
6	衡阳市	176	118	165	219	219	157	180
7	郴州市	256	94	264	216	208	279	294
8	湘西土家族苗族自治州	271	293	179	125	164	266	255
9	永州市	275	207	195	265	290	216	238
10	邵阳市	281	262	302	260	289	235	54
11	益阳市	294	203	311	267	277	116	309
12	张家界市	312	281	311	244	286	212	306
13	怀化市	313	248	311	275	245	263	315
14	娄底市	314	237	311	302	233	304	303

表10 山西省地市级政府综合绩效评估排名

省内名次	政府名称	全国名次	分职能领域绩效排名					
			经济发展绩效	市场监管绩效	社会管理绩效	公共服务绩效	平衡发展绩效	政府内部管理绩效
1	太原市	45	43	68	26	19	236	190
2	阳泉市	52	92	55	134	34	72	114
3	晋城市	84	93	64	77	81	194	157

续表

省内名次	政府名称	全国名次	经济发展绩效	市场监管绩效	社会管理绩效	公共服务绩效	平衡发展绩效	政府内部管理绩效
4	长治市	98	113	16	67	43	284	205
5	晋中市	172	125	71	226	59	291	209
6	临汾市	199	139	78	153	116	310	199
7	运城市	205	168	40	162	131	295	231
8	大同市	234	160	58	93	136	300	301
9	朔州市	250	103	105	284	239	280	283
10	吕梁市	266	146	105	295	161	302	288
11	忻州市	280	199	105	179	271	303	269

表11 湖北省地市级政府综合绩效评估排名

省内名次	政府名称	全国名次	经济发展绩效	市场监管绩效	社会管理绩效	公共服务绩效	平衡发展绩效	政府内部管理绩效
1	宜昌市	57	67	221	42	97	209	5
2	襄阳市	64	104	140	39	225	17	58
3	荆门市	93	183	75	75	285	12	67
4	十堰市	138	174	21	122	151	213	184
5	孝感市	149	198	117	288	198	41	51
6	随州市	152	226	220	280	267	34	2
7	咸宁市	161	215	51	84	199	53	232
8	黄石市	162	148	176	201	180	120	143
9	鄂州市	181	175	145	236	258	36	171
10	荆州市	194	216	251	207	202	27	130
11	黄冈市	216	230	240	200	221	131	85
12	恩施土家族苗族自治州	274	289	280	220	246	70	260

表12 安徽省地市级政府综合绩效评估排名

省内名次	政府名称	全国名次	经济发展绩效	市场监管绩效	社会管理绩效	公共服务绩效	平衡发展绩效	政府内部管理绩效
1	合肥市	8	1	42	277	100	124	1
2	铜陵市	27	78	285	48	8	16	21

续表

省内名次	政府名称	全国名次	经济发展绩效	市场监管绩效	社会管理绩效	公共服务绩效	平衡发展绩效	政府内部管理绩效
3	芜湖市	33	31	185	181	61	130	24
4	马鞍山市	48	45	246	133	26	128	62
5	黄山市	69	115	274	41	37	9	168
6	淮北市	105	176	239	152	152	67	16
7	宣城市	106	98	99	126	144	173	139
8	淮南市	157	152	266	287	121	170	25
9	蚌埠市	182	117	261	158	175	188	177
10	安庆市	186	169	267	224	101	241	53
11	滁州市	192	127	194	250	228	151	159
12	池州市	207	172	308	251	203	89	72
13	阜阳市	251	254	242	270	300	154	60
14	亳州市	262	228	141	304	309	101	192
15	六安市	264	229	307	204	302	118	122
16	宿州市	269	257	163	317	266	113	149

表13　辽宁省地市级政府综合绩效评估排名

省内名次	政府名称	全国名次	经济发展绩效	市场监管绩效	社会管理绩效	公共服务绩效	平衡发展绩效	政府内部管理绩效
1	辽阳市	54	56	128	1	137	115	230
2	盘锦市	65	40	272	113	129	28	119
3	抚顺市	68	59	151	11	153	18	263
4	鞍山市	75	16	255	64	112	234	153
5	营口市	81	37	182	23	227	123	213
6	锦州市	91	74	181	12	240	143	142
7	丹东市	94	62	218	47	170	79	229
8	本溪市	130	68	282	33	88	42	312
9	阜新市	144	201	213	55	94	39	224
10	朝阳市	158	171	276	43	194	5	259
11	铁岭市	204	100	199	144	229	191	245
12	葫芦岛市	208	128	258	82	242	179	223

表14　吉林省地市级政府综合绩效评估排名

省内名次	政府名称	全国名次	分职能领域绩效排名					
			经济发展绩效	市场监管绩效	社会管理绩效	公共服务绩效	平衡发展绩效	政府内部管理绩效
1	吉林市	56	50	219	21	78	80	155
2	辽源市	107	142	48	24	115	85	275
3	通化市	134	85	228	62	133	47	290
4	延边朝鲜族自治州	150	87	156	31	95	220	307
5	白山市	155	121	104	2	110	97	317
6	四平市	196	133	228	108	224	51	271
7	松原市	206	131	31	243	269	133	282
8	白城市	223	157	228	27	193	121	311

表15　黑龙江省地市级政府综合绩效评估排名

省内名次	政府名称	全国名次	分职能领域绩效排名					
			经济发展绩效	市场监管绩效	社会管理绩效	公共服务绩效	平衡发展绩效	政府内部管理绩效
1	大 庆 市	61	46	174	131	64	109	115
2	齐齐哈尔市	132	130	87	139	154	106	234
3	佳 木 斯 市	160	165	53	81	135	232	227
4	牡 丹 江 市	170	106	209	165	114	112	272
5	双 鸭 山 市	174	219	126	40	50	153	274
6	鸡 西 市	179	204	200	89	109	10	299
7	鹤 岗 市	220	242	187	143	51	45	305
8	伊 春 市	241	272	209	119	123	117	264
9	大兴安岭地区	253	265	222	116	96	137	298
10	七 台 河 市	259	182	209	209	213	193	292
11	绥 化 市	285	247	209	293	259	183	257
12	黑 河 市	289	269	187	246	166	218	314

表16　内蒙古自治区地市级政府综合绩效评估排名

区内名次	政府名称	全国名次	分职能领域绩效排名					
			经济发展绩效	市场监管绩效	社会管理绩效	公共服务绩效	平衡发展绩效	政府内部管理绩效
1	鄂 尔 多 斯 市	24	17	12	211	84	251	7
2	乌 海 市	32	114	98	51	23	54	38
3	包 头 市	74	24	298	114	55	261	35

续表

区内名次	政府名称	全国名次	经济发展绩效	市场监管绩效	社会管理绩效	公共服务绩效	平衡发展绩效	政府内部管理绩效
4	呼伦贝尔市	100	119	112	14	90	285	113
5	呼和浩特市	140	41	298	148	157	240	134
6	通辽市	159	129	198	86	253	248	43
7	锡林郭勒盟	191	102	139	61	223	283	210
8	巴彦淖尔市	195	208	281	16	156	146	215
9	赤峰市	236	163	298	281	190	223	89
10	阿拉善盟	239	141	298	120	230	176	253
11	乌兰察布市	240	251	207	17	188	288	189
12	兴安盟	278	274	253	73	182	242	267

表17 陕西省地市级政府综合绩效评估排名

省内名次	政府名称	全国名次	经济发展绩效	市场监管绩效	社会管理绩效	公共服务绩效	平衡发展绩效	政府内部管理绩效
1	宝鸡市	101	109	254	103	54	245	30
2	榆林市	108	66	73	238	99	265	116
3	铜川市	137	197	256	34	127	102	98
4	咸阳市	153	164	275	140	70	228	44
5	延安市	200	111	38	212	160	259	280
6	安康市	228	253	205	37	222	92	246
7	渭南市	231	234	169	124	174	278	120
8	汉中市	238	194	190	68	122	262	286
9	商洛市	276	236	271	311	232	95	239

表18 贵州省地市级政府综合绩效评估排名

省内名次	政府名称	全国名次	经济发展绩效	市场监管绩效	社会管理绩效	公共服务绩效	平衡发展绩效	政府内部管理绩效
1	贵阳市	67	70	121	163	76	91	110
2	遵义市	242	188	146	214	209	274	216
3	铜仁地区	270	300	95	184	291	225	136

续表

省内名次	政府名称	全国名次	经济发展绩效	市场监管绩效	社会管理绩效	公共服务绩效	平衡发展绩效	政府内部管理绩效
4	黔东南苗族侗族自治州	296	268	135	285	236	290	304
5	安顺市	299	297	177	258	270	277	249
6	六盘水市	303	238	279	309	310	224	281
7	黔南布依族苗族自治州	308	259	278	312	261	281	302
8	毕节地区	310	287	160	300	311	286	261
9	黔西南布依族苗族自治州	317	291	286	313	312	255	316

表19 宁夏回族自治区地市级政府综合绩效评估排名

区内名次	政府名称	全国名次	经济发展绩效	市场监管绩效	社会管理绩效	公共服务绩效	平衡发展绩效	政府内部管理绩效
1	银川市	36	61	162	19	33	64	102
2	石嘴山市	151	155	277	22	85	87	244
3	固原市	254	307	89	241	204	75	233
4	中卫市	255	279	203	74	257	217	174
5	吴忠市	301	285	306	176	265	215	295

表20 青海省地市级政府综合绩效评估排名

省内名次	政府名称	全国名次	经济发展绩效	市场监管绩效	社会管理绩效	公共服务绩效	平衡发展绩效	政府内部管理绩效
1	西宁市	168	149	270	222	82	164	128
2	海西蒙古族藏族自治州	202	181	249	118	201	250	164
3	海南藏族自治州	257	309	243	70	214	58	297
4	海北藏族自治州	267	295	295	20	237	166	273
5	海东地区	290	286	288	240	274	132	250
6	黄南藏族自治州	295	313	288	52	263	271	279
7	果洛藏族自治州	304	303	287	59	307	317	252
8	玉树藏族自治州	315	316	288	147	317	257	300

表21　四川省地市级政府综合绩效评估排名

省内名次	政府名称	全国名次	经济发展绩效	市场监管绩效	社会管理绩效	公共服务绩效	平衡发展绩效	政府内部管理绩效
1	攀枝花市	63	116	50	49	119	50	154
2	绵阳市	97	123	30	94	187	204	93
3	德阳市	125	144	114	164	268	135	50
4	宜宾市	126	170	85	189	181	177	57
5	自贡市	142	192	129	149	183	129	69
6	乐山市	148	156	122	78	173	249	94
7	遂宁市	183	245	159	79	297	71	52
8	达州市	187	249	118	115	292	156	18
9	南充市	193	225	119	97	234	142	137
10	眉山市	209	217	225	95	275	59	158
11	资阳市	210	244	233	194	256	82	48
12	内江市	214	221	233	191	254	105	84
13	凉山彝族自治州	222	191	60	262	316	297	19
14	广安市	224	240	257	169	303	88	49
15	泸州市	237	190	233	223	281	195	111
16	阿坝藏族羌族自治州	248	252	102	128	308	282	175
17	雅安市	249	241	262	129	260	174	185
18	广元市	252	227	233	110	305	160	206
19	巴中市	261	294	183	198	313	77	96
20	甘孜藏族自治州	282	277	197	98	306	306	197

表22　广西壮族自治区地市级政府综合绩效评估排名

区内名次	政府名称	全国名次	经济发展绩效	市场监管绩效	社会管理绩效	公共服务绩效	平衡发展绩效	政府内部管理绩效
1	南宁市	122	86	152	253	58	287	64
2	桂林市	163	108	250	196	104	190	170
3	梧州市	184	218	168	137	165	147	125
4	柳州市	185	136	284	183	74	289	59
5	钦州市	217	250	49	301	304	178	17
6	防城港市	226	186	108	170	280	186	217
7	玉林市	229	224	131	306	250	180	71

续表

区内名次	政府名称	全国名次	分职能领域绩效排名					
			经济发展绩效	市场监管绩效	社会管理绩效	公共服务绩效	平衡发展绩效	政府内部管理绩效
8	贵 港 市	245	280	125	290	315	65	61
9	北 海 市	246	200	226	138	272	127	266
10	崇 左 市	277	258	88	218	288	219	254
11	河 池 市	283	278	244	205	184	273	203
12	来 宾 市	288	267	268	278	294	172	195
13	贺 州 市	293	306	223	298	262	168	226
14	百 色 市	311	270	223	315	251	299	284

表 23　江西省地市级政府综合绩效评估排名

省内名次	政府名称	全国名次	分职能领域绩效排名					
			经济发展绩效	市场监管绩效	社会管理绩效	公共服务绩效	平衡发展绩效	政府内部管理绩效
1	南 昌 市	40	34	127	228	38	158	36
2	新 余 市	44	80	120	175	176	14	11
3	九 江 市	96	110	41	225	145	136	123
4	鹰 潭 市	102	158	90	90	217	44	103
5	萍 乡 市	116	154	158	32	167	86	194
6	宜 春 市	129	177	215	156	238	29	56
7	景德镇市	133	137	269	80	146	74	169
8	赣 州 市	198	162	110	266	235	230	74
9	抚 州 市	213	205	137	256	287	48	148
10	吉 安 市	221	166	231	307	205	169	99
11	上 饶 市	260	185	263	282	195	264	173

表 24　甘肃省地市级政府综合绩效评估排名

省内名次	政府名称	全国名次	分职能领域绩效排名					
			经济发展绩效	市场监管绩效	社会管理绩效	公共服务绩效	平衡发展绩效	政府内部管理绩效
1	嘉峪关市	30	184	15	10	4	171	26
2	酒 泉 市	76	173	144	9	68	114	78
3	兰 州 市	95	101	196	199	11	159	166

续表

省内名次	政府名称	全国名次	经济发展绩效	市场监管绩效	社会管理绩效	公共服务绩效	平衡发展绩效	政府内部管理绩效
4	金昌市	109	211	241	35	28	197	42
5	天水市	167	283	19	65	248	243	15
6	白银市	211	284	74	85	83	298	75
7	庆阳市	230	264	161	160	191	254	73
8	平凉市	244	298	237	231	113	184	108
9	张掖市	263	305	265	202	155	122	188
10	武威市	265	314	149	242	298	189	29
11	甘南藏族自治州	292	304	293	195	210	293	235
12	定西市	305	317	259	232	301	163	262
13	临夏回族自治州	309	315	216	229	295	309	285
14	陇南市	316	310	273	272	314	314	204

表25　云南省地市级政府综合绩效评估排名

省内名次	政府名称	全国名次	经济发展绩效	市场监管绩效	社会管理绩效	公共服务绩效	平衡发展绩效	政府内部管理绩效
1	昆明市	35	23	17	180	44	233	100
2	玉溪市	90	140	170	45	178	96	68
3	楚雄彝族自治州	146	246	80	28	196	198	97
4	曲靖市	171	189	59	249	218	275	13
5	保山市	177	261	123	117	278	69	32
6	西双版纳傣族自治州	180	260	115	141	177	182	86
7	红河哈尼族彝族自治州	201	213	147	174	243	296	14
8	丽江市	212	263	91	92	249	211	70
9	迪庆藏族自治州	235	223	296	5	296	222	242
10	临沧市	243	302	124	168	276	84	141
11	文山壮族苗族自治州	258	275	180	197	283	260	90
12	昭通市	272	290	155	234	299	276	47
13	大理白族自治州	273	231	309	109	212	301	176
14	普洱市	284	273	292	121	244	272	167
15	德宏傣族景颇族自治州	286	288	175	150	279	294	219
16	怒江傈僳族自治州	291	301	304	50	282	229	251

表26　新疆维吾尔自治区地市级政府综合绩效评估排名

区内名次	政府名称	全国名次	经济发展绩效	市场监管绩效	社会管理绩效	公共服务绩效	平衡发展绩效	政府内部管理绩效
1	克拉玛依市	37	81	184	190	7	119	77
2	乌鲁木齐市	38	58	157	63	89	214	63
3	昌吉回族自治州	66	195	79	71	53	66	193
4	哈密地区	112	180	206	46	72	162	240
5	吐鲁番地区	114	271	136	25	77	111	212
6	阿克苏地区	143	239	148	72	148	165	196
7	巴音郭楞蒙古自治州	154	159	310	83	92	267	105
8	伊犁哈萨克自治州（直属县市）	165	220	217	13	60	305	225
9	阿勒泰地区	197	243	232	4	162	311	200
10	博尔塔拉蒙古自治州	219	233	315	107	124	246	152
11	和田地区	233	296	238	38	147	292	181
12	喀什地区	247	292	260	171	143	315	87
13	塔城地区	279	256	316	259	207	238	241
14	克孜勒苏柯尔克孜自治州	297	311	317	100	141	313	268

表27　西藏自治区地市级政府综合绩效评估排名

区内名次	政府名称	全国名次	经济发展绩效	市场监管绩效	社会管理绩效	公共服务绩效	平衡发展绩效	政府内部管理绩效
1	林芝地区	268	276	202	289	197	200	287
2	拉萨市	287	214	305	316	216	270	265
3	阿里地区	298	282	171	252	255	312	308
4	日喀则地区	300	299	294	279	241	308	248
5	昌都地区	302	312	288	294	284	227	293
6	山南地区	306	266	297	291	264	316	270
7	那曲地区	307	308	227	283	293	307	296

B.16
附录四 政府绩效评估项目组成员

贠 杰：中国社会科学院政治学研究所行政管理研究室主任，研究员；中国社会科学院研究生院教授、博士生导师；中国社会科学院创新工程"行政管理体制改革与地方政府绩效评估"项目首席研究员，中国社会科学院公共管理模拟实验室首席专家；兼任中国行政管理学会理事，中央政治学会理事。北京大学公共行政学硕士，中国社会科学院研究生院经济学博士。1998年就职于中国社会科学院，主要从事行政管理和公共政策分析研究，参与过《国务院工作规则》《中华人民共和国公务员法》《北京市实施〈中华人民共和国村民委员会组织法〉的若干规定》等多项国家法律、法规草案的修订工作和地方性法规起草工作，研究成果多次获省部（院）级奖励。曾在英国、法国、奥地利、日本等国家进行访问研究、出席国际会议。

孙彩红：中国社会科学院政治学研究所副研究员，中国社会科学院创新工程"地方政府绩效评估"项目组执行研究员，中国社会科学院公共管理模拟实验室执行研究员；北京大学管理学博士，主要研究方向为政府管理和改革理论与实践。作为主要成员先后参加中国社会科学院重大、重点课题和国情调研项目十余项，著有《中国责任政府建构与国际比较》，译著《理解公共政策》，已在核心期刊发表专业学术论文数十篇。

樊 鹏：中国社会科学院政治学研究所副研究员，中国社会科学院创新工程"地方政府绩效评估"项目组成员，中国社会科学院公共管理模拟实验室执行研究员，香港中文大学政治学博士。主要研究领域为中国政府与政治、政府体制比较，曾先后主持中央机构编制委员会办公室、香港中央政策组、中央维稳办等部门课题。曾因公外派赴中国驻德国大使馆文化处工作两年，代表作有《中国式共识型决策》等。

刘 平：中国社会科学院政治学研究所副研究员，中国社会科学院创新工程"地方政府绩效评估"项目组执行研究员，武汉大学法学院法学博士。曾在中山大学政治与公共事务管理学院、华中师范大学政治学研究院做博士后研究。主要研究领域涉及中央与地方关系、中国宪法学、中国近现代政治史等，在《政治学研究》《炎黄春秋》《南方周末》等刊物、报纸发表各类文章数十篇。

陈承新：中国社会科学院政治学研究所副研究员，中国社会科学院创新工程"地方政府绩效评估"项目组成员。主要研究领域为行政管理、社会治理和公共政策，在《政治学研究》《国外社会科学》等核心期刊发表论文30余篇，主持过联合国南方中心项目、中国社会科学院国情调研重点课题等多项课题，曾在德国发展研究所进修，2010年获教育部首届学术新人奖。

刘朋朋：中国社会科学院创新工程"地方政府绩效评估"项目组特约研究助理，中国社会科学院公共管理模拟实验室助理研究员，中国社会科学院研究生院博士研究生；曾参与中国科学院学部咨询评议项目"我国食品安全关键问题和管理对策研究"。2011年开始全程参加"中国地方政府绩效评估"课题组研究、数据库建设、技术分析和相关报告撰写工作，是项目组的核心成员之一。

张钰凤：中国社会科学院创新工程"政府绩效评估"项目组特约研究助理，中国社会科学院公共管理模拟实验室助理研究员，中国社会科学院研究生院毕业，行政管理专业硕士；发表过《民生导向的公共政策》等论文。2011年开始全程参加"中国地方政府绩效评估"课题组研究、数据库建设、图表技术处理、会务组织和相关报告撰写工作，是项目组的核心成员之一。

张文宾：中国社会科学院创新工程"政府绩效评估"项目组特约研究助理，中国社会科学院研究生院毕业，行政管理专业硕士。2012年开始参与"中国地方政府绩效评估"课题组研究、数据库建设和相关评估报告撰写工作，是项目组的核心成员之一。

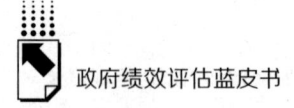

郭雪婉：中国社会科学院创新工程"政府绩效评估"项目组特约研究助理，中国社会科学院研究生院毕业，政治学专业硕士。2012年开始参与"中国地方政府绩效评估"课题组研究、数据库建设和相关评估报告撰写工作，是项目组的核心成员之一。

B.17
附录五　中国社会科学院公共管理模拟实验室

中国社会科学院公共管理模拟实验室正式成立于2012年1月，受中国社会科学院政治学研究所和中国社会科学院数据中心双重领导。中国社会科学院政治学研究所所长房宁研究员任主任，贠杰研究员任副主任兼首席专家。实验室设置执行专家和研究助理岗位。

一　实验室目标

中国社会科学院公共管理模拟实验室的目标是，研究建立中国地方政府绩效评估指标体系，形成独具特色的中国地方政府绩效评估基本技术路线，构建国内唯一的地方政府绩效信息数据库，完成国内首部全国性的地方政府绩效评估蓝皮书及专项研究报告集，并定期发布年度连续性成果。

二　实验室定位

公共管理模拟实验室定位于国内专业化的第三方政府绩效评估。基本技术路线是：基于科学发展观和中国政府职能理论与实践，建立客观、连续、可检验、系统化的政府绩效评估指标体系，以与评估指标相衔接的公开信息数据库为基础，以地级行政单位为切入点，分层级逐步展开地方政府综合绩效的量化评估。

三　实验室工作内容

1. 研究和开发中国地方政府绩效评估指标体系

政府绩效评估指标体系是整个政府绩效评估体系的核心和基础。研究重点

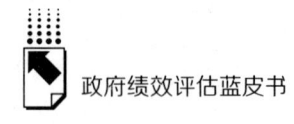

是加强基础性研究，以中外地方政府职能理论为基础构建评估模型，初步形成政府综合绩效评估指标体系，并开展计算机模拟和实验性检验，形成成熟、系统化的政府绩效评估指标体系。

2. 构建中国地方政府绩效信息数据库

本实验室以公开、多渠道信息源为基础，建立与绩效评估指标相配套、相衔接的政府绩效评估信息数据库。通过计算机数据模拟，检验政府绩效评估指标体系及政府绩效评估的数据可靠性和实践针对性。

3. 撰写和发布中国地方政府绩效评估报告

完成针对全国330多个地级市、地区（州、盟）、副省级市、直辖市的中国地方政府综合绩效评估报告，定期发布区域性专项报告和职能性专项报告。

B.18
附录六 地方政府绩效信息数据库

一 数据库构建基础：政府绩效评估指标体系设计

截至目前，全国共有24个省（区、市）和20多个国务院部门探索开展了政府绩效管理工作①，国内学者研究设计的关于政府绩效评估指标体系数目多达20个，但绝大多数指标体系缺乏可操作性。为实现建立科学客观的政府绩效评估指标体系，中国社会科学院政治学研究所中国政府绩效评估课题组在梳理对比国内外政府职能基础上，通过对国内外学者以及政府对绩效指标体系的实践探索的分析比较，运用德尔菲法与专家访谈法，构建了一套含有116个客观指标的政府绩效评估指标体系及其相应权重。政府绩效评估指标结构从政府对内和对外管理职能两个维度进行设计（见图1）。政府对外管理职能绩效主要包括经济发展指标、社会管理指标、市场监管指标、公共服务指标、平衡发展指标、地域特殊职能等6个一级指标、16个二级指标及99个具体指标，权重占80%；政府内部管理职能绩效则主要包括了依法行政指标、政府效能指标、行政廉洁指标、行政成本指标及行政公开指标等5个一级指标以及17个具体指标要素，权重占20%。

二 数据库基本构成与资料来源

中国地方政府绩效信息数据库主要由基础数据库、指标数据库、绩效评估分析数据库三大子数据库组成，涵盖了2010年中国全部直辖市政府、副省级市政府和地市级政府的绩效管理信息，数据总容量达15万个。基础

---

① 姜洁：《我国将加大力度试点政府绩效管理》，http://politics.people.com.cn/GB/17413149.html。

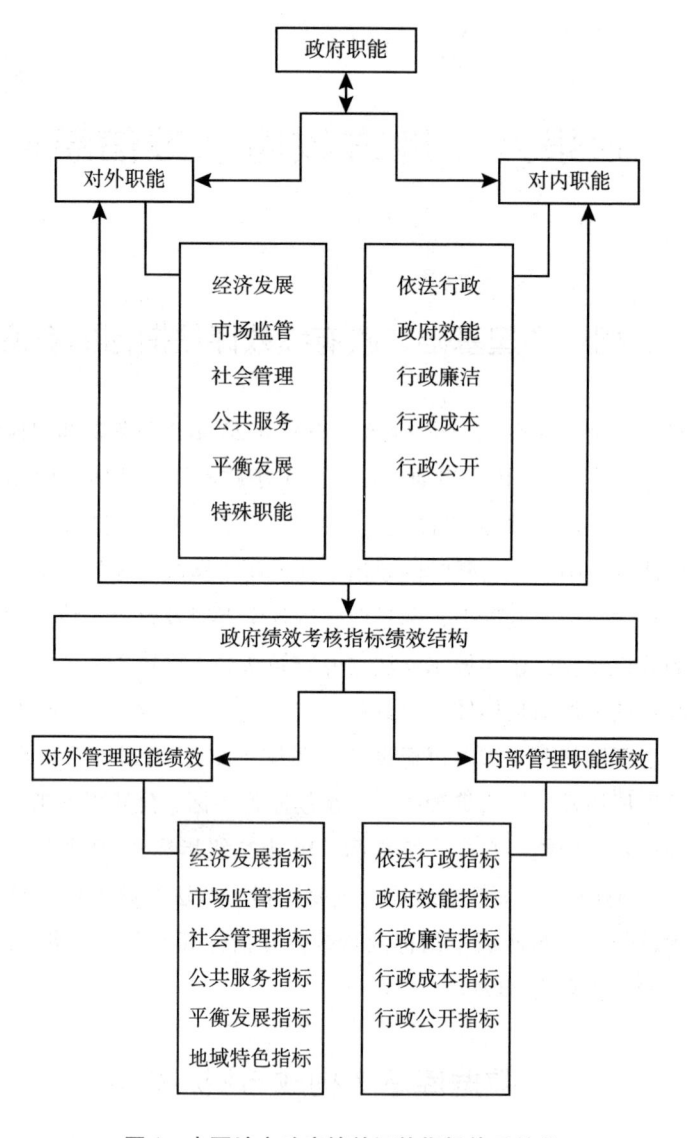

```
                    政府职能
                      ↕
        ┌─────────────┴─────────────┐
      对外职能  ←→              对内职能
        │                           │
   ┌────┴─────┐              ┌─────┴────┐
   │ 经济发展  │              │ 依法行政  │
   │ 市场监管  │              │ 政府效能  │
   │ 社会管理  │              │ 行政廉洁  │
   │ 公共服务  │              │ 行政成本  │
   │ 平衡发展  │              │ 行政公开  │
   │ 特殊职能  │              │          │
   └──────────┘              └──────────┘
        │                           │
        └─────────────┬─────────────┘
           政府绩效考核指标绩效结构
        ┌─────────────┴─────────────┐
   对外管理职能绩效              内部管理职能绩效
        │                           │
   ┌────┴─────┐              ┌─────┴─────┐
   │经济发展指标│              │依法行政指标│
   │市场监管指标│              │政府效能指标│
   │社会管理指标│              │行政廉洁指标│
   │公共服务指标│              │行政成本指标│
   │平衡发展指标│              │行政公开指标│
   │地域特色指标│              │           │
   └──────────┘              └───────────┘
```

图1 中国地方政府绩效评估指标体系结构

数据库是政府绩效信息数据库的母数据库，其他两个子数据库数据皆衍生于该数据库；指标数据库在基本数据库基础上依据绩效考核指标构建而成，而绩效评估分析数据库则又是在指标数据基础上，通过排序赋值分析各地级市政府绩效排名而生成的数据库。三者关系如图2所示。

398

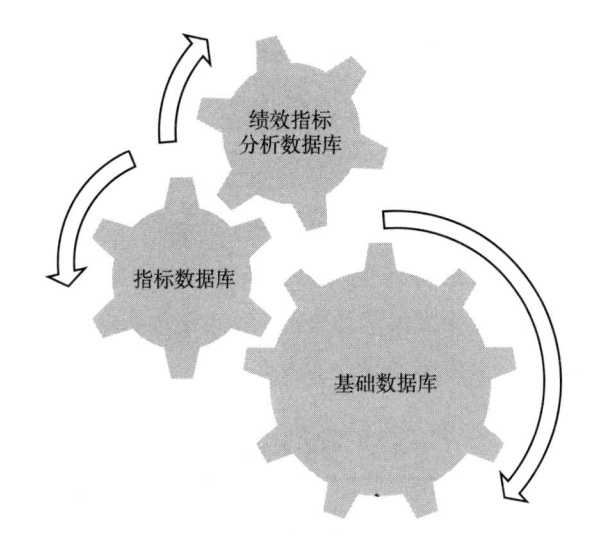

图 2　政府绩效信息数据库子数据库间关系

（一）子数据库基本情况

基础数据库是政府绩效信息数据库的母数据库，包括全国地方政府绩效信息基础指标数据库与区域指标数据库两个数据库，数据总容量为73870。其中地方政府绩效基础指标数据库是指标数据库构建的主要母数据源，由135个客观指标和336个地方政府①组成，总数据容量为45360。区域指标数据库是指标数据库中平衡发展指标数据的基本数据库，由10个客观指标和2851个县（市）级政府②组成，数据总容量为28510。

指标数据库是在基本数据库基础上，根据政府绩效评估指标所构建的含有复合型指标的数据库，是政府绩效评估的最终数据。该数据库由116个客观指标和336个地方政府组成，数据总容量为38976。

绩效评估分析数据库是在指标数据库基础上，通过排序赋值法对336个地

---

① 336个地方政府主要包括4个直辖市政府和332个地级政府（其中，284个地级市政府，15个地区政府，30个自治州政府以及3个盟的政府）。
② 此处不包括1个特区和1个林区。我国县（市）级行政区划单位共有2853个，其中，857个市辖区，369个县级市，1456个县，117个自治县，49个旗，3个自治旗，1个特区以及1个林区。

方政府绩效数据进行排名分析而生成的数据库。该数据库由406个客观指标和336个地方政府、27个省域政府组成，数据总容量为149002。

（二）数据库数据来源

2013年中国地方政府绩效信息数据库数据主要来源于2011年和2010年国家和地方各级统计年鉴、专项年鉴、各级地方综合年鉴、地市级政府工作报告、地市级政府经济与社会发展统计公报、地市级政府信息公开年度报告、各类专业数据库及其他公开数据源等，如表1所示。

表1 数据来源分类

序号	数据来源分类	数据来源名目
1	国家统计年鉴及专项年鉴	《中国区域经济统计年鉴》《中国县域经济统计年鉴》《中国民政统计年鉴》《中国环境年鉴》《中国环境统计年鉴》《中国城市统计年鉴》《中国国有资产监督管理年鉴》《中国民族年鉴》《中国民族统计年鉴》等
2	地方统计年鉴及综合年鉴	336个地方统计年鉴以及地方综合年鉴以及27个省份统计年鉴与省域综合年鉴
3	地方专项年鉴	各省域专项年鉴,如财政统计年鉴、农村统计年鉴、环境统计年鉴、民政统计年鉴等
4	政府工作报告	336个地方级政府工作报告
5	政府经济与社会发展统计公报	336个地方级政府经济与社会发展统计公报
6	政府信息公开年度报告	336个地方政府信息公开年度报告
7	各类专业数据库	中国统计数据应用支持系统数据库、全球统计数据分析平台（EPS）、畅想之星光盘数据库等
8	其他公开数据源	网站数据、新闻报道数据等

三 数据库的价值

中国社会科学院政治学研究所中国地方政府绩效信息数据库是国内第一个有关政府管理信息的大容量数据库，弥补了国内政府绩效评估数据库的空白，同时也成为我国第一个行政学实证研究的专业数据库。数据库的构建通过数据录入专项集中培训、分组负责制的数据集中采集、数据交叉二次复核、数据库整合分析等四个环节，依托于国家图书馆数据资源，历经6个月完成，总耗费约7万元。

数据库的建立离不开两个方面因素的制约：第一，政府绩效考核指标体系要有操作性；第二，所在地区拥有涵盖全国地方数据的庞大的数据源采集点。之前，国内大部分机构之所以无法建立政府管理绩效信息数据库原因之一是其构建的政府绩效指标体系缺乏可操作性，大部分停留在理论设计层面。再者，即使构建了一套全面客观的绩效指标体系，所在地区没有可以涵盖全国地方数据的庞大的数据源采集点，全国地级市政府绩效信息数据库构建也很难完成。没有庞大数据源的采集点就意味着数据库构建的成本、耗时、耗力将大幅度提高，而在科研经费有限、科研周期较短的背景下等都不可能很好解决这一问题。因此，中国地方政府绩效信息数据库对政府管理研究及各级政府都具有重要实践意义。中国地方政府绩效信息数据库为我国行政学实证研究开启新篇章提供了数据保障。政府管理信息数据的缺乏是制约行政学实证研究和经验分析的重要因素。通过本数据建设，可以像经济学研究一样构建行政学模型，进行相关性分析，对行政学理论做出检验。另外，数据库的建立不仅可以促进学术界对政府管理实践信息的了解，进而更全面、客观地从政府管理实践过程中总结出规律，而且也能够促进各级政府信息的流动和相互了解、比较，促进公众对政府信息和行政运作的了解，提高政府信息透明度。

B.19 后 记

这部在全国地方政府绩效评估领域具有重要创新应用价值的、沉甸甸的研究成果终于出版了。说它"沉甸甸",不仅是指书的厚重和内容的丰盈,而且是指整个研究团队长期为之努力、沁浸其中的心血和汗水。这种体验,不是一般社会科学研究能够感受的。在这部蓝皮书即将出版之际,与之有关的整个研究历程又一幕幕地浮现在眼前:本项目的研究计划始自2010年,在进行大量前期实践调研和资料准备后,政府绩效评估体系研究课题组于2011年12月1日正式组建。研究团队抱着对学术研究的理想和热情,以及对探索学术前沿的严谨和敬畏,克服了许多意想不到的困难,解决了一个个技术难题,终于在基本技术路线和评估指标体系构建,以及数据库模式研究方面,取得重要突破。正是基于这些大量基础研究,才有了这部政府绩效评估领域的创新性成果。为了使该项研究成果成为长期的学术品牌,本项目近年来在中国社会科学院创新工程项目框架下又进行了大体量数据库建设和技术方法的完善,这也是此项研究历时较久的原因。在这里,我要为我"不明觉厉"的研究团队点赞,向他们的高度敬业和无私奉献精神致敬。

在研究成果即将付梓之际,要感谢中国社会科学院政治学研究所和房宁所长、赵岳红书记对本项目组研究的帮助和支持。感谢社会科学文献出版社谢寿光社长、蔡继辉副总编辑和皮书分社邓泳红社长、总编室姚冬梅主任对本书出版的关心支持,特别感谢郑庆寰主任和张媛编辑高度的责任心和专业精神。正是在大家的共同努力下,这部著作才能够顺利出版。

贠杰

2017年10月于北京

社会科学文献出版社　　　　　　　　　　　　　皮书系列

✤ 皮书起源 ✤

"皮书"起源于十七、十八世纪的英国,主要指官方或社会组织正式发表的重要文件或报告,多以"白皮书"命名。在中国,"皮书"这一概念被社会广泛接受,并被成功运作、发展成为一种全新的出版形态,则源于中国社会科学院社会科学文献出版社。

✤ 皮书定义 ✤

皮书是对中国与世界发展状况和热点问题进行年度监测,以专业的角度、专家的视野和实证研究方法,针对某一领域或区域现状与发展态势展开分析和预测,具备原创性、实证性、专业性、连续性、前沿性、时效性等特点的公开出版物,由一系列权威研究报告组成。

✤ 皮书作者 ✤

皮书系列的作者以中国社会科学院、著名高校、地方社会科学院的研究人员为主,多为国内一流研究机构的权威专家学者,他们的看法和观点代表了学界对中国与世界的现实和未来最高水平的解读与分析。

✤ 皮书荣誉 ✤

皮书系列已成为社会科学文献出版社的著名图书品牌和中国社会科学院的知名学术品牌。2016年,皮书系列正式列入"十三五"国家重点出版规划项目;2012~2016年,重点皮书列入中国社会科学院承担的国家哲学社会科学创新工程项目;2017年,55种院外皮书使用"中国社会科学院创新工程学术出版项目"标识。

权威报告·热点资讯·特色资源

皮书数据库
ANNUAL REPORT(YEARBOOK) DATABASE

当代中国与世界发展高端智库平台

所获荣誉

- 2016年，入选"国家'十三五'电子出版物出版规划骨干工程"
- 2015年，荣获"搜索中国正能量 点赞2015""创新中国科技创新奖"
- 2013年，荣获"中国出版政府奖·网络出版物奖"提名奖
- 连续多年荣获中国数字出版博览会"数字出版·优秀品牌"奖

成为会员

通过网址www.pishu.com.cn或使用手机扫描二维码进入皮书数据库网站，进行手机号码验证或邮箱验证即可成为皮书数据库会员（建议通过手机号码快速验证注册）。

会员福利

- 使用手机号码首次注册会员可直接获得100元体验金，不需充值即可购买和查看数据库内容（仅限使用手机号码快速注册）。
- 已注册用户购书后可免费获赠100元皮书数据库充值卡。刮开充值卡涂层获取充值密码，登录并进入"会员中心"—"在线充值"—"充值卡充值"，充值成功后即可购买和查看数据库内容。

社会科学文献出版社 皮书系列
卡号：840667999571
密码：

数据库服务热线：400-008-6695
数据库服务QQ：2475522410
数据库服务邮箱：database@ssap.cn
图书销售热线：010-59367070/7028
图书服务QQ：1265056568
图书服务邮箱：duzhe@ssap.cn

S 子库介绍
Sub-Database Introduction

中国经济发展数据库

涵盖宏观经济、农业经济、工业经济、产业经济、财政金融、交通旅游、商业贸易、劳动经济、企业经济、房地产经济、城市经济、区域经济等领域，为用户实时了解经济运行态势、把握经济发展规律、洞察经济形势、做出经济决策提供参考和依据。

中国社会发展数据库

全面整合国内外有关中国社会发展的统计数据、深度分析报告、专家解读和热点资讯构建而成的专业学术数据库。涉及宗教、社会、人口、政治、外交、法律、文化、教育、体育、文学艺术、医药卫生、资源环境等多个领域。

中国行业发展数据库

以中国国民经济行业分类为依据，跟踪分析国民经济各行业市场运行状况和政策导向，提供行业发展最前沿的资讯，为用户投资、从业及各种经济决策提供理论基础和实践指导。内容涵盖农业，能源与矿产业，交通运输业，制造业，金融业，房地产业，租赁和商务服务业，科学研究，环境和公共设施管理，居民服务业，教育，卫生和社会保障，文化、体育和娱乐业等100余个行业。

中国区域发展数据库

对特定区域内的经济、社会、文化、法治、资源环境等领域的现状与发展情况进行分析和预测。涵盖中部、西部、东北、西北等地区，长三角、珠三角、黄三角、京津冀、环渤海、合肥经济圈、长株潭城市群、关中—天水经济区、海峡经济区等区域经济体和城市圈，北京、上海、浙江、河南、陕西等34个省份及中国台湾地区。

中国文化传媒数据库

包括文化事业、文化产业、宗教、群众文化、图书馆事业、博物馆事业、档案事业、语言文字、文学、历史地理、新闻传播、广播电视、出版事业、艺术、电影、娱乐等多个子库。

世界经济与国际关系数据库

以皮书系列中涉及世界经济与国际关系的研究成果为基础，全面整合国内外有关世界经济与国际关系的统计数据、深度分析报告、专家解读和热点资讯构建而成的专业学术数据库。包括世界经济、国际政治、世界文化与科技、全球性问题、国际组织与国际法、区域研究等多个子库。

法律声明

"皮书系列"（含蓝皮书、绿皮书、黄皮书）之品牌由社会科学文献出版社最早使用并持续至今，现已被中国图书市场所熟知。"皮书系列"的LOGO（ ）与"经济蓝皮书""社会蓝皮书"均已在中华人民共和国国家工商行政管理总局商标局登记注册。"皮书系列"图书的注册商标专用权及封面设计、版式设计的著作权均为社会科学文献出版社所有。未经社会科学文献出版社书面授权许可，任何使用与"皮书系列"图书注册商标、封面设计、版式设计相同或者近似的文字、图形或其组合的行为均系侵权行为。

经作者授权，本书的专有出版权及信息网络传播权为社会科学文献出版社享有。未经社会科学文献出版社书面授权许可，任何就本书内容的复制、发行或以数字形式进行网络传播的行为均系侵权行为。

社会科学文献出版社将通过法律途径追究上述侵权行为的法律责任，维护自身合法权益。

欢迎社会各界人士对侵犯社会科学文献出版社上述权利的侵权行为进行举报。电话：010-59367121，电子邮箱：fawubu@ssap.cn。

社会科学文献出版社

更多信息请登录

皮书数据库
http: //www.pishu.com.cn

中国皮书网
http: //www.pishu.cn

皮书微博
http: //weibo.com/pishu

微信搜索"皮书说"

请到当地、邮局订阅、京东或各地书店购买,也可办理邮购

咨询/邮购电话: 010-59367028 59367070
邮 箱: duzhe@ssap.cn
邮购地址: 北京市西城区北三环中路甲29号院3号楼
华龙大厦13层邮购服务中心
邮 编: 100029
 发行单位: 北京社会科学文献出版社
开户银行: 中国工商银行北京北太平庄支行
账 号: 0200010019200365434

皮书数据库

ANNUAL REPORT(YEARBOOK) DATABASE

当代中国经济与社会发展最高端智库平台

所获荣誉

- 2016年,入选"十三五"国家重点电子出版物出版规划骨干工程
- 2015年,荣获"搜狐中国好用户体验奖2015"、"创新中国科技创新奖"
- 2013年,荣获"中国出版政府奖·网络出版物奖",跻身"中国图书世界馆藏影响力top10出版社"之列

成为会员

通过网址www.pishu.com.cn或者用手机扫描二维码进入皮书数据库网站,进行手机号码绑定或邮箱注册即可成为皮书数据库会员(建议用户手机号码与邮箱同时注册)。

会员福利

- 使用手机号码首次注册的会员,均可获得100元体验金,可直接购买和查看数据库内容(仅限使用手机号码首次注册时)。
- 已注册用户在该网站中使用100元充值卡进行充值,可开通并享受更多的数据库内容,并享有更多"会员福利"。

数据库服务热线:400-008-6695
数据库服务QQ:2475522410
数据库服务邮箱:database@ssap.cn

图书销售热线:010-59367070/7028
图书服务QQ:1265056568
图书服务邮箱:duzhe@ssap.cn

中国皮书网

(网址：www.pishu.cn)

作为皮书的创新基地，传播皮书体系内容及引领皮书出版潮流，开辟皮书服务平台

栏目设置

关于皮书、apabi皮书、皮书分类、皮书专版刊、皮书荟萃、皮书出版第一人、皮书数据库、最新资讯、通知公告、新闻动态、媒体报道、网站专题、热销排行榜、下载专区、皮书研创、皮书销售、皮书研究、皮书研究院、皮书研讨会、皮书出版、皮书数字化、皮书报告集、皮书课题、皮书联席会、皮书发布、互动专区：皮书驿站、社科研究在线、皮书微博、皮书博客。

所获荣誉

2008 年、2011 年，中国皮书网在名 国新闻出版总署举办的全国新闻出版业网站荣誉评选中，荣登 "最具商业价值网站"榜；

2012 年，荣获"出版业网站百强"称号。

图库介绍

2014 年，中国皮书网与皮书数据库实现 "口号一"，实现资源共享。

丛书系列

北各科学文献出版社

❖ 丛书起源 ❖

"丛书",起源于七、八十八年前的英国,主要指具有某种共同属性的系列重要文件或报告,多以"白皮书"命名。"丛书",这一概念被引入了该授权,并授权作为国家一种乡镇的出版形式,则源于中国社会科学院社会科学文献出版社。

❖ 丛书定义 ❖

丛书是对中国与世界各地区现状和热点问题进行年度跟踪测,以年为的周期,专家的视角和规范发方法,针对某一领域或区域现状与发展态势展开分析和预测,具思近时性、前沿性、专业性、连续性、规范性,以数据性等特点的研究出版物,由一系列权威研究报告组成。

❖ 丛书作者 ❖

丛书系列推出以中国社会科学院、著名高校、地方社会科学院的研究者为主,多为国内一流且具有近的权威研究专家为作者,他们的观点基本能反映或代表了当前对中国与世界各国家和未来发展水平的权威观点与分析。

❖ 丛书规模 ❖

丛书系列已成为社会科学文献出版社的著名图书品牌和中国书业的知名图书品牌。2016年,丛书被列入为"十三五"国家重点出版物规划项目;2013~2018年,丛书每次书列入中国社会科学院承接国家的新闻出版广电总局的重点出版工程项目;2018年,59种丛书被用作"中国社会科学院创新工程学术出版项目"资助。

图书系列
2018年品种

地方发展类·文化

闽客城市蓝皮书
北京文化创意产业发展报告（2018）
著（编）者：张京成 等
2018年12月出版 / 估价：99.00元
PSN B-2012-263-17/7

闽客城市蓝皮书
深圳文化创意产业发展报告（2017~2018）
著（编）者：张高奇 等
2018年6月出版 / 估价：99.00元
PSN B-2016-536-7/7

闽客城市蓝皮书
武汉文化创意产业发展报告（2018）
著（编）者：黄永林 陈茜茜
2018年12月出版 / 估价：99.00元
PSN B-2013-354-4/7

闽客城市蓝皮书
上海文化创意产业发展报告（2017~2018）
著（编）者：王慧敏 王兴全
2018年8月出版 / 估价：99.00元
PSN B-2016-561-1/1

非物质文化遗产蓝皮书
广州市非物质文化遗产发展报告（2018）
著（编）者：宋俊华
2018年12月出版 / 估价：99.00元
PSN B-2016-589-1/1

甘肃蓝皮书
甘肃文化发展分析与预测（2018）
著（编）者：王福生 周小华
2018年1月出版 / 估价：99.00元
PSN B-2013-314-3/6

甘肃蓝皮书
甘肃舆情分析与预测（2018）
著（编）者：陈双梅 张谦元
2018年1月出版 / 估价：99.00元
PSN B-2013-315-4/6

广州蓝皮书
中国广州文化发展报告（2018）
著（编）者：顾涧清 等
2018年6月出版 / 估价：99.00元
PSN B-2009-134-7/14

广州蓝皮书
广州文化创意产业发展报告（2018）
著（编）者：徐咏虹
2018年7月出版 / 估价：99.00元
PSN B-2008-111-6/14

海淀蓝皮书
海淀区文化和科技融合发展报告（2018）
著（编）者：陈名杰 孟景伟
2018年5月出版 / 估价：99.00元
PSN B-2013-329-1/1

河南蓝皮书
河南文化发展报告（2018）
著（编）者：王喜成
2018年7月出版 / 估价：99.00元
PSN B-2008-106-2/9

湖北文化产业蓝皮书
湖北文化产业发展报告（2018）
著（编）者：黄晓华
2018年9月出版 / 估价：99.00元
PSN B-2017-656-1/1

湖南蓝皮书
湖北文化发展报告（2017~2018）
著（编）者：湖北大学高等人文研究院
中华文化发展湖北省协同创新中心
2018年10月出版 / 估价：99.00元
PSN B-2016-566-1/1

江苏蓝皮书
2018年江苏文化发展分析与预测
著（编）者：王夫宇 樊和平
2018年9月出版 / 估价：128.00元
PSN B-2017-637-3/3

江西文化蓝皮书
江西非物质文化遗产发展分析与预测（2018）
著（编）者：张安东 傅修延
2018年12月出版 / 估价：128.00元
PSN B-2015-499-1/1

洛阳蓝皮书
洛阳文化发展报告（2018）
著（编）者：刘福兴 郭改英
2018年7月出版 / 估价：99.00元
PSN B-2015-476-1/1

南京蓝皮书
南京文化发展报告（2018）
中共南京市委宣传部 等
2018年12月出版 / 估价：99.00元
PSN B-2014-439-1/1

青海蓝皮书
藏区艺术大数据发展报告（2017）
著（编）者：张爱秦
2018年11月出版 / 估价：128.00元
PSN B-2017-668-1/1

山东蓝皮书
山东文化发展报告（2018）
著（编）者：涂可国
2018年5月出版 / 估价：99.00元
PSN B-2014-406-3/5

陕西蓝皮书
陕西文化发展报告（2018）
著（编）者：毛锦衡 白德成 王长寿
2018年1月出版 / 估价：99.00元
PSN B-2009-137-3/6

上海蓝皮书
上海传媒发展报告（2018）
著（编）者：强荧 焦雨虹
2018年2月出版 / 估价：99.00元
PSN B-2012-295-5/7

上海蓝皮书
上海文学发展报告（2018）
著（编）者：陈圣来
2018年6月出版 / 估价：99.00元
PSN B-2012-297-7/7

上海蓝皮书
上海文化发展报告（2018）
著（编）者：荣跃明
2018年2月出版 / 估价：99.00元
PSN B-2006-059-3/7

深圳蓝皮书
深圳文化发展报告（2018）
著（编）者：张骁儒
2018年7月出版 / 估价：99.00元
PSN B-2016-554-7/7

四川蓝皮书
四川文化产业发展报告（2018）
著（编）者：向宝云 张立伟
2018年4月出版 / 估价：99.00元
PSN B-2006-074-1/7

郑州蓝皮书
2018年郑州文化发展报告
著（编）者：王哲
2018年9月出版 / 估价：99.00元
PSN B-2008-107-1/7

35

地方发展类 - 文化

北京传媒蓝皮书
北京新闻出版广电发展报告（2017~2018）
著（编）者：王武 　2018年11月出版 / 估价：99.00元
PSN B-2016-588-1/1

北京文化蓝皮书
北京文化发展报告（2017~2018）
著（编）者：李建盛 　2018年5月出版 / 估价：99.00元
PSN B-2007-082-4/8

上海蓝皮书
上海文化发展报告（2018）
著（编）者：荣跃明 　2018年9月出版 / 估价：99.00元
PSN B-2012-296-6/7

上海蓝皮书
上海社会发展报告（2018）
著（编）者：杨雄　周海旺 　2018年2月出版 / 估价：99.00元
PSN B-2006-058-2/7

居民社会发展蓝皮书
居民社会发展报告（2018）
著（编）者：王俊秀　杨宜音　陈满琪 　2018年1月出版 / 估价：99.00元
PSN B-2009-136-2/6

北京蓝皮书
2018年北京社会发展分析报告
著（编）者：李伟东　冯虹 　2018年9月出版 / 估价：99.00元
PSN B-2010-173-1/1

山东蓝皮书
山东社会形势分析与预测（2018）
著（编）者：李善峰 　2018年6月出版 / 估价：99.00元
PSN B-2014-405-2/5

深圳蓝皮书
深圳劳动关系发展报告（2018）
著（编）者：张骁儒 　2018年6月出版 / 估价：99.00元
PSN B-2015-470-6/7

人口与健康蓝皮书
培训人口与健康发展报告（2018）
著（编）者：郑晓瑛　傅虹桥 　2018年11月出版 / 估价：99.00元
PSN B-2011-228-1/1

深圳蓝皮书
深圳社会治理与发展报告（2018）
著（编）者：张骁儒 　2018年8月出版 / 估价：99.00元
PSN B-2007-097-2/7

青海生态文明建设蓝皮书
青海生活文明建设发展报告（2018）
著（编）者：王芳萍 　2018年9月出版 / 估价：99.00元
PSN B-2016-595-1/1

深圳蓝皮书
深圳社会治理与发展报告（2018）
著（编）者：张骁儒 　2018年6月出版 / 估价：99.00元
PSN B-2008-113-4/7

青海蓝皮书
2018年青海人才发展报告
著（编）者：王孝椿 　2018年9月出版 / 估价：99.00元
PSN B-2013-365-1/1

甘肃蓝皮书
甘肃国家公共文化建设服务发展报告（2018）
著（编）者：康伟彬　晏杰达 　2018年10月出版 / 估价：99.00元
PSN G-2017-659-1/1

沂蒙老区蓝皮书
沂蒙公共服务报告 No.2
著（编）者：张夏芳 　2018年6月出版 / 估价：99.00元
PSN B-2016-570-3/3

北京市顺义区社会发展蓝皮书
北京市顺义区社会建设发展报告（2018）
著（编）者：王春凯 　2018年9月出版 / 估价：99.00元
PSN B-2017-658-1/1

南宁蓝皮书
南宁公共服务发展报告（2018）
著（编）者：胡德才 　2018年10月出版 / 估价：99.00元
PSN B-2016-570-3/3

四川蓝皮书
四川社会发展报告（2018）
著（编）者：郑瑞雷 　2018年1月出版 / 估价：99.00元
PSN B-2015-441-5/7

南宁蓝皮书
南宁社会发展报告（2018）
著（编）者：杨春雄 　2018年12月出版 / 估价：99.00元
PSN B-2015-509-1/3

四川蓝皮书
四川社会发展报告（2018）
著（编）者：李羚 　2018年6月出版 / 估价：99.00元
PSN B-2008-127-3/7

江苏蓝皮书
2018年江苏社会发展分析与预测
著（编）者：王正友　刘清深 　2018年8月出版 / 估价：128.00元
PSN B-2017-636-2/3

云南社会兴滇建设发展报告（2017）
著（编）者：普建宗　赖青苗 　2018年5月出版 / 估价：99.00元
PSN B-2017-667-1/1

江苏紫金蓝皮书
江苏紫金发展报告 No.6（2017）
著（编）者：刘旺苗　夏锦文　姜晖 　
PSN B-2012-290-1/1

皮书系列
2018年品种

北京人才蓝皮书
北京人才发展报告（2018）
著（编）者：敖丹 2018年12月出版 / 估价：128.00元
PSN B-2011-201-1/1

北京社会心态蓝皮书
北京社会心态分析报告（2017~2018）
北京社会心理服务促进中心
2018年10月出版 / 估价：99.00元
PSN B-2014-422-1/1

北京社会组织管理蓝皮书
北京社会组织发展与管理（2018）
著（编）者：黄江松 2018年4月出版 / 估价：99.00元
PSN B-2015-446-1/1

北京劳动就业报告蓝皮书
北京劳动就业报告（2018）
著（编）者：尹志锋 周敏明
2018年8月出版 / 估价：99.00元
PSN B-2015-465-1/1

沿海发展蓝皮书
四川沿海县市开发报告No.4（2018）
著（编）者：李学林 张克俊 曲木
2018年3月出版 / 估价：118.00元
PSN B-2015-447-2/3

甘肃蓝皮书
甘肃社会发展分析与预测（2018）
著（编）者：刘进军
2018年11月出版 / 估价：99.00元
PSN B-2011-220-1/1

广东蓝皮书
广东社会组织研究报告（2018）
著（编）者：吕志奎 李海洋
2018年1月出版 / 估价：99.00元
PSN B-2013-313-2/6

广东蓝皮书
广东社会工作发展报告（2018）
著（编）者：罗观翠
2018年6月出版 / 估价：99.00元
PSN B-2014-402-2/3

广州蓝皮书
广州青年发展报告（2018）
著（编）者：涂敏霞 张强
2018年8月出版 / 估价：99.00元
PSN B-2013-352-13/14

广州蓝皮书
广州社会保障发展报告（2018）
著（编）者：蔡国萱
2018年8月出版 / 估价：99.00元
PSN B-2014-425-14/14

广州蓝皮书
2018年中国广州社会形势分析与预测
著（编）者：张强 郭志勇 杨代福 杨秀清
2018年6月出版 / 估价：99.00元
PSN B-2008-110-5/14

贵州蓝皮书
贵州社会发展报告（2018）
著（编）者：吴大华
2018年5月出版 / 估价：99.00元
PSN B-2012-254-2/10

贵州蓝皮书
贵州人才发展报告（2017）
著（编）者：于杰 吴大华
2018年9月出版 / 估价：99.00元
PSN B-2014-382-3/10

杭州蓝皮书
杭州共青团发展报告（2018）
著（编）者：杨建
2018年10月出版 / 估价：99.00元
PSN B-2014-403-1/1

河北蓝皮书
河北京津冀发展报告（2018）
著（编）者：李京华 康振海
2018年6月出版 / 估价：99.00元
PSN B-2017-622-3/3

河北蓝皮书
河北省档案馆发展研究报告（2018）
著（编）者：丁德胜
2018年10月出版 / 估价：99.00元
PSN B-2015-473-1/1

河南蓝皮书
河南经济社会发展报告（2018）
著（编）者：张林海
2018年7月出版 / 估价：99.00元
PSN B-2014-376-6/9

河南蓝皮书
2018年河南社会形势分析与预测
著（编）者：中原研
2018年5月出版 / 估价：99.00元
PSN B-2005-043-1/9

河南民办教育蓝皮书
河南民办教育发展报告（2018）
著（编）者：胡大白
2018年9月出版 / 估价：99.00元
PSN B-2017-642-1/1

黑龙江蓝皮书
黑龙江社会发展报告（2018）
著（编）者：曲文勇
2018年1月出版 / 估价：99.00元
PSN B-2011-189-1/2

湖南蓝皮书
2018年湖南两型社会与生态文明建设报告
著（编）者：卞鹰
2018年5月出版 / 估价：128.00元
PSN B-2011-208-3/8

湖南蓝皮书
2018年湖南社会发展报告
著（编）者：卞鹰
2018年5月出版 / 估价：128.00元
PSN B-2014-393-5/8

雄安新区蓝皮书
北京非首都功能疏解研究报告（2018）
著（编）者：张燕丽 雄海霞 夏超
2018年9月出版 / 估价：99.00元
PSN B-2015-460-1/2

地方皮书系列·北京

安徽皮书系列
安徽社会建设报告（2018）
主编（著）：程桦
2018年4月出版 / 价格：99.00元
PSN B-2013-325-1/1

安徽皮书系列
安徽社会建设分析报告（2017~2018）
主编（著）：黄海 蒙宏华
2018年11月出版 / 价格：99.00元
PSN B-2013-322-1/1

北京皮书系列
北京公共服务发展报告（2017~2018）
主编（著）：施昌奎
2018年3月出版 / 价格：99.00元
PSN B-2008-103-7/8

北京皮书系列
北京社会发展报告（2017~2018）
主编（著）：李升 李伟东
2018年7月出版 / 价格：99.00元
PSN B-2006-055-3/8

北京皮书系列
北京律师发展报告 No.3（2018）
主编（著）：王隽
2018年12月出版 / 价格：99.00元
PSN B-2011-217-1/1

四川皮书系列
2018年四川经济社会形势分析与预测
主编（著）：杨颖
2018年1月出版 / 价格：99.00元
PSN B-2007-098-2/7

四川皮书系列
四川少数民族承担任研究报告（2017~2018）
主编（著）：李永政 鲁篙
2018年5月出版 / 价格：99.00元
PSN B-2014-386-4/7

四川皮书系列
四川生态建设报告（2018）
主编（著）：李晟之
2018年5月出版 / 价格：99.00元
PSN B-2015-455-6/7

体育体系系列
上海体育产业发展报告（2017~2018）
主编（著）：张林 黄海燕
2018年10月出版 / 价格：99.00元
PSN B-2015-454-4/5

体育体系系列
长三角地区体育产业发展报告（2018）
主编（著）：张林
2018年4月出版 / 价格：99.00元
PSN B-2015-453-3/5

天津皮书系列
天津滨海新区发展报告（2018）
主编（著）：王振良 孔德昌
2018年3月出版 / 价格：99.00元
PSN B-2014-418-1/1

图们江区域合作报告
图们江区域合作发展报告（2018）
主编（著）：李铁
2018年6月出版 / 价格：99.00元
PSN B-2015-464-1/1

温州皮书系列
2018年温州经济社会形势分析与预测
主编（著）：潘忠强 王春光 金浩
2018年4月出版 / 价格：99.00元
PSN B-2008-105-1/1

西藏皮书系列
西藏自治区发展报告（2018）
主编（著）：杨明洪 李茜
2018年6月出版 / 价格：99.00元
PSN B-2016-534-1/1

榆林皮书系列
榆林经济社会发展报告（2018）
主编（著）：张合珍 常艳辉 杨晓
2018年10月出版 / 价格：99.00元
PSN B-2017-651-1/1

扬州皮书系列
扬州经济社会发展报告（2018）
主编（著）：陈扬
2018年7月出版 / 价格：108.00元
PSN B-2017-627-1/1

长江经济带皮书系列
长江经济带社会发展报告（2018）
主编（著）：张永庆 崔凤军 肖萍
2018年10月出版 / 价格：99.00元
PSN B-2017-654-1/1

潘文发展系列
潘文发展报告（2018）
主编（著）：邓房 徐蛇 梁永贞
2018年9月出版 / 价格：99.00元
PSN B-2014-433-1/1

海南蓝皮书
2018年海南国际旅游岛发展报告
著（编）者：李仁君 周小毛 夔彬 梁亚清
2018年5月出版 / 估价：128.00元
PSN B-2014-395-7/8

海南皇冠温泉蓝皮书
湖南皇冠温泉酒店报告（No.5）
著（编）者：夔彬 周小毛 梁仁黛
2018年3月出版 / 估价：99.00元
PSN G-2012-274-1/1

沪港蓝皮书
沪港发展报告（2018）
著（编）者：尤安山
2018年9月出版 / 估价：99.00元
PSN B-2013-362-1/1

吉林蓝皮书
2018年吉林经济社会形势分析与预测
著（编）者：邵汉明
2017年12月出版 / 估价：99.00元
PSN B-2013-319-1/1

吉林省城市竞争力蓝皮书
吉林省城市竞争力报告（2018~2019）
著（编）者：崔岳春 张磊
2018年12月出版 / 估价：99.00元
PSN B-2016-513-1/1

江苏蓝皮书
江苏经济社会发展报告（2018）
著（编）者：刘旺洪
2018年4月出版 / 估价：99.00元
PSN B-2014-387-1/1

江苏蓝皮书
2018年江苏经济形势分析与展望
著（编）者：王庆五 吴先满
2018年7月出版 / 估价：128.00元
PSN B-2017-635-1/3

江西蓝皮书
江西经济社会发展报告（2018）
著（编）者：陈东有 蒋金法
2018年10月出版 / 估价：128.00元
PSN B-2015-484-1/2

江西蓝皮书
江西设区市发展报告（2018）
著（编）者：姜玮 梁勇
2018年10月出版 / 估价：99.00元
PSN B-2016-517-2/2

经济特区蓝皮书
中国经济特区发展报告（2017）
著（编）者：陶一桃
2018年1月出版 / 估价：99.00元
PSN B-2009-139-1/1

辽宁蓝皮书
2018年辽宁经济社会形势分析与预测
著（编）者：梁启东 孙洪工
2018年6月出版 / 估价：99.00元
PSN B-2006-053-1/1

民族发展蓝皮书
中国民族地区经济社会发展报告（2018）
著（编）者：李曦辉
2018年7月出版 / 估价：99.00元
PSN B-2017-630-1/1

南宁蓝皮书
南宁经济社会发展报告（2018）
著（编）者：胡建华
2018年9月出版 / 估价：99.00元
PSN B-2016-569-2/3

浦东新区蓝皮书
上海浦东经济发展报告（2018）
著（编）者：徐建
2018年2月出版 / 估价：99.00元
PSN B-2011-225-1/1

青海蓝皮书
2018年青海经济社会形势分析与预测
著（编）者：陈玮
2017年12月出版 / 估价：99.00元
PSN B-2012-275-1/2

山东蓝皮书
山东经济形势分析与预测（2018）
著（编）者：李广杰
2018年7月出版 / 估价：99.00元
PSN B-2014-404-1/5

山东蓝皮书
山东省属企业国资国企改革发展报告（2018）
著（编）者：王波 李洪涛
2018年9月出版 / 估价：99.00元
PSN B2017-676-5/5

山西蓝皮书
山西资源型经济转型发展报告（2018）
著（编）者：李志强 容和平
2018年7月出版 / 估价：99.00元
PSN B-2011-197-1/1

陕西蓝皮书
陕西经济社会发展报告（2018）
著（编）者：白宽犁 白宽华 新苗苗
2018年1月出版 / 估价：99.00元
PSN B-2009-135-1/6

陕西蓝皮书
陕西精准脱贫研究报告（2018）
著（编）者：白宽犁 内克斯玛 王福兴
2018年6月出版 / 估价：99.00元
PSN B-2017-623-6/6

上海蓝皮书
上海经济发展报告（2018）
著（编）者：沈开艳
2018年2月出版 / 估价：99.00元
PSN B-2006-057-1/7

上海蓝皮书
上海资源环境发展报告（2018）
著（编）者：周冯琦 汤庆合
2018年2月出版 / 估价：99.00元
PSN B-2006-060-4/7

上饶蓝皮书
上饶蓝皮书（2016~2017）
著（编）者：郭建东
2018年3月出版 / 估价：128.00元
PSN B-2014-377-1/1

深圳蓝皮书
深圳经济社会发展报告（2018）
著（编）者：张骁儒
2018年6月出版 / 估价：99.00元
PSN B-2008-112-3/7

四川蓝皮书
四川城镇化发展报告（2018）
著（编）者：李永大 陈蔚
2018年4月出版 / 估价：99.00元
PSN B-2015-456-7/7

皮书系列
2018年品种

地方发展类一经济

河南蓝皮书
河南工业发展报告（2018）
著（编）者：龚绍东 喻新安 谷建全
2018年5月出版 / 估价：99.00元
PSN B-2013-317-5/9

河南蓝皮书
河南参事发展报告（2018）
著（编）者：王鸿昌 陈亮 谷建全
2018年6月出版 / 估价：99.00元
PSN B-2014-390-7/9

河南蓝皮书
河南经济发展报告（2018）
著（编）者：张占仓 完世伟
2018年4月出版 / 估价：99.00元
PSN B-2010-157-4/9

河南蓝皮书
河南能源发展报告（2018）
著（编）者：董超然 国网河南省电力公司经济技术研究院
2018年3月出版 / 估价：99.00元
PSN B-2017-607-9/9

河南蓝皮书
河南城乡一体化发展报告（2018）
著（编）者：喻新安 黄淮君
2018年5月出版 / 估价：99.00元
PSN B-2014-399-1/1

河南蓝皮书
河南非公有制经济发展报告（2018）
著（编）者：胡五岳 李新友 赵保佑
2018年5月出版 / 估价：99.00元
PSN B-2017-641-1/1

湖北蓝皮书
湖北经济社会发展报告（2018）
著（编）者：宋亚平 未子
2018年1月出版 / 估价：99.00元
PSN B-2011-190-2/2

湖北蓝皮书
湖北城市群发展报告
著（编）者：秦尊文 吴永保
2018年12月出版 / 估价：99.00元
PSN B-2006-064-1/1

湖南蓝皮书
湖南两型社会与生态文明建设报告（2018）
著（编）者：朱有志 王文强 陈晓红
2018年8月出版 / 估价：99.00元
PSN B-2015-477-8/8

湖南蓝皮书
2018年湖南两型社会与生态文明建设报告
著（编）者：梁志峰
2018年5月出版 / 估价：128.00元
PSN B-2014-394-6/8

湖南蓝皮书
2018年湖南经济发展报告
著（编）者：梁志峰
2018年5月出版 / 估价：128.00元
PSN B-2011-207-2/8

湖南蓝皮书
2016年湖南投资发展报告
著（编）者：梁志峰
2018年5月出版 / 估价：128.00元
PSN B-2011-206-1/8

河南蓝皮书
河南经济发展报告（2018）
著（编）者：张占斌 王瑞国
2018年5月出版 / 估价：99.00元
PSN B-2009-131-3/9

河南蓝皮书
2018年河南经济形势分析与预测
著（编）者：王世炸
2018年3月出版 / 估价：99.00元
PSN B-2007-086-1/1

河北蓝皮书
京津冀区域蓝皮书（2018）
著（编）者：陈璐 陈璐
2018年1月出版 / 估价：99.00元
PSN B-2017-601-2/3

河北蓝皮书
河北经济社会发展报告（2018）
著（编）者：康凤海 周伟峰
2018年1月出版 / 估价：99.00元
PSN B-2014-372-1/3

河北蓝皮书
河北县域发展报告（2018）
著（编）者：马树强 查敏 张振霞
2018年4月出版 / 估价：99.00元
PSN B-2014-380-1/1

杭州蓝皮书
杭州城市国际化发展报告（2018）
著（编）者：沈翀 徐晓雷
2018年5月出版 / 估价：128.00元
PSN B-2012-302-1/1

浙江蓝皮书
浙江省经济社会发展报告（2017）
著（编）者：胡坚 陈光伟
2018年3月出版 / 估价：99.00元
PSN B-2016-530-9/9

浙江蓝皮书
浙江民营经济发展报告（2017）
著（编）者：周逸贤 陈寿灿
2018年1月出版 / 估价：99.00元
PSN B-2015-471-5/10

浙江蓝皮书
浙江前海合作社科技发展报告（2017～2018）
著（编）者：薛健
2018年12月出版 / 估价：99.00元
PSN B-2015-511-6/10

浙江蓝皮书
浙江国家综合开发试验区建设报告（2017～2018）
著（编）者：吴晓波 袁大伟 杜大为 等
2018年11月出版 / 估价：99.00元
PSN B-2016-518-7/10

浙江蓝皮书
浙江省旅游发展报告（2017～2018）
著（编）者：杜长春 袁大伟
2018年6月出版 / 估价：99.00元
PSN B-2015-459-4/10

浙江蓝皮书
浙江国家自主创新示范区发展报告（2018）
著（编）者：李京建 黄其新
2018年8月出版 / 估价：99.00元
PSN B-2017-646-10/10

浙江蓝皮书
浙江省合作金融社会责任发展报告（2018）
著（编）者：
2018年3月出版 / 估价：99.00元
PSN B-2016-525-8/9

地方志系列 2018年品种

广州年鉴
广州年鉴社 编；主编 朱名宏
2018年7月出版／(горячая) ／99.00元
PSN B-2010-167-8/1/4

广州年鉴（2018）
广州年鉴社 编；主编 朱名宏
2018年7月出版／(精) ／99.00元
PSN B-2006-065-2/1/4

中国广州城市建设发展年鉴（2018）
广州年鉴社 编；主编 陈旋、张伯康
2018年8月出版／(精) ／99.00元
PSN B-2011-185-9/1/4

广州城市国际化发展分析与预测（2018）
广州年鉴社 编；主编 龚海燕、谢博能 等著
2018年7月出版／(精) ／99.00元
PSN B-2005-040-1/1/4

广州经济年鉴（2018）
广州年鉴社 编；主编 张跃国 等著
2018年6月出版／(精) ／99.00元
PSN B-2012-247-12/1/4

中国广州城市建设与管理发展报告（2018）
广州年鉴社 编；主编 张其光／杨 王莉 等著
2018年8月出版／(精) ／99.00元
PSN B-2007-087-4/1/4

广州城市国际形象年鉴（2018）
广州年鉴社 编；主编 张跃国
2018年8月出版／(精) ／99.00元
PSN B-2012-246-11/1/4

西北振兴经济区发展报告（2017~2018）
广西北振经济区开发开放建设研究院 等著
2018年2月出版／(精) ／99.00元
PSN B-2010-181-1/1/4

东北亚经济贸易合作发展研究报告（2017~2018）
广东北亚经济贸易合作发展研究中心 等著
2018年6月出版／(精) ／99.00元
PSN B-2012-286-1/1/4

汉文化年鉴（2018）
广汉文化年鉴社 编；主编 丁加良
2018年4月出版／(精) ／99.00元
PSN B-2016-532-1/1/4

甘肃扶贫开发年鉴（2018）
广甘肃扶贫开发研究院 编；主编 陈芳文、孔维寺、张志华
2018年12月出版／(精) ／198.00元
PSN B-2016-592-1/1/4

甘肃社会科学年鉴（2018）
广甘肃社会科学院和工业科学年鉴社 编；主编 朱国强、段东秋、王富强
2018年1月出版／(精) ／99.00元
PSN B-2013-316-5/6

贵州蓝皮书：贵州社会发展年鉴（2018）
广贵州省社会科学院 编；主编 杨海波、安和平
2018年7月出版／(精) ／99.00元
PSN B-2006-066-3/1/4

贵州年鉴·贵州企业年鉴（2018）
广贵州年鉴社 编；主编 田瑞国、胡继勇
2018年7月出版／(精) ／99.00元
PSN B-2012-245-10/1/4

贵阳蓝皮书：贵阳市白云区蓝皮书 No.3（岱山湖篇）
广贵阳市白云区蓝皮书 编；主编 王李明
2018年5月出版／(精) ／99.00元
PSN B-2015-491-3/1/10

贵阳蓝皮书：贵阳市白云区蓝皮书 No.3（红云篇）
广贵阳市白云区蓝皮书 编；主编 王李明
2018年5月出版／(精) ／99.00元
PSN B-2015-497-9/1/10

贵阳蓝皮书：贵阳市白云区蓝皮书 No.3（花溪篇）
广贵阳市白云区蓝皮书 编；主编 王李明
2018年5月出版／(精) ／99.00元
PSN B-2015-490-2/1/10

贵阳蓝皮书：贵阳市白云区蓝皮书 No.3（开阳篇）
广贵阳市白云区蓝皮书 编；主编 王李明
2018年5月出版／(精) ／99.00元
PSN B-2015-492-4/1/10

贵阳蓝皮书：贵阳市白云区蓝皮书 No.3（南明篇）
广贵阳市白云区蓝皮书 编；主编 王李明
2018年5月出版／(精) ／99.00元
PSN B-2015-496-8/1/10

贵阳蓝皮书：贵阳市白云区蓝皮书 No.3（清镇篇）
广贵阳市白云区蓝皮书 编；主编 王李明
2018年5月出版／(精) ／99.00元
PSN B-2015-489-1/1/10

贵阳蓝皮书：贵阳市白云区蓝皮书 No.3（乌当篇）
广贵阳市白云区蓝皮书 编；主编 王李明
2018年5月出版／(精) ／99.00元
PSN B-2015-495-7/1/10

贵阳蓝皮书：贵阳市白云区蓝皮书 No.3（息烽篇）
广贵阳市白云区蓝皮书 编；主编 王李明
2018年5月出版／(精) ／99.00元
PSN B-2015-493-5/1/10

贵阳蓝皮书：贵阳市白云区蓝皮书 No.3（修文篇）
广贵阳市白云区蓝皮书 编；主编 王李明
2018年5月出版／(精) ／99.00元
PSN B-2015-494-6/1/10

贵阳蓝皮书：贵阳市白云区蓝皮书 No.3（云岩篇）
广贵阳市白云区蓝皮书 编；主编 王李明
2018年5月出版／(精) ／99.00元
PSN B-2015-498-10/1/10

贵州蓝皮书：贵州法治发展报告（2018）
广贵州省社会科学院 编；主编 朱名宏
2018年7月出版／(精) ／99.00元
PSN B-2014-426-1/1/4

29

地方发展类・经济

厦门蓝皮书
厦门经济特区发展报告（2017~2018）
著（编）者：李闽榕 陈耕 黄鹤ル　2018年7月出版　估价：99.00元
PSN B-2009-138-1/1

澳门蓝皮书
澳门经济社会发展报告（2017~2018）
著（编）者：杨允中 郝雨凡等　2018年5月出版　估价：99.00元
PSN G-2017-617-1/1

北京蓝皮书
北京经济发展报告（2017~2018）
著（编）者：杨松　2018年6月出版　估价：99.00元
PSN B-2006-054-2/8

北京旅游蓝皮书
北京旅游发展报告（2018）
著（编）者：北京旅游学会　2018年7月出版　估价：99.00元
PSN G-2012-301-1/1

北京体育蓝皮书
北京公共体育服务发展报告（2017~2018）
著（编）者：鲍明晓 林显鹏 陈杰 任海等　2018年9月出版　估价：99.00元
PSN B-2015-475-1/1

滨海新区蓝皮书
滨海新区经济社会发展报告（2017）
著（编）者：王家臣 李敬英 李同欣　2018年4月出版　估价：99.00元
PSN B-2014-424-1/1

甘肃蓝皮书
甘肃舆情分析与预测（2018）
著（编）者：安文华 陈双梅　2018年1月出版　估价：99.00元
PSN B-2013-312-1/6

甘肃蓝皮书
甘肃县域经济发展报告（2018）
著（编）者：张浩东 王福生 王晓芳　2018年1月出版　估价：99.00元
PSN B-2016-522-6/6

城市群蓝皮书
中国城市群一体化报告（2017~2018）
著（编）者：黄庆华　2018年4月出版　估价：118.00元
PSN B-2016-531-1/1

城镇化蓝皮书
中国新型城镇化健康发展报告（2017~2018）
著（编）者：魏后凯 高春亮　2018年12月出版　估价：128.00元
PSN B-2016-591-1/1

非公有制企业蓝皮书
非公有制企业社会责任建设报告（2018）
著（编）者：宋晓梧 冯同庆等　2018年6月出版　估价：99.00元
PSN B-2017-613-1/1

城乡一体化蓝皮书
北京城乡一体化发展报告（2017~2018）
著（编）者：吴文学 张宝秀 黄序　2018年5月出版　估价：99.00元
PSN B-2012-258-2/2

文化蓝皮书
中国文化消费需求景气评价报告（2018）
著（编）者：王亚南　2018年2月出版　估价：99.00元
PSN B-2011-236-4/10

文化蓝皮书
中国公共文化投入增长测评报告（2018）
著（编）者：王亚南　2018年2月出版　估价：99.00元
PSN B-2014-435-10/10

文化品牌蓝皮书
中国文化品牌发展报告（2018）
著（编）者：欧阳友权　2018年5月出版　估价：99.00元
PSN B-2012-277-1/1

文化遗产蓝皮书
中国文化遗产事业发展报告（2017~2018）
著（编）者：苏杨 张颖岚 卓杰 白海峰 陈叙图　2018年8月出版　估价：99.00元
PSN B-2008-119-1/1

文学蓝皮书
中国文情报告（2017~2018）
著（编）者：白烨　2018年5月出版　估价：99.00元
PSN B-2011-221-1/1

新兴体育蓝皮书
中国新兴体育产业发展报告No.9（2018）
著（编）者：孙晋海　2018年7月出版　估价：99.00元
PSN B-2010-169-1/1

新媒体社会责任蓝皮书
中国新媒体社会责任研究报告（2018）
著（编）者：钟瑛　2018年12月出版　估价：99.00元
PSN B-2014-423-1/1

移动互联网蓝皮书
中国移动互联网发展报告（2018）
著（编）者：官建文　2018年6月出版　估价：99.00元
PSN B-2012-282-1/1

舆情蓝皮书
中国社会舆情与危机管理报告（2018）
著（编）者：谢耘耕　2018年9月出版　估价：138.00元
PSN B-2011-235-1/1

影视蓝皮书
中国影视产业发展报告（2018）
著（编）者：司若 陈鹏　2018年4月出版　估价：99.00元
PSN B-2016-529-1/1

图书系列
2018年品种

文化传承类

非物质文化遗产类图书
中国非物质文化遗产蓝皮书（2018）
著（编）者：宋俊华　定价：128.00元 / 开本：16　2018年5月出版
PSN B-2015-469-1/2

非物质文化遗产类图书
中国非物质文化遗产保护发展报告（2018）
著（编）者：宋俊华　定价：128.00元 / 开本：16　2018年10月出版
PSN B-2016-586-2/2

广电蓝皮书
中国广播电影电视发展报告（2018）
著（编）者：国家新闻出版广电总局发展研究中心
定价：99.00元 / 开本：16　2018年7月出版
PSN B-2006-072-1/1

非遗生产性保护传承报告蓝皮书No.9
中国二十四节气传承发展报告（2017）
著（编）者：黄龙光　柴克东　施爱东等
定价：158.00元 / 开本：16　2018年10月出版
PSN B-2005-041-1/1

国际传播蓝皮书
中国国际传播发展报告（2018）
著（编）者：胡正荣　李继东　姬德强
定价：99.00元 / 开本：16　2018年12月出版
PSN B-2014-408-1/1

国家形象蓝皮书
中国国家形象传播报告（2017）
著（编）者：张昆　定价：128.00元 / 开本：16　2018年3月出版
PSN B-2017-605-1/1

互联网传播蓝皮书
中国网络社会治理研究报告（2018）
著（编）者：谢耘耕　支庭荣
定价：118.00元 / 开本：16　2018年9月出版
PSN B-2017-653-1/1

纪录片蓝皮书
中国纪录片发展报告（2018）
著（编）者：何苏六　定价：99.00元 / 开本：16　2018年10月出版
PSN B-2011-222-1/1

科学传播蓝皮书
中国科学传播报告（2016-2017）
著（编）者：詹正茂　定价：99.00元 / 开本：16　2018年6月出版
PSN B-2008-120-1/1

两岸创意经济研究报告蓝皮书
著（编）者：罗昌智　董泽平
定价：99.00元 / 开本：16　2018年10月出版
PSN B-2014-437-1/1

媒介融合与文化传播蓝皮书
中国媒介融合与文化传播报告（2017~2018）
著（编）者：段鹏　定价：99.00元 / 开本：16　2018年5月出版
PSN B-2013-345-1/1

绿色影视蓝皮书
中国绿色影视产业发展报告（2017）
著（编）者：梅子含　支庭荣
定价：99.00元 / 开本：16　2018年1月出版
PSN B-2015-479-1/1

少数民族非遗蓝皮书
中国少数民族非物质文化遗产发展报告（2018）
著（编）者：肖远平　柴立　黄龙光（美）
定价：118.00元 / 开本：16　2018年10月出版
PSN B-2015-467-1/1

视听新媒体蓝皮书
中国视听新媒体发展报告（2018）
著（编）者：国家新闻出版广电总局发展研究中心
定价：118.00元 / 开本：16　2018年7月出版
PSN B-2011-184-1/1

数字娱乐产业蓝皮书
中国动漫产业发展报告（2018）
著（编）者：卢斌　郑玉明　牛兴侦
定价：99.00元 / 开本：16　2018年10月出版
PSN B-2011-198-1/2

数字娱乐产业蓝皮书
中国游戏产业发展报告（2018）
著（编）者：卢斌　郑玉明　刘梦霏
定价：99.00元 / 开本：16　2018年12月出版
PSN B-2017-662-2/2

文化创新蓝皮书
中国文化创新报告（2017·No.8）
著（编）者：于平　傅才武
定价：99.00元 / 开本：16　2018年4月出版
PSN B-2009-143-1/1

文化建设蓝皮书
中国文化发展报告（2018）
著（编）者：江畅　孙伟平　戴茂堂
定价：99.00元 / 开本：16　2018年9月出版
PSN B-2014-392-1/1

文化科技蓝皮书
文化科技创新发展报告（2018）
著（编）者：于平　李凤亮
定价：99.00元 / 开本：16　2018年10月出版
PSN B-2013-342-1/1

文化云蓝皮书
中国公共文化云发展报告（2017~2018）
著（编）者：刘海虹　张永新　张苗苗
定价：99.00元 / 开本：16　2018年12月出版
PSN B-2007-093-2/10

文化云蓝皮书
中国公共文化云发展报告（2017~2018）
著（编）者：高书生　熊澄宇　毛少莹
定价：99.00元 / 开本：16　2018年9月出版
PSN B-2013-369-9/10

文化云蓝皮书
中国少年儿童新媒体发展报告（2018）
著（编）者：王真真
定价：99.00元 / 开本：16　2018年2月出版
PSN B-2013-323-8/10

27

国别类

澳大利亚蓝皮书
澳大利亚发展报告（2017-2018）
主编（著）：孙有中 韩锋
2018年12月出版 / 定价：99.00元
PSN B-2016-587-1/1

巴西黄皮书
巴西发展报告（2017）
主编（著）：刘国枝
2018年5月出版 / 定价：99.00元
PSN Y-2017-614-1/1

德国蓝皮书
德国发展报告（2018）
主编（著）：郑春荣
2018年6月出版 / 定价：99.00元
PSN B-2012-278-1/1

俄罗斯黄皮书
俄罗斯发展报告（2018）
主编（著）：李永全
2018年6月出版 / 定价：99.00元
PSN Y-2006-061-1/1

韩国蓝皮书
韩国发展报告（2017）
主编（著）：牛林杰 刘宝全
2018年5月出版 / 定价：99.00元
PSN B-2010-155-1/1

加拿大蓝皮书
加拿大发展报告（2018）
主编（著）：孔寒冰 姚朋朋
2018年9月出版 / 定价：99.00元
PSN B-2014-389-1/1

美国蓝皮书
美国研究报告（2018）
主编（著）：郑秉文 黄平
2018年7月出版 / 定价：99.00元
PSN B-2011-210-1/1

缅甸蓝皮书
缅甸国情报告（2017）
主编（著）：孔鹏 祝湘辉
2018年4月出版 / 定价：99.00元
PSN B-2013-343-1/1

文化传媒类

"三农"舆情蓝皮书
中国"三农"舆情预警报告（2017~2018）
主编（著）：农业部信息中心
2018年6月出版 / 定价：99.00元
PSN B-2017-640-1/1

传媒竞争力蓝皮书
中国传媒国际竞争力研究报告（2018）
主编（著）：李本乾 刘强 王大可
2018年8月出版 / 定价：99.00元
PSN B-2013-356-1/1

传媒投资蓝皮书
中国传媒产业发展报告（2018）
主编（著）：崔保国
2018年5月出版 / 定价：99.00元
PSN B-2005-035-1/1

传媒投资蓝皮书
中国传媒投资发展报告（2018）
主编（著）：张向东 潘艺明
2018年8月出版 / 定价：148.00元
PSN B-2015-474-1/1

日本蓝皮书
日本研究报告（2018）
主编（著）：杨伯江
2018年6月出版 / 定价：99.00元
PSN B-2002-020-1/1

土耳其蓝皮书
土耳其经济发展报告（2018）
主编（著）：郑东超 刘义
2018年9月出版 / 定价：99.00元
PSN B-2014-412-1/1

伊朗蓝皮书
伊朗发展报告（2017~2018）
主编（著）：冀开运
2018年10月出版 / 定价：99.00元
PSN B-2016-574-1/1

以色列蓝皮书
以色列发展报告（2018）
主编（著）：张倩红
2018年8月出版 / 定价：99.00元
PSN B-2015-483-1/1

印度蓝皮书
印度国情报告（2017）
主编（著）：吕昭义 白启文
2018年4月出版 / 定价：99.00元
PSN B-2012-241-1/1

英国蓝皮书
英国发展报告（2017~2018）
主编（著）：王展鹏
2018年12月出版 / 定价：99.00元
PSN B-2015-486-1/1

越南蓝皮书
越南国情报告（2018）
主编（著）：谢林城
2018年1月出版 / 定价：99.00元
PSN B-2006-056-1/1

泰国蓝皮书
泰国研究报告（2018）
主编（著）：庄国土 张禹东 刘文正
2018年10月出版 / 定价：99.00元
PSN B-2016-556-1/1

皮书系列
2018书目分类

国际问题与全球治理类

中国国家安全研究报告（2018）
主编：刘慧；副主编：张宇燕
2018年7月出版 / 估价：99.00元
PSN B-2016-521-1/1

国际城市蓝皮书
国际城市发展报告（2018）
主编：屠启宇
2018年2月出版 / 估价：99.00元
PSN B-2012-260-1/1

国际形势黄皮书
全球政治与安全报告（2018）
主编：张宇燕
2018年1月出版 / 估价：99.00元
PSN B-2015-016-1/1

非传统安全蓝皮书
中国非传统安全研究报告（2018）
主编：余潇枫；副主编：魏志江 廖丹子
2018年4月出版 / 估价：99.00元
PSN B-2015-457-1/1

全球政治与安全蓝皮书
全球治理与安全创新报告（2017~2018）
主编：赵磊、刘典；副主编：康杰 重实
2018年6月出版 / 估价：128.00元
PSN Y-2017-643-1/1

公共外交蓝皮书
中国公共外交发展报告（2017~2018）
主编：赵启正、雷蔚真
2018年6月出版 / 估价：99.00元
PSN Y-1999-007-1/1

网络空间安全蓝皮书
网络空间：领先与合作发展报告（2018）
主编：刘戟锋
2018年9月出版 / 估价：99.00元
PSN B-2011-196-1/1

欧洲蓝皮书
欧洲发展报告（2017~2018）
主编：黄平、周弘；副主编：程卫东
2018年6月出版 / 估价：99.00元
PSN B-1999-009-1/1

俄语国家蓝皮书
俄语国家发展报告（2016~2017）
主编：王志远；副主编：张寒 刘云志
2018年4月出版 / 估价：99.00元
PSN B-2015-503-1/2

俄语国家蓝皮书
中国与俄语国家关系发展报告（2016）
主编：张宏莉
2018年8月出版 / 估价：99.00元
PSN B-2016-563-2/2

气候变化绿皮书
应对气候变化报告（2018）
主编：王伟光、郑国光
2018年11月出版 / 估价：99.00元
PSN G-2009-144-1/1

全球互联网竞争力蓝皮书
全球互联网竞争力评估报告（2018）
主编：李平；副主编：李海涛 王亚春奥
2018年12月出版 / 估价：198.00元
PSN G-2013-363-1/1

全球信息社会发展报告（2018）
主编：丁波涛、唐涛
2018年10月出版 / 估价：99.00元
PSN B-2017-665-1/1

日本经济蓝皮书
日本经济与中日经贸关系研究报告（2018）
主编：张季风
2018年7月出版 / 估价：99.00元
PSN B-2008-102-1/1

上海合作组织黄皮书
上海合作组织发展报告（2018）
主编：李进峰
2018年6月出版 / 估价：99.00元
PSN Y-2009-130-1/1

世界创新竞争力黄皮书
世界创新竞争力发展报告（2017）
主编：李闽榕、李建平 赵新力
2018年1月出版 / 估价：168.00元
PSN Y-2013-318-1/1

世界经济黄皮书
2018年世界经济形势分析与预测
主编：张宇燕
2018年1月出版 / 估价：99.00元
PSN Y-1999-006-1/1

金砖国家蓝皮书
新兴经济体发展报告（2018）
主编：李向阳；副主编：庄芮 苏晋龙
2018年1月出版 / 估价：99.00元
PSN B-2014-410-1/1

亚太蓝皮书
亚太地区发展报告（2018）
主编：李向阳
2018年5月出版 / 估价：99.00元
PSN B-2001-015-1/1

印度蓝皮书
印度经济社会发展报告（2018）
主编：王宏
2018年6月出版 / 估价：99.00元
PSN B-2013-334-1/1

中阿蓝皮书
海湾阿拉伯国家发展报告（2018）
主编：杨桂萍 章波
2018年6月出版 / 估价：99.00元
PSN B-2017-626-1/1

中国蓝皮书
中国周边安全形势评估（2018）
主编：张洁；副主编：钮菊生 王林聪 杨巧巧
2018年12月出版 / 估价：99.00元
PSN B-2016-598-1/1

中东蓝皮书
中东黄皮书报告 No.20 (2017~2018)
主编：杨光
2018年10月出版 / 估价：99.00元
PSN Y-1998-004-1/1

中亚黄皮书
中亚国家发展报告（2018）
主编：孙力
2018年6月出版 / 估价：99.00元
PSN Y-2012-238-1/1

25

国际问题与全球治理类

"一带一路"跨境通道蓝皮书
"一带一路"跨境通道建设研究报告（2018）
著（编）者：郭爱君 毛锦凰
2018年7月出版 / 估价：99.00元
PSN B-2016-557-1/1

"一带一路"蓝皮书
"一带一路"建设发展报告（2018）
著（编）者：王灵桂
2018年8月出版 / 估价：99.00元
PSN B-2016-552-1/1

"一带一路"投资安全蓝皮书
中国"一带一路"投资与安全研究报告（2017~2018）
著（编）者：邹统钎
2018年4月出版 / 估价：99.00元
PSN B-2017-612-1/1

"一带一路"文化交流蓝皮书
中国"一带一路"文化交流发展报告（2017）
著（编）者：王模
2018年9月出版 / 估价：99.00元
PSN B-2017-655-1/1

G20国家创新竞争力黄皮书
二十国集团（G20）国家创新竞争力发展报告（2017~2018）
著（编）者：李建平 李闽榕 赵新力 周天勇
2018年7月出版 / 估价：168.00元
PSN Y-2011-229-1/1

国际城市蓝皮书
国际城市发展报告（2016~2017）
著（编）者：屠启宇
2018年3月出版 / 估价：99.00元
PSN Y-2014-381-1/1

北极蓝皮书
北极地区发展报告（2017~2018）
著（编）者：刘惠荣
2018年12月出版 / 估价：99.00元
PSN B-2008-114-1/1

非传统安全蓝皮书
中国非传统安全研究报告（2017~2018）
著（编）者：潘忠岐 余潇枫
2018年8月出版 / 估价：99.00元
PSN B-2012-273-1/1

非洲黄皮书
非洲地区发展报告No.20（2017~2018）
著（编）者：张宏明
2018年7月出版 / 估价：99.00元
PSN Y-2012-239-1/1

东南亚蓝皮书
东南亚地区发展报告（2017~2018）
著（编）者：王勤
2018年12月出版 / 估价：99.00元
PSN B-2012-240-1/1

东盟黄皮书
东盟发展报告（2017）
著（编）者：杨晓强 庄国土
2018年3月出版 / 估价：99.00元
PSN Y-2012-303-1/1

东北亚区域合作蓝皮书
"一带一路"：投资与东北亚区域合作
2017年"一带一路"：投资与东北亚区域合作
著（编）者：刘亚政 姜美善
2018年8月出版 / 估价：99.00元
PSN B-2017-631-1/1

大洋洲蓝皮书
大洋洲发展报告（2017~2018）
著（编）者：喻常森
2018年10月出版 / 估价：99.00元
PSN B-2013-341-1/1

北极蓝皮书
北极地区发展报告（2017）
著（编）者：
2018年7月出版 / 估价：99.00元
PSN B-2017-634-1/1

2018专题研究

皮书系列·国际问题与全球治理类及其他类

中国新丝绸之路蓝皮书
中国海外小企业市场开拓发展报告（2016~2017）
著（编）者：邢厚媛 刘宝成 周汉林
2018年3月出版 / 估价：99.00元
PSN B-2009-153-1/1

新丝路蓝皮书
新疆兵团"走出去"发展行业发展报告（2018）
著（编）者：鹿智钢
2018年7月出版 / 估价：99.00元
PSN B-2014-407-2/2

新丝路蓝皮书
中国新丝绸之路发展报告（2018）
著（编）者：纪志耿
2018年11月出版 / 估价：99.00元
PSN B-2017-660-1/1

民间组织蓝皮书
中国民间组织报告（2018）
著（编）者：黄浩明
2018年6月出版 / 估价：99.00元
PSN B-2016-558-1/1

中国新三板蓝皮书
中国新三板创新与发展报告（2018）
著（编）者：刘平安 周运南
2018年8月出版 / 估价：158.00元
PSN B-2017-638-1/1

中医文化蓝皮书
北京中医药文化传播发展报告（2018）
著（编）者：毛嘉陵
2018年5月出版 / 估价：99.00元
PSN B-2015-468-1/2

中医文化蓝皮书
中国中医药文化传播发展报告（2018）
著（编）者：毛嘉陵
2018年7月出版 / 估价：99.00元
PSN B-2016-584-2/2

中医药蓝皮书
北京中医药知识产权发展报告No.2
著（编）者：宋洪涛 姜莉莉 周亚滨
2018年8月出版 / 估价：168.00元
PSN B-2017-602-1/1

行业及其他类

体育蓝皮书
中国公共体育服务发展报告2017~2018
著（编）者：黄亚玲 戴健
2018年7月出版 / 价格：99.00元
PSN 6-2010-158-1/1

体育蓝皮书
中国体育产业发展报告（2018）
著（编）者：阮伟 钟秉枢
2018年10月出版 / 价格：99.00元
PSN B-2016-516-1/1

茶业蓝皮书
中国茶叶产业发展报告（2018）
著（编）者：李闽榕 杨江帆
2018年9月出版 / 价格：99.00元
PSN B-2016-583-1/1

邮轮旅游蓝皮书
中国邮轮旅游发展报告（2017）
著（编）者：汪泓 叶欣梁 李刚强 李雪松 王友宏
2018年6月出版 / 价格：298.00元
PSN B-2017-629-1/1

药品流通蓝皮书
中国药品流通行业发展报告（2018）
著（编）者：连万勇 温再兴
2018年7月出版 / 价格：198.00元
PSN B-2014-429-1/1

医疗器械蓝皮书
中国医疗器械行业发展报告（2018）
著（编）者：王宝亭 耿鸿武
2018年10月出版 / 价格：99.00元
PSN B-2017-661-1/1

医药蓝皮书
中国医药竞争力报告（2018）
著（编）者：王一涛 吴爽新
2018年3月出版 / 价格：118.00元
PSN B-2016-528-1/1

添加剂蓝皮书
中国食品添加剂发展报告（2017~2018）
著（编）者：王力 张建良 朱松林 孙宝国
2018年6月出版 / 价格：198.00元
PSN B-2017-625-1/1

债券市场蓝皮书
中国债券市场发展报告（2017~2018）
著（编）者：
2018年10月出版 / 价格：99.00元
PSN B-2016-572-1/1

养老服务蓝皮书
中国养老服务业发展报告（2018）
著（编）者：党俊武 张盈华 黄剑焜
2018年11月出版 / 价格：99.00元
PSN B-2017-664-1/1

中国上市公司蓝皮书
中国上市公司发展报告（2018）
著（编）者：张鹏 张鹤 张乾
2018年9月出版 / 价格：99.00元
PSN B-2014-414-1/1

体育蓝皮书
中国公共体育服务发展报告（2018）
著（编）者：戴健 田恩菊
2018年12月出版 / 价格：99.00元
PSN B-2013-367-2/5

上海蓝皮书
中国对外文化贸易发展研究报告（No.5）
著（编）者：国际贸易研究中心
2018年7月出版 / 价格：99.00元
PSN B-2014-401-1/1

上海蓝皮书
中国网吧上网服务行业研究报告（2018）
著（编）者：戴炜栋 夏笋茂
2017年12月出版 / 价格：99.00元
PSN B-2015-506-1/1

网络空间安全蓝皮书
中国网络空间安全发展报告（2018）
著（编）者：惠志斌 覃庆玲
2018年11月出版 / 价格：128.00元
PSN B-2015-466-1/1

文化旅游服务蓝皮书
中国文化旅游服务发展报告（2018）
著（编）者：宋瑞 张广瑞 蔣依依
2018年8月出版 / 价格：99.00元
PSN B-2016-596-1/1

西部旅游蓝皮书
中国西部旅游发展报告（2017~2018）
著（编）者：李世忠 杨胜
2018年8月出版 / 价格：99.00元
PSN B-2010-160-1/1

乡村旅游蓝皮书
中国乡村旅游发展报告（2017）
著（编）者：郭朝阳 李晋
2018年4月出版 / 价格：99.00元
PSN B-2015-461-1/1

新三板蓝皮书
中国新三板市场发展报告（2018）
著（编）者：王力
2018年8月出版 / 价格：99.00元
PSN B-2016-533-1/1

信托市场蓝皮书
中国信托业市场发展报告（2017~2018）
著（编）者：用益金融信托研究院
2018年1月出版 / 价格：198.00元
PSN B-2014-371-1/1

信息化蓝皮书
中国信息化形势分析与预测（2017~2018）
著（编）者：周宏仁
2018年8月出版 / 价格：99.00元
PSN B-2010-168-1/1

信用蓝皮书
中国信用发展报告（2017~2018）
著（编）者：章政 田侃
2018年4月出版 / 价格：99.00元
PSN B-2013-328-1/1

皮书系列

2018年品种

代办发行及其他

中心城市蓝皮书
中国中心城市发展报告No.2（2018）
著（编）者：李红江 水润康
PSN B-2015-481-2/2
2018年1月出版 / 估价：99.00元
中经社科技成果及转化价值研究报告（2017～2018）
著（编）者：钟发奎 叶小锅江 张蕊
PSN B-2017-603-2/2
2018年1月出版 / 估价：99.00元

中小微企业蓝皮书
中国中小微企业融资发展研究报告（2018）
著（编）者：姚桂銮 邻桂成 张震 张鼎 王茄
PSN B-2009-149-1/2
2018年11月出版 / 估价：99.00元

汽车安全蓝皮书
中国汽车安全发展报告（2018）
著（编）者：中国汽车技术研究中心
PSN B-2014-385-1/1
2018年8月出版 / 估价：99.00元

汽车电子与芯片蓝皮书
中国汽车电子与芯片发展报告（2018）
著（编）者：北京电动车辆国家工程实验室 清华大学汽车系 清华大学
北京工业大学
PSN B-2015-485-1/1
2018年10月出版 / 估价：158.00元

汽车动力经济与环保蓝皮书
中国汽车动力经济与环保发展报告（2018）
著（编）者：中国汽车工程研究院股份有限公司
重庆长安汽车股份有限公司
PSN B-2016-594-1/1
2018年12月出版 / 估价：99.00元

青少年体育蓝皮书
中国青少年体育发展报告（2017）
著（编）者：刘扶民 杨桦
PSN B-2015-482-1/1
2018年1月出版 / 估价：99.00元

区块链蓝皮书
中国区块链发展报告（2018）
著（编）者：李伟
PSN B-2017-649-1/1
2018年9月出版 / 估价：99.00元

群众体育蓝皮书
中国群众体育发展报告（2017）
著（编）者：刘国永 戴健
PSN B-2014-411-1/3
2018年5月出版 / 估价：99.00元

群众体育蓝皮书
中国社会体育指导员发展报告（2018）
著（编）者：刘国永
PSN B-2016-520-3/3
2018年4月出版 / 估价：99.00元

人力资源蓝皮书
中国人力资源发展报告（2018）
著（编）者：余兴安
PSN B-2012-287-1/1
2018年11月出版 / 估价：99.00元

商品市场蓝皮书
中国商品市场发展报告（2018）
著（编）者：荆林波
PSN B-2014-430-1/1
2018年1月出版 / 估价：99.00元

商业银行蓝皮书
中国商业银行竞争力评价报告（2018）
著（编）者：王松奇
PSN B-2017-652-1/1
2018年11月出版 / 估价：99.00元

社科院科研发展数据报告书
中国社科院科研发展数据报告（2018）
著（编）者：赵剑英
PSN B-2010-162-1/1
2018年12月出版 / 估价：99.00元

扶贫市场蓝皮书
中国扶贫权威市场发展报告（2017～2018）
著（编）者：郭新茹 唐月民 元彪等
PSN B-2015-480-1/1
2018年10月出版 / 估价：99.00元

水利发展区蓝皮书
中国水利发展区发展报告（2018）
著（编）者：刘峰
PSN B-2016-582-1/1
2018年12月出版 / 估价：99.00元

税山旅游蓝皮书
中国税山旅游发展报告（2018）
著（编）者：唐培吉
PSN B-2009-129-1/1
2018年6月出版 / 估价：99.00元

丝路贸易蓝皮书
丝路贸易历史文献与研究报告（2016～2017）
著（编）者：董锁成 李泽红 李俊 等
PSN B-2015-440-1/2
2018年4月出版 / 估价：99.00元

社会蓝皮书
中国北上广深社会建设研究报告No.4（2017～2018）
著（编）者：高德峰 王雅慧 高长安 王松寒
PSN B-2015-507-2/2
2018年12月出版 / 估价：99.00元

社会蓝皮书
中国上海北上广深社会建设研究报告No.4（2018）
著（编）者：高德峰 高长安 王松寒 专情秋
PSN B-2016-581-2/2
2018年11月出版 / 估价：99.00元

设计小镇蓝皮书
中国创新设计小镇发展报告（2018）
著（编）者：王晓红 郭美鑫 张海燕 于杰
PSN B-2015-444-1/1
2018年9月出版 / 估价：99.00元

国际中心区蓝皮书
中国国际中心区发展报告No.4（2017～2018）
著（编）者：李俊国 李晏青
PSN B-2008-125-1/1
2018年7月出版 / 估价：99.00元

国际蓝皮书
中国国际发展报告No.5（2017）
著（编）者：赵德东
PSN B-2015-443-1/1
2018年8月出版 / 估价：99.00元

晋商银商蓝皮书
中国晋商银行业发展研究报告（2017～2018）
著（编）者：李永宁 王力

皮书系列
2018春季品种

经济类蓝皮书
中国城乡经济发展蓝皮书（2018）
著（编）者：王亚红
2018年9月出版 / 估价：99.00元
PSN B-2014-421-1/1

经济类蓝皮书
中国能源安全蓝皮书（2018）
著（编）者：郑宗骧 潘海涛
2018年5月出版 / 估价：158.00元
PSN B-2012-280-1/1

经济预警蓝皮书
2017~2018年中国经济预测、分析与预测
著（编）者：张涛
2018年2月出版 / 估价：99.00元
PSN G-2002-018-1/1

蒸汽蓝皮书
中国煤炭工业蓝皮书（2018）
著（编）者：岳福斌
2018年12月出版 / 估价：99.00元
PSN B-2008-123-1/1

民生类蓝皮书
中国残疾人事业发展蓝皮书（2018）
著（编）者：中共中央统战部及党派与党校办
2018年12月出版 / 估价：99.00元
PSN B-2015-510-1/1

医事医院蓝皮书
中国司法医院发展蓝皮书（2017）
著（编）者：彭建国
2018年12月出版 / 估价：99.00元
PSN B-2012-299-1/1

调研蓝皮书
智库发展蓝皮书（2018）
著（编）者：李国强 王日根 林淑芬
2018年12月出版 / 估价：99.00元
PSN B-2012-298-1/1

公共政策与中国能源安全蓝皮书（No.3）
著（编）者：苏长虹
2018年1月出版 / 估价：118.00元
PSN B-2014-413-1/1

品牌蓝皮书
中国品牌战略发展蓝皮书（2018）
著（编）者：汪正三
2018年10月出版 / 估价：99.00元
PSN B-2015-580-1/1

农业类蓝皮书
中国农业农村发展蓝皮书（2018）
著（编）者：林家彬
2018年12月出版 / 估价：99.00元
PSN B-2016-593-1/1

农业类蓝皮书
中国农业区化蓝皮书（2018）
著（编）者：李少杰 王志国 黄俊健
2018年12月出版 / 估价：99.00元
PSN B-2015-501-1/1

农业类蓝皮书
中国农业国际化蓝皮书（2018）
著（编）者：王英慧 徐善
2018年11月出版 / 估价：99.00元
PSN B-2014-427-1/1

建筑类蓝皮书
中国建筑装饰与环境设施研究报告（2018）
清华大学建筑装饰与环境研究中心
著（编）者：
2018年9月出版 / 估价：99.00元
PSN B-2013-339-1/1

建筑装饰蓝皮书
中国建筑装饰行业发展蓝皮书（2018）
著（编）者：刘晓一
2018年10月出版 / 估价：198.00元
PSN B-2016-553-1/1

多媒体出版蓝皮书
中国多媒体出版蓝皮书（2018）
著（编）者：胡正荣
2018年5月出版 / 估价：99.00元
PSN B-2012-281-1/1

多媒体蓝皮书
中国互联网电影行业分析与评估（2018~2019）
著（编）者：吴国平 海外川
2018年12月出版 / 估价：99.00元
PSN B-2016-585-7/7

多媒体蓝皮书
中国电影科技蓝皮书（2018）
著（编）者：李冬 刘国辉
2018年10月出版 / 估价：99.00元
PSN B-2014-374-1/1

多媒体服务蓝皮书
中国多媒体信息服务发展蓝皮书（2018）
著（编）者：李平
2018年5月出版 / 估价：99.00元
PSN B-2017-621-1/1

京津冀多媒体蓝皮书
京津冀多媒体协同发展蓝皮书（2018）
著（编）者：王晓东 王慧冉
2018年10月出版 / 估价：99.00元
PSN B-2016-527-1/1

科普蓝皮书
国家科普能力发展蓝皮书（2018）
著（编）者：王康友
2018年5月出版 / 估价：138.00元
PSN B-2017-632-4/4

科普蓝皮书
中国前沿科技发展蓝皮书（2017~2018）
著（编）者：杨怀忠 黄春华
2018年9月出版 / 估价：99.00元
PSN B-2016-568-3/4

科普蓝皮书
中国科普基础设施发展蓝皮书（2017~2018）
著（编）者：任福君
2018年6月出版 / 估价：99.00元
PSN B-2010-174-1/3

科普蓝皮书
中国科普人才发展蓝皮书（2017~2018）
著（编）者：郑念 任振球
2018年7月出版 / 估价：99.00元
PSN B-2016-512-2/4

科普蓝皮书
中国科普能力发展蓝皮书（2018~2019）
著（编）者：李群 钟晨 李华良
2018年8月出版 / 估价：99.00元
PSN B-2016-555-1/1

行业及其他类

"三农"、互联网金融蓝皮书
中国"三农"、互联网金融发展报告(2018)
主编(著):李勇坚 王弢
2018年8月出版 / 体价：99.00元
PSN B-2016-560-1/1

SUV蓝皮书
中国SUV市场发展报告(2017~2018)
2018年9月出版 / 体价：99.00元
PSN B-2016-571-1/1

水暖蓝皮书
中国水暖洁具产业发展报告(2018)
主编(著):孙凤东 包崇美 陈铁军
2018年9月出版 / 体价：99.00元
PSN B-2017-647-2/3

燃具蓝皮书
中国燃气灶具产业发展报告(2018)
主编(著):葛家锋 葛家林
2018年4月出版 / 体价：99.00元
PSN B-2015-462-1/1

测绘地理信息蓝皮书
测绘地理信息现代化测绘基准体系建设研究报告(2018)
主编(著):库热西·买合苏提
2018年12月出版 / 体价：168.00元
PSN B-2009-145-1/1

广告市场蓝皮书
中国广告市场发展报告(2017)
主编(著):陈永秋
2018年5月出版 / 体价：99.00元
PSN B-2009-147-1/1

船舶蓝皮书
中国船舶工业行业发展报告(2018)
主编(著):朴圣真
2018年11月出版 / 体价：300.00元
PSN B-2016-514-1/1

大数据蓝皮书
中国大数据应用发展报告 No.2
主编(著):陈文明
2018年5月出版 / 体价：99.00元
PSN B-2017-620-1/1

对外投资与风险蓝皮书
中国对外投资经济与国家风险报告(2018)
主编(著):中国社会科学院世界经济与政治研究所
2018年8月出版 / 体价：189.00元
PSN B-2017-644-1/1

工业和信息化蓝皮书
人工智能发展报告(2017~2018)
2018年6月出版 / 体价：99.00元
PSN B-2017-606-1/1

工业和信息化蓝皮书
世界信息化发展报告(2017~2018)
2018年6月出版 / 体价：99.00元
PSN B-2015-448-1/6

工业和信息化蓝皮书
世界新能源汽车发展报告(2017~2018)
主编(著):尹丽波
2018年6月出版 / 体价：99.00元
PSN B-2017-624-6/6

工业和信息化蓝皮书
世界网络安全发展报告(2017~2018)
主编(著):尹丽波
2018年6月出版 / 体价：99.00元
PSN B-2015-452-5/6

工业和信息化蓝皮书
世界信息技术产业发展报告(2017~2018)
主编(著):尹丽波
2018年6月出版 / 体价：99.00元
PSN B-2015-451-4/6

工业设计蓝皮书
中国工业设计发展报告(2018)
主编(著):王晓红 于炜 张立群
2018年9月出版 / 体价：168.00元
PSN B-2014-420-1/1

公关蓝皮书
中国公关关系发展报告(2018)
主编(著):柳斌杰
2018年11月出版 / 体价：99.00元
PSN B-2016-579-1/1

管理蓝皮书
中国管理发展报告(2018)
主编(著):张晓东
2018年10月出版 / 体价：99.00元
PSN B-2014-416-1/1

海关税收蓝皮书
中国海关税收发展报告(2018)
主编(著):于春海
2018年6月出版 / 体价：99.00元
PSN B-2017-616-1/1

互联网医疗蓝皮书
中国互联网健康医疗发展报告(2018)
主编(著):张琳琳
2018年6月出版 / 体价：99.00元
PSN B-2016-567-1/1

慈善蓝皮书
中国慈善事业发展报告(2017~2018)
主编(著):李培林
2018年3月出版 / 体价：99.00元
PSN B-2016-524-1/1

慈善蓝皮书
中国外资慈善基金会发展研究报告(2018)
主编(著):张彦 马奇柯 蒋琳琦 牛勃强
2018年12月出版 / 体价：99.00元
PSN B-2013-327-1/1

延安蓝皮书
中国延安经济发展报告(2017~2018)
主编(著):中国延安发展联合研究院
2018年4月出版 / 体价：99.00元
PSN B-2013-368-1/1

延安委员会蓝皮书
中国延安委员会建设研究报告(2018)
主编(著):中共延安大学延安委员会研究中心
2018年6月出版 / 体价：99.00元
PSN G-2011-213-1/1

19

体育蓝皮书
国家体育产业发展报告（2016～2017）
著(编)者：阮伟 钟秉枢 2018年4月出版 / 估价：168.00元
PSN B-2017-609-5/5

体育蓝皮书
中国体育产业发展报告（2018）
著(编)者：阮伟 钟秉枢 2018年12月出版 / 估价：99.00元
PSN B-2010-179-1/5

文化蓝皮书
中国文化娱乐行业发展报告（2018）
著(编)者：陈少峰 王建平 郭文辉
2018年5月出版 / 估价：99.00元
PSN B-2017-610-1/1

新能源汽车蓝皮书
中国新能源汽车产业发展报告（2018）
著(编)者：中国汽车技术研究中心
日产（中国）投资有限公司 东风汽车有限公司
2018年8月出版 / 估价：99.00元
PSN B-2013-347-1/1

赛迪工业和信息化蓝皮书No.2（2018）
中国集成电路产业发展报告
著(编)者：卢山 安筱鹏 王鹏
2018年8月出版 / 估价：99.00元
PSN B-2017-645-1/1

邮轮绿皮书
中国邮轮产业发展报告（2018）
著(编)者：汪泓
2018年10月出版 / 估价：99.00元
PSN G-2014-419-1/1

新能源汽车蓝皮书
中国新能源汽车产业发展报告（2018）
著(编)者：宋健
2018年10月出版 / 估价：99.00元
PSN B-2015-488-1/1

中国汽车零部件产业蓝皮书
中国汽车零部件产业发展报告（2017～2018）
著(编)者：中国汽车工程研究院股份有限公司
2018年9月出版 / 估价：99.00元
PSN B-2016-565-1/1

中国陶瓷产业蓝皮书
中国陶瓷产业发展报告（2018）
著(编)者：左和平 黄速建
2018年10月出版 / 估价：99.00元
PSN B-2016-573-1/1

装备制造业蓝皮书
中国装备制造业发展报告（2018）
著(编)者：徐东华
2018年12月出版 / 估价：118.00元
PSN B-2015-505-1/1

客车蓝皮书
中国客车产业发展报告（2017～2018）
著(编)者：姚蔚
2018年10月出版 / 估价：99.00元
PSN B-2013-361-1/1

汽车流通蓝皮书
中国汽车流通业发展报告（2018～2019）
著(编)者：沈进军 王都跃 林雷等
2018年7月出版 / 估价：99.00元
PSN B-2009-152-1/2

能源蓝皮书
中国能源发展报告（2018）
著(编)者：崔民选 王军生 陈义和
2018年12月出版 / 估价：99.00元
PSN B-2006-049-1/1

新兴经济体蓝皮书
金砖国家发展报告（2017）
著(编)者：林跃勤 周文 张鹏飞
2018年7月出版 / 估价：99.00元
PSN B-2012-288-1/1

汽车工业蓝皮书
中国汽车工业发展年度报告（2018）
著(编)者：中国汽车工业协会
中国汽车技术研究中心
2018年5月出版 / 估价：168.00元
PSN B-2015-463-1/2

汽车工业蓝皮书
中国汽车零部件产业发展报告（2017～2018）
著(编)者：中国汽车工业协会
中国汽车工业咨询委员会
2018年9月出版 / 估价：99.00元
PSN B-2016-515-2/2

汽车蓝皮书
中国汽车产业发展报告（2018）
著(编)者：中国汽车工程学会
大众汽车集团（中国）
2018年11月出版 / 估价：99.00元
PSN B-2008-124-1/1

世界汽车产业蓝皮书
世界汽车产业发展报告（2018）
著(编)者：李陶琦 冯锦山 杨湛等
2018年5月出版 / 估价：168.00元
PSN B-2017-619-1/1

世界新能源汽车蓝皮书
世界新能源汽车发展报告（2018）
著(编)者：董扬 赵福全
2018年6月出版 / 估价：168.00元
PSN B-2013-349-1/1

产业经济类

侨鑫蓝皮书
中国房地产高品质发展产业发展报告 No.2
著(编)者：中国侨商联合会 中共中央党校
2018年7月出版 / 估价：198.00元
PSN B-2012-272-3/3

侨鑫蓝皮书
中国房地产高品质发展产业发展报告 No.2
著(编)者：中国侨商联合会
2018年8月出版 / 估价：198.00元
PSN B-2012-271-2/3

侨鑫蓝皮书
中国房地产商业地产产业发展报告 No.2
著(编)者：中国侨商联合会 商务部国际贸易经济合作研究院
2018年3月出版 / 估价：198.00元
PSN B-2012-270-1/3

保险蓝皮书
中国保险业竞争力报告（2018）
著(编)者：张金林
2018年12月出版 / 估价：99.00元
PSN B-2013-311-1/1

水墨蓝皮书
中国水上运动产业发展报告（2018）
著(编)者：孙葆丽 伯杨 杨尧武 张泳强
2018年6月出版 / 估价：99.00元
PSN B-2017-648-3/3

水墨蓝皮书
中国邮轮产业发展报告（2018）
著(编)者：孙葆丽 伯杨 杨尧武 张泳强
2018年9月出版 / 估价：99.00元
PSN B-2016-559-1/3

餐饮产业蓝皮书
中国餐饮产业发展报告（2018）
著(编)者：邢颖
2018年6月出版 / 估价：99.00元
PSN B-2009-151-1/1

茶业蓝皮书
中国茶产业发展报告（2018）
著(编)者：杨江帆 李闽榕
2018年10月出版 / 估价：99.00元
PSN B-2010-164-1/1

产业安全蓝皮书
中国文化产业安全报告（2018）
著(编)者：北京印刷学院文化产业安全研究院
2018年12月出版 / 估价：99.00元
PSN B-2014-378-12/14

产业安全蓝皮书
中国新媒体产业安全报告（2016～2017）
著(编)者：肖鹏
2018年6月出版 / 估价：99.00元
PSN B-2015-500-14/14

产业安全蓝皮书
中国网络信息传播产业安全报告（2017～2018）
著(编)者：北京印刷学院文化产业安全研究院
2018年3月出版 / 估价：99.00元
PSN B-2014-384-13/14

产业竞争力蓝皮书
中国产业竞争力报告（2018）No.8
著(编)者：张其仔
2018年12月出版 / 估价：168.00元
PSN B-2010-175-1/1

动力蓝皮书
中国新能源汽车动力电池产业发展报告（2018）
著(编)者：中国汽车技术研究中心
2018年8月出版 / 估价：99.00元
PSN B-2017-639-1/1

杜仲产业蓝皮书
中国杜仲橡胶资源与产业发展报告（2017～2018）
著(编)者：杜红岩 胡文臻 郑健
2018年7月出版 / 估价：99.00元
PSN G-2013-350-1/1

房地产蓝皮书
中国房地产发展报告 No.15（2018）
著(编)者：李春华 王业强
2018年5月出版 / 估价：99.00元
PSN B-2004-028-1/1

服务外包蓝皮书
中国服务外包产业发展报告（2017～2018）
著(编)者：王晓红 刘德军
2018年6月出版 / 估价：99.00元
PSN B-2013-331-2/2

服务外包蓝皮书
中国服务外包竞争力报告（2017～2018）
著(编)者：刘力 刘春生
2018年12月出版 / 估价：99.00元
PSN B-2011-216-1/2

工业信息化蓝皮书
世界信息化发展报告（2017～2018）
著(编)者：尹丽波
2018年6月出版 / 估价：99.00元
PSN B-2015-449-2/6

工业信息化蓝皮书
战略性新兴产业发展报告（2017～2018）
著(编)者：尹丽波
2018年6月出版 / 估价：99.00元
PSN B-2015-450-3/6

社会政法类

人口蓝皮书
中国人力资本报告No.8（2018）
著（编）者：李海峥 李波等   2018年9月出版 / 估价：99.00元
PSN B-2011-215-1/1

社会保障绿皮书
中国社会保障发展报告No.9（2018）
著（编）者：王延中   2018年1月出版 / 估价：99.00元
PSN G-2001-014-1/1

社会心态蓝皮书
社会心理健康蓝皮书：中国社会心态研究报告（2018）
著（编）者：王俊秀   2018年12月出版 / 估价：99.00元
PSN B-2011-199-1/1

社会组织蓝皮书
中国社会组织评价发展报告（2017-2018）
著（编）者：徐家良   2018年1月出版 / 估价：99.00元
PSN B-2008-118-1/2

社会体制蓝皮书
中国社会体制改革报告No.6（2018）
著（编）者：龚维斌   2018年3月出版 / 估价：99.00元
PSN B-2013-330-1/1

社会蓝皮书
2018年中国社会形势分析与预测
著（编）者：李培林 陈光金 张翼   2017年12月出版 / 估价：89.00元
PSN B-1998-002-1/1

社会心理蓝皮书
中国社会心理服务发展报告No.6
著（编）者：洪天慧   2018年11月出版 / 估价：99.00元
PSN B-2012-300-1/1

社会工作蓝皮书
中国社会工作发展报告（2016-2017）
著（编）者：民政部社会工作研究中心   2018年8月出版 / 估价：99.00元
PSN B-2009-141-1/1

社会风险治理蓝皮书
风险评估与危机预警报告（2017-2018）
著（编）者：唐钧   2018年9月出版 / 估价：99.00元
PSN B-2012-293-1/1

生态文明绿皮书
中国省域生态文明建设评价报告（ECI 2018）
著（编）者：严耕   2018年12月出版 / 估价：99.00元
PSN G-2010-170-1/1

宗教蓝皮书
中国宗教报告（2017）
著（编）者：邱永辉   2018年8月出版 / 估价：99.00元
PSN B-2008-1117-1/1

中国彩票蓝皮书
中国彩票行业发展与监管报告（2018）
著（编）者：益青春   2018年12月出版 / 估价：99.00元
PSN B-2014-434-1/1

中国传统村落蓝皮书
中国传统村落保护调查报告（2018）
著（编）者：胡彬彬 李向军 王晓波   2018年12月出版 / 估价：99.00元
PSN B-2017-663-1/1

政治文化蓝皮书
中国政治文化报告（2018）
著（编）者：房宁 郑航 孙大鹏等   2018年8月出版 / 估价：128.00元
PSN B-2017-615-1/1

政治参与蓝皮书
中国政治参与报告（2018）
著（编）者：房宁   2018年8月出版 / 估价：128.00元
PSN B-2011-200-1/1

政府绩效评估蓝皮书
中国地方政府绩效评估报告 No.2
著（编）者：郑方辉   2017年12月出版 / 估价：99.00元
PSN B-2017-672-1/1

应急管理蓝皮书
中国应急管理报告（2018）
著（编）者：宋英华   2018年9月出版 / 估价：99.00元
PSN B-2016-562-1/1

医改蓝皮书
中国医药卫生体制改革报告（2017~2018）
著（编）者：文学国 房志武   2018年11月出版 / 估价：99.00元
PSN B-2014-432-1/1

养老蓝皮书
中国中老年公益发展报告
著（编）者：党俊武等研究所   2018年12月出版 / 估价：99.00元
PSN B-2016-597-1/1

殡葬蓝皮书
中国殡葬事业发展报告（2018）
著（编）者：李伯森 范正伟   2018年8月出版 / 估价：99.00元
PSN B-2010-1171-1/1

遗体志愿者蓝皮书
中国城市居民遗体捐献志愿者发展报告（2017）
著（编）者：杨勇 李芳   2018年5月出版 / 估价：99.00元
PSN B-2017-618-1/1

皮书系列
2018年品种

北京政治类

中国反腐败法治化进展报告（2018）
著（编）者：李林 田禾 李学军 王秀梅
2018年11月出版 / 估价：198.00元
PSN G-2010-165-1/1

法治蓝皮书
中国扶贫蓝皮书报告（2017~2018）
著（编）者：李林 田禾
2018年4月出版 / 估价：99.00元
PSN G-2006-048-1/1

家庭蓝皮书
中国"新家庭计划"发展报告（2018）
著（编）者：多家家庭发展研究中心 "新家庭计划——家庭发展能力建设"课题组
2018年7月出版 / 估价：99.00元
PSN G-2015-508-1/1

城市蓝皮书
中国城市基础设施建设研究报告（2018）
著（编）者：王振坡 张蔚然
2018年12月出版 / 估价：99.00元
PSN B-2016-564-2/2

猎聘中国蓝皮书
招聘发展与猎聘中国分析报告（2018）
著（编）者：戴科彬 杨柳松 等
2018年4月出版 / 估价：99.00元
PSN B-2017-611-1/1

教育蓝皮书
中国中小学教师发展报告（2017）
著（编）者：曾晓东 鱼霞
2018年6月出版 / 估价：99.00元
PSN B-2012-289-1/1

教育蓝皮书
中国教育发展报告（2018）
著（编）者：杨东平
2018年4月出版 / 估价：99.00元
PSN B-2006-047-1/1

多样化学校蓝皮书
中国多样化学校发展年度报告（2015~2016）
著（编）者：朱小蔓
2018年6月出版 / 估价：99.00元
PSN B-2017-633-1/1

京津冀教育蓝皮书
京津冀教育发展研究报告（2017~2018）
著（编）者：方中雄
2018年4月出版 / 估价：99.00元
PSN B-2017-609-1/1

游戏蓝皮书
2018年中国游戏产业发展报告
著（编）者：滨海新区经济发展研究院
2018年6月出版 / 估价：99.00元
PSN B-2009-146-1/2

科学教育蓝皮书
中国科学教育发展报告（2018）
著（编）者：王康友
2018年10月出版 / 估价：158.00元
PSN B-2015-487-1/1

劳动关系蓝皮书
中国劳动关系发展报告（2018）
著（编）者：乔健 刘元文
2018年9月出版 / 估价：158.00元
PSN B-2014-415-1/1

老龄蓝皮书
中国老年宜居环境发展报告（2017）
著（编）者：党俊武 周燕珉 丁志宏
2018年1月出版 / 估价：99.00元
PSN B-2013-320-1/1

街区图志蓝皮书
北京市东城街区图志发展报告（2017~2018）
著（编）者：滕春艳 冷向明 丁慧宇
2018年1月出版 / 估价：99.00元
PSN B-2013-321-1/1

学前儿童蓝皮书
中国幼儿学前教育发展报告（2017）
著（编）者：杨东平
2018年1月出版 / 估价：99.00元
PSN B-2017-600-1/1

民调蓝皮书
中国民生调查报告（2018）
著（编）者：谢耘耕
2018年12月出版 / 估价：99.00元
PSN B-2014-398-1/1

民族发展蓝皮书
中国民族发展报告（2018）
著（编）者：王延中
2018年10月出版 / 估价：188.00元
PSN B-2006-070-1/1

女性生活蓝皮书
中国女性生活状况报告No.12（2018）
著（编）者：韩湘景
2018年7月出版 / 估价：99.00元
PSN B-2006-071-1/1

汽车社会蓝皮书
中国汽车社会发展报告（2017~2018）
著（编）者：王俊秀
2018年1月出版 / 估价：99.00元
PSN B-2011-224-1/1

青年蓝皮书
中国青年发展报告（2018）No.3
著（编）者：廉思
2018年4月出版 / 估价：99.00元
PSN B-2013-333-1/1

青少年蓝皮书
中国未成年人互联网运用报告（2017~2018）
著（编）者：季为民 李文革
2018年11月出版 / 估价：99.00元
PSN B-2010-156-1/1

皮书系列 2018书目推荐

社会政法类

城市基本公共服务力评价报告
中国城市基本公共服务力评价报告（2017~2018）
著(编)者：钟君 吴正国 胡志平
2018年4月出版 / 估价：99.00元
PSN B-2013-338-1/1

创业蓝皮书
中国创业发展研究报告（2017~2018）
著(编)者：黄群慧 赵卫霞 钟宏武
2018年11月出版 / 估价：99.00元
PSN B-2016-577-1/1

慈善蓝皮书
中国慈善发展报告（2018）
著(编)者：杨团
2018年6月出版 / 估价：99.00元
PSN B-2009-142-1/1

党建蓝皮书
党的建设研究报告No.2（2018）
著(编)者：崔建民 陈东平 李永平
2018年1月出版 / 估价：99.00元
PSN B-2016-523-1/1

地方法治蓝皮书
中国地方法治发展报告No.3（2018）
著(编)者：李林 田禾
2018年3月出版 / 估价：118.00元
PSN B-2015-442-1/1

电子政务蓝皮书
中国电子政务发展报告（2018）
著(编)者：李季
2018年8月出版 / 估价：99.00元
PSN B-2003-022-1/1

法治蓝皮书
中国法治发展报告No.16（2018）
著(编)者：李林 田禾
2018年3月出版 / 估价：118.00元
PSN B-2004-027-1/3

法治蓝皮书
中国法院信息化发展报告No.2（2018）
著(编)者：李林 田禾
2018年2月出版 / 估价：108.00元
PSN B-2017-604-3/3

法治蓝皮书
中国政府透明度发展报告（2018）
著(编)者：中国社会科学院法学研究所
2018年4月出版 / 估价：99.00元
PSN B-2015-502-1/2

法治蓝皮书
中国司法透明度发展报告（2018）
著(编)者：中国社会科学院法学研究所
2018年9月出版 / 估价：168.00元
PSN B-2016-576-2/2

反腐倡廉蓝皮书
中国反腐倡廉建设报告No.8
著(编)者：张英伟
2018年12月出版 / 估价：99.00元
PSN B-2012-259-1/1

非传统安全蓝皮书
中国非传统安全发展报告（2018）
著(编)者：李伟 朱锋 余潇枫
2018年12月出版 / 估价：128.00元
PSN B-2016-599-1/1

妇女教育蓝皮书
中国妇女教育发展报告No.3
著(编)者：张李玺
2018年10月出版 / 估价：99.00元
PSN B-2008-121-1/1

妇女发展蓝皮书
2018年：中国妇女教育等与社会发展报告
著(编)者：谭琳
2018年12月出版 / 估价：99.00元
PSN G-2006-073-1/1

公共服务蓝皮书
中国城市基本公共服务力评价报告（2017~2018）
著(编)者：钟君 吴正国 胡志平
2018年6月出版 / 估价：99.00元
PSN B-2017-628-1/1

公共服务蓝皮书
中国地方政府公共服务力评估报告（2018）
著(编)者：钟君 刘志昌 吴正昌
2018年12月出版 / 估价：99.00元
PSN B-2011-714-1/1

公益蓝皮书
中国公益慈善事业所需报告（2017~2018）
著(编)者：朱健刚 孙晓菁
2018年1月出版 / 估价：99.00元
PSN B-2014-379-1/1

公益蓝皮书
中国公益慈善发展报告（2016）
著(编)者：朱健刚 胡小军
2018年2月出版 / 估价：99.00元
PSN B-2012-283-1/1

国际人才蓝皮书
中国国际移民报告（2018）
著(编)者：王辉耀
2018年2月出版 / 估价：99.00元
PSN B-2012-304-3/4

国际人才蓝皮书
中国留学发展报告（2018）No.7
著(编)者：王辉耀 苗绿
2018年12月出版 / 估价：99.00元
PSN B-2012-244-2/4

海洋社会蓝皮书
中国海洋社会发展报告（2017）
著(编)者：崔凤 宋宁而
2018年3月出版 / 估价：99.00元
PSN B-2015-478-1/1

行政改革蓝皮书
中国行政体制改革报告No.7（2018）
著(编)者：魏礼群
2018年6月出版 / 估价：99.00元
PSN B-2011-231-1/1

华侨华人蓝皮书
华侨华人研究报告（2017）
著(编)者：贾益民
2018年12月出版 / 估价：139.00元
PSN B-2011-204-1/1

北京政法类

北京蓝皮书
中国社区发展报告(2017~2018)
著(编)者：于燕燕 2018年9月出版 / 估价：99.00元
PSN B-2007-083-5/8

旅游绿皮书
中国旅游景区发展报告(2017~2018)
著(编)者：李伟楠 2018年4月出版 / 估价：158.00元
PSN G-2010-180-1/1

区域经济类

东北蓝皮书
中国东北地区发展报告(2018)
著(编)者：姜晓秋 2018年11月出版 / 估价：99.00元
PSN B-2006-067-1/1

柴达木蓝皮书
中国柴达木循环经济发展报告(2017~2018)
著(编)者：马丰胜 黄藏青 2018年11月出版 / 估价：99.00元
PSN B-2011-186-6/7

长江蓝皮书
长江流域九省二市公共服务发展报告(2018)
著(编)者：刘中树 欧阳康 张素林 2018年6月出版 / 估价：99.00元
PSN B-2012-262-1/1

西北蓝皮书
中国西北地区发展报告(2018)
著(编)者：任宗哲 白宽犁 王建康 2018年4月出版 / 估价：99.00元
PSN B-2012-261-1/1

西部蓝皮书
中国西部发展报告(2018)
著(编)者：姚慧琴 任宗哲 2018年8月出版 / 估价：99.00元
PSN B-2005-039-1/1

长江经济带产业蓝皮书
长江经济带产业发展报告(2018)
著(编)者：吴传清 2018年11月出版 / 估价：128.00元
PSN B-2017-666-1/1

长江经济带蓝皮书
长江经济带发展报告(2017~2018)
著(编)者：王勇 2018年11月出版 / 估价：99.00元
PSN B-2016-575-1/1

长江中游城市群蓝皮书
长江中游城市群都市区化与"大都市圈"发展报告(2018)
著(编)者：徐州助 2018年11月出版 / 估价：99.00元
PSN B-2016-578-1/1

长三角蓝皮书
2017年长三角研究院学人论丛的长三角
著(编)者：刘志彪 2018年3月出版 / 估价：99.00元
PSN B-2005-038-1/1

长株潭城市群蓝皮书
长株潭城市群发展报告(2017)
著(编)者：张萍 朱有志 2018年1月出版 / 估价：99.00元
PSN B-2008-109-1/1

中部竞争力蓝皮书
中部地区经济社会竞争力报告(2018)
著(编)者：教育部人文社会科学重点研究基地南昌大学中国中部经济社会发展研究中心 2018年12月出版 / 估价：99.00元
PSN B-2012-276-1/1

中部蓝皮书
中国中部地区发展报告(2018)
著(编)者：宋亚平 2018年12月出版 / 估价：99.00元
PSN B-2007-089-1/1

中三角蓝皮书
长三角地区经济发展报告(2017~2018)
著(编)者：秦尊文 2018年5月出版 / 估价：99.00元
PSN B-2004-034-1/1

中三角蓝皮书
长江中游城市群发展报告(2018)
著(编)者：秦尊文 2018年9月出版 / 估价：99.00元
PSN B-2014-417-1/1

中原蓝皮书
中原经济区发展报告(2018)
著(编)者：李英杰 2018年6月出版 / 估价：99.00元
PSN B-2011-192-1/1

珠三角流通蓝皮书
珠三角商圈发展与创新研究报告(2018)
著(编)者：王先庆 林至颖 2018年7月出版 / 估价：99.00元
PSN B-2012-292-1/1

北京政法类

北京蓝皮书
北京社会治理发展报告(2017-2018)
著(编)者：殷星辰 刘志杰 2018年5月出版 / 估价：158.00元
PSN B-2013-336-1/1

城市生活质量蓝皮书
中国城市生活质量报告(2017)
著(编)者：张连城 张平 杨春学 郎丽华 2018年2月出版 / 估价：99.00元
PSN B-2013-326-1/1

宏观经济类

城市蓝皮书
中国城市发展报告(No.11)
著(编)者：潘家华 单菁菁
2018年9月出版 / 估价：99.00元
PSN B-2007-091-1/1

城乡一体化蓝皮书
中国城乡一体化发展报告(2018)
著(编)者：汝信 付崇兰
2018年9月出版 / 估价：99.00元
PSN B-2011-226-1/2

城镇化蓝皮书
中国新型城镇化健康发展报告(2018)
著(编)者：张占斌
2018年8月出版 / 估价：99.00元
PSN B-2014-396-1/1

创新蓝皮书
创新型国家建设报告(2018~2019)
著(编)者：詹正茂
2018年12月出版 / 估价：99.00元
PSN B-2009-140-1/1

低碳经济蓝皮书
中国低碳经济发展报告(2018)
著(编)者：薛进军 赵忠秀
2018年6月出版 / 估价：99.00元
PSN B-2011-223-1/1

低碳发展蓝皮书
中国低碳发展报告(2018)
著(编)者：齐晔 张希良
2018年11月出版 / 估价：99.00元
PSN B-2011-194-1/1

民营经济蓝皮书
中国民营经济发展和体制改革蓝皮书No.9
著(编)者：邱晓华 王再文
2018年3月出版 / 估价：99.00元
PSN B-2008-122-1/1

国家创新蓝皮书
中国创新发展报告(2017)
著(编)者：陈劲
2018年3月出版 / 估价：99.00元
PSN B-2014-370-1/1

气候变化绿皮书
中国应对气候变化报告(2018)
著(编)者：王伟光
2018年2月出版 / 估价：99.00元
PSN B-2004-031-1/7

中小城市绿皮书
中国中小城市发展报告(2018)
著(编)者：《中国中小城市发展报告》编纂委员会
中国城市经济学会中小城市经济发展委员会
2018年11月出版 / 估价：128.00元
PSN G-2010-161-1/1

中小城市绿皮书
中小城市绿皮书(2018)
著(编)者：李铁军 黄磊磊 周艳华
2018年2月出版 / 估价：198.00元
PSN B-2007-088-1/1

中国债务杠杆蓝皮书
中国债务杠杆与去杠杆化发展报告(2016~2017)
著(编)者：李杨 张平 黄益平
2018年3月出版 / 估价：99.00元
PSN B-2005-038-1/1

新型城镇化蓝皮书
新型城镇化发展报告(2017)
著(编)者：李克 王婧 次体雄
2018年11月出版 / 估价：99.00元
PSN G-2000-012-1/1

人口与劳动绿皮书
中国人口与劳动问题报告No.19
著(编)者：蔡昉 张车伟
2018年4月出版 / 估价：99.00元
PSN G-1998-003-1/1

农村绿皮书
中国农村经济形势分析与预测(2017~2018)
著(编)者：魏后凯 黄秉信
2017年12月出版 / 估价：99.00元
PSN G-2003-023-1/1

经济信息绿皮书
中国与世界经济发展报告(2018)
著(编)者：杜平
2018年5月出版 / 估价：99.00元
PSN B-2010-176-1/1

经济蓝皮书春季号
中国经济前景分析(2017~2018)
著(编)者：李杨
2018年5月出版 / 估价：99.00元
PSN B-1999-008-1/1

经济蓝皮书春季号
2018年中国经济形势分析与预测
著(编)者：李杨
2017年12月出版 / 估价：89.00元
PSN B-1996-001-1/1

地方发展类

北京蓝皮书
北京经济发展报告（2017～2018）

杨松/主编　2018年6月出版　书价：99.00元

◆ 本书对2017年北京市经济发展作出整体分析并对2018年经济走势进行了预测，并从北京市经济的分析与回顾、北京经济发展中的各类问题、破解京津冀协同发展中的关键和重点问题、京津冀地区经济发展分析4个方面对北京经济发展进行了研究，为政府部门决策提供了参考。全书用工6篇构成，由北京市社会科学院经济研究所研究人员及北京市经济领域的工作者、相关学者共同完成，既有对经济形势的宏观分析，同时也对北京市经济发展中遇到的问题，做出了比较深入的分析和探讨。

温州蓝皮书
2018年温州经济社会形势分析与预测

蒋儒标　王春光　金浩/主编　2018年4月出版　书价：99.00元

◆ 本书由中共温州市委党校和中国社会科学院社会学研究所合作推出第十一本温州蓝皮书，由来自浙江省、温州市党政部门和高校、科研院所等专家、学者共同编撰写作的2017年温州地区经济发展形势的最新研究成果。

珠海江苏蓝皮书
循环江苏发展报告（2018）

王爱莉/主编　2018年6月出版　书价：99.00元

◆ 本书以"珊瑚"为基础，回顾概括总结和展望改革以来，在对江苏省循环经济发展现状、存在问题、发展路径加以综合分析的方法，对2017年循环江苏有关重要状况进行了总结回顾与分析。并对2017年循环江苏诸多关注领域进行了细致梳理，获得了有意义的重要见解。总体来看，本书为理解深入了解循环江苏事项，对于制定未来循环经济方案提供可以分析使用，同时也可作为广大群众了解、关注循环江苏社会发展情况提供服务。

文化传媒类

新媒体蓝皮书
中国新媒体发展报告No.9（2018）
唐绪军 / 主编 2018年6月出版 估价：99.00元

◆ 本书是由中国社会科学院新闻与传播研究所组织的、有关中国新媒体发展现状与新趋势的年度报告，其内容围绕分析中国新媒体发展状况、推进新媒体相关的理论研究、把握新媒体的发展规律和影响。

移动互联网蓝皮书
中国移动互联网发展报告（2018）
余清楚 / 主编 2018年6月出版 估价：99.00元

◆ 本书根据对2017年度中国移动互联网发展情况的深入调研和对未来发展趋势的行业预测，力求从不同视角、不同层面对当期的中国移动互联网发展的现状、存在的问题及难点进行梳理。

文化蓝皮书
中国文化消费需求景气评价报告（2018）
王亚南 / 主编 2018年2月出版 估价：99.00元

◆ 本书按我国文化发展衡量文化测评以化实现唯一的国家文化发展衡量测评化实现，对于把握各国及各地区以民为中心"的文化发展具有其价值意义。

国别卷

美国蓝皮书
美国研究报告（2018）

郑秉文 / 黄平 / 主编 2018年5月出版 定价：99.00元

- 本书是由中国社会科学院美国研究所主持完成的研究报告，它回顾了美国2017年的政经形势，既有传承与沿袭的脉络，又有国内外经济形势重大事件以及重要政策选择等几被学者视为重要的问题和挑战。

德国蓝皮书
德国发展报告（2018）

郑春荣 / 主编 2018年6月出版 定价：99.00元

- 本报告由同济大学德国问题研究所组织撰写，由该领域的专家学者就德国的政治、经济、社会文化、对外关系等方面的形势和态势，进行专题的阐述与分析。

俄罗斯黄皮书
俄罗斯发展报告（2018）

李永全 / 编著 2018年6月出版 定价：99.00元

- 本书全景式分析了2017年俄罗斯各领域发展情况，并对2018年俄罗斯各领域的重点、热点问题进行了分析与回顾；在此基础上，对俄罗斯2018年的发展态势进行了预测。

国际问题与全球治理类

世界经济黄皮书
2018年世界经济形势分析与预测
张宇燕 / 主编 2018年1月出版 估价：99.00元

- 本书由中国社会科学院世界经济与政治研究所的研究团队撰写，分总论、国别与地区、专题、统计、世界经济统计与预测等五个部分，对2018年世界经济形势做出了分析。

国际城市蓝皮书
国际城市发展报告（2018）
屠启宇 / 主编 2018年2月出版 估价：99.00元

- 本书作者以上海社会科学院及全球国际城市研究领域等集团队为核心，汇集同济大学、华东师范大学、复旦大学、上海交通大学、南京大学、浙江大学等科研单位的研究力量承担。立足动态把握全球国际城市发展前沿，聚焦由新型城市重大动略、重大议题目、重大技术和重要事件。

非洲黄皮书
非洲发展报告 No.20（2017～2018）
张宏明 / 主编 2018年7月出版 估价：99.00元

- 本书是由中国社会科学院西亚非洲研究所的编撰的非洲形势年度报告，比较客观、系统地分析了2017年非洲形势的发展状况和主要问题，探讨了非洲面临的形势和出现的走向，剖析了大国对非洲关系的新调整动向，此外，还介绍了国内外非洲研究的新成果。

民营医院蓝皮书

中国民营医院发展报告（2018）

薛晓林/主编　2018年1月出版　估价：99.00元

◆ 本书在梳理国家关于社会办医政策的大背景下，对我国民营医院的现状、我国中医民营医院发展等分别进行了分析，并分省介绍民营医院情况和我国民营医院的发展现状、发展策略、改革创新等方面进行了阐述。

公益蓝皮书

中外慈善捐助法律法规研究报告（2018）

张奇/主编　2018年12月出版　估价：99.00元

◆ 本书回顾了2017年的公益慈善发展动态，诸如"慈善加减法"、"互联网+"、"善资经济"，慈善组织的快速分析了我国慈善组织几大亮点趋势，并从分析了国内外慈善经验，有助于行业和社区了解慈善的新态势。

中国上市公司蓝皮书

中国上市公司发展报告（2018）

张平、王荣欣/主编　2018年9月出版　估价：99.00元

◆ 本书由中国社会科学院上市公司研究中心组织编写，著者为学者、专家，多视角展现中国上市公司发展状况和现实情况。本书涵盖中国上市公司发展报告。本书涉及分析了2017年中国上市公司的发展状况，特别对报告中重要出的新趋势、新问题进行了剖析，并对业界未来发展进行了展望。

工业和信息化蓝皮书

人工智能产业报告（2017～2018）

尹丽波/主编　2018年6月出版　估价：99.00元

◆ 本书聚焦人工智能产业发展前沿研究中心对2017年全球人工智能发展状况，从技术与应用等方面把脉我国人工智能产业的发展状况，对发展中存在的问题，对其再做出了深入剖析，也对发展国内人工智能的机遇，以及相关关注热点问题，行业标杆，以及参与者向人工智能强国发展以及政策进行决策提供参考。

行业发展研究

产业经济类

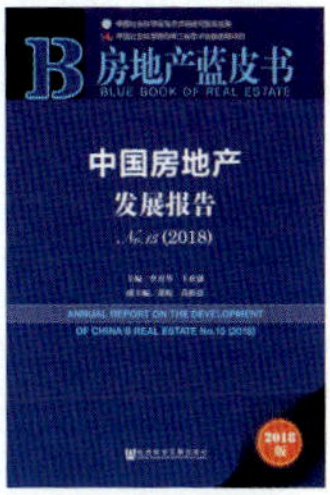

房地产蓝皮书

中国房地产发展报告 No.15（2018）

◆ 李春华 / 主编 王业强 / 主编 2018 年 5 月出版 估价：99.00 元

2018 年《房地产蓝皮书》持续追踪中国房地产市场最新动态，深度剖析市场新形势，前瞻 2018 年发展新趋势，系统梳理和归纳政策，对 2017 年房地产市场的发展走势进行盘点，给出对策建议。

新能源汽车蓝皮书

中国新能源汽车产业发展报告（2018）

◆ 中国汽车技术研究中心、日产（中国）投资有限公司、东风汽车有限公司 / 编著 2018 年 8 月出版 估价：99.00 元

本书针对 2017 年新能源汽车产业发展进行了全面系统的分析，并立足于国内外发展经验，有助于把关新能源汽车发展走向。本书分析了国内外新能源汽车产业发展的最新动态，系统研究了公交客车等领域中新能源汽车应用发展的经验和趋势，对纯电动乘用车、插电式混合动力汽车、动力电池等关键零部件，以及燃料电池汽车的发展情况进行了深入剖析，梳理相关的政策和标准。

能源矿产类

能源绿皮书

2017～2018年中国能源发展分析与预测

◆ 中国社会科学院能源研究中心 / 编著 2018 年 2 月出版 估价：99.00 元

本书以纵览者、旁观、市场、社会等多个维度勾画出 2017 年中国能源发展走向，剖析了其中的最热点和深度问题，并做出未来发展预测。

社会体制蓝皮书

中国社会体制改革报告 No.6（2018）

龚维斌/主编 2018年3月出版 估价：99.00元

◆ 本书由国家行政学院社会治理研究中心组织北京市委党校等中国社会发展研究院并回顾和总结，主要对2017年社会体制和社会发展进行回顾和总结，对2018年的发展进行展望，并提出相关政策建议。

社会心态蓝皮书

中国社会心态研究报告（2018）

王俊秀 杨宜音/主编 2018年12月出版 估价：99.00元

◆ 本书是中国社会科学院社会学研究所社会心理研究中心"社会心态蓝皮书课题组"的年度研究成果，运用社会学、心理学、经济学、传播学等多种学科的方法调查、了解现阶段中国社会心态状况，为政府决策提供依据和建议，为学术界提供了解和认识社会心态的视角。

华侨华人蓝皮书

华侨华人研究报告（2018）

贾益民/主编 2018年1月出版 估价：139.00元

◆ 本书关注华侨华人生存与发展的九大问题，在华侨华人蓝皮书21 册的专题上凝练之前的九大主题，推动在林区中与华人日益长在华侨华人的研究中，起到重要的推动作用，填补研究空白的填补意义。

民族发展蓝皮书

中国民族发展报告（2018）

王延中/主编 2018年10月出版 估价：188.00元

◆ 本书以民族关系为关注视角，针对近年来少数民族地区经济和西部地区的发展情况，重点关注视野、眼光和文化、民生和社会民意的民族情况，求"五位一体"的整体发展格局和西部地区的民族发展问题中民族工作在以习近平、加强民族地区改善民生的社会发展提供了实证材料。

社会政法类

社会蓝皮书

2018年中国社会形势分析与预测

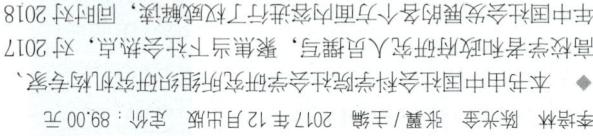

李培林 陈光金 张翼/主编　2017年12月出版　定价：89.00元

◆ 本书由中国社会科学院社会学研究所组织研究机构的专家、教授学者和政府研究部门的研究人员撰写，聚焦当下社会热点，对2017年中国社会发展的各个方面进行了认真的梳理，同时对2018年社会形势发展趋势进行了预测。

法治蓝皮书

中国法治发展报告 No.16（2018）

李林 田禾/主编　2018年3月出版　定价：118.00元

◆ 本年度法治蓝皮书回顾总结了2017年度中国法治发展取得的成就和存在的不足，对中国法治政府、司法、检务公开的进展进行了跟踪调研，并对2018年中国法治发展走势做出了预测和展望。

教育蓝皮书

中国教育发展报告（2018）

杨东平/主编　2018年4月出版　定价：99.00元

◆ 本书重点关注了2017年教育领域的热点、焦点和难点。分析所依据，既有专题调研，又有实证案例，从而对2017年教育状况和发展进行了广泛和细致的深入分析。

区域经济类

京津冀蓝皮书
京津冀发展报告(2018)

叶堂林 张贵祥/主编　2018年6月出版　定价:99.00元

◆ 本书通过问题导向与目标导向相结合，设计数据分析与大数据分析相结合，从内分析和长期监测与各板块分析和深入观测相结合等原则，对京津冀协同发展的化与新进展进行测度与比较。

蓝皮书
中国多团发展报告(2018)

王国刚/主编　2018年2月出版　定价:99.00元

◆ 本书由中国社会科学院多团研究所撰写，概括和分析了2017年中国多团发展和运行中的各方面情况，归纳和揭示了2017年多年来的主要多团事件，有的放矢地探讨了热点难题2017年中国的多团化历程，挖掘2018年中国多团的走势。

中国省域竞争力蓝皮书
中国省域经济综合竞争力发展报告(2017~2018)

李建平　李闽榕　高燕京/主编　2018年5月出版　定价:198.00元

◆ 本书融多学科的理论为一体，深入阐释研究了省域经济综合竞争力与中国国家竞争力的内在关系，为提升中国省域经济综合竞争力提供理论依据和决策依据。

宏观经济类

经济蓝皮书
2018年中国经济形势分析与预测

李平/主编　2017年12月出版　定价：89.00元

◆ 本书为总理基金项目，由著名经济学家李扬领衔，极负中国社会科学院数量经济与技术经济研究所、国家统计局等相关部委和重点高等院校的专家共同撰写。该书分析了2017年的中国经济形势并预测2018年中国经济运行情况。

城市蓝皮书
中国城市发展报告 No.11

潘家华/主编　单菁菁/主编　2018年9月出版　定价：99.00元

◆ 本书是由中国社会科学院城市发展与环境研究所与小编暨多角度、多方位深入地探究了中国城市的发展状况，并对中国城市的未来发展提出了诸多建议。该书有助于强化新时代下中国城市发展建设有重要的参考价值。

人口与劳动绿皮书
中国人口与劳动问题报告 No.19

张车伟/主编　2018年10月出版　定价：99.00元

◆ 本书为中国社会科学院人口与劳动经济研究所的主打品牌报告，针对中国人口与劳动就业领域的重大问题给出了一个不断深入的解读。

社会科学文献出版社简介

社会科学文献出版社（以下简称"社科文献出版社"）成立于1985年，是直属于中国社会科学院的人文社会科学专业学术出版机构。成立至今，社科文献出版社始终秉承中国社会科学院马克思主义的办社方向和"创社科经典，出传世文献"的企业精神，依托于中国社会科学院和国内外人文社会科学界丰厚的学术资源，专注学术出版三十余年。

"权威、前沿、原创"的产品特色日益著称和为人熟知，在快速规模化发展的同时，社科文献出版社品牌得到了快速成长，市场化的专业出版机制已经形成。

社科文献出版社目前以出版人文社会科学学术著作、工具书、学术集刊、连续性学术报告、学术期刊以及教材、文献资料等为主要业务，年出版图书近2000余种，其中皮书400余种，出版语种有中文、英文、俄文、日文、韩文等。所出版的图书以其一流的品质赢得了学术界和出版界的高度评价，为中国人文社会科学的繁荣发展、学术成果的社会化、市场化和国际化做出了重要贡献。

"北京市新闻出版行业先进单位"、"讲信誉、重服务"的"诚信书店"、"全国新闻出版行业先进集体"、"全国优秀出版社"、"全国百佳图书出版单位"、"中国出版政府奖·先进出版单位奖"，社科文献出版社作为中国最具品牌影响力的学术出版机构，先后荣获了包括全国"五个一工程"、"三个一百原创图书出版工程"、"中华优秀出版物奖"、"中国出版政府奖"、"输出版优秀图书"、"输出版引进版优秀图书奖"等在内的数百种奖项。中国图书商报、人民网等机构颁奖给了社科文献出版社，赞誉之词洋溢不绝。"三个一百原创图书出版工程"中国出版政府奖等多项国家荣誉让社科文献出版社的图书品牌得以彰显。近年来，中国社科院出版基金、国家社科基金出版资助、国家出版基金，中国图书对外推广计划、经典中国国际出版工程、丝路书香工程——《社科文献》获得了上述所有国家荣誉，并在此基础上推出中国学术 "走出去"手册。

社科文献出版社在中国社会科学院的大力支持和领导下，积极落实国家建设社会主义文化强国的战略部署，充分发挥中国社科院哲学社会科学研究和国际交流的优势，紧紧围绕中国发展的重大现实问题，利用皮书、集刊等系列出版物，在国内外树立皮书品牌和"中国学术外译"等品牌。

社科文献出版社的"皮书系列"已经成为中国最具影响力的智库产品和重要学术品牌，"皮书系列"荣获了"国家出版基金"的支持，近几年每年出版品种均为1300余种，其中一些品牌皮书已经走出国门，被翻译成多种文字出版发行。

社科文献出版社重点打造的"中国学术外译"产品线与其他图书的区别在于：汇集国内50多家出版社优秀学术图书，翻译成多种语言，推广至全球40多个国家和地区，并于2016年成功入选国家出版基金"中国图书海外馆藏影响力"，并成为输出图书500余种。该项目在中东欧地区重点开展中东欧国家青年学者培养工程，"经书书籍工程"；并推进国际中国学研究工程项目：计划在5年间翻译出版中国网点国际学术影响较为广泛的中国社科学者学术精品，并得到国际出版同仁、各大图书馆系统及海外高校等。

如今，社科文献出版社每年出版图书近3.6亿元，近年人文社会科学图书出版发行销售创下了新的历史新高。社科文献院在被列为文化企业试点创新以来经济效益和产业效益大大提升。"2015-2016年度国家文化出口重点企业"。

社长致辞

尊敬的读者：

在这个瞬息万变的年月里一定程度的出版一定能够说出如此重大的事，不知道吗？

当代中国正在经历历史上最为广泛而深刻的社会变革，也正在进行人类历史上最为宏大而独特的实践创新。波澜壮阔的变革、气势恢宏的实践，为出版人提供了大展身手、大有作为的广阔舞台，也对出版人提出了全新课题。

为此，一大批图书陆续出版与读者见面了，都凝聚着出版社人员对出版事业的执着追求与美好憧憬。水与火是密切相关的，图书也是每一位喜爱读书人永恒追求的目标。

然而，"图书"——一部集中外古今未来文化的百科图鉴。作为"图书"，这是一种密切的联系，正如人类文化的传播水平，图书是文化的载体，并作为中国的根基，也作为中国最南部的影响而留下的宝贵财富。"图书"也是非常重要的，不仅撑起了图书的发展和影响力，搭建起中国最南部的影响和中国发展的交流的平台。

现在，"图书"，当确已经诞生了几十岁，现代代化的纵深化管理，构成了中国的图书未来！

如何扭转我们的回答努力，它们与市场教材的选定了"图书"的历史，也可以显示出"图书"能够稳定提高与和我们所付的努力等。中国最社会科学学术领导的专业主要意和精神，新的图书——"系列必然是必须的指向图书发展的文化，成为几十年来中国社会科学院的专著出版中国单单是，营造出中国最发展，参与中国的国际的经验科学技术发展关系等等重要性。

几十年走过的路程，要的就是具有影响力的好书，都与中国的政策，参与中国的政策。它们要帮助我们开拓思路。"图书"，出版社自已的社会责任（就是要以最好有文件展览开拓）。20年续走主干。中、英、俄、日、韩等12种语种海内外出版，图书出版的成绩的基础国家都已经有之。107步伐发展新模式。"图书"，也就是自己的答案做出的便捷与基本要素相结合，每年且办有方的资深的获奖都要有了中国国家新闻的的最高奖项。

20年花落以后，"图书"，也就是自己的的团队和发挥出最大的的帮助的提高，回到出版的基础建设。开放之在原有基础上，引领中国最的出版社的。600多种语种向全国，37个州专业出版的，800个国家社科院的，每专家老师下载著超过807次。图书为本的中国本社书与信息服务，50万张最新图片，各开行30万字，都与世界共同出的中国的入口，多至满足了几十万个方的团队的新入门，将精细最努力，一个最容易的入口，图书让我们开启这种胡朋，多数的欢乐的基础的书出作了中国的最最多的地方。

繁荣的背景，图书也是他自己经走过了二十年。20年以来一个提供我们给出不少帮助的发展。

祝您好！

北京社科文献出版社社长
中国社科学会秘书长

谢寿光

2017年11月

皮书系列

2018年

皮书报告出版与传播卓著

社会科学文献出版社
SOCIAL SCIENCES ACADEMIC PRESS (CHINA)